Serv t

MW01706047

Retour la sur notre site www.editions-organisation.com (rubrique "Nos catalogues") pour bénéficier des avantages du service lecteurs.

- *Vous serez abonné à la lettre d'information réservée à nos meilleurs clients.*
- *Vous recevrez, dès sa parution, le catalogue des Éditions d'Organisation.*
- *Vous serez informé de toutes nos offres dans les domaines qui vous intéressent.*

EYROLLES
Éditions d'Organisation
Département Marketing
61, Bd St-Germain
75240 Paris Cedex 05

Affranchir au tarif en vigueur

Société - Entreprise - Vie pratique

Titre de l'ouvrage que vous venez d'acheter : ______

Vos remarques : ______

❍ M ❍ Mme ❍ Mlle

Nom : ______

Prénom : ______

Société / organisation : ______

Service : ______

Adresse* : ______

** ceci est mon adresse* ❍ *professionnelle* ❍ *personnelle*

CP : ______ Ville : ______

Tél. : ______ Fax : ______

Email : ______

Vos centres d'intérêt

M02	❍ Gestion, finance, droit	M10	❍ Gestion industrielle, qualité
M03	❍ RH, formation	M11	❍ Gestion de projet
M04	❍ Marketing, communication	M01	❍ Stratégie, organisation
M06	❍ Commercial, vente	M12	❍ Société, économie
M07	❍ Réseaux, systèmes d'information		
M09	❍ Achats, logistique		Autres :

Effectif de votre organisation

1 ❍ De 1 à 10 2 ❍ De 11 à 100 3 ❍ De 101 à 500 4 ❍ + de 500

Votre fonction

M03	❍ Direction générale	M05	❍ Responsable documentation
M04	❍ Direction marketing / communication	M02	❍ Consultant
M15	❍ Direction commerciale / ventes	M01	❍ Formateur
M06	❍ Direction production / qualité	M17	❍ Enseignant
M16	❍ Direction achats	M14	❍ Etudiant
M07	❍ Direction comptabilité / gestion / DAF		
M08	❍ Direction RH / personnel		Autre :

L'ANALYSE STRATÉGIQUE

Éditions d'Organisation
1, rue Thénard
75240 Paris Cedex 05
Connectez-vous sur notre site :
www.editions-organisation.com

Chez le même éditeur

– Alan G. Robinson, Sam Stern, *L'entreprise créative,* 2000.
– Bruno Martinet, Yves-Michel Marti, *L'intelligence économique,* 2001.
– François Jakobiak, *L'intelligence économique en pratique,* 2001.
– Alan Fustec, Jacques Fradin, *L'entreprise neuronale,* 2001.

ISBN : 2-7081-2528 - 1

Gérard GARIBALDI

L'ANALYSE STRATÉGIQUE

Comment concevoir les choix stratégiques en situation concurrentielle

Troisième édition

Deuxième tirage 2002

Éditions d'Organisation

SOMMAIRE

« Le maître vous introduit jusqu'à la porte,
l'existence et la pratique dépendent de chacun. »
(Proverbe chinois)

PARTIE 2 – L'ANALYSE STRATÉGIQUE : LES 7 DOMAINES CLÉS D'ÉTUDE

INTRODUCTION

« Le problème avec le FUTUR,
c'est qu'il n'est plus ce qu'il était. »
Paul VALÉRY

« Je ne suis pas prophète mais il arrive que je vois
ce que les autres voient comme moi
mais ne veulent pas voir. »
Charles de GAULLE

La stratégie s'inscrit dans une logique de rapports de forces et donc de domination. De ce fait, il devient essentiel de déterminer, clairement, les facteurs qui influencent ces rapports, de les analyser avec soin pour déterminer les possibilités d'installer l'entreprise dans une situation telle qu'elle puisse profiter au mieux de ses forces.

Les grands principes suivants, évoqués lors de la première édition en 1994, font preuve d'une permanence évidente, aussi faut-il les rappeler :

- la nécessité de bien connaître ses concurrents,
- comprendre la stratégie de l'adversaire pour : « *s'attaquer non à l'adversaire mais à sa stratégie* » comme le recommandait SUN TZU,
- apprendre à lire le jeu des concurrents,
- avoir une vision géopolitique de l'économie,
- prendre conscience que les murets édifiés hier n'existent plus ou sont en train de disparaître,

– avoir la volonté de rechercher un avantage compétitif durable,
– avoir une autre vision de la compétence basée sur « le savoir en action »,
– optimiser le panier des ressources stratégique : les hommes et l'argent,
– comprendre le « défi », indispensable pour une bonne affectation des ressources stratégiques,
– **et la volonté de gagner des Dirigeants.**

Car la vraie question est : y a t-il toujours de la place pour de nombreux acteurs ?

Il est réellement difficile, et angoissant aussi, de répondre à une question formulée ainsi. On peut penser qu'il peut encore y avoir une place pour de nombreux acteurs opérationnels pourvu que Ceux-ci sachent segmenter les marchés et soient aptes à personnaliser les produits. Il est vrai que peut-être y aura-t-il moins d'acteurs financiers. Il est devenu indispensable pour les Entreprises, et c'est même la seule issue, de se donner les moyens d'imaginer des stratégies gagnantes à la condition, notamment, qu'elles soient capables de les mettre en œuvre avec succès. Effectuer des analyses scientifiques, aussi pertinentes soient-elles ne remplacera jamais la volonté de survivre chez le Dirigeant. Mais que serait à elle-seule la volonté sans la perspicacité ?

Il est donc essentiel que l'Entreprise, à tous les niveaux et à commencer par les Dirigeants, sache allier analyse scientifique, volonté et perspicacité. Il faut se garder de rejeter l'un ou l'autre, de même qu'il faut se garder de trop privilégier l'usage de l'un au détriment de l'autre. **Mais l'espoir est raisonnable** pour toutes les Entreprises qui auront su, mieux que les autres, s'adapter et être claires dans leur comportement stratégique. Tel est le propos de la démarche proposée ici. Elle se doit, par conséquent, de couvrir les champs suivants :

– la prise en compte des « volontés des Dirigeants »,
– la compréhension de l'environnement : le jeu des acteurs et la variation probable des variables explicatives du métabolisme des secteurs économiques, et donc de la lutte concurrentielle,
– la détermination et la formulation de la stratégie appliquée ou « stratégie concurrentielle »,
– la mise en œuvre, l'allocation des ressources, la détermination des structures organisationnelles et l'adaptation de l'Entreprise dans son environnement,

– la prise en compte du culturel de l'Entreprise et la conduite du changement à y opérer,

– le comportement humain de l'ensemble de l'encadrement.

Il est évident que de nombreuses variables peuvent se modifier, peut-être d'ailleurs grâce à nous, si nous savons à notre tour précéder et ne plus nous contenter de suivre ses concurrents. Il deviendra nécessaire alors de faire évoluer la démarche que nous allons présenter, mais cela deviendra plus facile pour nous puisque le changement sera de notre fait. Pour donner une conclusion, provisoire, à cette réflexion consacrée au changement, il paraît tout à fait judicieux de se donner une chance de méditer un proverbe Dogon, ces dogons, peuple de cultivateurs, vivant au Mali, qui s'est illustré dans la fabrication de ces fameux masques africains utilisés à des fins religieuses. Ce proverbe issu de la sagesse de ce vieux peuple s'énonce ainsi : « *faut-il attendre d'être vaincu pour changer ?* ».

Pour faire face à ce changement, les Entreprises – et les Dirigeants – vont devoir adopter une nouvelle approche pour mener leur réflexion stratégique. Pour être pertinente dans le temps, et par là ne pas obliger les stratèges à modifier leur système de pensée chaque fois que les paramètres du référentiel évoluent, il va falloir proposer à ces derniers des outils capables de prendre en compte ces évolutions. Ceci va nous conduire à adopter des :

« outils ouverts ».

Ce sont des outils qui, par conception, sont définis autour de dimensions stratégiques majeures mais surtout permanentes et qui permettent de saisir et d'interpréter l'effet ou les effets des paramètres évolutifs. Ce sont ces outils qui vont nous permettre de comprendre le monde qui entoure l'entreprise, compréhension sans laquelle toute analyse stratégique est vouée à l'échec.

Revenons à ces paramètres évolutifs :

La logique de survie des Entreprises change, et la vitesse du changement ne s'est pas ralentie, bien au contraire.

Pour expliciter ce postulat, à partir duquel il devenait évident que les Entreprises avaient le plus grand besoin d'une nouvelle approche pour effectuer les grands choix stratégiques, il était présenté une étude des « paramètres du référentiel » à prendre en compte. Ainsi, il était passé en revue :

– *la rapidité et l'accélération du changement,*

– *la mondialisation des marchés* avec 80 % du « discretionary income » (revenu disponible) répartis entre 24 pays où tout le monde souhaite être présent et donc :

– *l'internationalisation de la concurrence,*

– *l'évolution de la démographie,* qui passée de la pyramide *via* le losange à une sorte de sablier qui obligent les Entreprises à passer d'une logique de deux offres bien tranchées à une logique d'arbitrage de l'offre,

– *un consommateur se confondant avec un électeur* qui influe sur les conditions économiques au travers des élections,

– *le mimétisme dans l'économie,* qui a un effet de levier important sur les périodes du cycle économique en amplifiant et la durée et la force de chaque période (récession plus forte, reprise plus nette) et qui renforce l'importance des interrelations entre les acteurs,

– *l'hyper-segmentation des marchés,* due à une démassification de la consommation alors que nous possédons des systèmes de production de masse avec cependant l'apparition, comme phénomène de correction, d'un synchronisme culturel (par exemple chez les « jeunes » une culture commune et transnationale, caractérisée par des habitudes et des besoins de consommation proches),

– *une maturité des consommateurs,* qui recherchent – depuis la crise – la valeur réelle du produit et donc exigent des Entreprises de mettre en œuvre un marketing de la valeur – « *value marketing* » – et qui ne sont plus prêts à payer un « *premium price* » sauf, par exemple, pour ne pas remettre en cause au travers de leur consommation l'équilibre biologique de la planète,

– *une valeur marchande qui ne fait plus recette,* ce qui concourt à une baisse des prix,

– *le poids croissant des services dans l'économie,* ce qui oblige le plus souvent à une transformation des structures et du mode de management dans les Entreprises,

– *la perte de compétitivité des Entreprises* par notamment l'obsolescence rapide des produits, des systèmes de production, les nouvelles technologies, le rapport entre les amortissements légaux et la valeur de remplacement des biens ...,

– le développement accéléré des nouvelles technologies, et nous avions cité à l'époque :

les mots en « IQUE » tels électronique, micro-informatique, bureautique, télématique, robotique, optronique, domotique, l'intelligence artificielle, la découverte de nouveaux matériaux, le développement des nouveaux moyens de communication, alors balbutiants,

– le fait que l'Europe ne faisait plus les prix, imposés par des pays à main-d'œuvre bon marché.

Aujourd'hui, des paramètres nouveaux ou complémentaires doivent être pris en compte :

1- La mondialisation en tant que « système d'organisation » de l'économie

À la mondialisation des « marchés » qui a été mise en œuvre par les Entrepreneurs, comme évoqué ci-dessus, s'est surajoutée une mondialisation voulue par des États et principalement par la puissance dominante. Cette mondialisation est la traduction d'une volonté politique qui revient à mettre en place une nouvelle organisation du monde.

On remarquera que cette « mondialisation » qui est proposée ne rencontre sur le plan « idéologique » aucune concurrence en terme d'idéologie : marxisme, libéralisme sans retenue ne sont plus crédibles. La seule opposition est le fait du regroupement d'associations ou ONG qui n'ont souvent en commun que de s'y opposer pour des raisons multiples mais qui ne représentent pas une école de pensée présentant, actuellement, une organisation du monde jugée crédible.

Cet ouvrage n'a pas pour objectif de traiter des effets et des conséquences de cette deuxième « approche » de la mondialisation , aussi on se contentera ici d'en montrer les effets directs sur les choix stratégiques des Entreprises.

2- L'émergence du « DÉVELOPPEMENT DURABLE »

En juin 1992, s'est tenu à RIO le sommet de la terre sur l'environnement et le développement sous l'égide de la CNUED (organisme dépendant de l'ONU). Au cours de ce congrès plus de 60 pays, dont la FRANCE, ont signé ce que l'on appelle aujourd'hui les 27 principes de la déclaration de RIO à la base du « sustainable devlopment » que l'on n'a pu et su traduire que sous la forme de « développement durable ».

Qu'est-ce que le « développement durable » ? :

« c'est un développement qui répond aux besoins du présent sans compromettre la capacité des générations futures à répondre aux

leurs ». Le sommet de RIO a donc proposé d'adopter un nouveau mode de « développement durable » c'est-à-dire un mode qui tout en satisfaisant les besoins actuels ne sacrifierait pas les chances des générations futures.

De cette définition, il résulte que la mise en œuvre d'une politique de « développement durable » suppose de définir les actions et précautions à prendre pour ce qui concerne principalement :

- l'aménagement du territoire,
- les transports,
- la ville et toute forme d'urbanisation,
- l'agriculture,
- l'énergie,
- et bien sûr l'industrie.

Il s'agit, très certainement, d'un des défis majeurs du XXIème siècle.

Ce sommet a été voulu pour que le monde prenne vraiment conscience que face à la croissance démographique et aux limites de la mobilisation des ressources naturelles il devenait indispensable de cesser d'exploiter de façon destructrice les milieux naturels.

Ainsi 27 « principes guides » incitent, lors de lancement de tout projet, à rechercher un équilibre entre les performances économiques recherchées, le progrès social et la protection de l'environnement. On peut parler de la volonté de : Bien commun basé sur des critères mis en avant dans les accords de RIO tels que : éthique, démocratie, responsabilité, citoyenneté, participation, etc.

En fait le développement durable se veux une nouvelle éthique mondiale dans un système complexe, mais aussi, incertain. Cette nouvelle éthique suppose que le dirigisme, le rationalisme et l'autocratie s'effacent devant des principes, des chartes et des guides.

Dès aujourd'hui on trouve de nombreuses applications de ces principes dans notre vie de tous les jours : code pénal et principe de précaution, loi sur l'exclusion, tribunal pénal international, commission de transparence sur l'atome, les OGM, etc.

En fait, on peut considérer le développement durable comme une réponse de la collectivité – le village mondial – qui cherche à s'adapter en face des conséquences de la mondialisation.

Au niveau des Entreprises, le développement durable ne peut rester lettre morte car il conduit les Dirigeants à devoir gérer les interfaces entre : économie – environnement – social.

Ainsi, les Entreprises devront pratiquer des stratégies industrielles fondées sur l'amélioration de la performance vis-à-vis de l'environnement mais aussi établir de nouvelles relations entre producteurs et consommateurs. Le respect des normes ISO 14000, qui concernent la protection de l'environnement, va offrir de nouvelles sources de différenciation positive sur les marchés.

Mais le « développement durable » va au-delà de l'environnement et le triptyque : économie – environnement – social, permet de penser autrement l'ensemble des activités de l'Entreprise : conception produit – approvisionnements – production – marketing, etc... et de créer de nouveaux comportements de transparence et d'ouverture. On voit apparaître la nouvelle façon de diriger les Entreprises à la condition de ne pas s'arrêter à la « bonne gouvernance » qui s'adresse seulement aux actionnaires mais d'aller jusqu'à la « gouvernance globale » qui prend en compte la réalité du triptyque présenté. Cette dernière représente une nouvelle révolution du management ne serait-ce que parce qu'elle oblige à :

penser global / agir local.

Je ne soulèverai pas ici l'ensemble des problèmes que pose aux Dirigeants la mise en application du développement durable notamment au niveau des chartes, de leur respect et des audits spécifiques nécessaires mais il me semble utile de montrer en quoi la stratégie des Entreprises est concernée par cette nouvelle éthique.

3- L'internationalisation de la concurrence

La conséquence directe de ces deux formes nouvelles de « mondialisation » est d'une part l'internationalisation de la concurrence et par contrecoup l'accroissement de sa vigueur. De plus en plus, cette concurrence se situe au niveau d'une lutte basée sur les prix et donc sur la maîtrise des coûts.

Pour amortir des coûts de plus en plus élevés, souvent « insupportables » sur un ou deux pays, et aussi limiter les risques, un grand nombre d'Entreprises, tout naturellement, ont été conduites à utiliser leurs compétences partout où elles le peuvent (en terme de marchés tout comme en terme de territoires géographiques).

De ce fait la concurrence est devenue plus rude et plus brutale. Chaque action est coûteuse et porteuse de risque : aussi pour en réduire les conséquences, les Entreprises ont commencé par éliminer les diversifications par trop aléatoires, puis quand cela n'est pas suffisant ont tendance à se recentrer sur leur métier d'origine, celui qu'elles pratiquent le plus aisément. Elles espèrent, de cette façon, être mieux à même de résister à la concurrence et ainsi pouvoir plus facilement assurer leur pérennité. Mais ces évolutions stratégiques, qui font tache d'huile, ont pour effet de renforcer d'autant la capacité concurrentielle des firmes qui les utilisent.

4- L'intervention des pouvoirs publics

La présence dans de nombreux pays à permis à ces Entreprises baptisées mondiales d'acquérir un pouvoir important et les pouvoirs publics ne sont pas restés inactifs (FTC : *federal trade commission* pour les USA et DG-4 : direction de la concurrence de la communauté européenne). Les législations « antitrust » ont été renforcées et sont appliquées de façon beaucoup plus volontariste sans prendre en compte, vraiment, l'intérêt des entreprises concernées.

Rappelons quelques unes des décisions prises récemment par les autorités :

- cession par PERNOD RICARD de sa marque ORANGINA à une entreprise américaine qui a donné lieu pendant de très longs mois à une négociation avec les autorités européennes pour finalement être négative. Toute stratégie de ce groupe a été suspendue à cette décision avec les conséquences que l'on comprend,
- refus de la direction générale de la concurrence de la commission européenne à la fusion des groupes sidérurgique : PECHINEY – ALCAN – ALGROUP laissant l'entreprise française orpheline,
- blocage par la DG-4 de la fusion VOLVO – SCANIA,
- blocage par la FTC et la DG-4 de la multi-fusion entre les producteurs de gaz industriel Air Liquide – Air Products – Boc,
- fusion entre un groupe multimédia et un éditeur de musique : Time Warner – EMI bloquée par la DG-4,
- blocage par la DG-4 et la FTC de la fusion WorldCom – Sprint, qui aurait constitué le premier groupe mondial dans la transmission sur Internet,
- veto du gouvernement espagnol dans le regroupement des opérateurs de téléphone Telefonica – KPN.

Ainsi tous les secteurs sont concernés, et quand il n'y a pas refus on oblige les entreprises à rétrocéder certains de leurs actif : cas des fusions CARREFOUR – PROMODES, restrictions imposées dans le regroupement British Airways – KLM ou dans celui entre Glaxo-Wellcome et SmithKline dans la pharmacie.

Très surprenant est la base du système de décision de la commission sur la notion de « sous-segmentations géographiques ». À la limite la commission juge qu'au travers d'une fusion une Entreprise posséderait 80 voire 90 % d'un marché qui n'existe que grâce à la segmentation choisie. Ainsi la fusion VOLVO – SCANIA, dans les camions, a-t-elle été refusée parce que les deux constructeurs auraient détenu 90 % du marché suédois, sans vouloir considérer que ce marché ne représente que 3 % du marché européen et alors que la bonne vision pertinente du marché est européenne voire mondiale.

La stratégie des entreprises est directement, et parfois notablement remise en cause, par ces autorité : ainsi après le refus essuyé, relaté ci-dessus, WORLDCOM et SPRINT ne renoncent pas et WORLDCOM envisage de se séparer du téléphone fixe pour convaincre les instances de régulation.

Les Entreprises vont devoir apprendre à négocier avec ces commissions.

5- La maturité des consommateurs

Elle a évolué depuis 1994 car face à la puissance des Entreprises, le consommateur veut se faire entendre et pour cela il ressent le besoin d'une plus grande information. C'est, le plus souvent, à travers le consumérisme que les consommateurs se sont informés et formés sur ce qu'ils devaient savoir avant d'acheter.

Le consommateur a des exigences qu'il veut voir respecter. Si le temps est passé où il suffisait de produire, est aussi révolu le temps où le discours remplaçait en tout ou partie la satisfaction du besoin. Le consommateur acceptait ou semblait accepter comme satisfaction du besoin des signes extérieurs – tels que apparence, marques, appartenance – achetés en même temps que le produit. Ces signes aujourd'hui fonctionnent mal voire même ne fonctionnent plus, remplacés par une recherche réelle de valeur de la part du consommateur.

Un exemple révélateur de ce nouveau comportement des consommateurs est la descente aux enfers de la « world company » : COCA-COLA. Cette entreprise a eu l'ambition de faire de sa boisson un produit omniprésent dans la vie quotidienne des consommateurs dans le monde entier. Le management de COCA n'a pas compris que cette volonté se heurtait à un changement profond des mœurs des clients basé sur un fort engouement pour une alimentation plus saine, source de santé. Alors cette entreprise a connu une chute des profits, un quasi effondrement du cours boursier, des licenciements et la valse des PDG.

6- Le développement des moyens de communication – les NTIC

Nous sommes définitivement entrés dans le monde de la communication. Jamais autant l'information n'a été aussi disponible, et ce pour un coût acceptable. Ce coût résulte, en grande partie, de l'utilisation par tous de nouveaux modes de communication.

Les NTIC représentent plus qu'une nouvelle technologie en ce sens qu'elles bouleversent l'ensemble de l'économie : certains emploie parlent maintenant de « nouvelle économie ».

D'abord reconnaissons que les NTIC représentent une grande découverte technologique à l'égal de la machine à vapeur, du moteur à explosion etc... Or toutes ces découvertes ont toujours entraîné une très forte croissance de l'économie. Tout prouve qu'il en sera de même avec les NTIC : la preuve me semble être qu'INTERNET permet, à terme, à des milliards de consommateurs de commercer en temps réel.

On comprend que les effets de ces NTIC vont peser sur les choix stratégiques des entreprises. Cet ouvrage a pour objectif de présenter une approche moderne de la démarche permettant de faire, pour une Entreprise, les meilleurs choix, mais non de concentrer la réflexion sur quelques aspects de l'environnement. Cependant le fait que les NTIC influencent aussi notablement l'économie ne permet pas de se contenter d'y faire simplement référence. Aussi allons-nous tenter de faire ressortir les conséquences essentielles pour le stratège de l'existence de ces nouvelles technologies.

Parmi les conséquences majeures au niveau stratégiques, citons :

- nouveau mode de commercialisation permettant d'être en direct avec l'utilisateur,
- nouvelles sociétés de service dirigées soit vers le consommateur (B2C) soit vers les entreprises (B2B),

- possibilité importante de réduction des coûts d'approvisionnement par la création de sites spécialisés dédiés, à plusieurs entreprises d'un même secteur.

Il est donc important de comprendre les avantages et dangers apportés par l'utilisation d'INTERNET :

- au niveau des avantages, notons : couverture mondiale, coûts d'accès et de fonctionnement faibles, des opportunités très fortes de développement,
- mais aussi les inconvénients de ces avantages : visibilité très forte des concurrents et donc diminution du délai d'avance sur les concurrents, des évolutions pas toujours évidentes et la remise en cause, plus ou moins partielle, de certains modes de distribution.

Une des conséquences majeures, en interne de l'entreprise, est la mise à disposition, quasi immédiate de l'information pour une très grande partie des collaborateurs de l'Entreprise. Ce phénomène a une influence majeure sur le mode de prise de décision. La stratégie ne dépend plus, comme par le passé, presqu'exclusivement de la connaissance mais de la capacité que l'on possède à utiliser les informations le mieux possible et dans tous les cas plus rapidement que les autres.

Les tenants de cette nouvelle économie, c'est-à-dire toutes ces nouvelles Entreprises crées essentiellement sur l'application directe des NTIC, estiment qu'elle induit de nouveaux modèles économiques qui se caractérisent principalement par :

- la prédominance des start-up,
- une très forte croissance,
- une accélération de la concentration au niveau mondial,
- un appel aux capitaux basé sur « l'espérance de bénéfices futurs » et non sur les réalisations d'aujourd'hui.

Mais d'autres – « les anciens » – mettent en avant que la nouvelle économie n'est pas seulement le fait de start-up comme le prouve par exemple le rapprochement VIVENDI & SEAGRAM. Ainsi Jack WELCH, président de GENERAL ELECTRIC (premier groupe mondial par ses profits) qui veut jouer un rôle de premier plan dans le commerce électronique considère que pour y réussir il faut allier à une bonne connaissance de la technologie la présence d'un grand nom. Il précise que : un changement technologique, même majeur, ne signifie pas l'abandon des principes traditionnels. Il en conclue qu'il n'existe qu'une seule économie.

Une différence importante entre nouvelle et ancienne économie est que les Entreprises de la nouvelle économie emploient moins de capital pour plus de résultat. La conséquence de ce constat est que les Dirigeants vont devoir apprendre à gérer le bilan, c'est-à-dire à cesser d'immobiliser d'immenses actifs notamment au niveau de l'immobilier, des machines, des stock :

Les Dirigeants vont devoir repenser leur Entreprise en sous-traitant plus que par le passé ou en cédant des activités consommatrices de capitaux. On tient un parfait exemple de cette approche en regardant la façon dont les constructeurs automobiles ont massivement transféré la production à la sous-traitance devenue largement majoritaire dans la somme des coûts de cette activité.

Alors nouvelle économie ou pas retenons qu'en fait les NTIC ont pour conséquences clés d'entraîner de nouvelles façons de :

- travailler : chez GENERAL ELECTRIC chaque bureau devient une start-up,
- consommer : regroupement des consommateurs car l'union fait le rabais,
- produire : on voit dans l'automobile les constructeurs faire du sur-mesure à prix et délai réduits,
- commercialiser au travers d'INTERNET,
- mais aussi de diriger car la circulation de l'information prime sur la centralisation du pouvoir. Ainsi chez COCA-COLA qui a supprimé la centralisation du processus de décision, après avoir tiré les conclusions de la mauvaise gestion depuis Atlanta de la crise sur la qualité du produit en FRANCE et en BELGIQUE.

De ce constat il se déduit que la conséquence, pour le « stratège », est que la différence n'est plus tellement la connaissance que la capacité à bien l'utiliser avant les « autres ». Les Entreprises ont, par conséquent, besoin d'avoir à leur disposition une méthodologie permettant de gérer la réflexion à partir de données nombreuses et qui apparaissent parfois contradictoires.

IL VA DONC FALLOIR POUR LES ENTREPRISES :

Comprendre la logique de la « nouvelle économie ». De même que beaucoup date le début du XXème siècle en 1914 avec le début de la Première Guerre mondiale, certains pensent qu'on est en droit de se demander si le XXIème siècle n'a pas commencé à la fin des années 90 avec l'apparition des NTIC et donc de cette nouvelle économie. Celle ci, notamment en FRANCE, est apparue lorsque le capitalisme a changé de forme au travers d'une nouvelle organisation des pouvoirs financiers, d'une modernisation de la production, d'une reprise de l'investissement privé. Les nouvelles technologies de communication au travers du passage à l'an 2000 ont fait effet de détonateur.

L'un des phénomènes les plus révélateurs de cette nouvelle économie est qu'elle s'apparente à une nouvelle révolution industrielle qui s'auto-entretient, car ces nouveaux investissements (équipements informatiques, logiciels etc...) ont un taux de remplacement beaucoup plus rapide que celui des machines de production. À cela se surajoute un fort accroissement de l'équipement des foyers qui se prolonge par l'usage de téléviseurs de type numérique ou par satellite.

La croissance de l'économie est donc tirée, dans le même temps, par les Entreprises mais aussi par les consommateurs. Le principal risque tourne autour d'une hausse des taux d'intérêt qui peuvent être, principalement, la conséquence des mouvements des capitaux internationaux toujours à la recherche de meilleures sources de profit.

Repenser autrement la taille de l'Entreprise et la croissance. La réflexion d'André BEAUFRE : « *il n'y a plus de rapport entre la puissance et la masse* » est toujours à considérer mais en tenant compte par exemple des NTIC ; ainsi voit-on des regroupements, au travers d'INTERNET, de réseaux associant clients, partenaires et fournisseurs, ce que CISCO appelle : « l'écosystème » de l'Entreprise.

Tout le monde gagnera, à terme à ces regroupements, à commencer par le client au travers des réductions de coût entraînés par cette nouvelle chaîne des métiers. Ainsi, la notion de taille devient non plus un enjeu de pouvoir mais un moyen, lorsque l'état de l'environnement le commande, de trouver des sources de positionnement fort contre la concurrence. Mais dans le même temps la mondialisation, la volonté des consommateurs de payer moins, et le coût élevé des investissements sont dans d'autres secteurs économiques des raisons parfaitement justifiées de recherche de la « taille optimale ».

Personne ne remet en cause que, par exemple, les grandes surfaces alimentaires se trouvent confrontés à une concurrence basée sur le meilleur prix de vente donc sur la maîtrise des coûts d'approvisionnement. Aussi n'y a-t-il rien d'étonnant dans les regroupements auxquels nous assistons depuis quelque temps soit sous forme de fusion telle CARREFOUR et PROMODES soit sous forme d'alliance telle la création d'OPERA, centrale d'achat commune à CASINO , CORA , MONOPRIX et PRISUNIC.

Dans le domaine de l'automobile, nous assistons depuis plusieurs années au regroupement des constructeurs et à la disparition des « spécialistes » (tels JAGUAR, VOLVO, SAAB, ROLLS ROYCE etc...) en tant qu'Entreprises indépendantes alors même que les marques demeurent, et le plus souvent progressent fortement. Quand on étudie ce secteur on note d'abord qu'il se trouve dans un état de surcapacité de production sur le plan mondial et la bataille de prix qui existe, l'augmentation des fonctionnalités offertes dans les véhicules modernes, l'obligation d'un renouvellement plus rapide des modèles, induisent des investissements de plus en plus conséquents qui ne peuvent plus être couverts par des parts de marché trop faibles. On peut dans un tel secteur parler de « taille critique », estimée actuellement par les experts autour de quatre millions de véhicules / an. Voilà qui explique parfaitement les raisons qui ont entraîné les récents regroupement : DAIMLER / CHRYSLER, FORD / VOLVO, RENAULT / NISSAN qui ne font que précéder ceux qui sont attendus.

Il en est de même pour les Entreprises du monde de la communication, du téléphone, etc.

La notion de « taille critique » dépend donc des secteurs économiques, elle n'est pas une constante de raisonnement.
Mais attention, la recherche de la taille, lorsqu'elle est nécessaire, doit se faire en tenant compte des réactions de défense des autres acteurs du système économique.

Si le monde du PC a résolument condamné APPLE à détenir la portion congrue du marché c'est parce qu'IBM a partagé les « normes matériel » du produit à l'opposé du jeu stratégique d'APPLE. En faisant cela IBM permettait aux clients d'avoir le choix de ses fournisseurs alors qu'avec APPLE le client était lié à un seul fournisseur : on a pu constater la réponse des clients.

Dans le même ordre de pensée, MICHELIN a proposé à GOODYEAR une collaboration pour fournir aux constructeurs automobiles un nouveau système de pneumatiques répondant au besoin de roulage à plat : MICHELIN apporte sa licence PAX System (pneu avec nouveau concept d'accrochage sur la jante, un appui pour le roulage à plat, une roue spécifique adaptée au pneumatique) et GOODYEAR principalement les systèmes de surveillance de pression. En fait cette collaboration est, sans doute, la bonne façon de convaincre les constructeurs automobiles d'adopter ce nouveau système qui offre des possibilités nouvelles dans la conception des véhicules. En effet on voit mal, de nos jours, un constructeur automobile concevoir un véhicule basé sur un système d'accrochage des pneumatiques qui serait particulier à un seul manufacturier ; par contre MICHELIN et GOODYEAR ensemble représentent le gros des fournitures de première monte, leur accord rend possible cette adaptation.

L'explicitation de ces variables nouvelles, et leur impact, nous permet de mieux comprendre la nécessité pour les Entreprises de maîtriser une démarche assurant une meilleure allocation des ressources stratégique : les hommes et l'argent. Ces ressources ne sont pas inépuisables et il faut les avoir disponibles, au bon moment, pour réagir en face d'événements porteurs d'opportunités ou de dangers pour l'Entreprise.

Point essentiel, cette démarche doit, le plus possible, s'appuyer sur des outils que nous avons qualifiés d'« outils ouverts », de façon à permettre leur utilisation dans la durée. Cette durée d'usage présente des avantages certains : non duplication des temps d'appréhension des outils, mise à jour simplifiée des études, obsolescence moins rapide des bases de données stratégiques (le SYS : système d'information stratégique). Par ailleurs, des outils ouverts laissent le champ libre à la réflexion à une époque où plus grand monde ne croit vraiment dans l'utilisation « mécaniste » des outils en stratégie (compte tenu de la complexité et de l'incertitude dans l'environnement des Entreprises).

Après une première partie consacrée aux « préalables à l'analyse stratégique » qui traitera notamment du concept de la stratégie concurrentielle moderne et des réflexions et des actions à entreprendre avant de pratiquer la démarche proposée, celle ci sera présentée et explicitée au travers de sept domaines qui devront être pris en compte :

- l'étude de l'environnement,
- le diagnostic stratégique de l'entreprise,
- la segmentation stratégique,
- la gestion du portefeuille stratégique,
- la chaîne de valeur,
- les groupes stratégiques,
- les outils d'aide à la décision.

GLOSSAIRE
DES PRINCIPAUX TERMES UTILISÉS
EN ANALYSE STRATÉGIQUE

Activités d'une Entreprise :
on entend par « activités » l'exercice des fonctions suivantes :
- recherche & dévelopement,
- conception produit,
- production,
- commercialisation,
- services au produit ou au client.

Analyse concurrentielle :
consiste à analyser les caractéristiques essentielles d'un secteur économique pour comprendre les principaux gisements des forces de la concurrence et ainsi mettre en évidence les variables stratégiques clés du secteur.

Analyse stratégique :
processus de réflexion qui à travers l'étude de l'environnement et notamment de la concurrence, de la position concurrentielle d'une Entreprise à travers son portefeuille stratégique, permet d'identifier les itinéraires qui autorisent une Entreprise à passer, de la position concurrentielle prévisible à terme, à la position voulue par ses Dirigeants.

Atouts de l'Entreprise :
exprime le degré de compétitivité de l'Entreprise, au sein de chaque segment stratégique, par le degré de domination des facteurs clés de succès qui explicitent les conditions de la lutte concurrentielle.

Attraits d'un segment stratégique :
un « segment stratégique » présente d'autent plus d'attraits que le secteur économique permet de satisfaire aux volontés des Dirigeants qui sous-tendent la stratégie corporate.

Avantage concurrentiel :
c'est la valeur qu'une Entreprise est capable de créer pour des clients. Il se traduit par la réussite de la mise en œuvre de la stratégie concurrentielle choisie : domination par les coûts ou différenciation, exedrcée soit sur tout le secteur soit sur une niche (dans ce dernier cas on parle aussi de concentration).

Barrière à l'entrée :
obstacles limitant l'accès à un secteur économique pour les Entreprises non encore présentes.

Barrières à la mobilité :
obstacles limitant le passage d'un groupe stratégique à un autre groupe stratégique et par là même protégeant ce dernier des attaques des adversaires.

Barrières à la sortie :
obstacles rendant très coûteux le départ d'un secteur économique et ayant pour conséquence de renforcer la lutte concurrentielle.

Benchmarking :
méthode qui consiste à aller chercher les meilleures méthodes utilisées pour exercer une activité, gérer un processus, conduire un changement. Cette enquête se réalise auprès des Entreprises connues pour être un modèle dans le domaine choisi. Cette étude peut être complétée par des enquêtes auprès des concurrents.

Chaîne de valeur interne :
décomposition de l'Entreprise sous forme d'activités permettant de définir, au niveau des segments stratégiques, la stratégie la plus naturelle.

Chaîne de valeur externe :
conception identique à celle de la chaîne de valeur interne, mais comprenant les chaînes de valeur des fournisseurs en amont de celle-ci et celles des distributeurs et des clients vers l'aval.

Champs concurrentiel conceptuel, les « 3C » :
ensemble des filières ou secteurs économiques que pourrait envahir une Entreprise compte tenu de ses « core competence » (voir plus bas).

Choix stratégique :
décision stratégique ayant pour but de transformer la position stratégique d'une Entreprise par rapport à celle des concurrents.

Contexte concurrentiel :
ensemble des éléments déterminant l'état du secteur économique dans lequel se situe l'Entreprise.

Core competence :
la traduction littérale « compétence noyau » étant peu explicite, l'expression anglo-saxone a été conservée. Il s'agit d'une comptence clé de l'Entreprise qui lui permet d'exercer, avantageusement, son métier, par exemple : la conception de moteur. La maîtrise d'une « core competence » par une Entreprise peut l'autoriser à se mêler à la lutte concurrentielle, chaque fois que celle-ci est fortement dépendante de celle-là. La détermination des « core competence », dans un secteur, permet d'avoir une compréhension plus exhaustive des entrants possibles.

Courbe d'expérience :
représentation graphique de l'effet d'expérience.

Coûts complets :
ensemble des coûts directs et indirects.

Coûts partagés :
coûts communs à plusieurs entités d'une Entreprise au niveau d'une activité donnée.

Coûts spécifiques :
coûts engendrés par la différenciation de l'offre et donc propres à un segment stratégique pour réussir à la construire.

Culture d'Entreprise :
ensemble de croyances communes et partagées au sein d'une Entreprise et qui s'exprime par des symboles tels que mythes, tabous, rites et soutenu par des valeurs affirmées et supportées, apparemment par tous, mais pas nécessairement mises en œuvre.

Cycle de vie d'un produit :
évolution au cours du temps des ventes en quantité et des marges dégagées.

Cycle de vie d'un secteur :
application de la courbe du cycle de vie d'un produit à un secteur économique.

Cycle de vie d'une technologie :
évolution des technologies au cours du temps.

Décision stratégique :
processus de définition d'un choix stratégique qui transforme la position stratégique d'une Entreprise.

Développement durable :
Mouvement, sous l'égide de l'ONU, qui a pour but d'amener les gouvernements, les collectivités locales et les entreprises à privilégier à égalité les performances sur les plans : économique, environnemental et social. L'application de cette forme de développement aura une influence sur l'avantage concurrentiel des entreprises.

Différenciation :
choix d'une stratégie conduisant à créer une offre qui soit considérée comme unique par le marché. La différenciation, pour exister, doit être perçue par le marché.

Diversification :
changement de métier (vocable très souvent employé – à tort – dans le sens de modificatin de l'offre).

Diversification géographique :
implantation de l'Entreprise à l'intérieur de zones géographiques qui se caractérisent par la nécessité de dominer, pour y réussir, des facteurs clés de succès autres que ceux habituellement dominés.

Domaine d'activité stratégique :
partie du champ de bataille sur lequel l'Entreprise a positionné un segment stratégique.

Économies d'échelle :
baisse du coût unitaire, permise par une augmentation de volume, et obtenue en utilisant l'effet d'expérience.

Effet d'expérience (ou d'apprentissage) :
le coût unitaire d'un produit décroît (ou peut décroître à condition de s'en donner les moyens) d'un pourcentage constant chaque fois que sa production cumulée, au sein d'une Entreprise, est multipliée par deux. Cet effet ne joue que dans certains secteurs.

Élargissement ou extension de la gamme :
c'est la « bonne » expression (et non « diversification ») pour parler de l'augmentation de l'offre d'une Entreprise.

Entrant :
concurrent pénétrant dans un secteur d'où il était absent.

Facteurs clés de succès :
éléments sur lesquels se fonde prioritairement la lutte concurrentielle. Ils sont à rechercher dans l'environnement au niveau des types de clients.

Facteurs clés de succès sectoriels :
même définition que précdemment mais au niveau du secteur économique ou du métier.

Filière :
ensemble des métiers permettant de transformer la matière première en un produit fini et permettant sa mise à disposition du client.

Flexibilité :
capacité que possède une Entreprise pour s'adapter, rapidement et à moindre coût, aux évolutions du marché.

Frais fixes :
frais insensibles aux variations des ventes, en tout cas à court terme. (Il reste entendu qu'un fort accroissement des ventes entraînera à plus long terme une remontée de ces frais).

Frais variables :
coûts variant proportionnellement avec les ventes.

Groupe stratégique :
ensemble des concurrents qui, au sein d'un secteur économique, pratiquent la même stratégie.

Image de l'Entreprise :
représentation que se fait le marché d'une Entreprise donnée.

Intégration amont :
réalisation, à l'intérieur de l'Entreprise de ce qu'elle achetait à des fournisseurs, donc une extension de ses activités du côté des fournisseurs.

Intégration aval :
même mouvement stratégique que précédemment mais dirigé vers le client final.

Intégration verticale :
degré de réalisation à l'intérieur de l'Entreprise d'une activité déterminée, par exemple degré de réalisation en interne des étapes de la fabrication.

Matrice stratégique :
grille permettant d'évaluer la position des segments stratégiques par rapport à deux variables.

Métier :
en stratégie, un métier se définit par des activités exercées, la façon de les exercer ainsi que par les technologies ou les techniques maîtrisées.

Niche :
partie du champd e bataille réclamant une offre spécifique (quelquefois appelée aussi : créneau).

Planification :
processus « formalisé » de prise de décisions par lequel une Entreprise se détermine en terme de vision d'avenir et élabore les modalités de ses plans d'action pour mettre en œuvre les choix stratégiques.

Planification classique :
planification de l'Entreprise basée essentiellement sur l'emploi d'outils financiers à partir d'une structure organisationnelle existante.

Planification stratégique :
procédure formalisée de décision par laquelle l'Entreprise fixe les grands axes de développement, le choix des segments stratégiques et leur alloocation de ressources.

Portefeuille stratégique :
outil d'analyse comparée de l'ensemble des segments stratégiques d'une Entreprise.

Portefeuille de technologies :
outil d'analyse de l'influence de toutes les technologies possédées par l'Entreprise.

Position concurrentielle :
situation d'une Entreprise, dans un certain domaine d'activité, obtenue par l'analyse de ses points forts et de ses points faibles par rapport à ses concurrents, et aux facteurs-clés de sucès.

Projet de l'Entreprise :
c'est l'expression de l'ambition économique, de l'ambition sociale et des valeurs auxquelles se réfère l'entreprise. Ce projet doit tenir compte de l'identité collective pour être crédible et donc réussir.

Segment stratégique :
c'est le résultat de la segmentation stratégique : regroupement d'unités de l'Entreprise devant maîtriser les mêmes facteurs-clés de succès car se battant contre les mêmes concurrents, sur les mêmes marchés en utilisant les mêmes technologies et donc devant construire le même avantage concurrentiel. Ce sont les unités de base stratégique de l'Entreprise à partir desquelles sont attribuées les ressources stratégiques pour obtenir un retour sur investissement.

Segmentation stratégique :
découpage stratégique de l'Entreprise, en segments stratégiques, permettant aux Dirigeants de choisir le bon niveau de construction d'un avantage concurrentiel.

Spécialisation de l'offre :
degré « d'enlargissement » de l'offre d'une Entreprise.

Stratégie concurrentielle :
choix d'une stratégie (voir ci-dessous générique au niveau d'un segment stratégique.

Stratégie corporate :
expression de la stratégie au plus haut niveau de l'Entreprise, prenant en compte la volonté des Dirigeants et exprimant leur vision à terme de l'Entreprise.

Stratégie de coût :
obtenir des coûts faibles, par rapport aux concurrents, afin de réussir une stratégie de volume.

Stratégie de différenciation :
recherche d'un avantage cincurrentiel construit autour du caractère unique de l'offre qui soit perçu par le client ; ce caractère unique doit rendre difficile l'imitation ou la substitution par la concurrence.

Stratégie de domination par les coûts :
construction d'un avantage concurrentiel obtenu par une Entreprise ayant un métabolisme lui permettant d'avoir, à qualité et services identiques, des coûts moins élevés.

Stratégie de fonction :
stratégie de mise en œuvre au niveau d'une fonction (par exemple marketing, production, etc.) de la stratégie générique choisie.

Stratégie de fragmentation :
consistant pour une Entreprise à utiliser, auant que faire se peut les possibilités de différenciation de l'offre offertes par un secteur, alors même que cette Entreprise éprouve des difficultés à construire un avantage concurrentiel fort.

Stratégies génériques :
nom donné aux stratégies concurrentielles : domination par les coûts ou différenciation, exercées soit sur tout le champ de bataille soit sur une niche ou un créneau.

Stratégie de spécialisation :
consistant à utiliser au maximum dans un secteur, offrant de nombreuses sources potentielles de différenciation, celles-ci chaque fois que l'Entreprise peut exercer un avantage concurrentiel fort.

Stratégie technologique :
stratégie s'appuyant sur la valorisation de technologies parfaitement dominées par l'Entreprise.

Stratégie de volume :
consiste à devenir leader sur son marché en volume vendu ; elle dépend généralement de la bonne mise en œuvre d'une stratégie de domination par les coûts, mais peut aussi provenir d'autres sources concurrentielles telles que délai, réactivité...

Structure de coût :
décomposition des prix de revient suivant la nature des coûts.

Substitution :
remplacement d'un produit ou service existant par un autre satisfaisant ausi bien, voire mieux, le besoin ou l'attente d'un segment de marché.

Synergie :
mise en commun de ressources stratégiques pour concourir à un effet unique devant aboutir à des économies de moyens.

Systèmes concurrentiels :
systèmes définissant les principales caractéristiques de la concurrence compte tenu des sources potentielles de différenciation dans le secteur et de l'importance de l'avantage concurrentiel que les Entreprises peuvent construire.

Technologie :
application pratique et mise en œuvre de connaissances scientifiques et techniques à la satisfaction d'un besoin sur le marché.

Technologie de base :
technologie tellement répandue qu'elle ne puisse à elle seule permettre la réussite concurrentielle.

Technologie clé :
technologie ayant une importance majeure pour assurer une position concurentielle.

Technologie émergente :
technologie au stade « expérimental », mais qui sera susceptible à terme de modifier les conditions de la lutte concurrentielle.

Trade marketing :
ensemble des actions marketing engagées par les distributeurs en direction des consommateurs et en règle générale supportées financièrement par les industriels.

Valeurs :
expression de références communes et acceptées par l'ensemble du personnel et qui doivent servir de guides dans la vie de l'Entreprise.

Valeur ajoutée :
différence, pour un produit, entre son prix de revient final et les coûts d'approvisionnement. Elle représente le coût des autres activités de l'Entreprise pour ce produit.

Veille concurrentielle :
collecte et exploitation permanentes des informations sur les conditions de la lutte concurrentielle. La veille technologique est partie intégrante de la veille concurrentielle, chaque fois que la technologie est un élément clé de cette lutte.

PARTIE 1

Les préalables à l'analyse stratégique

Les préalables à l'analyse stratégique

Chapitre 1 :

Du marketing à la stratégie
Dans le temps les Entreprises ont été conduites à utiliser d'autres concepts et d'autres méthodes pour se définir une stratégie

Chapitre 2 :

L'avantage concurrentiel
L'aboutissement de l'analyse stratégique : c'est le choix d'un avantage concurrentiel. Cette méthode une fois présentée, chaque type d'avantage est exposé de telle manière que son choix puisse être fait en toute connaissance de cause

Chapitre 3 :

La stratégie corporate
Avant de concevoir une ou des stratégies concurrentielles l'Entreprise doit, au préalable, faire un certain nombre de choix à son « niveau politique »

Chapitre 4 :

La mise en place d'un processus formalisé
Il est nécessaire de mettre en évidence les facteurs clés de succès à respecter pour assurer la réussite d'une analyse stratégique

CHAPITRE 1

Du marketing à la stratégie

« Les méthodes sont les biens
les plus précieux des hommes ».
Friedrich NIETZSCHE

« L'objet en quoi s'inscrit le pouvoir est,
de toute éternité humaine, le langage ».
Roland BARTHES

Un très grand nombre de cadres d'entreprises, lorsqu'on parle avec « eux » de leur rôle dans le fonctionnement de leur Entreprise, déclare participer, d'une façon ou d'une autre, au processus de conception de la stratégie. Or la façon dont ils décrivent leur apport montre qu'en fait il n'en est rien. Manifestement le contenu du mot « stratégie » doit être différent suivant les interlocuteurs.

Cette entrée en matière n'est pas une banale interpellation, pas plus d'ailleurs que la reproduction d'un procédé, bien connu maintenant et qui consiste à tenter de surprendre pour mieux attirer l'attention. Il s'agit vraiment d'un constat qui a pour seul but de mettre en évidence qu'au travers de ce mot les divers interlocuteurs désignent des réalités tout à fait différentes et quelquefois contradictoires.

Il arrive même que dans quelques secteurs économiques présentant, sans doute, certains particularismes, des cadres considèrent ne pas savoir très exactement où se situent les limites entre la stratégie et le marketing et donc ne pas être en mesure de pouvoir définir précisément les domaines dans lesquels ils interviennent. Le fait que cette frontière soit plus évidente dans certains secteurs, que dans d'autres, montre bien que la difficulté à la situer doit correspondre à des raisons objectives.

Tout ce qui relève du mot « stratégie » ne semble pas clair pour la majeure partie des personnes interrogées. Il apparaissait, alors, indispensable d'employer lors de notre enquête le langage couramment usité afin de ne pas introduire, de façon inconsciente, de nouveaux concepts ou utiliser un jargon incompréhensible aux non-initiés. Néanmoins, les difficultés n'ont pas totalement disparu et même dans certains cas ont semblé augmenter à notre profonde surprise.

Comment expliquer cet état de fait ?

La raison essentielle est que le mot « stratégie » est galvaudé ou presque. Des définitions fantaisistes des domaines d'emploi, couverts par la stratégie, aux innombrables usages qui en sont faits, l'approximation règne en la matière, aboutissant à qualifier de stratégiques des itinéraires qui n'en n'ont que l'appellation.

En fait le mot « stratégie » est utilisé comme un vocable « générique », et pour reprendre la définition du Larousse : *« Comme un mot ayant un sens suffisamment général pour englober une classe naturelle d'objets dont chacun pris séparément reçoit une dénomination spécifique. »*

Il en résulte deux attitudes bien compréhensibles chez certains cadres :

- d'une part l'usage inconséquent du mot « stratégie » sans pour autant s'appuyer sur un concept clair,
- et d'autre part la crainte de passer pour archaïque en posant des questions sur un sujet qu'ils sont, tout naturellement, censés dominer.

Et pourtant, ces incompréhensions et les conséquences qui en découlent, vont nous permettre de réfléchir sur les différents sens spécifiques du vocable « stratégie » et par là déterminer les différents concepts qu'il recouvre.

On comprend tout naturellement, après ce préambule, qu'il est indispensable, pour bien comprendre la démarche stratégique et pouvoir utiliser correctement ses outils :

- **de concevoir précisément les concepts qui la sous-tendent,**
- **et de connaître le contenu des variables permettant de construire les outils nécessaires pour sa mise en œuvre.**

De ce fait, pour atteindre à une juste cohérence, il est nécessaire avant tout autre développement de choisir de commencer par déterminer exactement le contenu des concepts que recouvre chaque expression et clairement définir le vocabulaire qui sera employé.

On comprend, tout aussi naturellement, qu'il s'avère opportun de ne pas commencer par fournir une définition du mot « stratégie », ce qui n'en ferait qu'une de plus et ne changerait rien à la situation. En effet, le mot « stratégie », dans son usage « générique », est un « faux ami », puisqu'il recouvre des réalités et des usages différents ; aussi est-il plus raisonnable de ne pas prendre le risque d'entrer dans des querelles de chapelle.

Aussi, afin de les éviter, nous allons privilégier une approche historique des modes de pensée qui ont permis de développer les démarches successives utilisées par les entreprises pour assurer autant que faire se peut leur pérennité. Cette approche devrait permettre de rendre aisément perceptible la raison qui rattache si fortement la fonction « marketing » à la « stratégie ». Et ce, parce que le premier mode de pensée utilisé le fut à partir de l'analyse des clients et des marchés : c'est la démarche « marketing ».

1. La démarche marketing

Cette démarche a été initialisée aux ÉTATS-UNIS au début des années 20. Rappelons que la petite histoire veut qu'elle fut appliquée pour la première fois à un savon nommé « IVORY », fabriqué par PROCTER & GAMBLE, produit dont on reparlera lors de la démarche stratégique.

Il est intéresant de présenter l'ossature de la démarche marketing. Certes, cette démarche a reçu bien des adjonctions au cours des décennies suivantes pour s'adapter à des couples produits-marchés très différents mais elle a conservé son soubassement : une école de cohérence entre le client, au travers de ses besoins, et les offres conçues pour les satisfaire.

Ce schéma permet d'expliciter les rôles de la fonction marketing sous la forme de trois niveaux : *le niveau informationnel, le niveau stratégique, le niveau opérationnel.*

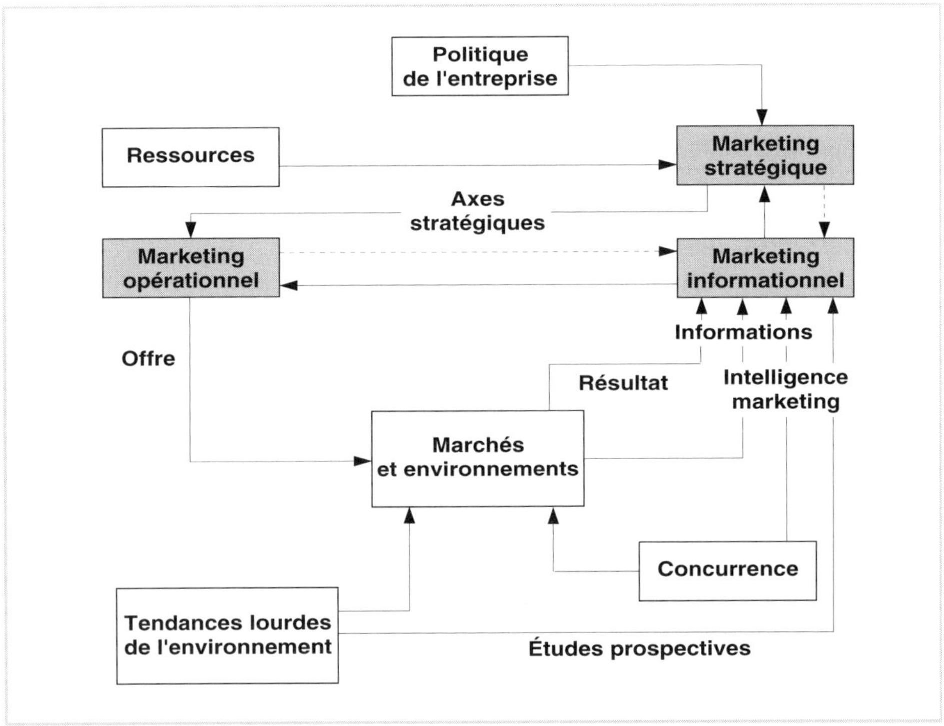

Figure 1.1 Schéma de la démarche marketing[1]

1. Schéma ADETEM.

• Le marketing informationnel

Il a pour mission la recherche, l'analyse et la vérification de l'ensemble des informations nécessaires et essentielles pour comprendre l'évolution des marchés au niveau des couples produits / marchés.

A cette fin, il faut étudier :

- *le jeu des acteurs* (consommateurs, acheteurs, prescripteurs, consumérisme, l'État, les banquiers, les fournisseurs, les concurrents etc.) sur les marchés de l'Entreprise
- *et la modification des variables ayant une influence déterminante sur la tendance des marchés* (rappelons que pour chaque marché, il existe des variables indépendantes qui influencent ce marché et le conditionnent).

Ces variables peuvent être de nature tout à fait différente. Ainsi la variable « démographie » va avoir une influence sur la segmentation des marchés de la consommation : apparition du troisième âge voire même du quatrième après la disparition d'un des deux membres du couple. Mais on peut citer d'autres variables telles que le nombre de kilomètres d'autoroute à construire pour l'industrie des travaux publics.

L'informationnel doit réaliser toutes les études nécessaires pour satisfaire à cette mission et c'est là que se trouve une des interfaces à gérer entre marketing et stratégie, puisque cette dernière exige une parfaite connaissance des conditions de la lutte concurrentielle à l'intérieur d'un marché (d'où l'absolue nécessité de la circulation et de la remontée de l'information du marketing vers les responsables de la stratégie).

On ne s'étonnera donc pas de voir sur le schéma de la démarche marketing, accolées à ce niveau informationnel la responsabilité des études concernant la concurrence (marketing intelligence) ou les études prospectives pour suivre sur le long terme l'évolution des grandes tendances lourdes de l'environnement. La connaissance de ces domaines est essentielle puisqu'ils sont susceptibles, à eux seuls, d'influencer fortement, à terme, l'allure des marchés.

Il est souhaitable sur ces deux points d'apporter un éclairage complémentaire pour bien comprendre les conditions actuelles de la lutte économique.

En ce qui concerne la concurrence, s'il est nécessaire d'avoir une bonne connaissance des adversaires aujourd'hui présents dans le secteur, il est aussi indispensable de bien comprendre qui seront en réalité les concurrents que nous risquons d'avoir à affronter demain. Nous traiterons plus particulièrement cet aspect de l'étude concurrentielle lors du chapitre consacré à l'étude de l'environnement.

Il est aussi nécessaire, dès maintenant, de bien situer le niveau et l'étendue des informations qu'il est indispensable de récolter. Il ne s'agit pas de se contenter de gérer une bibliothèque de catalogues, de copies de propositions émanant de concurrents, de cartes d'implantation des points de vente, mais d'informations très pointues permettant de comprendre où, comment et pourquoi des concurrents réussissent sur telle ou telle partie du champ de bataille. Tout au long de la démarche stratégique, que nous détaillerons dans les chapitres suivants, se fera jour l'absolue nécessité d'une recherche permanente d'informations précises et spécifiques sur les concurrents.

L'autre point sur lequel il faut insister est celui de l'usage des études prospectives ; il est de nos jours de bon ton de proclamer que les études prospectives sont du temps et de l'argent dépensés en pure perte car, disent leurs détracteurs, plus personne aujourd'hui ne peut faire de prévisions ayant une probabilité raisonnable de se réaliser. Ce point de vue n'est pas partagé ici. En fait, bien au contraire, il apparaît souhaitable de faire comprendre et d'admettre l'absolue nécessité de ce type d'études.

Il est vrai, et en cela nous partageons l'opinion des détracteurs de la prospective, que la prévision est devenue plus que délicate.

Mais les études prospectives ont-elles pour but de faire des prévisions ? Ou bien plutôt d'essayer de nous décrire le monde dans lequel vivront demain les Entreprises.

Un énorme malentendu existe en France sur le rôle des études prospectives. Ceci tient, sans aucun doute, au rôle qu'on leur a fait jouer dans les années passées. La croissance que la France a connue pendant les « Trentes Glorieuses » et aussi le fait que notre pays a été, parmi l'ensemble des pays industriels du monde, très certainement l'un de ceux qui a le plus usé, pour ne pas écrire « abusé » de la planification, expliquent parfaitement la tentation, à laquelle beaucoup ont succombé, de tirer des prévisions de ces études. La conséquence fut que l'erreur des prévisions a entraîné une mauvaise image et donc un rejet de ce type d'études.

Et pourtant, comment se passer complètement d'elles ? Alors qu'il est si nécessaire de connaître les tendances lourdes qui vont affecter un secteur économique.

Mais s'il est important de connaître les tendances lourdes, il est aussi très important de comprendre leurs évolutions. Or, il n'existe pas dans notre monde de grands changements qui ne soient précédés de **« signaux faibles ».**

Comment ne pas tenir compte des « signaux faibles » qui nous annoncent un changement de tendance dans un secteur, alors que c'est de cette capacité de détection que dépend le sens stratégique ?

Il faut donc utiliser ces études comme elles doivent l'être :

- non un outil pour établir des prévisions,
- mais le moyen pour faire un choix réaliste des variables à suivre pour être à même de comprendre ce qui va changer et comment ce changement va s'opérer dans notre secteur.

Il revient par conséquent à l'informationnel tout ce qui touche au « SIM » (le système d'information marketing), c'est-à-dire tout ce qui concerne l'alimentation, la mise à jour et la gestion des bases de données sur le marché ainsi que la responsabilité du lancement des études nécessaires pour mettre dans ces bases les informations indispensables à une bonne connaissance des marchés. Bien entendu, ce système d'information marketing devra être relié de façon opérationnelle au système d'information d'aide à la décision stratégique de l'Entreprise.

Ainsi, c'est en possédant un excellent marketing informationnel que l'Entreprise se donne une chance de pouvoir répondre, en tout ou partie, avec pertinence et honnêteté aux questions réclamant une parfaite connaissance de la concurrence, du jeu des autres acteurs, mais aussi des besoins et attentes des marchés pour pouvoir vérifier le degré de satisfaction ou d'insatisfaction, totale ou partielle.

• Le marketing stratégique

Il est beaucoup plus délicat à définir, ne serait-ce que parce que figure le mot « stratégique ». En suivant le schéma présenté, on interprète le rôle du marketing stratégique comme étant de :

> *« prendre en compte les volontés des Dirigeants, c'est-à-dire la politique de l'Entreprise et l'ensemble des ressources que l'Entreprise peut mobiliser, pendant la durée du plan stratégique, pour faire le choix des itinéraires sur lesquels engager l'Entreprise ».*

C'est ainsi qu'il fut défini à l'époque, c'est-à-dire avant que fut conçue la démarche stratégique.

La politique de l'Entreprise, nous le verrons plus loin, dépend du conseil d'administration, tandis que sa prise en compte est du ressort du comité de direction. On est là très en amont de la fonction marketing. C'est pourquoi il nous faut subdiviser ce niveau du marketing stratégique en deux sous-niveaux :

- *UN premier sous-niveau : de type méta-marketing stratégique subordonné à la direction générale et,*
- *UN second sous-niveau qui, lui, dépend bien du marketing et par conséquent est du ressort d'une fonction de l'Entreprise.*

Il est vrai que cette vision du marketing stratégique, prenant en compte les responsabilités de direction générale, a eu un intérêt certain pour les Entreprises lorsqu'était mal définie la notion de stratégie concurrentielle car alors le marketing était le principal mode de pensée stratégique que possédaient les Entreprises.

Mais cette conception de la stratégie n'est plus pertinente aujourd'hui. En effet, compte tenu des avancées réalisées dans l'analyse stratégique, il existe une prise de conscience que l'analyse marketing ne permet pas de comprendre réellement : pourquoi certaines Entreprises font mieux que d'autres en termes de part de marché et surtout en termes de profit. Cette prise de conscience a été encore renforçée par l'importance et la rapidité des changements dans l'environnement, tels qu'ils ont été exposés au précédent chapitre. Il est essentiel, maintenant, de se référer aux travaux d'un professeur d'Harvard : Michael PORTER qui a developpé ce que l'on appelle la « stratégie concurrentielle » et qui va servir de base à la démarche stratégique exposée dans cet ouvrage (nous n'abandonnerons cette approche que dans les cas, où un avantage concurrentiel n'étant plus constructible, il nous faudra utiliser une autre méthodologie).

La suite de cet ouvrage permettra d'admettre que les deux sous-niveaux décrits plus haut peuvent s'exprimer ainsi :

- le premier sert à définir le lieu choisi pour le combat et les armes pour le mener : autour du choix de l'avantage concurrentiel,
- alors que le second sous-niveau a pour but la conception et la mise en œuvre sur le terrain d'offres ciblées (marketing-mix).

Mais le passage d'un mode de pensée à l'autre ne s'est pas fait sans tâtonnement et avec rapidité. Par ailleurs, les premiers outils de l'analyse stratégique ont été créés alors même que l'on était à mi-chemin entre ces deux démarches. Voilà ce qui explique cette difficulté à déterminer, dans l'esprit de certains, les frontières entre marketing et stratégie.

Il est clair que moins un secteur est influencé par les effets de la technologie, et plus il sera sensible au jeu de variables à forte connotation marketing telles que : le prix, le délai ou l'image. Dans ce type de secteurs, la tendance à confondre marketing et stratégie sera forte.

Dans la mission qui est celle que nous venons d'attribuer au second niveau du marketing stratégique, et que nous classons sous l'appellation de « stratégie de fonction », se trouve l'un des facteurs de succès pour la réussite de toute stratégie concurrentielle, à savoir la définition générale des couples produit / marché. Trois étapes : *la segmentation marketing, le ciblage, le positionnement,* permettent d'associer l'offre de l'Entreprise avec des segments de clients parfaitement repérés et auxquels s'adresse cette offre.

• Le marketing opérationnel

Il a pour mission la mise en œuvre de l'offre que l'on appelle aussi le marketing-mix, c'est-à-dire le mélange des politiques commerciales constituant la base de cette offre :

- politique de produit
- politique de prix
- politique de distribution
- politique de communication,

d'où l'appellation des « 4 P », selon l'expression américaine, *(product, price, place et publicity),* qui expriment bien le contenu de l'offre lorsqu'il s'agit de produits de consommation ; mais qui doivent être complétés, de nos jours, par d'autres dimensions de politique commerciale lorsqu'il s'agit de concevoir d'autres types d'offres, comme :

- la politique de délai pour les produits industriels,
- la politique d'enseigne,
- la politique d'achalandage pour la grande distribution etc.

Nous souhaitons à cette étape de clarification des concepts, nous étendre sur la politique du produit. Il est à peu près certain que la majorité des managers possède sur ce point une information sérieuse. Cependant, la politique produit et ses liens directs avec le domaine stratégique nous paraissent tellement importants que nous croyons réellement indispensable d'y consacrer quelques lignes.

La politique produit est basée sur le concept de cycle de vie du produit. Sans nous étendre trop longuement sur ce concept, rappelons que ce cycle est en règle générale défini par 4 phases : le lancement, la croissance, la maturité et le déclin ou vieillissement.

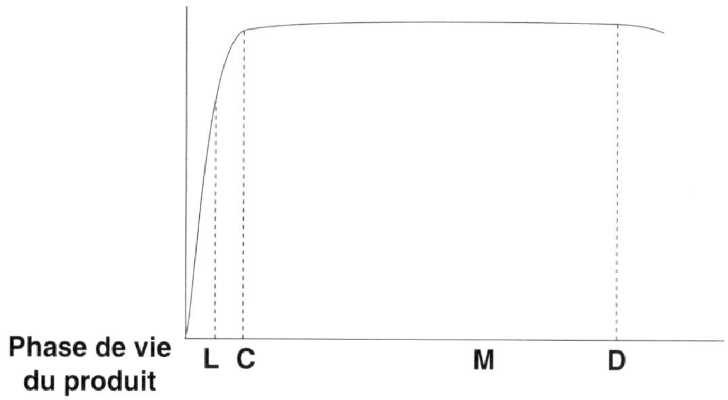

Figure 1.2 Cycle de vie d'un produit

Il est cependant essentiel d'en rajouter une cinquième : le temps de gestation ou création du produit, car la durée de cette phase a une grande importance en stratégie concurrentielle (voir schéma page ci-après).

Chacune de ces phases est caractérisée par des évolutions de chiffre d'affaires, de coût unitaire et donc de bénéfice, de nombre de concurrents, des activités primordiales et bien d'autres facteurs. On voit bien l'importance de l'utilisation de ce concept.

La première remarque concerne le choix fait par de nombreux auteurs du mot « déclin » pour définir la dernière phase du cycle de vie. Le choix de ce mot présente un risque de contresens. En effet, il semble suggérer qu'il est déjà temps de partir et que seuls les retardataires restent accrochés. Et pourtant cette phase devient source de profit pour certaines Entreprises. De nombreuses études sur le comportement des clients ont montré que pour une très grande majorité de produits, les consommateurs se distribuaient selon une loi de GAUSS pour ce qui concerne l'adoption d'un produit.

Phases du cycle de vie / Caractéristiques	Lancement	Croissance	Maturité	Déclin ou vieillissement
Ventes	Faibles	Croissantes	Maximales	Décroissantes
Coût unitaire	Très élevé	Élevé à moyen	Moyen à faible	Faible mais croissant
Bénéfices	Pertes	Équilibre puis positifs	Élevés	Déclinants
Concurrence	Limitée	Nombreux entrants	Maximale mais stable	Décroissante
Clientèle	Pionniers	Adopteurs précoces	Masse	Traditionalistes

Figure 1.3 Caractéristiques principales du cycle de vie d'un produit

On voit qu'en moyenne 16 % des clients restent fidèles à l'usage d'un produit traditionnel, ne se précipitent pas sur la nouveauté et acceptent très souvent de payer un rapport prix / performance élevé pour ne rien changer à leur mode de consommation. On baptise ces clients les « traditionalistes ». Cette appellation, que certains peuvent juger, *a priori* péjorative, recouvre en fait le fonds de commerce de l'Entreprise, car ils sont les derniers fidèles alors que le plus grand nombre, aujourd'hui, est peu attaché à la marque. La récolte d'argent est souvent fort intéressante auprès de cette clientèle, car en général nombre de concurrents ont déjà migré sur d'autres parties du champ de bataille ; elle peut, ainsi, se révéler une voie de salut possible pour des Entreprises qui sont en train de se placer sur d'autres créneaux de marché (voir schéma page ci-après).

Aussi, doit-on considérer que cette dernière phase du cycle de vie du produit ne doit pas conduire systématiquement les Entreprises à abandonner le produit, mais à considérer les opportunités encore présentes. Il semble qu'il faille plutôt parler de « vieillissement ».

La seconde remarque veut rappeler l'existence d'une étape de la vie du produit dont, par définition, le marché n'a pas connaissance : la gestation. Cette vie intra-utérine, c'est-à-dire à l'intérieur de l'Entreprise, du produit constitue une autre phase que l'on peut appeler phase 0 par rapport au marché. Pour la faire naître, dans les meilleures conditions, la gestion efficace de l'interface « marketing / recherche et développement » devient un facteur clé de succès. Or cette gestion pour être pleinement efficace doit correspondre aux choix

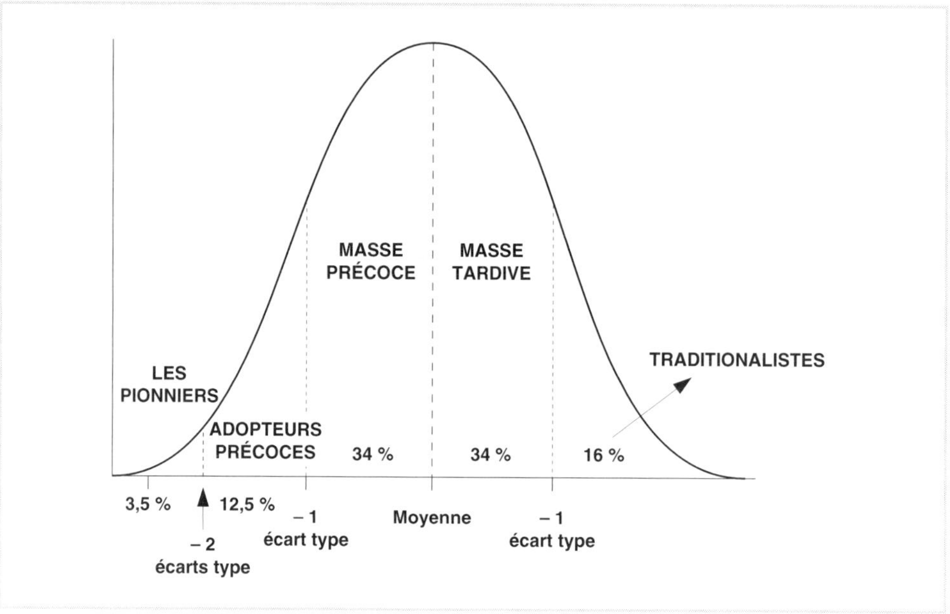

Figure 1.4 Courbe de distribution des clients[1]

effectués lors de la définition de la stratégie générale de l'Entreprise. Là encore la stratégie et le marketing ont « à faire ensemble ».

Bien entendu, d'autres grandes fonctions de l'Entreprise ont à intervenir durant cette étape de la vie du produit à des moments différents de cette étape : bureau d'études, technique, production, approvisionnements, finances...

Ces deux remarques faites, il faut maintenant montrer les autres utilisations qui peuvent être effectuées de cette courbe de vie pour commencer à déterminer les facteurs clés de succès provenant des clients et ce à chaque phase de vie.

On voit qu'à chaque phase du cycle de vie correspond une stratégie qui est très dépendante d'une ou plusieurs fonctions bien précises de l'Entreprise ; en fait, toutes sont concernées mais à des degrés différents. Ce constat permet de mettre en lumière la nécessité d'une fonction en charge de maîtriser la gestion des « interfaces » inhérentes à cette nécessité. Cette responsabilité ne peut pas et ne doit pas être de la compétence du marketing ou du commercial.

1. D'après E. M. Rogers, *Diffusion of Innovations,* The Free Press, 1962, p. 162.

En effet, pour l'exercer pleinement, il faut obtenir la participation des autres fonctions et on doit considérer que la gestion du cycle de vie complet du produit avec ses 5 phases : conception, lancement, croissance, maturité, et vieillissement devient un élément de l'analyse stratégique.

Phases du cycle de vie / Paramètres	Lancement	Croissance	Maturité	Déclin ou vieillissement
Compétition basée sur	Caractéristiques produit	Marketing et communication	Coûts	Coûts et qualité
Stratégies	INNOVER	Faire connaître pour prendre des parts de marché	Rentabiliser et défendre les parts de marché	Traire
Fonctions clés de l'entreprise	R & D Engeneering	Commercial	Gestion industrielle	Gestion industrielle et stratégie
Compétences à mettre en œuvre	Conception et mise en œuvre des compétences	Réseau et réactivité	Productivité	Coûts et choix des cibles

Figure 1.5 Fonctions/cycles de vie/stratégie

Pour conclure cette partie du chapitre consacrée à la fonction marketing, on peut avancer que le marketing s'est spécifiquement focalisé sur :

- **la volonté de repérer la demande, c'est-à-dire d'identifier les besoins et les attentes des consommateurs,**
- **la conception d'offres cohérentes, c'est-à-dire le marketing-mix,**
- **l'itinéraire pour accéder au(x) segment(s) de marché visé(s), c'est-à-dire à la maîtrise des modes de distribution et à la communication.**

Il est patent que, pour réussir, l'Entreprise, en fait toutes les fonctions de l'Entreprise doivent participer à la réflexion et à la réalisation des choix qui y font suite. Il est donc nécessaire qu'existe, en amont du marketing, une fonction plus « généraliste » devant assurer ce fonctionnement en commun. Il s'agit, bien entendu, de ce « méta-marketing stratégique » évoqué plus haut et que l'on dénomme la fonction « stratégie ».

2. Stratégie et déclinaisons

Ainsi, la fonction « stratégie » se trouve en amont du marketing. Mais que recouvre exactement le vocable « stratégie » ? La réponse à cette question pourrait se présenter sous la forme d'une définition.

Un très grand nombre de « penseurs » ont travaillé et ont fourni moult définitions du mot ; aussi pour ne pas allonger cette liste en en proposant une de plus il paraît plus raisonnable de se contenter de définir la stratégie en termes de fonction : « la "fonction stratégie", pour une Entreprise, a pour objet la gestion intelligente des rapports de force entre elle et ses concurrents dans le but de satisfaire aux finalités fixées par les Dirigeants. »

Bien entendu, pour ce faire, l'Entreprise devra être à même d'assurer une profitabilité des capitaux investis, de garantir la pérennité de l'institution, d'inspirer la confiance en interne et en externe et enfin de susciter l'adhésion et l'effort de tout le « personnel ».

A partir de cette compréhension du rôle de la fonction « stratégie », il devient possible de convier le lecteur à réfléchir avec nous sur ce que doit être le point de départ de la conception d'une stratégie d'Entreprise et voir ensuite par quelles étapes cette conception doit passer pour devenir une mise en œuvre réussie, c'est-à-dire permettant à l'Entreprise de satisfaire à ses objectifs.

Expliciter les différentes étapes de la conception stratégique doit, sans aucun doute, nous permettre de mettre en évidence et de comprendre les différents concepts que recouvre ce terme et dont certains ne sont pas toujours très clairs. Pour y réussir, nous nous proposons d'examiner plus en détail le contenu de la fonction remplie par la stratégie puis d'étudier le rôle et les missions clés de chacun des niveaux d'intervention dans l'Entreprise. Pour être pertinente, cette réflexion devra s'appuyer sur l'analyse et le rôle des structures de l'Entreprise qui ont à participer aux différentes étapes de l'analyse stratégique depuis la conception jusqu'à la mise en œuvre et le contrôle.

Ce constat nous amène à poser le problème du rôle du Dirigeant dans la définition d'une stratégie. Le Dirigeant, pour remplir pleinement son rôle, doit se poser trois questions :

- où sommes-nous ?
- où voulons-nous aller ? et pour rester réaliste le pouvons-nous ?
- comment y aller ?

Ce n'est certes pas à lui, et à lui tout seul, de répondre à ces trois questions, mais c'est en tout cas lui seul qui a la capacité de les poser avec efficacité. Bien entendu, il faut se garder d'oublier « d'où venons-nous ? », car cette analyse est le préalable à la compréhension de l'existant et le moyen de comprendre la culture de l'Entreprise.

Pour mieux saisir ce qui est du rôle du Dirigeant et seulement de lui, il est utile de comprendre et d'analyser les différents niveaux de décision dans l'Entreprise. Il existe, selon notre analyse, quatre niveaux spécifiques de décision dans l'Entreprise que l'on peut qualifier ainsi (*cf.* figure 1.6) :

- le niveau politique,
- le niveau stratégique,
- le niveau tactique,
- le niveau opérationnel.

Examinons la composition de chacun de ces quatre niveaux :

- *Le niveau politique* est formé des représentants des actionnaires c'est-à-dire des membres du conseil d'administration ou du conseil de surveillance y compris, bien sûr, les membres de ce conseil qui exerceraient des responsabilités de gestion dans l'Entreprise tel que le PDG et le DG (s'il est membre du conseil).
- *Le niveau stratégique* est composé des membres de la direction générale c'est-à-dire du PDG, du ou des DG, des responsables des grandes unités et des responsables des grandes fonctions de l'Entreprise.
- *Le niveau tactique* est formé par l'encadrement intermédiaire, c'est-à-dire les responsables (cadres ou non-cadres) des équipes (étant entendu que dans chaque Entreprise, compte tenu de sa taille, de son organisation notamment en termes de nombre de niveaux hiérarchiques et du secteur dans lequel elle opère, l'importance et le niveau hiérarchique des membres composant l'encadrement peuvent être très différents).
- *Le niveau opérationnel* formé par l'ensemble des personnels n'appartenant pas aux trois premiers niveaux, c'est-à-dire essentiellement les employés et les ouvriers et leur encadrement direct.

Examinons maintenant le rôle décisionnaire qui doit être attribué à chacun de ces niveaux en ce qui concerne la stratégie.

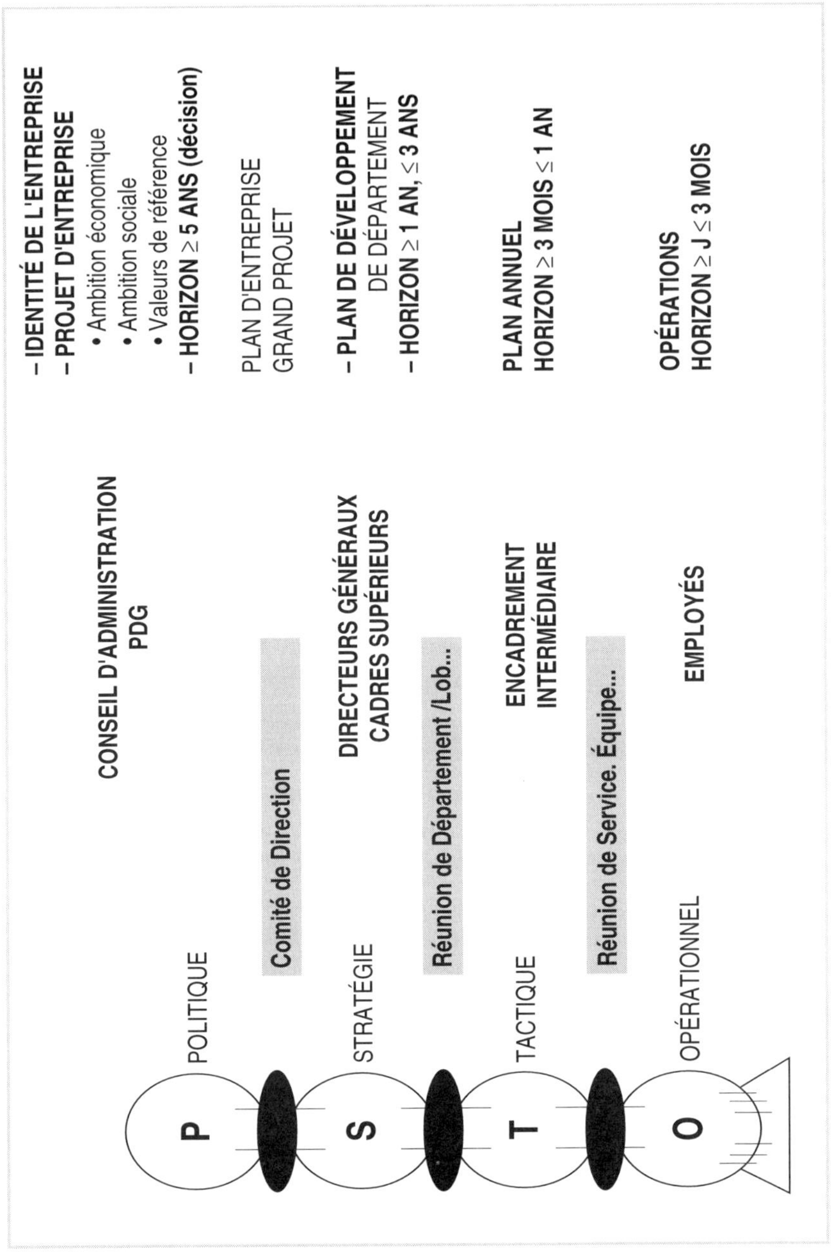

1. *Source : 1 + 1 Consultants*

Figure 1.6 Les 4 niveaux de décision[1]

Le niveau politique

C'est le niveau le plus élevé, puisqu'il représente les actionnaires, c'est-à-dire ceux qui détiennent le pouvoir économique. L'Entreprise leur appartient. C'est donc à ce niveau que doivent être prises, principalement, les décisions concernant :

- l'identité de l'Entreprise,
- la vision – à terme – de l'Entreprise,
- la définition du projet de l'Entreprise ; (ici il ne faut pas confondre le projet DE l'Entreprise avec ce que l'on appelle le projet D'Entreprise et qui n'est bien trop souvent qu'un outil de communication et d'animation).
  Par projet DE l'Entreprise nous visons ici l'expression claire et concise de l'ambition économique, de l'ambition sociale et des valeurs de référence voulues par les actionnaires ou leurs représentants. Il s'agit, à travers cette expression, d'assurer la pérennité de l'Entreprise sous certaines conditions. Ainsi tel propriétaire d'Entreprise considérera que toutes les grandes décisions doivent prendre en compte le fait que la famille désire garder le pouvoir et donc la majorité des droits de vote,
- le ou les métiers exercés par l'Entreprise,
- la certitude du flux de capitaux (quelle que soit leur provenance), afin d'être sûr de pouvoir mobiliser les fonds nécessaires pour satisfaire aux ambitions des actionnaires.

C'est à ce niveau que se décide ce que nous appellerons la STRATÉGIE CORPORATE ou stratégie de groupe.

Le niveau stratégique

Il se situe immédiatement au-dessous du niveau politique. Les représentants des actionnaires, PDG et éventuellement DG, ont notamment pour mission de transmettre aux responsables des grandes unités et des grandes fonctions de l'Entreprise les choix majeurs décidés par le niveau politique. À partir de ces choix, le niveau stratégique, avec l'aide des équipes opérationnelles, a pour mission de définir de façon très précise :

- le portefeuille d'activités de l'Entreprise,
- la segmentation stratégique, que dans un premier temps nous pouvons expliciter comme étant le mode d'organisation stratégique de l'Entreprise,

– la mise au point du projet DE l'Entreprise,

– l'allocation des ressources à accorder à chaque grande unité stratégique.

Ces choix doivent, bien entendu, s'intégrer dans le projet de l'Entreprise, tel que défini par le niveau politique, mais aussi tenir compte de l'environnement concurrentiel. En effet l'Entreprise ne peut espérer réussir à atteindre les objectifs qu'elle s'est fixés qu'à la condition d'être en mesure de lutter efficacement contre la concurrence. Aussi devrons-nous logiquement déterminer à ce stade de l'analyse stratégique une expression de l'analyse concurrentielle d'où la définition d'une **« STRATÉGIE CONCURRENTIELLE »,** qui est véritablement une stratégie au niveau des **« UNITÉS STRATÉGIQUES ».** (Plus loin, au cours de notre démarche, nous parlerons de « segments stratégiques » et non plus d'unités stratégiques.)

• Le niveau tactique

Après le niveau stratégique nous avons positionné le niveau tactique composé essentiellement des cadres assurant la direction des équipes. À partir de ce que nous avons appelé la « stratégie concurrentielle », ils vont avoir, avec les responsables des grandes unités et l'appui des fonctionnels, à la décliner au niveau de chaque activité, c'est-à-dire déterminer le *modus vivendi* des actions à entreprendre ce que généralement on baptise la « mise en œuvre » de la stratégie. Cette expression de « mise en œuvre » ne nous semble pas refléter exactement le rôle qui doit être celui du niveau tactique car beaucoup trop restrictif à nos yeux. Nous compléterons la description de ce rôle plus tard, mais dès maintenant, pour donner au lecteur une indication sur l'itinéraire que nous lui proposerons de suivre, nous affecterons à ce stade de l'analyse stratégique l'appellation de **STRATÉGIE DE FONCTION.**

• Le niveau opérationnel

Quant au niveau opérationnel, il n'a *a priori* qu'un très petit rôle à jouer dans l'analyse stratégique. Cependant, gardons en mémoire que dans les industries de haute technologie il n'est pas surprenant de voir des stratégies émerger de la « base » qui, en étant au contact des attentes des clients et des évolutions des technologies et des modes de production, peut souvent mettre la direction générale en face de développements possibles qu'elle ne pouvait à elle seule imaginer.

En revanche, par la façon d'exercer son activité – en fait par la compréhension du métier personnel qu'elle fait – elle a une influence majeure sur la construction de l'avantage concurrentiel qui est la façon dont s'exprime une stratégie contre des concurrents. Ce point très important sera très fortement développé lors de la construction de la chaîne de valeur de l'Entreprise.

• La cohérence entre les niveaux de décision

Entre deux niveaux consécutifs de décision doit exister un organe de régulation en charge de gérer l'interface pour assurer la cohérence de la démarche et par là-même la réussite stratégique.

A • Interface entre politique et stratégique

Ainsi, c'est le rôle du comité de direction d'assurer l'interface entre le niveau politique et le niveau stratégique.

Vu sous cet angle, le choix des membres du comité de direction devient un facteur clé de succès de l'analyse stratégique. Il ne s'agit pas de sélectionner des représentants d'unités ou des responsables fonctionnels, mais il s'agit de réunir, au sein de ce comité, les responsables de l'Entreprise qui permettront à cette dernière de comprendre son environnement (concurrents, clients, fournisseurs etc.), ainsi que son métabolisme (c'est-à-dire son mode de fonctionnement). Mais il s'agit, aussi, que participent au comité les personnes qui, au plus haut niveau, auront à mettre en œuvre les choix décidés, car elles doivent comprendre parfaitement :

- les conditions de la lutte concurrentielle,
- la signification exacte des choix stratégiques faits,
- et ce qui en découle pour ce qui les concerne.

B • Interface entre stratégique et tactique

Cette interface est à gérer au cours de ce que l'on appelle habituellement les « réunions de département », auxquelles doivent participer, sous l'égide du responsable de la grande unité, les patrons des lignes de produit et les titulaires des responsabilités par fonction à ce niveau de l'Entreprise.

C • Interface entre tactique et opérationnel

C'est le rôle des réunions d'équipe, de service, auxquelles doivent participer sous l'égide des responsables « locaux », toutes les personnes, sans exclusive, qui ont au moins un rôle d'interface avec d'autres services ou d'autres équipes.

Mais ces échanges entraîneront des résultats d'autant plus probants qu'ils pourront se dérouler autour d'outils communs et c'est le thème d'un des chapitres de cet ouvrage intitulé « La chaîne de valeur ». Ce chapitre sera tout naturellement complémentaire de ce qui est écrit ici sur la nécessaire distinction à faire entre marketing et stratégie.

Chacun de ces niveaux, pour jouer parfaitement son rôle quant à la stratégie, a besoin que le niveau qui lui est directement supérieur joue vraiment le sien, notamment en ce qui concerne tout ce qui touche à la transmission des informations. La cohérence de pensée et de volonté, c'est-à-dire en réalité la synchronisation stratégique, ne peut être assurée qu'à ce prix.

Revenons maintenant aux trois questions auxquelles le dirigeant doit répondre :

- où sommes-nous ?
- où voulons-nous aller ? et bien sûr le pouvons-nous ?
- comment y aller ?

afin de les traduire en termes d'action de façon, ensuite, à pouvoir imaginer les modes de résolution des problèmes qu'elles soulèvent :

Où sommes-nous ?

Répondre à cette question revient à faire le diagnostic de la position actuelle de l'Entreprise sur le marché et donc vis-à-vis de ses concurrents. Il paraît pertinent et parlant de la définir ainsi : le « diagnostic de la position concurrentielle actuelle » de l'Entreprise. Il est, à cette étape de la démarche, tout à fait complémentaire de se poser la question de ce que deviendrait, à terme, cette position concurrentielle si l'Entreprise continuait à mettre en œuvre la même stratégie alors que tant de changements se produisent dans l'environnement. Ceci reviendra à faire le diagnostic de la « position concurrentielle prévisible » de l'Entreprise.

Où voulons-nous aller ?

À travers cette question, il s'agit pour les Dirigeants d'exprimer, de façon claire et concise, les volontés des actionnaires, ou de leurs représentants qui détiennent, en leur nom, le pouvoir économique dans l'Entreprise. En fait

cela revient à définir le cadre général dans lequel doit s'inscrire la politique générale de l'Entreprise. (Ces volontés seront aussi à prendre en compte au moment de la conception des stratégies concurrentielles pour chaque grande unité stratégique de l'Entreprise, afin que ces dernières permettent bien d'y répondre.)
On retrouve là le concept de « stratégie corporate ».
Question subsidiaire : le pouvons-nous ?

Derrière cette question se cachent toute une série d'interrogations de nature différente quant :

- au réalisme des volontés des actionnaires et des Dirigeants,
- au positionnement de l'Entreprise sur le marché et dans l'esprit des clients,
- à la capacité de l'Entreprise à mettre en œuvre des stratégies adaptées.

Les réponses à ces interrogations se trouvent dans la possibilité qu'a ou non l'Entreprise de maîtriser un ou des avantages concurrentiels. Nous retrouvons là le concept de « stratégie concurrentielle » qui va être à l'origine des stratégies mises en œuvre par les unités stratégiques.

Comment y aller ?

C'est la formulation des stratégies concurrentielles envisagées, au niveau de chacune des unités stratégiques, et de leur déclinaison au niveau de chaque activité dans celles-ci. C'est l'itinéraire que s'efforcera de suivre chaque grande unité pour qu'à la fin de chaque exercice l'Entreprise, dans sa globalité, ait fait un pas en avant pour satisfaire à la stratégie corporate. Nous retrouvons là l'utilisation du concept de stratégie de fonction évoqué plus haut.

Ainsi, ces trois questions permettent, à nouveau, de situer les « trois » niveaux de la conception stratégique. Chacun de ces trois niveaux répond à un besoin précis et recouvre un concept stratégique bien différent.

On comprend mieux maintenant les difficultés, si souvent rencontrées, lorsque l'on discute « stratégie ». En n'ayant pas une vision claire des divers concepts que recouvre ce terme « générique », il est fort probable que les divers intervenants ressentent un fort sentiment d'incompréhension.

Prendre conscience de la nécessité de ces trois niveaux, parfaitement comprendre leur rôle respectif et assimiler le contenu des concepts qui les sous-tendent, est indispensable pour conduire une « analyse stratégique ».

L'insistance manifestée sur cet aspect de compréhension de la démarche stratégique est due au fait qu'en tant qu'homme d'Entreprise d'abord, puis de consultant et de formateur ensuite, nous pourrions citer des cas, malheureusement dramatiques, d'Entreprises qui confondant ces trois niveaux de la démarche stratégique en sont arrivées à travailler à contre-courant de leur intérêt, de celui des actionnaires et du personnel. En effet, ce manque de compréhension a amené certaines de ces Entreprises à ne pas utiliser correctement les outils de la démarche stratégique. Pour bien s'en servir, il est impératif de les construire de façon très pertinente et, donc, d'user de variables et de dimensions stratégiques au contenu très précis. La non-compréhension de ces contenus conduit à mal construire et à mal utiliser les outils et donc à en retirer des informations ne reflétant pas la réalité des situations et par là même pouvant conduire à des choix peu réalistes.

La même difficulté va exister lorsqu'il va s'agir de démarrer le processus de la démarche stratégique. En effet, le bon usage des outils de mise en œuvre de cette démarche exige que tous les « acteurs » donnent un même contenu aux variables stratégiques utilisées. Or, et c'est bien évident, ces vocables qui servent à les désigner appartiennent au langage habituel. Avec le temps, chacun a tendance à les utiliser pour satisfaire à sa propre expression et à terme ils finissent par recouvrir des contenus différents.

Par ailleurs, lorsqu'une Entreprise entreprend, pour la première fois, une analyse stratégique, c'est en général parce qu'elle prend conscience de la nécessité de suivre une démarche plus complète que la démarche marketing qu'elle utilisait jusqu'alors. Or lorsqu'on passe de la démarche marketing à la démarche stratégique, les gens restent trop souvent imprégnés des concepts et des habitudes de pensée qui sous-tendent cette première démarche au détriment de la nouvelle.

Pour toutes ces raisons, il nous semble essentiel de proposer un glossaire des principaux vocables utilisés lors de l'analyse stratégique, car c'est de leur bonne compréhension que viendra, en grande partie, une assimilation rapide et aisée de la démarche stratégique.

Il est fortement recommandé de le lire, très attentivement, et de s'y rapporter à chaque fois que l'on ressentira une certaine difficulté de compréhension car il y a de grandes chances, tout au moins au début, qu'elle provienne d'une mauvaise interprétation du sens d'un mot.

ET LES PME et PMI ?

À la fin de ce chapitre, il est bon de rappeler l'absolue nécessité d'une analyse détaillée avant que de céder à la tentation de conclure et de proposer une solution.

Le manque de temps, d'hommes ou de moyens financiers est souvent mis en avant pour justifier le fait que l'analyse soit effectuée imparfaitement ou seulement ébauchée, notamment dans de nombreuses petites ou moyennes Entreprises. Cette argumentation laisse dans l'ombre deux éléments importants pour ce qui concerne la survie de telles Entreprises :

- d'abord, parce que la taille de ces Entreprises les autorise, rarement, à posséder des capacités d'endettement très fortes, ce qui implique qu'elles ne peuvent se permettre de devenir trop dépendantes de sources de financement extérieures,
- ensuite, parce que représentant un nombre d'emplois peu élevé, elles ne peuvent pas non plus attendre des pouvoirs publics des mesures de soutien très importantes.

Il est donc essentiel, pour leur survie, d'analyser parfaitement les conditions de la lutte concurrentielle afin de pouvoir éviter les affrontements contre des plus forts.

En particulier les sous-traitantes de « grandes Entreprises », doivent apprendre à ne pas trop dépendre d'un petit nombre de clients, dont le pouvoir individuel peut se révéler dangereux à terme. À cette fin, il leur faut, nécessairement, essayer de comprendre les différents champs de bataille sur lesquels elles peuvent survivre (ce que nous appelerons plus loin les « 3C » : champ concurrentiel conceptuel).

Si l'on saisit bien l'importance des enjeux qui se situent derrière cette analyse, alors on trouve – toujours – le temps et les moyens, car ils existent ; il suffit d'affecter autrement ces ressources stratégiques. Quant aux hommes, il est possible de leur apporter la connaissance des méthodologies à la condition de leur affecter les ressources citées.

Focus

Les Entreprises ont, aujourd'hui, à leur disposition une méthodologie permettant de déterminer les itinéraires stratégiques qu'elles peuvent suivre pour satisfaire aux volontés des Dirigeants et aussi assurer leur pérennité. Cette méthodologie, pour pouvoir être efficace, suppose la maîtrise de deux démarches, chacune ayant son propre rôle, et toutes deux se révélant par expérience nécessaires et indispensables :

- *la démarche stratégique,* parce que sans elle l'Entreprise serait comme un navire « marchand » qui serait dirigé par un capitaine qui n'aurait pas pris la peine de connaître l'état des vents, ni la position des corsaires ou autres ennemis,
- *et la démarche marketing,* parce que sans elle l'Entreprise serait dirigée par un capitaine qui choisirait sa route au hasard des vents et se proposerait d'aller livrer ses marchandises dans un quelconque port sans savoir s'il y trouverait des acheteurs.

Rappelons-nous cette pensée de SÉNÈQUE :

> *« Il n'est de bon vent que pour le marin qui sait où il va. »*

Il serait inopportun de vouloir opposer ces deux démarches, alors qu'au contraire elles sont complémentaires l'une de l'autre.
La meilleure raison qui milite contre la tentation de vouloir les opposer réside dans le fait, ainsi qu'on l'a vu, qu'elles sont basées sur des concepts différents et mettent en œuvre des outils différents et ce parce qu'elles répondent à des demandes différentes…
C'est en comprenant leur rôle particulier et les concepts sur lesquels elles s'appuient que les Entreprises vont pouvoir le mieux agir, ou réagir, pour assurer leur pérennité. C'est pour cette raison qu'il était nécessaire de dissiper toute ambiguïté avant d'entreprendre d'exposer les étapes de l'analyse stratégique.
Connaître les concepts est indispensable mais pas suffisant, il faut aussi utiliser de façon correcte le langage de la stratégie ; il est très fortement recommandé de s'imprégner du contenu des vocables qui ont été listés auparavant.
Pour progresser, les hommes ont toujours eu besoin de créer de nouveaux concepts ; la démarche stratégique, en arrivant après la démarche marketing, répond à ce besoin.
C'est donc à partir de ces concepts, selon le sens qui vient d'être indiqué pour chacun d'entre eux, que nous allons entamer la description de la démarche stratégique.

CHAPITRE 2

Le concept de la stratégie moderne : l'avantage concurrentiel

> « Les ressources rares ont tendance à s'affecter spontanément aux activités en fonction des problèmes qu'elles soulèvent et non des opportunités qu'elles présentent. »
> Peter DRUCKER (1974)

La « stratégie corporate », pour devenir une réalité, a besoin de la durée car sa mise en œuvre se situe dans le long terme. Pour réussir cette mise en œuvre, l'Entreprise doit imaginer et entreprendre des mouvements stratégiques à un horizon plus rapproché, en général à moyen termes c'est-à-dire de l'ordre de trois à cinq ans.

Les Entreprises ont ressenti le besoin de disposer d'une démarche afin d'imaginer les « bonnes » décisions à prendre pour ce faire. La première approche, par ordre chronologique, est communément appelée aujourd'hui : l'analyse stratégique classique.

1. L'ANALYSE STRATÉGIQUE CLASSIQUE

Le schéma ci-après montre les étapes successives de cette analyse :

- *étude de l'environnement ou « externe » :* qui a pour objet la compréhension des tendances lourdes qui vont influencer les Entreprises du secteur afin d'en faire ressortir les aspects positifs baptisés « opportunités » et les aspects négatifs dits « menaces ».
- *étude de l'Entreprise ou « interne » :* qui porte sur ses principales caractéristiques stratégiques, c'est-à-dire les objectifs fixés, les compétences, le choix des marchés et des produits, les ressources humaines, les valeurs structurantes de cette Entreprise afin de déterminer ses « forces » et ses « faiblesses ».
- *l'analyse des études :* qui doit permettre d'évaluer, compte tenu des niveaux de menaces et d'opportunités ainsi que des forces et faiblesses, les alternatives qui sont offertes à l'Entreprise en termes de mouvements stratégiques.
- *les choix stratégiques* : en se fixant des objectifs, les différentes politiques au niveau des fonctions de l'Entreprise et ensuite la planification des actions à entreprendre pour les mettre en œuvre.

Cette analyse, qui reste toujours pertinente, ne répond cependant pas à la problématique de la lutte concurrentielle. Il est impératif de bien comprendre que lorsqu'une Entreprise fait le choix de se battre sur telle ou telle partie du champ de bataille, elle fait par là même le choix des concurrents qu'elle va devoir affronter (en effet, les situations « d'oligopole » demeurent très peu fréquentes et durent de moins en moins longtemps).

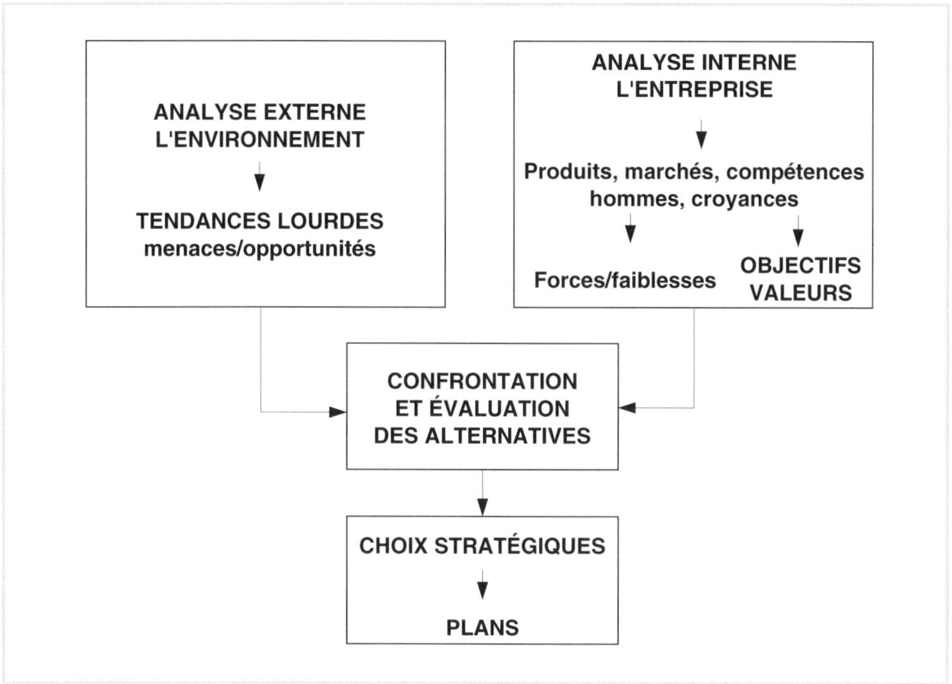

Figure 3.1 Analyse stratégique classique

Or chaque secteur possède sa propre structure et en son sein tous les concurrents ne suivent pas une stratégie identique ; de ce fait, les conditions de la lutte ne sont pas identiques partout. Par ailleurs, pour assurer sa pérennité face à ses concurrents et tenter de fidéliser sa clientèle il est primordial qu'une Entreprise exerce un avantage concurrentiel.

À partir de ce constat et dans le but de construire un « avantage concurrentiel », les chercheurs ont mis au point ce qu'il est convenu d'appeler l'« analyse concurrentielle ».

2. L'ANALYSE CONCURRENTIELLE

Le but de l'analyse concurrentielle est donc d'analyser le jeu concurrentiel pour permettre à l'Entreprise de se positionner par rapport à ses concurrents.

Les différentes étapes de la démarche sont présentées dans le schéma suivant :

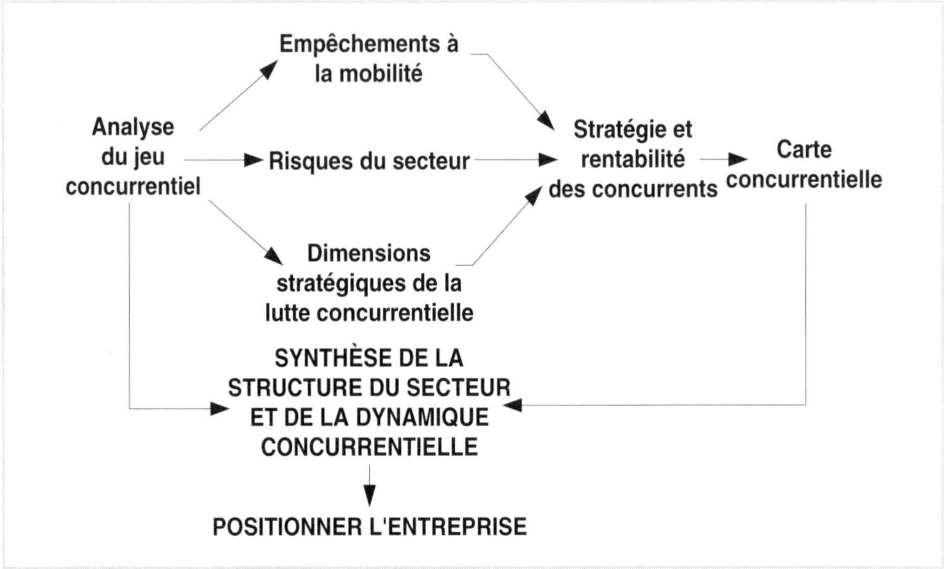

Figure 3.2 Analyse concurrentielle

- analyser le jeu concurrentiel :
  - comprendre les risques sectoriels,
  - examiner les empêchements à la mobilité dans le secteur,
  - déterminer l'importance des variables stratégiques dans la lutte,
- comprendre les stratégies des concurrents :
  - la mise en œuvre,
  - les raisons du niveau de rentabilité,
- obtenir une bonne compréhension de la topographie concurrentielle :
  - qui triomphe et où ?
- insérer l'Entreprise dans son environnement concurrentiel :
  - en déterminant, grâce à l'usage d'outils spécifiques, les parties du champ de bataille les plus appropriées pour réussir la stratégie corporate à travers la construction d'un avantage concurrentiel.

En fait, cette seconde démarche a vu le jour parce qu'on a constaté que la lutte concurrentielle devenait de plus en plus agressive et que les changements dans l'environnement devenaient de plus en plus porteurs de dangers. Elle a été conçue pour être complémentaire de l'analyse « classique » plus que pour la remplacer ou lui être opposée, contrairement à une idée trop souvent partagée. C'est à partir de ce postulat que sera présentée la démarche d'analyse concurrentielle.

Cependant, avant que de rentrer dans cette démarche, il faut comprendre le contenu de ce que l'on dénomme « avantage concurrentiel ».

1. Les stratégies génériques[1]

Pour saisir plus facilement le fil rouge qui permet de parcourir les étapes successives de la méthodologie de l'analyse stratégique, il est intéressant de bien comprendre en quoi consiste un avantage concurrentiel, ce qui en fait revient à se poser la question suivante :

> « Quelles sont les stratégies qu'il est possible de mettre en œuvre pour se positionner en face de la concurrence ? »

Michael PORTER nous propose 4 types possibles de stratégie face à la concurrence : toutes étant basées sur le fait majeur que pour assurer la pérennité de l'Entreprise dans un système de libre concurrence il est impératif qu'elle possède un avantage qui soit tel que :

- d'une part, des clients, consommateurs ou utilisateurs, trouvent un intérêt certain, et ce dans la durée, à accorder leur faveur à cette Entreprise,
- d'autre part, il assure la pérennité de l'entreprise.

On appelle cet avantage : « avantage concurrentiel ».

Il n'existe que 2 avantages « concurrentiels » majeurs distincts qu'une Entreprise puisse concevoir :

- soit l'Entreprise possède un métabolisme des coûts qui lui permet d'avoir des marges supérieures et donc être un meilleur *performer*, (ce qui l'autorise à offrir plus pour le même prix ou à proposer une offre identique pour un prix inférieur, mais dans les 2 cas cela suppose que l'Entreprise domine ses prix de revient mieux que les adversaires), ce que Michael PORTER appelle une stratégie de « domination globale par les coûts »,

1. La partie de ce chapitre consacrée aux stratégies génériques est inspirée par les travaux de PORTER notamment *l'avantage concurrentiel.* InterÉditions, Paris, 1986.

– soit elle est capable de concevoir une offre présentant un avantage unique par rapport à celles des concurrents, avantage unique qui soit perçu par le marché, ce que Michael PORTER appelle une stratégie de « différenciation ».

Mais l'Entreprise peut exercer l'un de ces 2 types d'avantage :

– soit sur la totalité du secteur,
– soit sur un segment spécifique du marché, ce que l'on dénomme une stratégie de « focalisation » ou de « concentration ». Bien entendu, sur ce segment de marché l'Entreprise devra exercer un avantage concurrentiel qui, là encore, sera apporté soit par la « domination par les coûts » soit par la « différenciation ».

On constate donc qu'il existe quatre stratégies « concurrentielles » possibles, qui sont :

– *la domination par les coûts sur un front large,*
– *la domination par les coûts sur un front étroit,*
– *la différenciation sur un front large,*
– *la différenciation sur un front étroit.*

Michael PORTER a appelé ces avantages concurrentiels des « stratégies génériques », c'est cette appellation que nous conserverons.

		AVANTAGE STRATÉGIQUE	
		Le caractère unique du produit est perçu par la clientèle	***La situation de la firme se caractérise par des coûts faibles***
CIBLE STRATÉGIQUE	***Le secteur tout entier***	**DIFFÉRENCIATION**	**DOMINATION GLOBALE AU NIVEAU DES COÛTS**
	Un segment particulier	**FOCALISATION**	**CONCENTRATION**

Figure 3.3 Les stratégies génériques de PORTER

Il était possible d'arrêter là et de reporter plus loin dans l'analyse, notamment au moment du choix d'une de ces stratégies, leur contenu et les conséquences qui en découlent. Il a paru plus efficace d'agir autrement parce qu'en étudiant dès maintenant :

- les risques spécifiques de chaque type de stratégie générique,
- les ressources et les compétences requises pour les mettre en œuvre,
- les modes d'organisation les plus favorables,
- les recommandations spécifiques pour réussir chacune de ces stratégies,

il devient possible de conserver en mémoire ces points clés, qui ont une influence sur les choix, afin qu'ils éclairent mieux les développements qui suivent.

Nous recommandons, d'ailleurs, de ne pas hésiter à reprendre cette partie du chapitre chaque fois qu'on le jugera nécessaire et surtout lors de l'utilisation des outils d'aide à la décision stratégique en fin d'analyse. Cette recommandation s'explique par le fait qu'un avantage concurrentiel, pour être vraiment efficace, doit satisfaire aux conditions suivantes, être :

DÉCISIF – DURABLE – DÉFENDABLE.

Pour être « décisif », il est essentiel qu'il bénéficie d'une certaine durée donc qu'il soit « durable » et pour cela il doit être « défendable », c'est-à-dire difficile à combattre ou à annuler par les adversaires. Pour construire un tel « avantage concurrentiel », l'Entreprise doit connaître et maîtriser un certain nombre de contraintes.

2. Domination globale par les coûts

« Toutes les attaques par le feu dépendent des conditions atmosphériques. »
SUN TZU (l'art de la guerre).

Cette stratégie fut certainement l'une des plus pratiquées dans les années 70, en partie grâce aux travaux du Boston Consulting Group autour de l'effet d'expérience qui montre que pour un certain nombre de produits « les coûts de valeur ajoutée baissent d'environ 20 à 30 % en termes réels à chaque fois que la production cumulée (ou expérience de production) double ». Ces travaux seront examinés, plus en détail, dans le chapitre consacré au « portefeuille stratégique ».

• Que suppose la mise en œuvre d'une telle stratégie ?

Pour réussir ce type de stratégie, il faut nécessairement que les phénomènes de gains, dus à l'effet de la productivité mais aussi de la courbe d'expérience, jouent leur rôle. En effet, une stratégie de domination par les coûts entraîne à rechercher le volume ; or faire du volume n'a réellement de sens que s'il permet une marge unitaire plus importante par l'application de l'effet d'expérience.

A • En termes de compétences et de ressources

a. Des investissements lourds

Car une stratégie de domination par les coûts oblige non seulement à détenir une capacité de production apte à faire du volume, mais à le produire à un coût très bas.

b. Une ingénierie et une efficacité technique

De façon à s'assurer que le bon usage des ressources financières est pris en compte dès le début du processus de l'offre.

c. Une aptitude à la simplicité technique

Qu'il s'agisse de la conception des produits ou du processus de production (afin de maîtriser au mieux les coûts).

d. Une grande efficience de la main-d'œuvre

Pour réduire au maximum les dysfonctionnements et par là les coûts, ce qui impose une formation pertinente de la main-d'œuvre et une conception de systèmes d'organisation clairs.

e. Des systèmes de distribution adaptés

Capables de traiter des volumes à des coûts faibles.

B • En termes de mode d'organisation

a. Un contrôle de gestion élaboré

Pour savoir à quoi sont réellement consacrées les ressources et pouvoir ainsi vérifier qu'il y a bien cohérence entre les choix de dépenses et les résultats d'une bonne analyse de la valeur (en fait une analyse faite à deux niveaux : « combien cette fonctionnalité me coûte-t-elle ? » et « combien le client est-il prêt à payer pour cette même fonctionnalité ? »).

b. Des audits fréquents et détaillés

Pour suivre l'évolution des coûts, mais AUSSI vérifier que ceci ne va pas entraîner à terme une baisse de qualité qui serait préjudiciable au volume des ventes (sans lequel on ne peut avoir de stratégie de domination par les coûts sur une certaine durée).

c. Une organisation et des responsabilités claires, détaillées et bien définies

Afin de pouvoir éliminer au maximum tous les dysfonctionnements dus aux défauts consécutifs à une organisation déficiente ou à une mauvaise compréhension par le personnel des tâches à réaliser.

d. Une animation orientée vers l'obtention d'objectifs quantitatifs précis

Complément obligatoire d'une stratégie de volume.

Il faut, de plus, être capable de :

C • Créer un produit « marchand »

L'idée d'exercer une domination par les coûts qui se fasse au détriment de la qualité marchande est une démarche suicidaire pour l'Entreprise, car elle ne permet pas d'assurer la pérennité dans la durée.

Rappelons, rapidement et succinctement, qu'un produit « marchand » est un produit qui :

- correspond à une demande solvable,
- est identifiable par le client,
- est mis à la disposition des clients avec la disponibilité exigée,
- crée une valeur pour le consommateur,
- correspond à une qualité « loyale et marchande »,
- apporte un profit durable pour tous les partenaires de la filière.

D • Construire l'avantage concurrentiel à partir de plusieurs sources

Conception, mode de production, approvisionnement, logistique, maîtrise de la distribution, etc., dans la mesure du possible, sinon il est probable que l'avantage acquis aura une durée de vie réduite car il sera moins facilement défendable.

E • Étudier en permanence la concurrence

Car les coûts sont relatifs et donc l'avantage construit peut être détruit par un concurrent ayant appris à mieux maîtriser ses coûts. Là intervient un point clé qui est la vision que l'on doit avoir de la concurrence en termes de marché pertinent :

Sommes-nous sur un marché de type national, européen, mondial ?

La réponse est essentielle pour suivre l'évolution des coûts comparés avec les concurrents.

Notons que dans certains cas il faut descendre beaucoup plus bas pour faire de façon pertinente cette analyse et arriver au niveau d'un centre de production voire même d'un projet. Nous pouvons prendre pour exemple les marchés qui, au niveau mondial, sont servis par une seule usine par compétiteur tel celui de la lysine.

F • Faire des réductions de coût une culture d'Entreprise

Mais des réductions de coût devant prendre en compte la notion de qualité visée.

G • De répondre aux changements du marché en termes de besoins

C'est-à-dire avoir une forte réactivité car à travers sa stratégie l'entreprise doit en tenir compte pour que l'offre demeure « marchande ».

• Domination par les coûts et largeur du front

Cette stratégie générique peut être exercée soit sur tout le front soit sur une niche ou un créneau. *Sur un front large* il est bon d'observer les recommandations supplémentaires suivantes :

- ne pas être un « suiveur » donc choisir « sa » stratégie et ne pas avoir peur d'être différent des concurrents,
- rester centré sur la stratégie choisie,
- faire en sorte de répondre en permanence aux changements du marché.

Par contre, si on a choisi de l'exercer *sur une partie seulement du champ de bataille,* il est bon de mettre en pratique les recommandations suivantes :

- choisir une cible ayant des besoins clairs et bien spécifiques,

– se consacrer exclusivement à cette cible afin de ne pas investir inutilement en dehors, ne pas tenter d'élargir la stratégie (au profit d'une cible complémentaire),
– ne pas hésiter à investir le nécessaire pour servir, le mieux possible, les besoins de la cible visée,

• Risques d'une stratégie de domination par les coûts

Les risques qu'entraîne cette stratégie sont fondamentalement de deux natures soit technologique soit économique. On peut les présenter ainsi :

A • Changement de technologie annulant les effets de la courbe d'expérience

Face à une telle situation, chacun est censé repartir à chance égale. Cependant, cette affirmation est assez théorique car les Entreprises qui ne sont pas capables de réunir rapidement les compétences et les ressources requises et l'aptitude à mettre en œuvre l'organisation adéquate pour cette stratégie resteront des adversaires peu redoutables.

En revanche, un changement technologique peut remettre en selle des Entreprises qui avaient pris du retard mais qui possèdent le métabolisme, c'est-à-dire les capacités, les structures et le culturel, pour mettre en œuvre avec réactivité cette stratégie. Cette remarque montre bien qu'il est nécessaire, pour toute firme qui joue la domination par les coûts, de posséder un excellent système de veille technologique. Elle doit pouvoir suivre très attentivement les évolutions technologiques pour ne pas perdre sa capacité à fabriquer le produit demandé et ainsi entrer, sinon la première, en tout cas parmi les premières dans le nouvel environnement technologique.

À l'aide de cette remarque, rappelons que de nos jours toutes les Entreprises ou presque travaillent selon des axes de recherche proches les uns des autres. De ce fait, l'avance technologique dure de moins en moins longtemps. Aussi contrairement à l'habitude prise au cours des deux ou trois dernières décennies où l'on a souvent vu les grandes Entreprises laisser de plus petites courir le risque de lancer de nouveaux produits, aujourd'hui il faut réviser cette attitude, particulièrement pour celles qui jouent une stratégie de domination par les coûts.

B • Inventions plus modernes des concurrents

Là, le danger est réel, au travers de concurrents qui rendent le produit plus attractif en lui donnant la coloration du moment tout en pratiquant une stratégie de coûts faibles.

C • Remise en cause de l'avantage sur certains segments

Ce phénomène peut être la conséquence de la réussite de firmes optant pour une stratégie de domination par les coûts mais seulement sur une niche. Il peut arriver qu'elles deviennent plus performantes, dans cette niche dont les besoins sont plus spécifiques, réduisant d'autant le marché accessible pour les autres concurrents.

D • Baisse du capital d'innovation en termes de produit par « obsession des coûts »

C'est, sans doute, l'un des dangers les plus graves que peut avoir à affronter une Entreprise mettant en œuvre une telle stratégie. On a pu constater la nécessité d'un contrôle de gestion très élaboré pour réussir à dominer les coûts. Le risque inhérent, est, qu'à la longue, le contrôle de gestion finisse par prendre une telle importance dans l'Entreprise qu'il finisse par tuer dans l'œuf toute velléité d' amélioration du produit ou *a minima* retarder les remises à niveau du produit (indispensables pour conserver qualité et modernité à l'offre pour maintenir les parts de marché).

Nous reviendrons plus longuement sur ce point mais indiquons dès maintenant la nécessité d'avoir et de faire fructifier un culturel de recherche du moindre coût mais pour une « qualité visée » (le terme de qualité recouvrant tous les aspects de l'offre en relation avec les besoins et les attentes – intensité du besoin – des cibles visées.)

E • L'inflation par les coûts et le pouvoir de la distribution sur les marges

Ces deux éléments sont de nature à remettre en cause l'avantage que l'Entreprise a construit :

- le premier par une augmentation du prix de revient de l'offre entraîné par le phénomène de l'inflation par rapport à des concurrents étrangers situés dans un système économique générant moins d'inflation,
- et le deuxième par un accroissement du pouvoir de négociation de la distribution ce qui entraîne, entre autres, des efforts commerciaux supplémentaires et donc une baisse des marges qui à terme peut compromettre les capacités d'investissements.

Il faut donc être capable de parfaitement :

– identifier les facteurs d'évolution des coûts, dont les facteurs d'inflation, ce qui n'est pas toujours évident,
– déterminer les évolutions qui peuvent conduire à un changement de répartition du pouvoir de négociation en aval de l'Entreprise à cause de son influence déterminante sur l'évolution de la marge ; pour cela ; il faut penser l'offre de telle sorte qu'elle permette de retrouver du pouvoir du côté du client : la marque pour contrebalancer le pouvoir de la distribution.

Un autre phénomène qui est souvent moins bien perçu est l'effet que peut avoir sur les coûts l'accroissement des ventes en fonction de l'organisation de la force commerciale :

– ainsi l'accroissement des ventes aura un effet favorable sur les coûts si la force de vente est organisée géographiquement car alors l'augmentation des ventes ne devrait pas entraîner une semblable augmentation des coûts,
– par contre un même accroissement des ventes produira un effet inverse si la force de vente est organisée par ligne de produit car les vendeurs auront à couvrir des distances plus importantes, d'où l'augmentation rapide des coûts pouvant aller jusqu'à la nécessité de renforcer la force de vente.

3. La différenciation

« L'art suprême de la guerre,
c'est de soumettre l'ennemi sans combat... »
Sun Tzu (l'art de la guerre)

« La créativité est l'art de regarder
d'un œil nouveau les vieilles choses. »
Guide de la sérénité et de la sagesse

La « différenciation » c'est la capacité que possède une Entreprise à construire une offre différente de celle de ses concurrents, en comprenant bien que la différenciation n'existe que si elle est, réellement, perçue par le marché. Une Entreprise peut toujours décider et proclamer qu'elle pratique une stratégie de différenciation, en fait celle-ci n'aura de réalité que si elle est confirmée par la perception que le marché ou tel segment de marché aura de l'offre de l'Entreprise. Attention au nombrilisme trop fréquent qui permet à certains de croire qu'existe un avantage concurrentiel alors qu'il n'est réellement que dans la tête de ceux qui l'ont conçu. Il existe, aussi, des fausses différenciations : le plus souvent, elles sont le résultat de sa non-compréhension par le marché. La différenciation doit être claire et lisible.

Les murets patiemment construits pour vivre à l'abri peuvent se révéler très vite des leurres. APPLE vit-il vraiment aujourd'hui dans un autre univers que le monde IBM alors que Microsoft a conçu Windows et qu'existe un *operating system* commun comme OS2 ?

BANG et OLUFSEN est-il dans un monde différent de celui des autres spécialistes de la Hi-Fi ?

L'assurance automobile est un autre bon exemple d'un muret devenu inexistant. Il y a quelques années les grandes compagnies d'assurances en France détenaient 80 % du marché ne laissant que 20 % aux mutuelles et vivaient avec l'idée qu'elles ne se rencontraient pas, car se situant sur deux marchés différents. Aujourd'hui les mutuelles détiennent plus de 60 % de part de marché, ne laissant que 40 % aux traditionnels et le phénomène semble plutôt continuer sur sa lancée, ce qui montre bien l'inexistence, au moins aujourd'hui, du muret.

• Que suppose la mise en œuvre d'une telle stratégie ?

Il n'est pas toujours évident de déterminer les potentialités de différenciation que réserve un marché ou un segment de marché. Pour qu'elles soient réelles, il faut qu'existent sur le marché des utilisateurs ou des consommateurs ayant des besoins distincts et très différents de ceux d' autres. Si cette condition n'est pas remplie, il est illusoire de croire qu'il est possible de se « différencier ».

Dans tous les cas, pour qu'il y ait différenciation, il faut que le client accorde une valeur marchande aux différences entre des offres, valeur qui justifie le supplément de prix réclamé au client pour payer le coût de la différenciation. Car, en effet, il y a un coût à payer pour le client.

Au dire de certains ce postulat n'est pas évident, c'est sans doute parce que le concept de différenciation n'est pas clair dans leur esprit. On ne peut réellement prétendre présenter une offre différenciée si celle-ci n'inclut pas, par exemple, des fonctionnalités supplémentaires ou des services associés que les autres concurrents n'offrent pas. De ce fait, et dans tous les cas, la différenciation représente un coût supplémentaire pour l'Entreprise différenciatrice.

Il semble que cette mauvaise interprétation de la différenciation provienne d'une difficulté à bien séparer deux concepts très différents : différenciation et positionnement produit.

a. Le positionnement « produit »

Rappelons que le positionnement consiste, selon l'expression même, à « positionner » le produit dans l'esprit du prospect, c'est-à-dire à donner des « plus » marketing au produit en s'appuyant sur des valeurs que possèdent les clients (valeurs en relation avec le produit). Les Américains décrivent le positionnement comme :

> *« the battle for customer's mind »,*
> la bataille pour prendre place dans l'esprit du consommateur.

En fait, à ce stade on ne fait plus rien au produit, mais on s'efforce de le rattacher à des valeurs, sur le plan marketing, que possède le prospect par rapport à ce produit (ces valeurs pouvant appartenir à des dimensions très diverses telles que : écologie, image, goût, système de pensée etc.) ; le positionnement est, donc, une opération par laquelle on s'efforce de donner une « position » au produit. Cela peut se faire essentiellement de 2 façons :

- à l'aide de caractéristiques « techniques », par rapport à celles des produits concurrents,
- à l'aide d'éléments psychologiques, en jouant sur la perception que les clients peuvent avoir des « attributs » de l'offre.

b. La différenciation

La différenciation c'est, réellement, concevoir autrement l'offre et donc agir sur le produit afin que l'offre puisse apparaître réellement différente au client (bien entendu le positionnement entraîne lui aussi des changements au niveau du produit, mais reconnaissons qu'il s'agit plutôt de modifications que de changements profonds sur par exemple le nom, l'emballage, sans véritable changement du produit).

En conséquence, pour qu'il existe réellement différenciation, il faut que l'Entreprise puisse créer réellement une valeur pour le client et fondamentalement l'Entreprise ne peut jouer que sur deux facteurs :

- *une réduction de coût pour le client,* qu'il s'agisse du coût d'achat, du coût d'approvisionnement, du coût d'appropriation voire du coût d'échec ou du coût d'utilisation. Notons que cette réduction peut aussi résulter d'un meilleur prix de revente dans le cas d'un bien d'équipement. En fait, il s'agit de construire à travers l'offre un gain potentiel de dépenses pour le client ;

– *un accroissement de performances,* de fonctionnalités ou de services fournis avec et autour du produit ; mais on doit aussi inclure sous ce facteur tous les éléments de différenciation de l'offre qui permettraient, par exemple, au client d'obtenir un meilleur positionnement en termes d'image de marque.

Il y a donc bien un supplément de coût pour le différenciateur.

A • En termes de compétences et de ressources

a. Intuition et créativité

La différenciation suppose l'un et l'autre ; dans tous les cas, on ne peut devenir un différenciateur par une politique de suiveur. Il faut être capable de comprendre les attentes et les besoins non encore parfaitement satisfaits et trouver la bonne manière de les satisfaire à un coût permettant de pratiquer une politique de prix ne rebutant pas le marché. C'est souvent là que joue, entre autres, la créativité.

b. Capacités de recherche

Et ce, selon deux pistes : recherche technologique et recherche marketing.
Il est nécessaire pour assurer une différenciation, qui ait une réelle chance d'être perçue comme un avantage concurrentiel, que celle-ci puisse s'appuyer sur une recherche marketing autorisant de segmenter ou de resegmenter le marché pour trouver des groupes d'utilisateurs ou de consommateurs dont les attentes ou les besoins sont peu ou mal satisfaits par les offres actuelles. L'Entreprise doit aussi identifier les critères d'achat qui peuvent dépendre – dans le sens le plus large du terme – des performances attendues, du coût de ces performances. Il faut aussi se rappeler que ces critères sont à rechercher dans l'ensemble de l'aval de l'Entreprise ; c'est-à-dire non seulement auprès du client utilisateur, mais aussi chez le décideur de l'achat et même dans la distribution.

Mais c'est aussi le besoin pour pratiquer une telle stratégie d'avoir des compétences élevées pour trouver des nouveaux matériaux, de nouvelles applications de technologies maîtrisées, etc.

c. Technologie du produit

La différenciation est très souvent bâtie sur la technologie du produit, notamment, lorsqu'il apparaît difficile voire impossible de la bâtir à partir d'une meilleure domination technologique ou par l'importation d'une technologie nouvelle. On peut alors s'appuyer sur d'autres axes de développement comme le design.

d. Capacités commerciales

La différenciation n'existant que si elle est perçue par le marché, il faut comprendre les sources possibles de différenciation qui avant d'exister dans l'Entreprise doivent correspondre à des besoins réels trouvant des segments de marché. Cela suppose la capacité de resegmenter le marché, par une offre spécifique, si nécessaire ; dans tous les cas il faut analyser les besoins et attentes du marché pour vérifier la plus ou moins bonne adéquation des offres « actuelles ». Il faut que l'Entreprise soit capable de réaliser cette analyse en s'émancipant du mode de pensée qui consiste à toujours rechercher l'avantage concurrentiel, par rapport à l'offre actuelle des concurrents, pour repartir du marché en oubliant le jeu des concurrents et en se concentrant sur les besoins du consommateur ou de l'utilisateur.

Mais cela suppose aussi que l'Entreprise soit apte à réagir très rapidement à tous les changements importants qui peuvent se produire tant en termes de modification des comportements des clients que des changements dans les modes de distribution, l'idéal étant d'être soit le premier à réagir soit l'instigateur du changement.

e. Image

Les critères d'image permettant à une Entreprise de faire saisir la valeur de la différenciation qu'elle a introduite dans son offre doivent autant que possible être mis en évidence pour être facilement « lisibles ».

Les principaux critères sont à rechercher parmi :

- la réputation,
- la présence dans les médias, les foires, les expositions et autres colloques scientifiques,
- la participation à des actions de recherche ou de formation,
- l'aspect du produit et son poids voire sa couleur, l'emballage,
- l'ancienneté, la taille de l'Entreprise et les parts de marché détenues,
- les références commerciales,
- la qualité reconnue, éventuellement le prix s'il est élevé et donc en relation avec la notion de qualité.

Ces critères ont une importance relative différente en fonction des couples produit-marché, mais ils sont d'autant plus importants que le client a des difficultés à percevoir la différenciation.

Très souvent lorsque cette différenciation a du mal à être perçue, c'est que les performances de l'offre ne sont plus prises en considération, ce qui revient à dire que dans l'esprit du client le produit est déjà au stade de la banalisation. Et c'est justement dans ce type de situation que la différenciation prend toute son importance, puisqu'elle contribue fortement à faire en sorte que le critère prix ne reste pas le critère dominant dans l'esprit du client.

f. Coopération élevée de la distribution

La différenciation devant être perçue, il paraît évident que le rôle de la distribution, soit force de vente soit vente par réseau extérieur, est essentiel. La distribution doit véhiculer la différenciation et non pas seulement le produit. Elle le fait, consciement ou inconsciement, par son image, le discours tenu par les hommes en contact avec le client (contact face à face ou indirect), les services rendus (gratuits ou non), les formalités commerciales. Il est donc indispensable que l'Entreprise obtienne une coopération totale de son réseau pour bien transmettre la différenciation ce qui suppose qu'elle puisse promouvoir une relation de partenariat avec la distribution et ce dans la durée.

B • En termes de mode d'organisation

a. Coordination profonde entre marketing et R & D

La gestion de l'interface entre le marketing et la R & D devient une priorité, car c'est de sa qualité que dépend la naissance de l'idée de différenciation.

C'est au marketing qu'est attribué le rôle d'aller chercher les besoins non encore satisfaits ou mal satisfaits, d'étudier la pertinence des segmentations du marché et de vérifier s'il y a eu des modifications de comportement de la clientèle offrant de nouvelles possibilités de segmentation et donc, peut-être, de différenciation.

Mais cette tâche accomplie il faut que le département recherche et développement prenne exactement en compte les nouvelles donnes, saisisse les chances de différenciation en interne et en externe et imagine de nouvelles offres qui, en apportant les performances à un prix acceptable, aide l'Entreprise à se doter d'un nouvel avantage concurrentiel.

Par ailleurs, plus les sources de différenciation, dans l'Entreprise, seront nombreuses et plus les adversaires auront de difficultés pour maîtriser les facteurs de différenciation.

b. Attraction sur les personnes ayant les qualifications requises

Ce sont les hommes qui conçoivent et qui réalisent. La différenciation suppose, chez le différenciateur, des capacités qui ne sont pas communes puisqu'il s'agit de comprendre autrement le marché et d'imaginer des offres nouvelles. Il faut donc que l'Entreprise possède les personnels aptes à concevoir et à entreprendre une telle stratégie. Or, rares sont les Entreprises qui n'ont pas besoin de faire appel au marché du travail pour avoir de tels hommes. Il faut, donc, que l'Entreprise soit capable de les attirer en son sein. Dans tous les cas, l'Entreprise doit faire en sorte d'encourager la créativité, qui a un coût, qui n'est pas immédiatement mesurable en termes de profit. Pour faire de l'Entreprise un lieu de créativité, il faut donner du temps, ce qui a un coût, et surtout reconnaître le « droit à l'erreur ».

c. Objectifs et contrôles quantitatifs et qualitatifs

Devoir jouer sur le quantitatif et sur le qualitatif s'explique par le fait qu'une stratégie de différenciation impose une certaine maîtrise des coûts. En effet, le client attribue une valeur à la différenciation. Il faut, bien entendu, connaître cette valeur si on veut éviter de se trouver dans la situation où l'offre ne trouve pas preneur parce que le prix est jugé prohibitif. D'où la nécessité de se fixer et de tenir des objectifs qui prennent en compte les notions de quantité mais aussi de qualité.

• Différenciation et largeur du front

Sur un front large, il est recommandé de ne pas oublier de :

- créer une valeur pour le client et si nécessaire pour le distributeur,
- créer une valeur qui soit facilement lisible,
- communiquer cette valeur au marché,
- savoir que la différenciation impose un coût supplémentaire,
- surveiller en permanence les coûts et par là vérifier que la différenciation rencontre toujours un marché.

Alors que *sur un front étroit* il y a lieu de :

- créer une valeur qui justifie un prix élevé (plus élevé que dans la situation stratégique précédente où l'on s'attaquait à une plus grande partie du marché qui en règle générale répond à des prix plus bas),
- élargir la notion d'offre, c'est-à-dire savoir enrichir son offre notamment en y incluant des services,

– communiquer, encore plus, pour rendre la différenciation la plus explicite possible,
– se concentrer sur la cible ayant les besoins les plus élevés, par définition étroite, ce qui permet de concevoir une différenciation ayant de la valeur (par opposition à la domination par les coûts sur un front étroit où il était recommandé de choisir une cible ayant plutôt des besoins limités),
– rester fidèle à la stratégie choisie (c'est-à-dire ne pas céder à la tentation de couvrir d'autres segments marketing par de petites modifications qui finalement n'ont comme effet que de « troubler » la différenciation dans l'esprit de la cible visée).

• Risques d'une stratégie de différenciation

a. Différentiel de prix trop élevé pour maintenir la différenciation

La différenciation coûte cher. Elle n'a de « sens » que s'il existe des utilisateurs acceptant de payer un différentiel de prix, par rapport à des offres plus banalisées. À un moment donné, et pour des raisons diverses les clients peuvent trouver ce différentiel trop élevé et donc, en refusant d'en payer le prix, annuler la différenciation.

b. Perte d'importance des facteurs de différenciation soit par banalisation du produit soit par un changement des besoins des consommateurs

L'écoute attentive du marché doit alerter le différenciateur sur le fait que l'avantage ne dure pas éternellement et qu'il faut savoir transformer l'offre pour suivre les évolutions des clients. Rappelons la nécessité aujourd'hui de vérifier tous les deux ou trois ans les courbes de comportement d'achat des consommateurs.

c. Imitations

Les concurrents, en général, ne restent pas sur place. Des concurrents ayant adopté une stratégie de domination par les coûts peuvent, à un moment donné, trouver utile de rajouter telle ou telle spécificité à leur offre et ainsi, peu à peu, faire disparaître les facteurs de différenciation de l'offre du différenciateur ; ce phénomène est d'autant plus dangereux que ces concurrents, ayant une culture de domination par les coûts, peuvent se révéler capables de le faire à un prix meilleur pour le client. Rappelons que l'avantage est « dit » concurrentiel, donc relatif, et par conséquent il est impératif de procéder à une veille concurrentielle, même et y compris lorsqu'on pratique une stratégie de différenciation.

En fait, pour réussir une stratégie de différenciation il faut aussi et surtout :

- bien comprendre la structure de son secteur économique,
- choisir, par définition, une stratégie différente de celle des autres concurrents,
- bien comprendre la chaîne de valeur des cibles visées afin de faire de bons compromis entre le souhaitable et le possible : en effet, il est souvent possible de se différencier plus fortement mais encore faut-il qu'il existe des segments de marché acceptant d'en payer les coûts,
- créer une réelle valeur qui justifie le prix plus élevé par rapport à celui des dominateurs par les coûts,
- être une cible mouvante, c'est-à-dire avoir une stratégie d'évolution de l'offre suffisamment déstabilisatrice pour interdire aux autres concurrents d'annuler trop vite la différenciation.

Il faut aussi et toujours :

créer de la valeur et savoir la communiquer.

4. La concentration

« La rébellion doit avoir une base inattaquable,
un lieu à l'abri non seulement d'une attaque
mais de la crainte d'une attaque. »
Colonel T.E. Lawrence (Guérilla)

La stratégie de « concentration » consiste, pour une Entreprise, à choisir de se battre non pas sur l'ensemble du champ de bataille mais sur une niche ou sur un créneau du marché. Ce choix est très souvent motivé par la taille de l'Entreprise qui a conscience qu'elle ne peut mobiliser les ressources indispensables pour lutter partout. Mais elle peut aussi être un choix « volontariste », de la part de Dirigeants qui préfèrent se battre là où il n'y a personne ou très peu de monde, car un tel choix permet de se situer sur la partie des marchés réservant les plus fortes rentabilités.

Cependant, sur cette niche, l'Entreprise devra exercer un avantage concurrentiel : « domination par les coûts » ou « différenciation ». On revient, ainsi, aux deux avantages concurrentiels que nous venons de décrire. La concentration encourt, de ce fait, les risques inhérents à la stratégie générique à laquelle elle fait appel, mais y surajoute un risque très spécifique qui est celui de voir des concurrents réussir une « sursegmentation » à l'intérieur de la cible visée par l'Entreprise.

Une stratégie de concentration ne peut s'appliquer que pour un terme. En effet, le créneau ou la niche sur laquelle elle s'exerce peut soit :

- disparaître par le départ des consommateurs,
- grossir parce que de nouveaux consommateurs la rejoignent et alors la cible peut attirer les leaders.

Les Dirigeants de firmes adoptant une telle stratégie doivent être très « mobiles », sur le plan intellectuel, car il faut être capable de quitter la niche pour se porter ailleurs avant que le danger ne devienne trop important. Il faut des Dirigeants qui aient la mentalité d'un « chef de guérilla » pour aller là où les autres ne sont pas et partir quand les autres arrivent.

On retrouve là les quatre règles définies par SUN TZU et reprises par MAO TSÉ-TOUNG qui expliquent, en grande partie, le succès dans la lutte contre les Japonais et surtout contre les armées de TCHANG KAI-CHEK :

- lorsque l'ennemi progresse, battre en retraite !
- lorsque l'ennemi s'arrête, le harceler !
- lorsque l'ennemi cherche à éviter le combat, l'attaquer !
- lorsque l'ennemi bat en retraite, le poursuivre !

• Concentration et domination par les coûts

Les facteurs de réussite d'une stratégie de concentration basée sur la domination par les coûts sont :

- rechercher une cible ayant des besoins spécifiques afin de pouvoir concentrer les coûts pour servir uniquement cette cible,
- concentrer efforts et dépenses pour servir uniquement cette cible,
- choisir de préférence une cible ayant des besoins limités afin de pouvoir mieux concentrer les coûts,
- ne pas hésiter à investir pour servir ces besoins étroits,
- faire de la maîtrise des coûts une culture d'Entreprise.

L'exemple typique de cette stratégie est celle pratiquée par les chaînes d'hôtels spécialisée par exemple : hôtels d'autoroute ou bien aux États-Unis la chaîne La Quinta qui vise uniquement la clientèle d'affaire (et de ce fait les hôtels sont situés près des Interstates, sans restaurant mais près d'un restaurant ouvert 24h sur 24, offrant calme et confort et surtout l'ensemble des services utilisés pour des raisons de métier par cette clientèle).

• Concentration et différenciation

Pour réussir dans ce domaine il y a lieu de :
- créer une offre dont la valeur justifie le prix,
- concevoir l'offre largement et non centrée sur un produit unique (déclinaison, sur-mesure, services, etc.),
- rendre lisible la différenciation, notamment par la communication,
- être une cible mouvante, en innovant en permanence, pour éviter d'être trop vite rattrapé par les concurrents,
- choisir une cible étroite pour bien comprendre les dimensions de la différenciation,
- choisir, de préférence, une cible ayant des besoins très forts, car d'autant plus sensible à la différenciation,
- rester centré sur les besoins de la cible choisie.

Enfin pour réussir une bonne mise en œuvre de cette stratégie, il faut, aussi, savoir sélectionner très précisément les cibles que l'on vise. En effet, il faut choisir, de préférence, des cibles ayant des besoins très élevés car pour y satisfaire il va falloir posséder :
- soit la maîtrise en profondeur de technologies très spécifiques,
- ou bien la capacité de comprendre l'intensité du besoin et la capacité d'adapter sa technologie ou son mode de production.

En règle générale, ceci implique de s'attaquer à des cibles stratégiques étroites. Mais cela peut être, aussi, de s'adresser à une seule cible et de répondre parfaitement à ses besoins.

Rappelons, avant de terminer sur les stratégies de concentration, qu'un tel choix ne peut se faire sans, bien entendu, choisir celle des deux stratégies génériques de base que l'on compte pratiquer sur la niche cible : domination par les coûts ou différenciation.

Focus

La première conclusion qu'il faut mettre en lumière est que la pire des situations pour une Entreprise est celle qui consiste à se situer au carrefour des stratégies génériques, et donc de se positionner tel qu'indiqué sur le schéma ci-après :

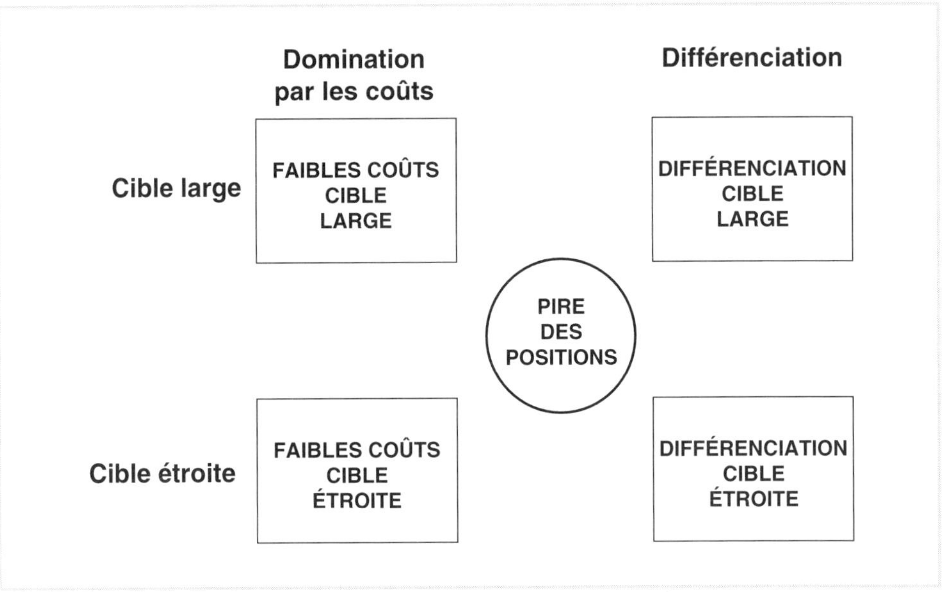

Figure 3.4 Carrefour des stratégies génériques

La compréhension des risques inhérents à chaque type de stratégie générique démontre que l'avantage concurrentiel à bâtir, les compétences et les ressources à mettre en œuvre, tout comme les modes d'organisation étant profondément différents, vouloir se situer au milieu de ces quatre stratégies n'a aucun sens. Cela équivaut en fait à ne pas avoir de caractère distinctif par rapport à la concurrence, ce qui est le contraire du but poursuivi par la recherche et la construction de l'avantage concurrentiel.

De plus, on voit bien qu'il est impossible de construire réellement un avantage concurrentiel dans une telle position stratégique puisque le refus de faire un choix entre les diverses dimensions stratégiques entraîne des comportements stratégiques antagonistes. On ne sera donc pas surpris d'apprendre que ce sont, systématiquement, les Entreprises qui ne font pas clairement le choix d'une stratégie générique donnée qui se révèlent être les moins performantes et celles qui font le moins de profit dans leur secteur ; ce sont, d'ailleurs, en général celles qui disparaissent les premières en cas de crise.

Une fois encore, les stratégies pour pouvoir être gagnantes demandent à être explicites c'est-à-dire clairement précisées, et les Entreprises qui ne font pas cet effort se mettent dans une position « d'enlisement ».

La deuxième conclusion qui semble s'imposer, c'est la nécessité de ne pas avoir une compréhension trop « étroite » du contenu de chacune de ces stratégies.

Ainsi, lorsque nous avons analysé les conditions de réussite d'une stratégie de domination par les coûts, la première condition fut :

> *créer un produit marchand.*

De même pour une stratégie de différenciation nous avons cité :

> *réduire au maximum les coûts afin de pouvoir défendre sa différenciation le plus possible contre les imitateurs.*

Au travers de ces deux conditions est très explicitement exprimé que :

- de même que dominer par les coûts n'a jamais signifié « oublier » la qualité,
- de même choisir d'être le différenciateur suppose de savoir faire des compromis entre le possible et le souhaitable afin de contrôler les coûts.

En effet :

- la différenciation a un coût. Si le coût est trop élevé, alors le différentiel de prix de vente par rapport à celui du dominateur par les coûts ne permettra pas une bonne rentabilité, enlevant par là tout l'intérêt au choix stratégique effectué,
- si le dominateur par les coûts oublie le bon niveau de qualité « loyale et marchande » pour réduire au maximum ses coûts, cela se terminera par l'abandon des acheteurs.

Le schéma ci-après permet d'analyser la vision en termes de coûts, de prix de vente et de marge de chacun des avantages concurrentiels.

On voit, que par rapport au concurrent « moyen », les deux stratégies génériques se situent à l'opposé l'une de l'autre.

La marge du différenciateur doit être telle qu'elle permette de payer largement le coût supplémentaire nécessité par la différenciation. En d'autres

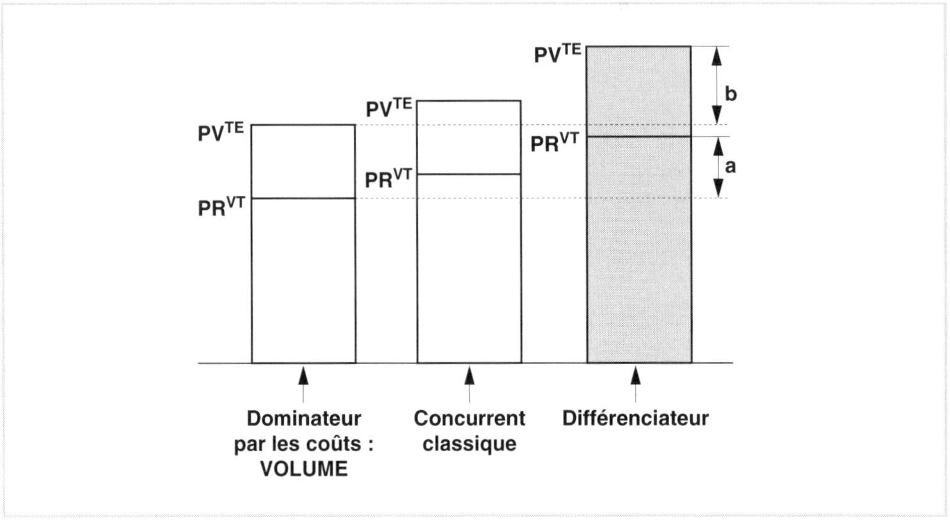

Figure 3.5 Schéma des coûts comparés

termes la marge du différenciateur doit être en valeur absolue plus importante que celle du dominateur par les coûts : la valeur de « b » doit être supérieure à celle de « a ».
Mais dans le même temps le différenciateur doit en permanence vérifier que « b » offre toujours une contrepartie en termes de valeur pour le client.

• Premières observations pour réussir un avantage concurrentiel

En définitive, pour assurer la réussite d'une stratégie générique, quelle que soit la stratégie concurrentielle choisie, il est indispensable de respecter un certain nombre de règles. Nous les définirons à la fin de cet ouvrage, mais dès maintenant il est possible d'en retenir quelques-unes que l'on peut classer selon deux niveaux :

- au niveau du processus :
  - formaliser la mise en place du processus d'analyse (l'analyse stratégique est longue et coûteuse, il y a donc nécessité de mettre en place un réel processus pour l'ensemble des participants),
  - utiliser une équipe représentative de l'Entreprise, donc ***pluridisciplinaire***, afin qu'elle soit à même de prendre en charge l'application de la stratégie.

– au niveau de la mise en œuvre :
  - communiquer, à l'intérieur et à l'extérieur de l'Entreprise, les éléments de la stratégie que les intervenants ont à connaître pour pouvoir s'y associer,
  - rester continuellement centré sur sa stratégie sans se laisser détourner par de fausses opportunités,
  - vérifier, en permanence, que la stratégie générique choisie est toujours pertinente en la comparant au secteur et à ses évolutions (en effet, changer de stratégie amène toujours à réaliser des compromis délicats, en termes de choix de marché donc de concurrents, et à prendre des risques pour satisfaire à la stratégie corporate).
  - mettre en place des indicateurs permettant de contrôler et de mesurer, l'avancement vers les objectifs (degré de satisfaction des clients, position relative par rapport aux concurrents, etc.),
  - et enfin de créer en permanence dans l'Entreprise une culture favorisant la réussite de la stratégie générique choisie. Ainsi, dans le cas d'une stratégie de domination par les coûts, il faut que la culture s'appuie sur l'élimination des gaspillages tout en recherchant la qualité « marchande », alors qu'en différenciation la créativité sera un facteur clé de succès, sans que pour autant il faille oublier d'éliminer tous les coûts inutiles.

Avantage concurrentiel et Internet

L'arrivée d'Internet est un événement important en termes de stratégie. En conclusion de ce chapitre il semble nécessaire de mettre en lumière, non pas l'ensemble des effets de cette nouvelles technologies, mais son influence sur la conception de l'avantage concurrentiel.

Un premier constat est qu'Internet permet de redéfinir les métiers. Ainsi, on s'aperçoit qu'il devient très intéressant de redistribuer les activités d'une Entreprise en leur donnant une importance différente. Par exemple ACCOR crée un réseau de réservation – mais aussi de connaissance du client – au plan mondial et ne considère plus la nuitée comme le centre de ses activités.

Dans le même temps des industries manufacturières types, FORD ou GENERAL ELECTRIC, au travers d'Internet deviennent de plus en plus des sociétés, alors qu'à l'opposé des sociétés de service industrialisent leurs offres.
On se rend compte qu'un des effets d'Internet est de minimaliser l'écart entre les Entreprises « high tech » et les autres.

Deux contradictions

La première réside dans le fait qu'on constate, qu'à cause d'Internet, le concept d'avantage concurrentiel est remis en cause. Le raisonnement tenu est que, grâce à Internet, aujourd'hui il ne s'agit plus de choisir entre une stratégie de « domination par les coûts » à fort volume et à faible marge et une stratégie de « différenciation » exercée dans une niche permettant forte marge et faible volume.

Cette approche me semble partir d'un postulat erroné qui est que chacune des stratégies génériques est exclusive dans ses effets. Quelques exemples doivent permettre de démontrer la non-vérification de ce postulat.

Examinons le cas « MICHELIN ». Ce manufacturier est depuis plusieurs décennies un des leaders au plan mondial en se situant au premier ou au deuxième rang des compétiteurs en nombre de pneus vendus. Dans le même temps il a toujours été le précurseur en termes de développement de nouveaux produits sur le plan mondial grâce à sa maîtrise de la R & D. On peut à juste raison considérer qu'il pratique, depuis fort longtemps, une stratégie de « différenciation », basée sur la domination technologique. Actuellement les grands mabufacturiers de pneumatiques travaillent à l'élaboration de nouvelles générations de produits de plus en plus sophistiqués (au travers toujours de la technologie) et à forte valeur ajoutée – comme les pneus à crevaison lente : le PAX de MICHELIN – tout en réalisant des ventes à fort volume.

Dans la même catégorie, on peut placer « American Airlines » qui, au milieu des années 80 était encore une compagnie aérienne de second niveau, est depuis devenue n° 2 mondiale en ayant racheté les avions de PAA (à l'époque n° 1 mondial) tombé en faillite pour avoir soutenu une bataille des prix suicidaire), en ayant pratiqué une stratégie de « différenciation » basée principalement :

- sur la création d'un système de réservation unique au monde à l'époque,
- et la mise en place de « hubs » (bases aéroportuaires).

American Airlines a beaucoup investi pour mettre en œuvre cette stratégie qui lui a permis de pratiquer un niveau de prix élevé tout en faisant du volume : bel exemple de « différenciation » sur une cible large.

À l'opposé on peut citer des Entreprises pratiquant volume et prix faibles telles que DELL ou CISCO au travers d'une remise en cause de l'exercice de leurs activités. Ainsi DELL s'est organisé, au travers d'un réseau de partenaires, pour livrer plus rapidement que ses concurrents tout en ayant des coûts plus faibles. Ainsi, ces Entreprises arrivent sur le marché au travers d'une stratégie de « domination par les coûts » basée sur la capacité à se différencier au travers de certaines activités.

Finalement, vouloir que les stratégies génériques soient exclusives l'une de l'autre est un postulat dangereux, en ce sens qu'il risque de diminuer fortement les possibilités d'innovation stratégique.

La deuxième contradiction est qu'Internet est quelquefois mis en avant pour démontrer que la création de valeur se trouve chez le client et non par rapport aux concurrents.

En 1989, Kenichi OHMAE[1] démontrait que la stratégie ne signifiait pas victoire sur la concurrence mais qu'elle a pour objectif de servir les vérirables besoins de la clientèle. Il donnait l'exemple de la création d'un percolateur : fallait-il qu'il soit goutte-à-goutte, plus petit, plus grand ?

> A ces interrogations il répond : que recherche le client ?
>
> La réponse a été : le bon goût. C'est à partir de cette réponse que les chercheurs inventèrent un nouvel appareil à obturateur.

Dans l'exemple d'American Airlines, cité plus haut, les très importants investissements réalisés le furent pour satisfaire aux deux principaux besoins des clients : élimination du sur-booking et respect des horaires.

Il n'existe pas d'avantage concurrentiel – **sérieux** – qui ne soit basé sur la réalité des véritables besoins de la clientèle.

Il n'existe pas d'Entreprise qui puisse survivre en employant un système binaire, avec des alternatives trop tranchées. Il n'existe pas de stratégies toutes ficelées c'est-à-dire basées sur le « tout ou rien ». Il faut de la souplesse durant la conception.

Nous aurons la même attitude, plus loin lors du chapitre consacré au « portefeuille stratégique ». Les concepteurs des outils présentés (matrices d'analyse) revendiquent que l'utilisation « mécaniste » de leurs outils n'est pas de leur fait mais le résultat d'une trop grande volonté de simplification de leurs utilisateurs qui prennent les recommandations au pied de la lettre.

1. Kenichi OHMAE, *Retour à la stratégie.* Harvard – l'Expansion, automne 1989.

En dernière analyse, il apparaît essentiel d'avoir toujours présentes à l'esprit ces règles de conduite, pendant toute l'analyse stratégique puisque la démarche que nous allons décrire a justement pour but de permettre aux Dirigeants de choisir, entre ces différentes stratégies génériques, celles qui leur paraîtront les plus pertinentes pour lutter contre les concurrents ou à côté d'eux, en construisant un avantage concurrentiel qui soit particulier à l'Entreprise.

Cependant, on doit reconnaître qu'il demeure des cas où l'avantage concurrentiel ne permet plus d'assurer la pérennité de l'Entreprise, notamment lorsque les marchés sont en forte décroissance. Il faudra, alors, utiliser une autre approche stratégique de ces marchés ; cette approche existe et nous la définirons par la suite comme une alternative à l'analyse concurrentielle.

CHAPITRE 3

La stratégie corporate

« Si je ne suis pas pour moi, qui sera pour moi ?
Si je ne suis que moi, qui suis-je ?
Si je laisse à demain ce que je peux faire aujourd'hui,
est-ce que j'existe ? »
HILLEL l'Ancien (35 ans avant J.-C.)

Dans le chapitre précédent, nous avons été amenés à définir succinctement le rôle de chacun des quatre niveaux de décision dans l'Entreprise. Nous avons, à cette occasion, précisé la composition et le rôle du politique.

Rappelons que le politique est essentiellement composé des membres du conseil d'administration ou du conseil de surveillance y compris ceux d'entre eux exerçant par ailleurs des fonctions de gestion dans l'Entreprise tels que le PDG et éventuellement le ou les DG.

Son apport essentiel nous l'avons décrit comme étant :

- le choix de l'identité de l'Entreprise,
- la définition des grandes lignes du « projet de l'Entreprise », qui découle de la « vision » à terme de l'Entreprise et portant sur l'expression d'une ambition économique, d'une ambition sociale et aussi des valeurs de référence qui doivent servir à guider l'Entreprise. (Rappelons que ce qu'il faut entendre par « projet de l'Entreprise » est tout autre que ce que l'on dénomme de nos jours le projet D'Entreprise et qui n'est bien souvent qu'un outil de communication et d'animation des personnels),
- le choix du ou des métiers de l'Entreprise,
- l'assurance de la réalité de l'établissement du flux de capitaux indispensables à la réussite des choix précédents.

L'ensemble de ces choix représente l'architecture de ce qui a été décrit comme étant la : STRATÉGIE CORPORATE.

Allons plus avant dans la description de la stratégie corporate, dont l'importance n'échappe à personne, puisqu'elle définit les grands axes et fixe le point de départ de toute la réflexion stratégique.

Pour cela, il est nécessaire de revenir à la question fondamentale à laquelle d'une part les Dirigeants doivent répondre et d'autre part sont les seuls à pouvoir légitimement y apporter réponse. Cette question est :

Où voulons-nous aller ?

Les Dirigeants, au nom des actionnaires qui sont légalement les propriétaires de l'Entreprise, doivent définir le cadre dans lequel ils désirent insérer l'Entreprise pour répondre aux volontés des actionnaires. En règle générale, la principale volonté des actionnaires est d'abord la pérennité de l'Entreprise et bien sûr un juste rapport des capitaux investis dans l'affaire.

Répondre à ce désir légitime des actionnaires n'est pas chose facile aujourd'hui, au vu des nouvelles donnes de l'environnement, qui amènent l'Entreprise à vivre dans un monde complexe parce qu'en perpétuel changement. Pour y réussir l'Entreprise va devoir, impérativement, assimiler les conditions de la lutte concurrentielle et pour cela comprendre les paramètres du référentiel qui sont devenus de plus en plus incertains.

Mais cela ne sera pas suffisant ; les Dirigeants devront, de plus, redéfinir tout au long de la vie de l'Entreprise les objectifs visés afin d'être à même de vérifier en permanence leur faisabilité.

Ils devront, aussi pour avoir une chance réelle de les atteindre, ne pas hésiter à réviser le portefeuille d'activités voire les métiers de l'Entreprise ou la façon de les exercer. Ils auront besoin pour ce faire de s'appuyer sur un « système d'information » basé sur des données fiables.

Ce besoin implique de posséder un marketing informationnel de qualité et d'une façon plus générale d'exercer une veille concurrentielle efficace.

Très clairement doit être affirmée la nécessité, devenue stratégique pour les Dirigeants, de veiller au niveau de qualité et aux performances du marketing informationnel de leur Entreprise.

Efforçons-nous, maintenant, d'analyser plus en détail le champ d'action de la stratégie corporate et les facteurs clés que doivent maîtriser ceux qui sont en charge de sa conception et de son écriture.

Nous allons donc reprendre un à un les domaines dans lesquels œuvre la stratégie corporate pour procéder à cette analyse.

1. L'IDENTITÉ DE L'ENTREPRISE

- De quelle Entreprise s'agit-il ? De quel destin, rêvent actionnaires et dirigeants, pour cette Entreprise ?
- Une entreprise familiale et voulant le rester ? ou bien au contraire prête à s'ouvrir à des capitaux étrangers à la famille ?
- Une entreprise de stature nationale, internationale ou même pourquoi pas devenant une multinationale ?
- Une entreprise se spécialisant sur des marchés de haute voire de très haute technologie ?

  etc.

On voit bien que par la suite toute la stratégie dépendra des choix qui seront faits à ce niveau. Si ces derniers ne sont pas correctement faits, ou mal faits ou incorrectement explicités, il s'en suivra des incompréhensions à tous les niveaux de l'Entreprise, des tensions préjudiciables au bon fonctionnement de celle-ci et par conséquence un mauvais usage du panier des ressources stratégiques de l'Entreprise (notamment en ce qui concerne les ressources humaines).

À travers cette recherche de l'identité de l'Entreprise, en fait le niveau politique est en train de faire le choix du cadre conceptuel devant servir de guide au développement de l'Entreprise.

L'identité de l'Entreprise, c'est l'explicitation de l'image très personnelle que le niveau politique souhaite que l'on ait de l'Entreprise. S'il devait s'avérer que cette image reste l'apanage exclusif de ce niveau de décision, il existe de très fortes chances pour que cette Image ne soit pas physiquement construite dans la réalité. Les inévitables conséquences qui en découleraient seraient :

- au niveau du personnel, y compris pour les principaux cadres, une certaine incompréhension de l'avenir que les Dirigeants imaginent pour l'Entreprise et donc, pour le moins, une certaine incapacité à les aider à le réaliser,
- au niveau du marché, cette non-vision de la stratégie apparente de l'Entreprise peut faire naître l'inquiétude :
  - chez beaucoup de clients, du danger qui peut exister à avoir comme fournisseur une Entreprise dont on assume mal de l'avenir,
  - chez les fournisseurs, qui, mal instruits de la réalité de leur relation à terme avec l'Entreprise, ne réaliseraient pas à temps les investissements à faire soit en technologie soit en mode ou en capacité de production, (obligeant ainsi l'Entreprise à changer de fournisseur avec les risques et les coûts que cela comporte). D'où l'importance de créer avec ses partenaires une relation gagnant / gagnant basée sur le long terme.

Mais cette identité de l'Entreprise ne peut être créée *ex nihilo* par le niveau politique. L'Entreprise est formée d'hommes et de femmes et par conséquent possède une mémoire. Comme pour la stratégie suivie hier ou aujourd'hui, celle de demain devra être mise en œuvre par la collectivité. Cette collectivité composant les différents éléments de la structure, a un mode de pensée et de fonctionnement influencé fortement par la logique de base du type de l'organisation en place.

Cette logique provient de la culture existante, qui est en règle générale la résultante d'un certain nombre de facteurs tels que : la localisation géographique du lieu où est implantée l'Entreprise, l'histoire de l'Entreprise dans son environnement propre. L'Entreprise a été fondée par un certain type d'hommes, est dirigée par des hommes ayant un profil déterminé, vit dans un environnement donné influencé par le métier, des technologies et des modes de production.

Cette logique est, en fait, une vraie « culture » qui s'exprime par toute une série de symboles qui appartiennent à la trame de la vie de tous les jours au sein de l'Entreprise. Cette « culture » de l'Entreprise se manifeste par une certaine forme d'idéologie, parfois la création de mythes, de rites, de tabous entraînant des comportements collectifs dont les salariés de l'Entreprise ne sont même plus tout à fait conscients.

On peut parler, au-delà des différences entre Untel et Untel, d'« identité collective ». Le niveau Politique ne pourra totalement rejeter cette identité collective, mais au contraire devra se demander en quelle part cette identité peut favoriser ou *a contrario* risque de compromettre la réalisation des choix stratégiques qui seraient faits.

2. LE PROJET DE L'ENTREPRISE

« La différence entre le désert et un jardin, ce n'est pas l'eau ; c'est l'homme. »
Proverbe arabe.

Par opposition à ce que l'on appelle communément le « projet d'Entreprise », nous avons décrit le projet DE l'Entreprise comme la définition de l'ambition économique, de l'ambition sociale et des valeurs auxquelles se réfère l'Entreprise. D'une certaine façon, ces valeurs constituent une part du patrimoine commun des membres de l'Entreprise et sous-tendent le culturel de celle-ci ainsi que son identité aux yeux du personnel, des clients et des fournisseurs.

Le projet DE l'Entreprise, pour cette raison, ne pourra être seulement le projet des « politiques ». Il devra, pour posséder des chances réelles de réussite, tenir compte de l'identité collective.

• L'ambition économique

Il est clair qu'un projet de cette nature s'inscrit dans le temps, car il ne peut se réaliser que dans la durée. Nous parlons nécessairement de « long terme ».

L'ambition économique doit, à ce niveau, se traduire, non en vœu pieux, mais en termes pouvant servir de base à des actions de type stratégique dont le but est d'assurer la pérennité de l'Entreprise (il est nécessaire d'admettre qu'aujourd'hui les rentes de situation sont de moins en moins sûres et d'une durée de plus en plus courte).

De ce fait, le niveau politique devra plus s'intéresser à ce qui constitue la fondamentalité de l'Entreprise en termes de stratégie qu'à l'offre de produits elle-même.

> L'exemple de Danone (ex-BSN) le montre bien ; BSN doit sa survie au fait qu'elle sut, en temps et en heure, prendre la décision d'abandonner l'industrie du verre au profit de l'agroalimentaire soit un changement complet dans ses métiers en passant du contenant au contenu. On comprend bien que ce n'est pas tant l'offre de BSN qu'il fallut modifier, mais bien l'Entreprise elle-même. Si BSN a continué à s'appuyer sur des technologies qu'elle maîtrisait parfaitement, elle a été en revanche obligée d'en acquérir d'autres pour assurer sa pérennité dans un secteur économique, en très grande partie, nouveau pour elle.
>
> En marketing, il y a longtemps que l'on a compris, quelquefois douloureusement, que les *golden products* (les « produits en or ») n'existent plus.
>
> Où est-il l'heureux temps où la même petite bouteille de COCA, en verre, d'une contenance de vingt centilitres, contenant le même breuvage d'origine se vendait dans le monde entier ?
>
> Aujourd'hui : le contenant est une bouteille soit en verre soit en plastique, voire ce n'est même plus une bouteille mais un « can » en métal ; les contenances vont de vingt centilitres à deux litres (en Grande-Bretagne) en passant par vingt-cinq, cinquante, soixante-quinze centilitres, un litre, un litre et demi, et quant au produit, il est fabriqué avec de nombreuses variantes autres que la composition d'origine (sans caféine, light, diet Coca, cherry Coke etc.).

Ce dernier exemple illustre bien que le « produit » n'est plus à lui seul un facteur de succès ; il est nécessaire de remonter plus avant dans l'analyse du secteur pour déterminer, non plus seulement à un niveau marketing mais à un niveau stratégique, les facteurs de succès.

L'ambition économique doit aussi prendre en compte les effets des prévisions de la météorologie « économique » qui prédit, parfois avec justesse, des coups de vent voire des tempêtes. Par gros temps, il faut savoir s'abriter, gagner l'abri d'un port ou d'une anse et donner du temps au temps pour ne pas faire prendre des risques parfois insensés au navire que l'on pilote.

Dans ce type de situation climatologique, en général deux options stratégiques sont recommandées, soit le recentrage sur les métiers d'origine et/ou l'élagage des activités en perte ou à trop gros risques. Attendre des temps meilleurs, permettant à l'Entreprise de mieux utiliser ses forces, c'est une stratégie souvent utilisée par des Entreprises très différentes les unes des autres et dans des circonstances elles-mêmes très variables.

> Citons le cas de FIAT, qui, dans les années difficiles de la sidérurgie, a cédé ses activités dans ce secteur à ITALSIDER, pour se recentrer sur ses activités de base, ou celui de RHÔNE-POULENC vendant sa chimie lourde à ELF-AQUITAINE.

La corporate stratégie porte, en effet, sur le choix des secteurs dans lesquels l'Entreprise va se situer pour assurer sa pérennité ; de là découle les allocations de ressources et de moyens qui seront affectés à chaque secteur pour réussir les objectifs que l'Entreprise s'est fixés à l'intérieur de chacun.

• L'ambition sociale

« Frontières, certitudes et méfiance :
trois mots qui mènent au dépôt de bilan. »
Hervé SERIEYX

Le projet DE l'Entreprise doit aussi afficher une ambition sociale. Si on lit les mémoires ou les interviews des patrons japonais ayant réussi à amener leur Entreprise à un très bon niveau de position concurrentielle, on a le sentiment qu'ils ne semblent pas craindre les industriels occidentaux tant ceux-ci leur paraissent inefficaces. Ils mettent en avant deux raisons pour expliquer leur jugement.

D'une part, ils considèrent que l'organisation des Entreprises occidentales est encore trop « taylorienne ».

La prise de décision nécessite une remontée permanente vers les niveaux hiérarchiques supérieurs impliquant des délais au détriment de la vitesse et de la réactivité, ce qui entraîne une démotivation des personnels.

Aujourd'hui, la rapidité du changement et la quantité des informations à analyser et à gérer sont telles qu'il n'est plus possible à une personne ou à un petit groupe de personnes de prendre, au moment voulu, toutes les décisions pour l'ensemble de l'organisation.

On n'a plus le temps de faire remonter tous les problèmes ; les décisions doivent être prises le plus rapidement possible et donc le plus près du terrain pour avoir une chance d'être efficaces.

Les Entreprises japonaises vont trop vite pour beaucoup d'Entreprises occidentales car elles sont mieux adaptées à la rapidité du changement des paramètres du référentiel. Les japonais ont des systèmes d'organisation, *avec un nombre de niveaux hiérarchiques, en règle générale, bien inférieur à celui des Entreprises occidentales,* qui leur assurent un avantage concurrentiel avant même que la lutte soit entamée sur le terrain.

D'autre part, ils considèrent que l'organisation taylorienne des Entreprises occidentales a perverti les Dirigeants et cadres occidentaux, les rendant même « tayloriens dans leur tête ». La conséquence, à leurs yeux, est qu'ils deviennent difficilement capables de modifier à court terme leur attitude mentale et donc leur comportement vis-à-vis des personnels.

Ils jugent, et sans aucun doute ont-ils raison sur ce point, qu'aujourd'hui il est indispensable que l'ensemble des membres de l'Entreprise participent pleinement au projet qu'elle se propose de réaliser sans quoi la réussite est plus que compromise.

À leurs yeux, les responsables occidentaux ont une tendance exagérée a considérer qu'il existe dans les Entreprises deux catégories de personnes, d'un côté les chefs et de l'autre les exécutants et à construire dans leur tête des barrières difficilement franchissables pour passer d'une catégorie à l'autre.

Il faut que Dirigeants et managers acceptent de perdre une part du pouvoir qu'ils gardent ou qu'ils croient encore garder aujourd'hui, par la connaissance d'informations à eux seuls réservées. En fait, ils ne détiennent plus vraiment cette part du pouvoir puisque, par manque de temps et de compréhension profonde des situations, elle ne leur permet plus de faire au bon moment des choix pertinents pour l'Entreprise.

> Il y a, sans aucun doute, plusieurs façons pour une Entreprise d'exprimer son ambition sociale. Par exemple, dans la philosophie de SONY, on trouve les préceptes suivants :
> – épanouir les capacités de chacun au maximum,
> – fonder l'organisation sur les capacités, les résultats et le caractère personnel de chaque individu.

Chez MATSUSHITA on note parmi les valeurs choisies :
- l'équité,
- l'harmonie et la coopération,
- la reconnaissance.

Chez BOUYGUES, les valeurs suivantes sont mises en avant :
- nous respectons la dignité et les droits de chacun,
- nous donnons la primauté aux hommes,
- nos structures sont faites de responsabilités,
- la promotion du compagnonnage est fondamentale.

Et chez GENERAL ELECTRIC[1] la volonté, exprimée il y a près de 40 ans maintenant :
- d'offrir des emplois, des salaires, des conditions de travail intéressants ainsi que de légitimes satisfactions...
- ... d'assurer la sélection et la formation d'un personnel de direction compétent, capable d'exercer une autorité par la persuasion...

Les points de référence choisis par ces Entreprises variées, qui ont en commun d'avoir réussi, sont souvent différents mais tous expriment la volonté d'une « ambition sociale ». Dans tous les cas, cette ambition sociale aboutit à mettre en place une gestion des ressources humaines assurant à chacun la possibilité de s'affirmer dans son poste. Loin d'être une attitude angélique ou reposant sur un dogme, cette ambition relève d'une réelle volonté de dominer un des facteurs clés de succès essentiel pour une Entreprise dans l'environnement concurrentiel actuel : l'adhésion des hommes.

• Les valeurs de référence

L'identité et l'ambition sociale de l'Entreprise supposent le respect de valeurs de référence. Mais ces valeurs ne peuvent être identiques pour toutes les Entreprises, car chaque Entreprise a son propre passé et sa propre mémoire. De plus ces valeurs doivent aider l'Entreprise à maîtriser son environnement pour assurer sa pérennité.

Il faut donc se méfier du choix de valeurs qui semblent, à première vue, valables pour toutes les Entreprises mais qui finalement n'ont pas beaucoup de sens parce que trop générales. D'ailleurs, ces valeurs se révèlent souvent inefficaces pour motiver les collaborateurs justement parce qu'elles leur pa-

1. F. BOUQUEREL. *MANAGEMENT, Politique, Stratégie, Tactique,* Dunod, Paris, 1969.

raissent mal adaptées aux particularismes de leur Société, de leur métier, de leur environnement, voire, et c'est beaucoup plus grave, du comportement du management. La conséquence est que l'on voit, ainsi, des collaborateurs, qui, comprenant mal le choix de telles valeurs, refusent au fond d'eux-mêmes d'y adhérer et font tout pour y résister par peur de se faire manipuler. On va ainsi à contre-courant du but recherché.

Il semble vraiment surprenant de voir afficher dans certaines Entreprises comme valeurs essentielles des concepts tels que : « l'excellence », ou le « respect des autres », voire même le « droit à la différence ». On est réellement en droit de se demander s'il ne s'agit pas d'un usage dangereux et pernicieux de ces concepts. Prenons comme exemple l'excellence ; on peut penser que l'excellence pour l'excellence est une forme de suicide collectif. L'excellence a un coût, qui n'est certes pas négligeable, et ne peut donc être fournie que contre une juste rétribution de la part du client. Si celui-ci n'est pas prêt à en payer le prix, l'Entreprise doit en calculer le coût pour elle avant de s'y livrer. Peut-être suffit-il, tout simplement, d'être un peu meilleur que ses concurrents.

Parfois, dans certaines situations concurrentielles, on peut être tenté d'investir pour faire de l'excellence, mais il est certainement plus efficace de se contenter d'approcher l'excellence d'un peu plus près que les adversaires. Il est plus rationnel pour l'Entreprise de se pencher sur la détermination du prix de revient de telle fonctionnalité et la recherche du prix que le client est prêt à la payer. Cette analyse de la valeur à deux niveaux (coût pour l'Entreprise et valeur marchande pour le client) paraît constituer un meilleur choix de dépense que la recherche forcenée de l'excellence.

Ainsi l'expression, parfois malheureuse, des valeurs peut avoir pour une Entreprise des conséquences inattendues et très négatives.

Les valeurs de référence de l'Entreprise ne doivent pas être considérées seulement sous leur aspect « valeur morale », mais doivent servir de guides pour obtenir des membres de l'Entreprise des comportements permettant d'assurer sa pérennité au travers de la réussite de la stratégie corporate.

Les valeurs qui servent à la réussite de l'Entreprise demandent :

- à être transmises et acceptées par l'ensemble du personnel,
- à servir de support à une ambition économique comprise et à laquelle croit et adhère le Personnel.

Rappelons cette histoire bien connue d'ouvriers maçons auxquels on pose la question de savoir ce qu'ils font :

- le premier répond qu'il gagne sa vie,

– le second qu'il construit un mur,
– et le troisième qu'il bâtit une cathédrale !

Lequel aura la plus forte motivation pour remplir sa tâche ? Mais peut-on parler de tâche pour le dernier ? ou bien plutôt de participation à la création d'une œuvre faite pour durer ? Faut-il vraiment se poser cette question, alors que la réponse est déjà connue ? Sans doute oui !, puisqu'il semble que cette dernière soit trop souvent oubliée.

> La plupart des grandes sociétés japonaises d'aujourd'hui étaient à la fin de la Seconde Guerre mondiale inexistantes. Elles se sont créées en prenant en ligne de mire une grande société américaine ; par exemple TOYOTA avait choisi de rattraper et de faire mieux que GENERAL MOTORS :
>
> « imiter en faisant mieux », était son premier objectif, et à cet effet cette firme a repris, en les adaptant à la mentalité japonaise, les chartes de grandes Entreprises.
>
> On peut juger aujourd'hui du bien-fondé d'une telle attitude volontariste.

3. POLITIQUE GÉNÉRALE DE L'ENTREPRISE

Ambition économique, ambition sociale, identité et valeurs de l'Entreprise doivent se traduire dans la charte de politique générale de l'Entreprise. Pour faciliter sa rédaction, on peut trouver utile la liste* ci-après, qui résume les points sur lesquels s'est appuyé GENERAL ELECTRIC pour concevoir les divers articles de sa politique générale :

– objet de la société,
– structure,
– hommes,
– social,
– environnement,
– investissements,
– études et recherche,
– fournisseurs,
– lignes de produit,

– présence géographique,
– production de services,
– commercialisation,
– concurrence,
– promotion des ventes,
– finances,
– État,
– syndicats,
– information,
– étendue des services attendus,
– présence sur le terrain et appuis des prescripteurs, etc.,
– profit, sécurité et développement.

Un bon exemple est celui de GENERAL ELECTRIC dont le président, dans les années 50, R.J. CORDINER écrivait qu'il concevait sa mission comme de devoir :

> *« Adapter les politiques, les produits, les services, les installations, les plans et les programmes de la société afin qu'ils répondent avec continuité, progrès, prévoyance, initiative et bonne volonté aux responsabilités sociales, politiques et économiques de la société... »*

Cette compréhension que R. J. CORDINER[1] avait de sa mission a très certainement influencé la rédaction de la charte de politique générale de cette compagnie. En effet, si l'on examine les divers articles de cette charte, on note que les sujets abordés touchent tout autant au comportement stratégique du groupe qu'aux relations tant avec l'interne qu'avec les partenaires externes. Ainsi sont abordés des domaines tels que :

– l'objet de la société,
– la structure et les hommes,
– les investissements,
– le développement technologique,
– la production,

1. F. BOUQUEREL. *MANAGEMENT* déjà cité p. 135 à 141.

– la commercialisation,
– les finances,
– la présence géographique du groupe,
– les relations avec :
  • les clients,
  • les fournisseurs,
  • les distributeurs,
  • l'État américain,
  • les États étrangers,
  • les syndicats.

En définitive, cette charte recouvre non seulement des aspects relatifs à des responsabilités économiques mais aussi politiques et sociales ; nous sommes là assez loin de vues purement mercantiles, même si celles-ci ne restent pas étrangères à l'esprit de la charte, et c'est bien naturel.

Notons, et c'est fort rassurant, que depuis plus de cinquante ans cette Entreprise occupe, dans son domaine, une position de leader, en termes de part de marché et de profit, tout en ayant tenté et généralement réussi nombre de diversifications (puisque à l'origine spécialisée dans la construction électrique, elle est aujourd'hui un leader dans le domaine des réacteurs d'avion, des produits financiers et aussi de la communication).

Sans doute, faut-il prendre exemple de cette volonté et ne pas craindre de réfléchir et choisir de définir une politique générale qui soit explicite, claire et motivante pour l'interne et pour les partenaires et SURTOUT la respecter.

4. LE CHOIX DU OU DES MÉTIERS

L'importance déterminante des décisions concernant le choix du ou des métiers exercés par l'Entreprise en font un domaine réservé du niveau politique et donc partie essentielle de la stratégie corporate.

Derrière cette sélection des métiers se profile la vision à terme de l'Entreprise et donc de son identité ; il s'agit d'un des choix stratégiques majeurs effectué par le Dirigeant et d'autant plus important que le métier se conserve très longtemps. Changer de métier est une décision grave, très peu fréquente dans la vie d'une entreprise ; ceci s'explique facilement parce que choisir un métier c'est comprendre :

- qu'il existe des stratégies spécifiques selon les métiers,
- que lorsque dans un secteur le concept de taille critique a un sens, le métier permet de mieux la situer par rapport à la filière,
- que dans son métier, on a l'obligation d'être parmi les « bons » voire les « meilleurs », puisque c'est la base de la lutte concurrentielle, d'où la nécessité de posséder parfaitement un certain nombre de compétences,
- qu'il faut concentrer les investissements sur les « savoir-faire » critiques, ceux qu'il est indispensable de maîtriser pour survivre dans la filière.

À la suite de ces quelques affirmations on pourrait penser que tout un chacun doit avoir, naturellement, la même compréhension du métier exercé. En fait, il n'en est rien et lorsqu'on interroge des Dirigeants à ce sujet on se rend compte qu'il existe nombre de façons différentes d'interpréter le contenu d'un métier, d'où le pas vite franchi qui fait dire à certains qu'un métier présente des aspects subjectifs. Il est indispensable de rester objectif pour décrire un métier et ne pas se livrer à des jeux sémantiques, sans quoi il devient quasi impossible de comprendre les compétences et « savoir-faire » à posséder.

Il ne faut surtout pas confondre « métier » et « type de besoin » satisfait.

> Par exemple, définir son métier comme satisfaire à des besoins d'odorat ou de goût ne paraît pas, d'un point de vue stratégique, la meilleure façon de faire ; il s'agit, bien évidemment, d'une description trop directement liée à la satisfaction d'un « besoin générique » au détriment d'une compréhension de type stratégique qui permet, elle, de déterminer les compétences nécessaires et donc le choix d'attribution des ressources. En se centrant trop exclusivement sur le besoin client, on reste dans une logique de type marketing et non stratégique.
>
> D'un point de vue stratégique, il semble plus pertinent de ne pas retenir seulement des critères aussi spécifiques, mais de s'intéresser surtout à des critères permettant de décrire les diverses attributions de ressources que l'Entreprise fera pour satisfaire ces besoins tels que : technologies à maîtriser, activités à exercer etc.

De toute évidence, pour toutes ces raisons, il faut structurer l'Entreprise autour du choix des métiers.

Abandonner un métier ou se recentrer sur un certain métier, cela signifie pour l'Entreprise :

- se séparer en règle générale de certains de ses actifs,

– répartir autrement ses investissements et affecter, en conséquence, autrement ses ressources,

– de devoir, aussi, assurer sa pérennité avec des évolutions stratégiques différentes.

Changer de métier, en stratégie, s'appelle pour une entreprise « se diversifier ». Pour se diversifier l'Entreprise doit acquérir de nouvelles compétences, quelquefois maîtriser de nouvelles technologies ou de nouveaux modes de production ou pour le moins acquérir de nouveaux « savoir-faire » et pour ce, très souvent, devoir attirer de nouveaux collaborateurs. La diversification entraîne l'usage plus ou moins important de ressources financières ; il est vrai que se diversifier demande du temps et de l'argent.

Bien entendu ces choix, lorsqu'ils sont faits, devront l'être avec beaucoup de circonspection et de discernement. D'abord on ne change de métier que relativement rarement dans la vie d'une Entreprise et on ne devrait le faire que pour des raisons parfaitement objectives. Dans tous les cas, il faut mesurer autant que faire se peut pour l'Entreprise :

– le coût induit,
– les profits escomptés,
– les risques auxquels on veut échapper,
– la valeur des opportunités à saisir,
– la distance stratégique avec les autres métiers exercés jusqu'alors,
– l'importance des synergies que l'on peut faire naître,
– le partage des technologies ou des modes de production avec l'actuel,
– le degré de maîtrise des modes de distribution utilisés dans ce métier,
– le degré de recouvrement en termes de type de clients avec l'actuel,
– l'importance de la rivalité existante aujourd'hui.

Le BCG *(Boston Consulting Group)* nous fournit une piste de réflexion très intéressante pour comprendre le type de métier que peut exercer une entreprise dans un secteur économique donné. Pour cela, il s'est livré à une analyse des métiers en imaginant une matrice basée sur les deux dimensions suivantes :

– l'importance de l'effet d'expérience dans le métier,
– le potentiel de différenciation qu'offre le secteur où s'exerce le métier.

L'outil du BCG permet de mettre en évidence quatre grands types de métiers qualifiés ainsi :

- métier « fragmenté » où une forte différenciation est possible, mais sans effet d'expérience,
- métier « spécialisé » offrant une forte différenciation potentielle avec effet de volume,
- métier « en impasse concurrentielle » car n'offrant ni de réelles possibilités de différenciation ni effet d'expérience,
- enfin, métier « concentré » offrant peu de possibilités de différenciation mais un fort effet d'expérience (entraînant la recherche du volume).

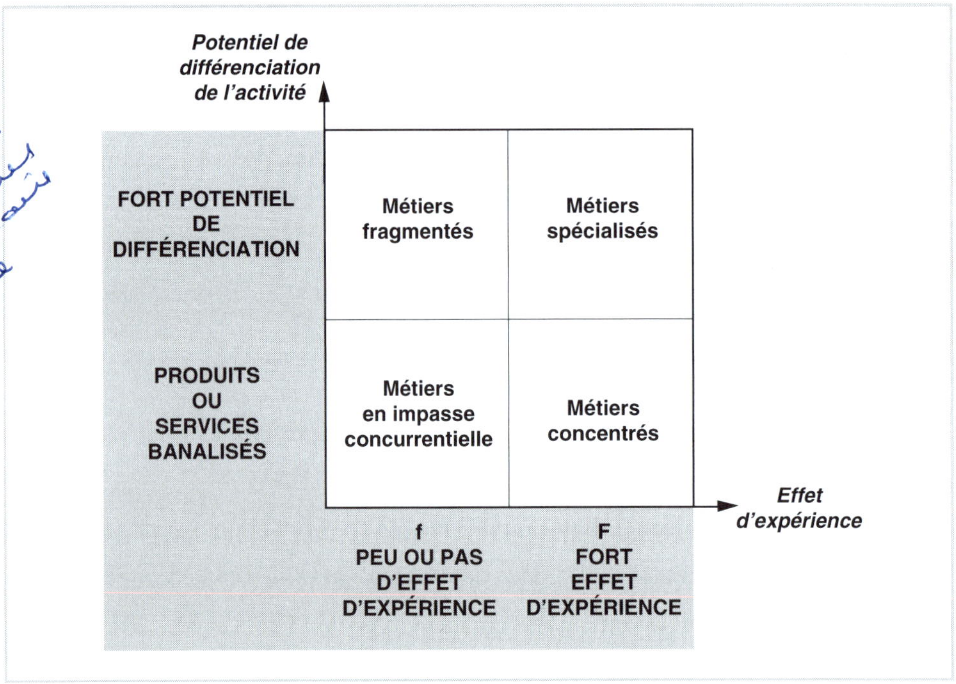

Figure 2.1 Analyse des métiers par le BCG

Nous n'irons pas plus avant dans la description de cet outil, à ce stade, pour la reprendre, dans une autre configuration, à l'intérieur du chapitre consacré aux outils d'« aide à la décision stratégique ».

En cas de diversification, à terme l'Entreprise sera devenue « autre ». C'est donc bien une mission du ressort du conseil d'administration, du niveau politique et il est indispensable, dans le monde actuel, que, régulièrement, la question des métiers exercés par l'Entreprise soit posée. En fait derrière cette décision, l'Entreprise fait les choix les plus stratégiques pour elle :

- choix du ou des secteurs économiques où peut s'exercer un métier,
- choix du type de concurrence qu'elle va devoir affronter (en effet, chaque secteur économique de par la réalité des couples produit / marché, entraînant généralement une structure spécifique pour chaque secteur, induit une certaine organisation de la concurrence),
- choix géographique du marché pertinent : il y a des marchés pour lesquels la pertinence géographique est régionale, d'autres nationale ou européenne voire mondiale.

Pour chaque métier, il existe des facteurs clés de succès, très souvent spécifiques, qui exigent notamment des compétences particulières et demandent de s'interroger, en règle générale, sur les points suivants :

- surface financière,
- compétence marketing,
- compétence logistique,
- technologies à maitriser,
- compétence technique,
- compétence dans l'industrie,
- synergie avec les autres acteurs,
- étendue des services attendus,
- présence sur le terrain et appuis des prescripteurs, etc.

Cette liste, non exhaustive, montre bien que l'instance politique de l'Entreprise ne peut rester indifférente à la résolution des problèmes posés par ces questions.

• La certitude du flux de capitaux

Pour assurer la réussite du Projet élaboré, il est indispensable, à ce niveau, de créer les conditions favorables à l'approvisionnement de l'Entreprise en ressources financières. Cela est d'autant plus important que, dans un très grand nombre de situations, il peut se révéler utile de les chercher et de les obtenir auprès de sources extérieures.

Il faut à ce moment essayer de déterminer le degré de vulnérabilité de l'Entreprise en fonction des aléas de la conjoncture et des autres risques (technologique, politique ou social).

Il faut, aussi, essayer de déterminer le point d'équilibre de l'Entreprise en termes de ressources financières en optimisant la structure du bilan, en estimant les rentrées potentielles de cash-flow, la valeur des éventuelles cessions d'actifs qui ne remettraient pas en cause l'itinéraire stratégique choisi.

Mais il faut aussi, chaque fois que cela est possible, apprendre à domestiquer les nouveaux modes de financement que constituent les jeux financiers subtils, les allers et retours rapides, dans lesquels se sont illustrés, ces dernières années, les créateurs d'empires soit dans l'industrie soit dans la distribution comme ARNAUD, BOLLORÉ ou PINAULT.

Pour réussir à établir un flux de capitaux en provenance de l'externe de l'Entreprise, les Dirigeants devront acquérir la crédibilité auprès des « prêteurs », ce qui suppose entre autres qu'ils sauront partager avec eux une certaine vision du devenir de l'Entreprise ; cette vision partagée sera d'autant plus aisément comprise par les « étrangers » que ceux-ci sentiront que le personnel y adhère.

Tout ce qui vient d'être écrit met en évidence le fait que, pour être apte à mettre en œuvre une stratégie corporate de façon réaliste, il est nécessaire de la rendre motivante ; ceci suppose que les Dirigeants soient capables de développer leur capacité à acquérir et à faire partager une certaine « vision » de l'Entreprise de demain. De par l'existence d'acteurs variés au sein et en relation intime avec cette entreprise, cette vision ne peut se situer que dans une perspective au niveau stratégique. Cette vision « stratégique », il n'est pas aisé de la caractériser.

Lorsqu'on lit les interviews, mémoires ou autres articles écrits par de grands « capitaines d'industrie » reconnus pour la réussite de leurs Entreprises (et ce dans la durée), on constate que ces écrits révèlent une dominante de pensée de même nature. Ces hommes qui ont eu une influence réellement déterminante sur le développement de leur Entreprise semblent partager une vision commune quant à la nécessité de :

– rassembler l'ensemble des membres de l'Entreprise autour d'un grand projet basé sur une ou quelques valeurs « idéalisantes » :

  un bel exemple est fourni par la grande idée de Steve JOBS, le fondateur d'APPLE, qui désirait démocratiser la technologie dans une volonté de « changer le monde » ; volonté qui existe toujours aujourd'hui, même après le départ du fondateur, chez bien des cadres et qui fut dernièrement réaffirmée par son successeur le président, sortant, John SCULLEY.

Il est certain qu'il semble plus facile de faire partager cette vision lorsqu'on se trouve au carrefour de produits innovants et d'un secteur économique encore jeune ; en effet cette conjonction permet plus aisément de créer du rêve et donc de bâtir autour.

Cependant, même pour des produits peu différenciables dans des secteurs économiques largement en situation de maturité, tels que « le ciment », il est possible de créer ce consensus. Ainsi, une Entreprise comme LAFARGE COPPÉE a continuellement assuré « sa différence » en misant sur une continuité stratégique tout en intégrant les nouvelles donnes de l'environnement. Ceci a été rendu possible par une grande souplesse de fonctionnement ; pas de procédures contraignantes, pas de formalisme rigide, mais au contraire le respect des valeurs humaines et la convivialité, sans pour autant oublier les contingences de la lutte.

De ce fait, et l'exemple vient encore d'en être donné tout à fait récemment, même en période de crise et de diminution forte des bénéfices, cette Entreprise a pu lever sans difficulté des sommes importantes en termes d'augmentation de capital. Certains concurrents, qui n'ont pu avoir cette continuité stratégique, lui envient certainement cette capacité.

Dans cet ouvrage, à de nombreuses occasions, les exemples cités sont ceux d'Entreprises japonaises. Or aujourd'hui les Entreprises japonaises sont entrées elles aussi dans l'œil du cyclone. La tempête fait rage au Japon, comme ailleurs, et la crise est là et d'autant plus présente pour les grandes Entreprises qu'elles réalisaient l'essentiel de leur profit au JAPON (un pourcentage plus élevé que celui des ventes « domestiques »). Une des conséquences est que les Entreprises japonaises ont actuellement un surnombre de cadres qui s'élèverait à 1,7 million d'individus. Il est trop tôt pour savoir si cela va se traduire par des licenciements massifs, mais pour le moment ce n'est pas le cas. S'il l'était, ce serait une remise en cause profonde des « mœurs » qui font que là-bas les hommes s'engagent à vie dans leur Entreprise. On peut penser que la « vision » l'emportera et que ces Entreprises demeureront des concurrents redoutables, cependant on peut noter que certains groupes ont déjà procédé à des licenciements avec, semble-t-il, les encouragements du MITI. À suivre !

L'exigence reconnue d'une « vision » n'entraîne pas pour autant sa transmission. Celle-ci suppose sa crédibilité et, par conséquent, l'adhésion du personnel qui devra aussi souscrire aux valeurs qui vont servir à la traduire dans les actes (à la condition que ces valeurs soient réellement suivies et pas seulement proclamées). D'où la nécessité de se doter de « principes » de management qui assurent la mise en œuvre de ces valeurs. On peut prendre exemple en s'inspirant de ceux proposés par Michael SPINDLER, chairman et chief executing officer d'APPLE, en début d'année 1992, lorsqu'ont été divulgués au personnel les nouveaux axes de la stratégie de cette firme qui peuvent se résumer (sous forme de principes de management) ainsi :

- gagner du temps et de l'efficacité dans notre processus de décision,
- réduire les coûts ou améliorer notre productivité en cas d'augmentation de ces coûts,
- mieux comprendre nos marchés et nos clients,
- avoir une meilleure concentration de l'organisation sur les stratégies clés sur nos marchés principaux,
- maintenir l'avantage concurrentiel et ne pas se trouver dans des situations de prix désavantageuses.

On voit très bien à travers ces principes de management l'application de valeurs qui ne sont pas explicitées dans ce document mais qui sont celles qui sous-tendent les mouvements stratégiques majeurs de cette firme.

Mais que faire pour acquérir la vision stratégique ?

Tout d'abord, investir des ressources dans le développement de cette vision et en faire un investissement.

Puis être clair, en interne, sur les réponses à apporter à des questions telles que :

- Qui est responsable de la vision stratégique ?
- Sous quelle forme et comment est diffusée cette vision stratégique ?
- Comment est récompensée la réussite de cette vision stratégique et selon quels critères la reconnaître ?
- Cette vision est-elle seulement un symbole ou une réalité à mettre en œuvre ?

C'est en grande partie grâce aux réponses apportées à ces questions que pourra être entamée la conception du projet de l'Entreprise par le comité de direction.

Focus

La vision du « devenir » de l'Entreprise est nécessaire et indispensable pour inscrire la stratégie corporate dans un cadre précis. Mais elle doit impérativement prendre en compte l'ensemble des acteurs intéressés par la pérennité de l'Entreprise.

D'une certaine façon, la stratégie corporate est le lien naturel que les Dirigeants doivent concrétiser pour relier les actionnaires, les employés et tous les autres acteurs intéressés par le devenir de l'Entreprise, tels que les fournisseurs (problématique de la qualité totale), les collectivités et même parfois les clients (par exemple les groupes d'utilisateurs de tel micro ou bien les possesseurs de tel modèle de voiture).

La détermination de la stratégie corporate amène les Dirigeants à :

- définir les grands objectifs de l'Entreprise tels que, par exemple, une position sur le marché (devenir leader européen dans tel secteur), une rentabilité (avoir un bénéfice net représentant tel % du CA),
- définir très clairement les métiers que l'Entreprise veut développer,
- choisir le portefeuille d'activités de l'Entreprise et le remettre à jour si nécessaire,
- faire le choix des allocations des ressources pour assurer la réussite des opérations menées sur le marché,
- assurer le flux de capitaux (quelle que soit leur provenance) afin de pouvoir mobiliser les fonds.

Bien entendu cette démarche suppose, pour être suivie de façon crédible, que les Dirigeants disposent de sources d'information fiables et opératoires afin de pouvoir vérifier en permanence que les choix faits soient réalistes et réalisables, c'est-à-dire que l'Entreprise dispose à la fois des ressources et des compétences pour atteindre le but choisi.

CHAPITRE 4

La mise en place d'un processus formalisé

« L'initiative n'est pas un concept abstrait,
mais quelque chose de concret, de matériel.
L'essentiel c'est de garder et de concentrer le maximum
de forces actives...
À vrai dire, il est facile de perdre l'initiative dans la défensive...
C'est seulement en refusant de se replier
ou en se lançant tête baissée dans le combat,
qu'on perd, en pratique, l'initiative, bien qu'extérieurement
on donne l'impression de lutter pour se l'assurer. »

MAO TSÉ-TOUNG
*Problèmes stratégiques de
la guerre révolutionnaire*

1 • La recherche des données stratégiques
2 • La conception du processus d'analyse stratégique
3 • Les « aptitudes comportementales » de l'entreprise : un nouveau métabolisme
4 • Le dirigeant dans l'analyse stratégique concurrentielle

Toute stratégie d'Entreprise doit prendre en compte les « volontés » des Dirigeants, qui, entre autres, s'expriment à travers la vocation qu'ils donnent à leur Entreprise et la vision de son futur. Pour répondre à cette vocation et construire l'Entreprise du futur, les Dirigeants vont devoir concevoir et expliciter la « stratégie corporate ».

Afin d'atteindre les objectifs de cette « stratégie corporate », l'Entreprise va devoir faire le choix des parties du champ de bataille où elle pense avoir le plus de chance pour y réussir :

c'est là, le domaine de l'analyse stratégique concurrentielle.

La conception d'une « stratégie concurrentielle » suppose la maîtrise de certaines compétences et la possession d'un grand nombre d'informations. L'existence de ces contraintes prouve qu'il est difficile de se lancer dans une telle démarche sans avoir mis en place :

un processus formel de mise en œuvre de la démarche.

Ce processus peut certainement démarrer avant que ne soit explicitée très précisément la stratégie corporate, mais il nécessite, en priorité, la mise en place d'un système de recueil des données, indispensables, pour le mener.

Chaque fois qu'une Entreprise envisage de lancer une analyse stratégique concurrentielle, on voit certaines personnes insister sur les difficultés de collecte des informations ainsi que la détermination des bonnes pondérations à utiliser. En fait, ce n'est pas là que résident les vraies difficultés, car lorsque l'on possède l'expérience d'une telle démarche on se rend compte que cela est plus facile qu'il n'y paraît à première vue, parce que :

- le coût de recueil des données est généralement bien inférieur à ce que l'on croit, compte tenu du nombre et de la variété des sources d'informations,
- et qu'il existe, par ailleurs, des sociétés de service spécialisées qui permettent de sous-traiter en partie certaines recherches.

Ce qui est généralement très mal apprécié des Entreprises démarrant pour la première fois un tel processus, c'est l'absolue nécessité d'avoir :

*des systèmes d'information de haute **qualité**, et notamment pour ce qui concerne les coûts.*

En effet, c'est dans les systèmes d'information que se trouvent les vrais enjeux :

– quel degré de confiance peut-on accorder aux systèmes d'information de l'Entreprise ? Or :

  on ne peut que difficilement contrôler de l'extérieur les informations internes ; de ce fait l'Entreprise qui ne possède pas des systèmes de reporting internes de « qualité » peut courir de très gros risques.

– quel est le temps de réponse de ces systèmes ? Est-il compatible avec les nécessités actuelles de la lutte concurrentielle ? Spécialement lorsqu'il s'agit d'Entreprises offrant des milliers de références, ou bien ayant de nombreuses gammes, elles-mêmes déclinées en de nombreux produits.

Aujourd'hui, on assiste au développement très rapide de nouvelles techniques de l'information. Il faut, sans aucun doute, considérer qu'elles sont l'un des enjeux stratégiques des prochaines années. Les Entreprises qui seront à même d'intégrer leurs systèmes d'information dans la « planification stratégique », et donc dans l'analyse stratégique, seront capables de *répondre plus vite et mieux aux actions de la concurrence*[1]. Il est vrai que l'informatique est devenue une arme stratégique en ce sens qu'elle permet de :

– réagir rapidement à tout événement majeur quant à la lutte concurrentielle,
– mettre en rapport au bon niveau, celui des segments stratégiques, les différentes entités de l'Entreprise avec l'environnement (amont et aval),
– suivre, de façon pertinente, l'évolution des segments stratégiques sans pour autant remettre en cause un organigramme s'efforçant de la camoufler (voir segmentation stratégique et structure dans le chapitre 7).

Pour lancer dans de bonnes conditions une analyse stratégique, il faut obligatoirement penser, dans le même temps, au schéma directeur ainsi qu'aux divers systèmes d'information qui seront utilisés.

1. On pourra utilement se rapporter à l'ouvrage de Jacques QUIBEL, et Roger MARI, *Les Systèmes experts dans l'entreprise, pourquoi ? Comment ?,* Éditions d'Organisation.

1. LA RECHERCHE DES DONNÉES STRATÉGIQUES

Il n'est pas raisonnable de vouloir entamer un processus d'analyse stratégique sans avoir mis en place un « système d'information stratégique » ou « SIS ». Le but de cet ouvrage n'est pas de décrire la conception, la construction et les divers usages de ce système, cependant il est utile de repositionner la démarche de l'analyse stratégique par rapport au SIS.

À cette fin, on peut modéliser[1] le rôle du SIS, depuis la stratégie corporate jusqu'à la planification stratégique en passant par l'analyse concurrentielle de la façon suivante :

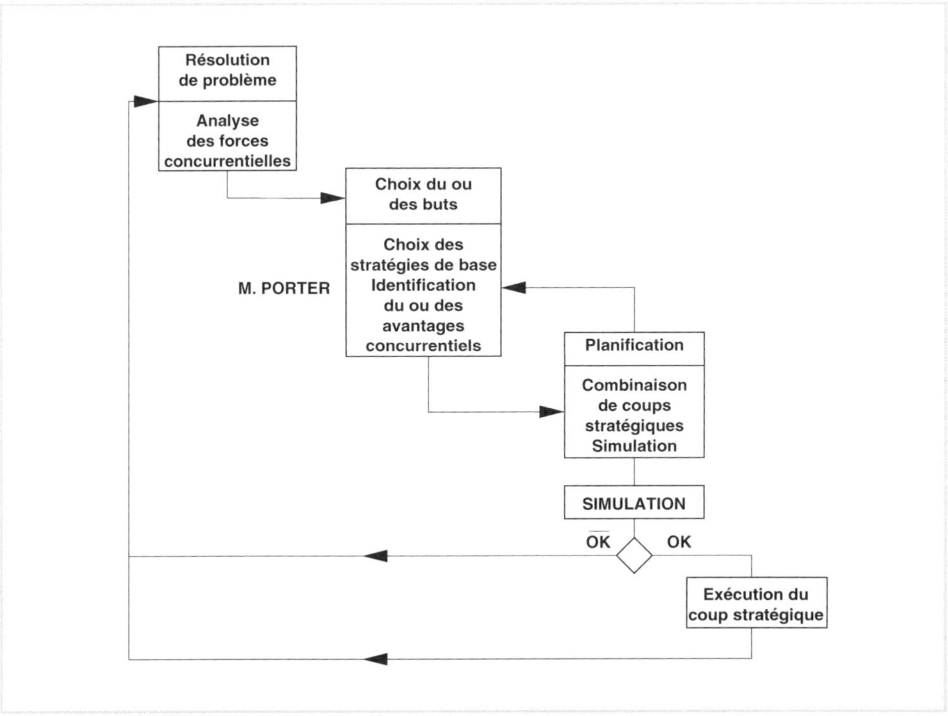

Ce modèle permet de voir les différentes utilisations qui peuvent être faites d'un SIS. En ce qui concerne l'analyse stratégique, proprement dite, la problématique est la recherche des données à gérer dans ce système. La recher-

1. H. TARDIEU et B. GUTHMANN, *Le Triangle stratégique,* Éditions d'Organisation.

che des informations stratégiques est une obligation majeure, de même que la nécessité de leur assimilation par tous ceux qui auront à connaître l'analyse stratégique.

Pour ces raisons et aussi pour une question de coût d'accès, cette recherche ne peut ni ne doit rester la responsabilité ou l'apanage de quelques personnes de l'Entreprise ; elle doit être le fait de tous et la recherche de l'information doit devenir une vraie « culture d'Entreprise ».

La lecture des chapitres suivants montrera qu'entreprendre une analyse stratégique est une « entreprise » longue et délicate, qui peut exiger beaucoup de temps surtout si on part de zéro, c'est-à-dire sans avoir constitué son SIS. Il serait donc peu réaliste de vouloir partir collecter les informations stratégiques sans méthode de recueil ; utiliser une telle approche, c'est, bien évidement, se condamner à un affreux gaspillage des efforts, à des coûts inutiles et sans doute à un renoncement proche du désespoir.

Une bonne méthode de recherche doit permettre de répondre à deux questions :

– quels sont les domaines de recherche ?
– quelles sont les sources dont on dispose ?

• Les domaines de recherche

Essentiellement ils étaient au nombre de trois.

1) l'environnement économique général

- pour comprendre les grandes « tendances lourdes » de l'économie,
- pour repérer les acteurs et les variables pouvant influencer le devenir de l'Entreprise,

2) le secteur de l'Entreprise

- pour comprendre la structure du secteur et les conditions de la lutte concurrentielle,
- pour surveiller les acteurs reconnus pour comprendre leur jeu,

3) l'Entreprise

- pour analyser sa position concurrentielle et ses possibilités de manœuvre.

Cependant il est maintenant indispensable de rajouter les tendances qui se rattachent d'une part au développement durable et aux NTIC.
En ce qui concerne le développement durable, rappelons :

- le retour de l'éthique : l'existence de FCP éthiques, la détérioration de l'image de certaines entreprises confrontées à des déficiences en ce domaine,
- la défense de l'environnement,
- et la performance sociale.

Dans le domaine des NTIC, sans revenir sur ce qui a été indiqué dans l'introduction, il est nécessaire que les dirigeants soient très conscients des changements que celles-ci entraînent sur la façon de diriger, de communiquer et de motiver les collaborateurs, c'est-à-dire sur les structures et les systèmes eux-mêmes de l'Entreprise.

Pour faire la somme des informations qu'il est nécessaire de gérer, il suffit de se reporter aux différents chapitres et voir ainsi ce qui doit être pris en compte pour alimenter les outils afin de procéder aux analyses successives. Pour faciliter la constitution de la nomenclature des informations stratégiques, on peut faire usage de la classification suivante.

A • Données macroéconomiques

Toutes les informations pertinentes pour l'analyse stratégique et qui permettent de décrire la situation de l'économie en général (données économiques pures mais aussi touchant au politique, au social, au juridique), ainsi qu'expliquer la structure du secteur de l'Entreprise (dont l'intensité des 5 forces).

Nul ne songe, aujourd'hui, à mettre en doute la nécessité de la veille concurrentielle et de la veille technologique, mais rares sont les Entreprises et principalement les PME qui consacrent les moyens indispensables pour assurer la « veille économique » ; beaucoup fonctionnent, encore trop souvent, à l'intuition.

B • Données sur les concurrents actuels

Toutes les informations qui permettent de décrire et comprendre les manœuvres stratégiques des adversaires (donc pouvant expliquer leur métabolisme et autorisant à simuler segmentation stratégique, chaînes de valeur interne et externe et leur appartenance à tel groupe stratégique).

Il est déterminant de connaître leurs capacités et leurs compétences, d'anticiper leurs probables mouvements stratégiques et d'examiner ce que l'on peut faire à côté d'eux, ou avec eux ou contre eux.

Sans vouloir reprendre toute l'analyse conduisant à la constitution des groupes stratégiques, rappelons néanmoins les choix stratégiques des concurrents, qu'il faut nécessairement expliciter pour comprendre leur jeu :

- spécialisation : gamme étroite / gamme large,
- le jeu des marques,
- le jeu sur le consommateur : push / pull,
- position vis-à-vis des coûts : coûts faibles / coûts élevés,
- position technologique : leader / suiveur,
- différenciation : faible / forte,
- canaux de distribution : sélectif / tous canaux,
- politique de prix : standard / élevé,
- degré d'intégration des activités dans l'Entreprise,
- politique de services : minimum / complète,
- couverture géographique : régionale / nationale / internationale,
- type de segmentation : généraliste / spécialisée / hyperspécialisée.

C • Données sur l'évolution de la lutte concurrentielle

Ce qui nécessite de faire une veille concurrentielle et, si besoin est, une veille technologique. Ces informations vont servir à visualiser les conditions futures de la lutte concurrentielle, imaginer l'évolution des stratégies des concurrents et supposer les départs de concurrents et les arrivées de nouveaux entrants.

D • Données sur la population totale du territoire

Afin de décrire puis comprendre les comportements des clients, des non-clients et estimer les formes probables d'évolution ; pour cela, il faudra tenir compte des autres intervenants du secteur tels que les prescripteurs ou autres préconisateurs, les distributeurs, les sources de financement...

E • Données sur les techniques utilisées

Qu'il s'agisse des techniques directement liées au produit, mais aussi celles qui sont utilisées pour remplir les principales activités (recherche, conception, production, commercialisation, logistique...) et donc penser, aussi, aux fournisseurs...

Une précaution *très importante* est qu'il faut bien différencier, pour chacune des catégories de la classification précédente, « deux » types de données de par la fréquence de leur usage :

– d'une part celles dont l'utilisation est « quasi permanente » parce qu'elles sont nécessaires pour répondre à des besoins permanents ou très fréquents, par exemple pour analyser la concurrence, les produits ou la demande,
– et d'autre part celles qui correspondent à des besoins plus ponctuels, tels que la préparation de la décision de lancement ou non d'un nouveau produit.

• Les modes de recherche

Plusieurs approches sont à la disposition des Entreprises pour procéder au relevé des données nécessaires à la « base stratégique ».

Elles sont au nombre de quatre.

A • L'espionnage

Il s'agit d'un mode de recherche qui bien sûr est illégal, et qui surtout relève de l'éthique. Quelle que soit la décision prise : l'employer ou non, il faut se rappeler que non seulement il existe, mais qu'il est de plus en plus répandu ; ce n'est pas être « paranoïaque » que d'estimer qu'il est donc devenu primordial de s'en protéger et ce n'est pas vraiment une habitude bien ancrée dans le culturel des Entreprises françaises.

B • L'« intelligence »

C'est l'établissement de relations fortes avec des « acteurs-clés » afin d'échanger des informations stratégiques dans le but de se concerter dans certains domaines voire pour établir des stratégies communes ou voisines.

Ces acteurs clés peuvent être de nature tout à fait différente, par exemple un membre de la filière : un fournisseur, ou un client avec lequel les relations sont particulièrement confiantes ; ce peut être un autre fournisseur, complémentaire, des firmes du secteur qui ne soient pas en concurrence directe ou indirecte. On imagine assez bien les avantages que l'on peut retirer d'un tel échange, notamment en termes de coût de recherche de l'information, mais aussi les dangers potentiels.

De par l'importance de ce type de relations, l'« intelligence » reste du domaine des Dirigeants.

Pour de nombreuses petites et moyennes entreprises, l'« intelligence » est une excellente façon de pallier le peu de moyens, en termes de temps et d'argent, pour procéder au recueil des données, mais aussi et surtout constitue une première approche pour construire des alliances qui peuvent se révéler très utiles pour assurer la pérennité de la firme.

C • Les « intelligences »

L'intelligence étant l'apanage des Dirigeants et en relation avec des acteurs clés, il s'agit de ne pas ignorer les autres fournisseurs possibles d'informations. Pour cela, il s'agit cette fois de créer des relations particulièrement bonnes, cordiales et si possibles confiantes avec des « personnes » susceptibles d'accepter des échanges de points de vue et des informations sur le marché et sur les concurrents. Cette approche doit être confiée, bien sûr, à tous les responsables fonctionnels ou opérationnels de l'Entreprise.

C'est une approche qui peut « rapporter » gros pour un coût minime, à la condition de former les gens et de les informer très clairement des limites de l'échange.

D • L'observation des manifestations extérieures

Il est très difficile d'obtenir des informations sur le mode de conception stratégique des concurrents, puisque cela revient à vouloir connaître leur segmentation stratégique. Par contre, il est relativement aisé d'observer les principaux mouvements des adversaires en suivant les manifestations extérieures de ces mouvements et les faits qui à terme les annoncent.

À partir de ce relevé, on effectuera un regroupement de ces observations pour être à même de déterminer la stratégie la plus vraisemblable qu'un concurrent donné s'apprête à mettre en œuvre. En effet, les hommes ont, très souvent, une tendance forte à dupliquer les modes de raisonnement et les méthodes de résolution de problème qui leur ont souri par le passé. De ce fait, il devient possible, dans un très grand nombre de cas, de reconstituer la stratégie la plus vraisemblable d'un concurrent à la condition de disposer :

- d'une part, de la connaissance de ses stratégies passées (obtenue à partir de l'étude de l'histoire du secteur), qui autorise à mettre en évidence :
  - le mode de pensée stratégique des Dirigeants,
  - leur vision de la lutte concurrentielle et donc du secteur,
  - les réussites et les échecs d'hier,
  - la possibilité de « qualifier » leurs « zones aveugles », c'est-à-dire les domaines dans lesquels ils possèdent soit peu d'atouts soit un manque de compréhension des événements,

- les « capacités de manœuvre » telles que :
  - capacité de réaction,
  - capacité de rapidité de réponse,
  - capacité de résistance,
  - capacité d'adaptation,

- d'autre part, de l'observation de ses mouvements actuels, par exemple :
  - le dépôt de marques ou brevets,
  - l'acquisition de licences,
  - l'achat d'une Entreprise,
  - des investissements spécifiques,
  - l'engagement de personnes possédant un profil et /ou une ou des expériences spécifiques, etc.

qui peuvent servir d'indicateurs à des décisions volontaristes qui conduisent naturellement à des choix stratégiques.

En effet, des faits de cette nature sont structurants pour ce qui concerne :

- les pouvoirs,
- le mode de planification,
- la pensée stratégique,
- l'organisation et la structure,
- les systèmes de contrôle.

Mettre en œuvre ce mode de recherche nécessite :

- de recueillir les informations sur tous les mouvements clés des concurrents principaux,
- de vérifier la qualité des informations recueillies en effectuant des recoupements,
- d'organiser les données recueillies c'est-à-dire procéder à des tris, puis à une analyse et enfin à une ou des synthèses (c'est là le domaine privilégié de l'informatique),
- de mettre à jour régulièrement la base de données stratégiques,
- enfin et c'est très important utiliser les résultats, c'est-à-dire faire vivre le système car c'est cela qui assurera l'adhésion la plus totale des membres de l'Entreprise qui doivent collaborer au recueil.

Cette méthode se révèle être :

– une approche complexe,
– une approche longue,
– une approche coûteuse,

mais c'est *une approche très sûre.*

E • Le benchmarking

C'est aller à la recherche des meilleures méthodes utilisées dans une activité et par extension la meilleure façon de gérer un processus ou bien la meilleure façon de gérer un « changement donné ».

En fait, il s'agit de ne pas reproduire les méthodes du passé, ni de faire des extrapolations que l'on modifie en fonction – seulement – de conditions connues, mais bien au contraire de rechercher systèmatiquement des idées nouvelles qui touchent aux processus, aux méthodes ou aux pratiques. Cette recherche doit être conduite sans limitation de secteur et non pas comme il est trop souvent proposé seulement auprès des concurrents.

Le benchmarking suppose d'abord :

– d'étudier les meilleurs dans quelque secteur éconmique qu'ils se situent,
– de rechercher aussi chez les clients des concurrents auprès desquels les efforts de l'Entreprise restent infructueux,
– d'examiner des pratiques inhabituelles pour se demander quel sens elles ont.

Il nécessite de la part du management des comportements apportant principalement :

– soutien à la démarche,
– consensus sur la méthode, les partenaires et les objectifs,
– compréhension des résultats,
– la fixation des objectifs à partir des résultats de l'enquête.

Le « benchmarking » participe à la conception de l'avantage concurrentiel et c'est donc un outil stratégique d'autant plus efficace que la démarche est bien conduite. Le benchmarking doit être un processus constant, cohérent et exhaustif qui autorise, ainsi, à obtenir l'engagement de l'encadrement sur des objectifs et les moyens de les obtenir. Il permet aussi de lancer les opérations de communication qui associent l'ensemble des personnels afin d'obtenir une performance meilleure.

• Les sources d'information

Les sources sont nombreuses, spécialement en France où nous avons la chance de posséder l'un des plus beaux réseaux de statistiques au monde (avec des recensements de population quadriennaux, et une administration fort attachée à réclamer, régulièrement, d'importantes sommes d'informations de la part des Industriels). Les sources peuvent être soit « internes », soit « externes ».

A • Les sources « internes »

Le recueil des informations doit toujours commencer en « interne » car c'est :

- la méthode la moins coûteuse,
- une excellente façon de motiver les collaborateurs à la nécessité d'une participation active à ce recueil,
- un test pour vérifier la valeur du système de remontée des informations depuis la base et donc une façon d'entamer la remise à jour de ce processus,
- une richesse de l'Entreprise, souvent, très mal exploitée,
- et enfin c'est à partir du « connu » que très souvent on détermine, le plus facilement, l'« inconnu ».

B • Les sources « externes »

- *La recherche documentaire* (c'est elle qui doit être « exploitée » en priorité car c'est très certainement la moins coûteuse) :
  - les bilans et comptes d'exploitation,
  - les rapports annuels d'activité (pour les concurrents faisant appel à l'épargne publique),
  - les revues de presse (il existe des Entreprises de « pigeage », dont le métier consiste à relever tous les articles parus sur un sujet donné) : informations sur le secteur, nominations, investissements, discours et interviews des Dirigeants, fusions et acquisitions, etc.
  - publications gouvernementales : chaque ministère a en charge un ou plusieurs secteurs économiques, INSEE (Institut National de la Statistique et des Études Économiques), Commissariat Général au Plan, CFCE (Centre Français du Commerce Extérieur), etc.
  - publications des organismes internationaux : OCDE, Union monétaire, ONU, BIT (Bureau International du Travail), etc.
  - dépôt de brevets, licences et de « noms », par exemple à l'INPI (Institut National de la Propriété Industrielle),

- publications par des organismes d'étude privés ou semi-privés tels que Chambres de Commerce et d'Industrie et aussi Chambre de Commerce Internationale, défense du consommateur (INC : Institut National de la Consommation), CREDOC (Centre de Recherche et de Documentation sur la Consommation), cabinets d'études de marchés et des consultants en stratégie, rapports de voyages d'étude par des grandes écoles, études publiées par des universités, etc.
- documentation juridique et sociale, en particulier ce qui touche à la jurisprudence, etc.
- études et documents issus des associations professionnelles (Fédérations patronales, Chambres syndicales, Chambres des Métiers),
- les bases de données existantes qui peuvent concerner :
  - soit l'économie,
  - soit la technique,
  - les annuaires spécialisés,

  et bien sûr l'utilisation d'Internet au travers de moteurs de recherche notamment au travers de ce que l'on appelle aujourd'hui des « méta-moteurs de recherche ». Ces « méta-moteurs » permettent d'effectuer des recherches sur les résultats de divers moteurs de recherche de base en pondérant l'importance donné à certains d'entre eux.
  On peut aussi filtrer les ensembles de résultats des recherches effectuées à l'aide de critères complémentaires permettant d'affiner la recherche et surtout de réduire la proportion de données non pertinentes par rapport à l'objectif des recherches.

– *La recherche personnalisée*, c'est-à-dire celle qu'une Entreprise met en œuvre pour son propre usage. Les principales sources sont :
- les enquêtes sur le marché (quantitatives ou qualitatives),
- les panels (principalement pour les produits de consommation : panels de consommateurs, de détaillants, de grossistes, mais aussi panels de professionnels),
- interviews de fournisseurs d'équipement, qui sont très intéressants pour déterminer le prix de revient des concurrents,
- enquêtes auprès des laboratoires professionnels,
- interviews des personnels ayant travaillé chez des concurrents (en respectant un comportement basé sur une éthique correspondant aux valeurs de l'Entreprise).

Devant la somme des informations à récolter et la diversité des sources à prospecter, il est important de faire naître au sein de l'Entreprise un climat propice à la recherche du renseignement. Cette recherche doit devenir une véritable « culture » d'Entreprise.

Tout le monde doit se sentir concerné par sa problématique, cette recherche, sinon le coût en devient très vite prohibitif, notament pour les PME et PMI.

Il est donc indispensable que le « management » favorise cette recherche en motivant les personnels, et pour cela crée une émulation entre les équipes, récompense le travail effectué et mette en place des structures d'échange des informations (aussi bien remontantes que descendantes). Il est nécessaire que les gens comprennent bien l'intérêt que le management porte aux informations recueillies et globalement l'usage qu'il en fait.

L'un des points forts des Entreprises japonaises est la façon dont elles utilisent leurs collaborateurs pour apporter des informations : notamment les forces de vente et tous les personnels ayant des rapports fréquents avec les clients. Une telle permanence autour du client est indispensable et c'est tout naturellement, qu'ils deviennent les « yeux » et les « oreilles » de l'Entreprise.

Les Entreprises occidentales sont tout autant capables d'arriver à des résultats comparables à ceux des Entreprises extrême-orientales, à la seule condition de mettre en place les structures adéquates. Il arrive trop souvent de voir des responsables n'attacher qu'une très faible attention aux informations remontant du terrain, en fait parce qu'elles sont dérangeantes, sous le prétexte qu'elles sont soit incomplètes soit trop parcellaires. Bien entendu elles le sont, pour la simple raison qu'un collaborateur, sur le terrain, ne peut voir que la partie du champ de bataille qu'il couvre ; c'est du devoir du management de l'Entreprise de mettre en place une structure permettant de raccorder les informations les unes aux autres afin d'en vérifier la qualité, la pertinence et de faire une première synthèse, afin de les transmettre sous une forme qui soit directement utilisable par les stratèges. Les différents acteurs de l'Entreprise, qui doivent participer à la collecte des données, seront d'autant plus motivés pour le faire que l'Entreprise aura mis en place cette structure et leur fera connaître le bon usage qui est fait de cette collecte.

2. LA CONCEPTION DU PROCESSUS D'ANALYSE STRATÉGIQUE

La somme des acteurs de l'Entreprise qui doivent participer à la collecte des données stratégiques, ainsi que la nécessité de créer une structure de circulation des informations démontrent l'importance de formaliser le processus de l'analyse stratégique. Cette formalisation peut prendre des formes différentes suivant la taille de l'Entreprise, le secteur où elle opère, sa culture, son organisation actuelle et les moyens dont elle dispose.

Cependant, dans tous les cas, pour formaliser ce processus il faut au minimum prendre en compte les aspects suivants :

– *créer un « comité stratégique »,* définir très précisément son rôle, lister les participants.

  Habituellement ce comité doit conduire l'analyse, quitte à s'appuyer sur des « experts » pour tout ce qui touche à la méthodologie et à l'utilisation pratique des outils.

  Doivent être normalement représentés à ce comité :

  • la direction générale,

  • les principaux centres opérationnels (par exemple groupes, divisions ou département en fonction de l'organisation),

  • les directions fonctionnelles (directions : financière, ressources humaines, recherche et développement, etc.).
  Quant au choix des personnes, il sera influencé par la taille de l'Entreprise.
  Bien sûr, les membres doivent être capables de s'extraire des problèmes du quotidien.
  C'est, sans aucun doute là, l'un des premiers sinon le premier critère de sélection, le deuxième venant directement après étant l'esprit d'ouverture et le refus de la politique des « chapelles » ou « clans ».

– *vérifier que tous les membres de ce comité ont une connaissance suffisante de l'analyse stratégique,* sinon leur donner le minimum de formation nécessaire, pour leur permettre :

  • d'une part de participer efficacement aux travaux,

  • et d'autre part de comprendre le sens des mouvements stratégiques qu'ils auront à mettre en œuvre avec leurs équipes.

– *faire le choix d'un mode d'organisation de recueil, de transmission et d'analyse des données stratégiques.*
  Ceci suppose, si cela n'est pas déjà en place, de créer les structures permettant de réaliser ces tâches et d'assurer la gestion des bases de données.

– *établir un planning des travaux,* comportant notamment des temps d'échange avec les représentants du « politique » :
  afin de s'assurer de la convergence des travaux avec les décisions prises à ce niveau (on peut se reporter au chapitre 2 pour ce qui concerne le rôle du niveau politique et du niveau stratégique).

– *prévoir une mise à jour, en principe annuelle, des analyses conduites :*
  afin de prendre en compte les effets de changements importants, dans les conditions de la lutte concurrentielle.

– *s'assurer de la loyauté et de l'honnêteté des participants :*
  l'analyse stratégique est un exercice qui perd tout son intérêt dès que le comportement des participants n'est pas en conformité avec les qualités ci-dessus requises. On a pu se rendre compte, par exemple lors de la construction d'une matrice attraits / atouts du type McKinsey, que les outils reflètent directement la valeur qualitative de l'Entreprise par rapport à ses concurrents. Il est donc recommandé que la première modélisation des outils soit, de préférence, le fait de personnes hiérarchiquement indépendantes des responsables opérationnels.

– *vérifier la faisabilité des stratégies choisies,*
  - tout d'abord en utilisant un outil de calcul du risque stratégique,
  - en vérifiant la capacité de maîtrise de la chaîne de valeur y afférente.

3. LES « APTITUDES COMPORTEMENTALES » DE L'ENTREPRISE : UN NOUVEAU MÉTABOLISME

L'analyse stratégique concurrentielle fournit aux Dirigeants des indications très pertinentes pour leur permettre d'allouer les ressources stratégiques de l'Entreprise de telle sorte qu'elles servent :

– à satisfaire aux « volontés des politiques »,

– et à assurer la pérennité de l'Entreprise.

Les ressources doivent servir à construire un avantage concurrentiel (domination par les coûts, ou différenciation), qui de préférence doit être :

« Décisif, donc durable, donc défendable ».

Pour construire un tel avantage, il faut que l'Entreprise mobilise toutes ses énergies et optimise ses modes de fonctionnement.

Il a souvent été mis en exergue le comportement des sociétés japonaises et leur capacité à concurrencer les Entreprises occidentales en les déstabilisant ; en effet, elles utilisent successivement des modes d'attaque de diverses natures :

- *l'attaque par les « coûts »,* dont il a été, et sera encore, longuement traité,
- *l'attaque par la « qualité »* (dans son sens global, c'est-à-dire « qualité totale » qui a pour objectif la disparition des dysfonctionnements ; rappelons que dans les Entreprises les mieux organisées, quelle que soit leur nationalité, le coût de ces dysfonctionnements représente environ 25 % du CA, alors même que l'on ne possède pas d'outils de calcul pour déterminer le coût de la non-qualité marketing),
- *l'attaque par le « temps de réponse »,* qui leur permet de réaliser « juste à temps », entraînant diminution des stocks et concentration sur ce qui a de la valeur pour le client,
- *l'attaque par la « flexibilité »,* permettant de déstabiliser les adversaires par des réactions plus rapides, de s'aligner plus rapidement sur de nouveaux besoins ou des modifications d'attentes des clients.

Dans le secteur de l'automobile, il y a une vingtaine d'années, les constructeurs japonais fabriquaient environ 15 voitures / homme / an alors que les européens en sortaient 10 ou 11, ce qui leur permettait d'avoir des prix de revient plus bas et donc d'être les premiers à offrir certains avantages aux clients tout en ayant des marges confortables. Les européens ont fait de gros efforts qui leur ont permis de réduire très nettement cet écart ; les japonais ont, alors, successivement mis en œuvre les techniques de « juste à temps », puis ont renouvelé, par un effort de « flexibilité », plus rapidement les gammes de façon à intégrer, avant les autres constructeurs, des nouveautés susceptibles de leur permettre d'acquérir de nouvelles parts de marché.

Les mouvements stratégiques exécutés par les constructeurs japonais amènent à penser que les constructeurs européens ont dû avoir le sentiment d'être « baladés », de devoir être en permanence en situation de riposte, en ayant en face d'eux des cibles « mouvantes ».

Pour atteindre de telles performances, il faut avoir **« la volonté d'innover ».**

L'importance de la vitesse et le rôle de l'innovation ont, déjà, été mis en avant. Ces deux éléments peuvent et doivent se conjuguer et, en fait, ce qui est essentiel, c'est : ***« innover avant les autres ».***

La nécessité d'un « temps de réaction », aussi bref que possible, est aujourd'hui considérée comme l'un des grands défis que les Entreprises ont à relever. Les Entreprises qui sont, de par leur métabolisme, des innovateurs lents éprouvent de grandes difficultés pour se construire un avantage concurrentiel. Reprenons l'industrie automobile qui offre un bon exemple de cette situation[1].

Apprendre à utiliser le « temps » pour innover avant les autres devient une des compétences majeures que les Entreprises doivent mettre en œuvre pour résister à la concurrence et, ainsi devenir « une cible mobile », très difficile à atteindre.

Les auteurs de l'ouvrage cité en référence, tous deux directeurs associés du BCG, montrent là l'évolution de la pensée stratégique. Plus personne, de raisonnable, n'oserait aujourd'hui conseiller à une Entreprise d'attendre qu'un marché soit ouvert pour y pénétrer. À la différence des années 70, il faut aller vite et même plus vite que les autres.

Certains parlent d'« avantage concurrentiel » pour parler de flexibilité, de temps de réponse ou de qualité totale. On remarquera que ces trois « comportements » concourent à :

- permettre d'avoir des coûts bas,
- construire des offres différenciées par rapport aux offres standards.

Aussi pour :

- d'une part, conserver l'expression « avantage concurrentiel » pour décrire les stratégies génériques de PORTER,
- d'autre part, éviter des querelles de chapelle,

il semble plus simple de parler d'« aptitudes comportementales » pour une Entreprise. Ainsi en conservant le contenu d'origine pour « avantage concurrentiel », on sait que l'on sous-entend soit « domination par les coûts », soit « différenciation ».

1. Exemple extrait de G. STALK et T. HOUT, *Vaincre le temps*, Dunod, p. 135.

Ce *distinguo* linguistique ne doit pas avoir pour effet de laisser croire, un seul instant, que pour les Entreprises ces « aptitudes comportementales » ne sont pas essentielles, c'est le contraire !

De la même façon qu'il a été recommandé, au début de ce chapitre, de veiller à posséder des systèmes d'information de qualité, et compatibles les uns avec les autres, de la même façon on doit recommander aux Dirigeants de faire le nécessaire pour doter l'Entreprise de ces aptitudes. En effet, elles contribuent fortement à amplifier l'avantage concurrentiel car pour les posséder une Entreprise doit :

- mettre en œuvre des chaînes de valeur appropriées (outils qui seront présentés dans un chapitre « Cinquième domaine » – 2e partie),
- créer des structures horizontales et transversales non directement liées à une hiérarchie,
- diminuer le nombre de niveaux hiérarchiques (pour que le niveau de décision soit le plus proche possible du lieu de l'action),
- former de façon continue les personnels,
- reconnaître le « droit à l'erreur »,
- obtenir l'engagement de l'ensemble du personnel.

Les deux derniers points sont particulièrements délicats ; c'est de la réussite de leur mise en œuvre que tout le reste découle. Cette réussite dépend, dans le même temps, de l'abandon du mode classique d'un certain management à la française :

> *« Il n'y a pas d'évolution sans liberté d'essayer. »*
>
> F. DALLE

Par rapport au mode de fonctionnement traditionnel des Entreprises européennes et spécialement des Entreprises françaises il s'agit réellement d'une « révolution culturelle ». Traiter de cette révolution n'est pas le propos de cet ouvrage qui se limite à la conduite de l'analyse stratégique concurrentielle, cependant il faut reconnaître que lorsqu'une Entreprise est dotée de telles aptitudes comportementales, elle est capable, mieux que les autres, de construire un avantage concurrentiel doté des trois caractéristiques clés qu'il doit posséder :

décisif – défendable – durable.

Une telle transformation, pour passer de l'Entreprise classique à une Entreprise tournée vers la « vraie excellence », dépend, d'abord et avant tout, des « choix et des volontés » des Dirigeants. Les Dirigeants qui choisissent d'investir (quelquefois pendant plusieurs années) pour permettre à l'Entreprise d'acquérir ces aptitudes, lui procurent un « nouveau métabolisme » car il s'agit en fait de transformer profondément les modes de fonctionnement d'une Entreprise.

Ces choix doivent être faits lors de la conception de la stratégie corporate ; ils vont avoir pour contrepartie d'allouer des ressources, non pas au niveau des segments stratégiques, mais au niveau global de la firme pour acquérir les « aptitudes » recherchées. Ces allocations de ressources doivent donc être faites en amont des choix résultants de l'analyse stratégique concurrentielle ; celle-ci devra prendre en compte ces choix d'allocations de ressources lors des diverses étapes de l'analyse qui seront présentées dans les chapitres qui suivent.

- l'étude interne de l'Entreprise,
- la détermination des forces et des faiblesses par rapport aux concurrents, la compréhension des compétences de l'Entreprise,
- l'écriture comparée de la chaîne de valeur interne par rapport à celles des principaux concurrents,
- l'utilisation des outils d'aide à la décision stratégique, lorsqu'il s'agit de figurer les mouvements de l'Entreprise par rapport à ceux des adversaires.

Il est clair que ces allocations de ressources sont de nature à changer, de façon très importante, les conclusions d'une analyse concurrentielle, voire de les remettre totalement en cause. En effet, l'acquisition de certaines de ces « aptitudes comportementales » peut autoriser à entamer des mouvements stratégiques qui n'auraient pu être envisagés auparavant.

Le lancement de cette « révolution culturelle » dépend essentiellement de la « vision » que le pouvoir politique se fait de l'Entreprise (voir « la stratégie corporate », chapitre 2).

4. LE DIRIGEANT DANS L'ANALYSE STRATÉGIQUE CONCURRENTIELLE

Le Dirigeant a la responsabilité première de la « planification stratégique » de l'Entreprise (au sens moderne du terme) et donc de l'analyse stratégique concurrentielle, qui en est une des étapes, cependant son rôle se conçoit de façon différente suivant les étapes.

Au niveau de l'analyse stratégique, il a pour principales responsabilités :

– d'amener le pouvoir politique à définir une « vision » claire de l'Entreprise,
– d'initialiser le « projet DE l'Entreprise » pour transformer, à terme, cette vision en une réalité,
– de mettre en place les procédures et les moyens pour lancer le processus de planification stratégique, au sein duquel se fera l'analyse stratégique,
– de déterminer la composition du comité stratégique, contrôler son mode de fonctionnement et s'assurer que sont bien réunies compétences et ressources,
– de décider du choix du moment du lancement de l'analyse concurrentielle,
– de faire les choix stratégiques, suite aux travaux du comité, en s'assurant que l'Entreprise possède bien les ressources correspondantes (c'est du rôle du Dirigeant d'assurer le flot de capitaux, voir chapitre 3).

Telles sont ses principales responsabilités ; mais, par ailleurs, il joue un rôle extrêmement important à travers son comportement personnel. Dans l'introduction un certain nombre de facteurs de changement ont été décrits avec les conséquences qu'ils entraînent. Rappelons qu'ont été cités, notamment et dans cet ordre :

– la rapidité et l'accélération du changement,
– la mondialisation des marchés,
– l'hypersegmentation des marchés,
– la perte de la valeur marchande,
– l'importance des services,
– le développement accéléré des technologies,
– le phénomène du mimétisme de l'économie,
– l'Europe ne fait plus les prix,
– les règles du jeu concurrentiel ont évolué et le jeu des autres est plus difficile à lire,

et de l'analyse faite à cette occasion, les conclusions suivantes avaient été tirées :

– des adversaires ont des techniques de jeu différentes des nôtres,
– on ne peut plus extrapoler à partir des résultats d'hier,
– le Dirigeant doit avoir une vision géopolitique de l'économie,
– avoir conscience que les murets édifiés dans le passé n'existent plus ou sont en voie de disparition,

- la taille, en soi, n'a pas de sens,
- la logique de la croissance (pour une Entreprise), n'a pas forcément de raison d'être,
- il faut avoir la volonté de rechercher un avantage concurrentiel durable,
- avoir une autre vision de ce qu'est la compétence,
- optimiser le panier des ressources stratégiques,
- comprendre le vrai défi porté par les adversaires,
- avoir la volonté de gagner,

et pour cela :

« il faut avoir la volonté de changer ».

Chez un Dirigeant cette « volonté » d'un changement, basé principalement sur les conclusions énoncées ci-dessus, dépend de quelques facteurs clés sur lesquels il faut s'interroger.

• Les facteurs du changement chez le Dirigeant

A • L'oubli du « moi »

Aujourd'hui le défi principal est porté par les Entreprises japonaises, et demain il sera aussi le fait d'Entreprises d'une autre nationalité (Corée, Chine etc.), mais qui toutes procèdent d'une même culture : la culture japonaise n'est qu'une variante de cette culture extrême-orientale.

L'un des aspects fondamentaux de la culture japonaise est que :

« Les Japonais n'ont pas de moi ».[1]

Si on remonte dans le temps, cette attitude se traduit dans le « nom » ; jusqu'en 1870 seuls les nobles avaient un nom de famille au Japon, alors que les roturiers en étaient dépourvus.

Lorsque, par obligation légale, les individus ont adopté un nom de famille, celui-ci est devenu plus une forme d'appartenance à un « groupe social déter-

---

1. Nakamura Jurigo, *Revue Critique,* janvier / février 1983.

miné et restreint[1] » plutôt que le révélateur de l'appartenance à une vraie famille telle que nous l'entendons en occident.

De ce fait, l'individu possède une tendance naturelle à se fondre dans la collectivité, qui le conduit à s'identifier très facilement à son Entreprise, faisant par là même du projet de l'Entreprise un acte naturel. On est loin de l'« individualisme » cher aux français.

Le Dirigeant européen ne bénificie pas d'un environnement aussi porteur au sein de son Entreprise, et pourtant cela faciliterait singulièrement sa tâche.

Mais ne trouve-t-on pas des Entreprises françaises au sein desquelles un nationalisme d'Entreprise est né ? Heureusement elles existent et sont bien connues. On remarquera, que d'une façon toute naturelle, ces Entreprises sont dirigées par des hommes qui ne sont pas régulièrement l'objet d'une médiatisation forte, dont le nom n'est pas sur toutes les lèvres, et pourtant le résultat est là.

B • La reconnaissance de la « complexité de la stratégie »

CLAUSEWITZ a écrit que : *« la guerre est un processus vivant »* et, en tant que tel, on peut ajouter un processus complexe. On peut sans danger appliquer ce postulat à la lutte concurrentielle en pleine situation de « mondialisation » de l'économie. L'accélèration du changement n'a jamais été aussi forte que de nos jours et rien ne laissa présager une diminution relative de cette accélèration, bien au contraire. Aujourd'hui les conditions du jeu concurrentiel évoluent à une vitesse difficile à maîtriser à cause de l'évolution des mentalités et des mœurs qui influencent la consommation, des technologies dans tous les domaines : de la biologie à la communication en passant par les matériaux, les filières et même les frontières des secteurs économiques sont récomposées, etc.

Il va falloir faire des choix stratégiques et les mettre en œuvre dans un univers instable et devenu, même, aléatoire. Ceci ne peut se faire qu'en mettant en jeu des systèmes difficiles à maîtriser depuis la recherche de l'information pertinente jusqu'à la constitution de chaînes de valeur dont la permanence dans le temps est incertaine en passant par le management en continu du changement.

1. Louis FRÉDÉRIC, *La vie quotidienne au Japon*, Hachette 1984.

Le « stratège » va être influencé par ces phénomènes et il va lui falloir non seulement du courage et de la constance pour décider mais aussi reconnaître qu'il n'y a pas de recette infaillible. Une dose de probabilité va devoir être introduite dans le processus de choix ainsi que du réalisme doublé de l'acceptation du risque et non plus, comme trop souvent par le passé, procéder par l'application de choix basés sur une idéologie façonnée par l'expérience acquise au travers de la connaissance d'un secteur économique.

On peut remarquer que les stratèges qui réussissent le mieux sont très souvent des décideurs qui, loin d'être inquiets de voir surgir des aléas, les utilisent au mieux en s'efforçant soit de les neutraliser soit de les maîtriser voire de les provoquer.

Quoiqu'il en soit, l'importance de la méthode d'analyse et la mise en place d'un processus deviennent d'autant plus déterminants qu'ils protègent de choix prédeterminés par l'habitude.

C • Le « sens » de l'objectif

La culture occidentale est unc culture basée sur « l'objectif », à l'opposé de la culture extrême-orientale qui, elle, rend plus sensible au « chemin à parcourir ensemble ».

Cette attitude entraîne les occidentaux à formuler des objectifs de « buts » à l'opposé des JAPONAIS qui eux formulent des objectifs de « moyens » ; ainsi une Entreprise occidentale visera, par exemple, 35 % du marché mondial sous 4 ans, alors qu'une firme japonaise choisira d'avoir la meilleure recherche, ou le meilleur mode de production, ou le meilleur marketing[1]. Devant le fossé qui sépare fondamentalement ces deux approches, peut-être faut-il se poser deux questions :

> *« Peut-on réellement planifier de devenir leader mondial ? »*

et puis :

> *« Dans quel(s) domaine(s) faut-il être le meilleur au monde pour accéder au leadership ? »*

Si on pense que la réponse à la deuxième question est celle qui paraît la plus pertinente pour y réussir, alors il faut changer quelque chose dans notre façon de préparer l'avenir.

1. Christion Saint-Étienne, article paru dans *Le Monde* du 9 juillet 1991.

Et c'est peut-être là que réside un des points forts de cette approche. Si le fait de posséder, mieux que les adversaires, une compétence en termes de recherche, ou de production ou de marketing permet de devenir leader mondial, ce sera pour un japonais un résultat provisoire et sans doute fragile mais en aucun cas un but.

Dans cet état d'esprit seul le « moyen » est porteur de domination ; aussi quel que soit le résultat atteint si l'on veut qu'il perdure il faut, en permanence, travailler à rester le meilleur dans ce domaine.

Au contraire, les occidentaux ont une tendance naturelle à « fêter » les succès du jour en oubliant de se préparer aux luttes du futur.

La conception occidentale des objectifs qui entraîne à privilégier les objectifs de « but » doit sans doute évoluer pour tenir compte du contenu « moyen », qui est source de changement dans le comportement des Entreprises.

De plus, puisqu'on ne peut jamais atteindre à l'« excellence », l'aspect « moyen » incite à une progression continuelle alors même qu'un objectif uniquement de « but » peut inciter à se reposer sur l'acquis.

Notre conception d'un objectif de « but » doit sans doute évoluer pour prendre en considération un contenu d'objectif de « moyen ».

• Les leçons à tirer du jeu de « Go »

À plusieurs reprises, ce thème est revenu et les rudiments de ce « jeu » ont été explicités dans le premier chapitre.

Rappelons que le « Go » se joue sur un échiquier de 19 lignes verticales X 19 lignes horizontales ce qui procure 361 intersections. Le joueur « blanc » dispose de 180 pierres alors que le « noir » en a 181 à sa disposition.

Le jeu consiste à se constituer un « territoire » qui donne droit à l'attribution de points basée sur le nombre d'intersections possédées, diminuée du nombre de pierres perdues mais la « victoire » n'appartient pas au plus fort mais au plus fluide[1].

1. J.-C. Fauvet et X. Stefani. *La socio-dynamique : un art de gouverner,* Éditions d'Organisation, Paris 1983, p. 91 à 93.

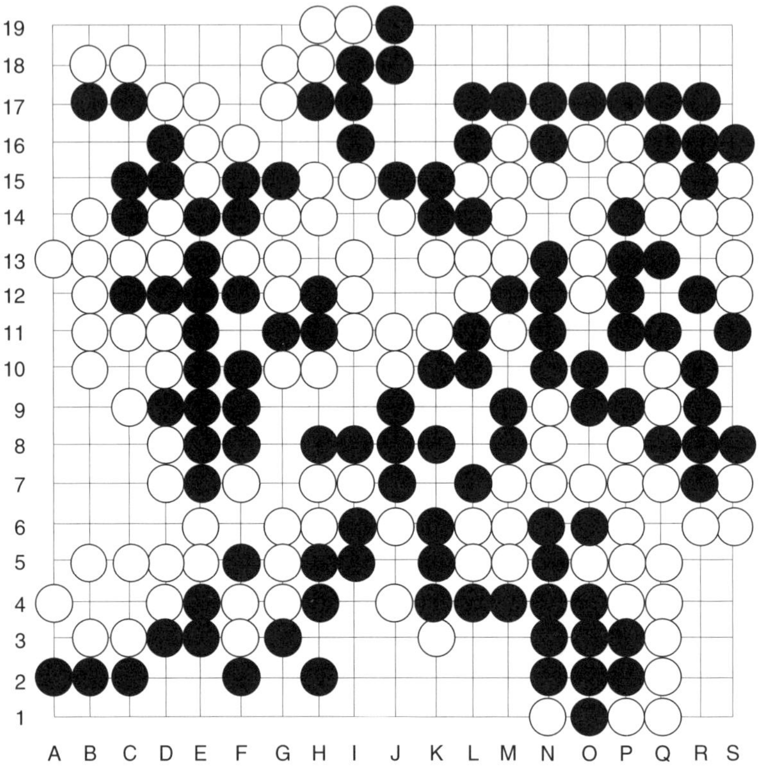

L'important dans ce jeu est de limiter les degrés de liberté des pierres disposées par l'adversaire. Chaque pierre peut avoir jusqu'à 4 degrés de liberté, c'est-à-dire les 4 intersections connexes de sa position et une pierre est « en vie » tant qu'elle possède au moins un degré de liberté. Là se trouve la grande différence avec le jeu des « échecs » ; aux « échecs » il s'agit de détruire des pièces, ici il s'agit de les « étouffer ».

Pour y réussir il devient indispensable :

– *de savoir jouer la « coexistence armée »* et donc savoir limiter les affrontements. Les affrontements directs causent toujours des pertes lourdes aux adversaires, en tout cas beaucoup plus lourdes que si l'on sait les maîtriser. On peut le remarquer chaque fois qu'une guerre exagérée des prix a lieu, ou bien lors de certaines OPA sauvages qui se traduisent par des coûts d'attaque et de défense souvent disproportionnés (le véritable coût pouvant se révéler à terme une désagrégation de l'esprit d'Entreprise voire au niveau du corps social) ;

– *d'appréhender la stratégie de l'Adversaire,* pour comprendre les différentes dispositions qu'il prend. Il est nécessaire d'interpréter ses mouvements, non au travers du prisme de notre vision des choses, mais de sa vision. Ainsi la conquête de territoires est-elle parfois moins importante en début de partie qu'un maillage fin et subtil permettant à terme de créer des zones d'influence.

La vision entraînée par le GO est à l'opposé de la vision traditionnelle des occidentaux qui s'est traduite dans le passé par des luttes continuelles pour acquérir, par la force, des territoires. En ce sens le jeu de « GO », conçu sans doute au premier siècle (néanmoins le Wei-c'hi d'origine lui aussi chinoise se pratique depuis près de 4 000 ans avant J.-C.), se révèle être à SUN TZU (5e siècle avant J.-C.), ce que les « échecs » sont à CLAUSEWITZ.

La plupart des stratégies militaires mises en œuvre dans tous les domaines par les occidentaux (militaire, social, politique, économique...), sont des affrontements directs qui rappellent les « échecs ». Au contraire le « GO » nous apprend que si la lutte se transformera à terme en un combat frontal, celui-ci sera d'autant plus réduit dans le temps et d'autant moins coûteux que l'adversaire aura été déstabilisé.

Il faut donc, en permanence, se ménager des degrés de liberté par exemple en s'appuyant sur les bords du GO-BAN, en tenant la quatrième ligne ; il faut plus penser à réussir son projet que s'opposer dans le contre-projet de l'adversaire.

C'est un jeu de mouvement, de manœuvres alors que pourtant les pièces posées ne peuvent plus être déplacées. Mais l'idée de manœuvre est dans la tête, et la pièce posée est la manœuvre elle-même. Il y a coexistence possible, et au moins pendant un temps, de deux volontés sans essayer de faire prévaloir la sienne. Bien sûr et à un terme plus ou moins rapproché des luttes auront lieu mais à partir de territoires qui auront une existence réelle et une valeur économique.

Pendant tout le temps du jeu, l'autre joueur est plus ou moins un gêneur, bien plus qu'un adversaire.

On n'a que l'embarras du choix lorsqu'on désire montrer l'utilisation des techniques du « GO », au cours des dernières décennies, avec d'illustres cas. Quelques exemples le démontreront très aisément :

1. après une défaite sanglante, Mao Tsé-Toung appliqua les principes de SUN TZU et donc les techniques du GO, en entreprenant la « longue

marche », c'est-à-dire en refusant le combat ; celle-ci le conduisit au pouvoir sans que quiconque ait vu apparaître le jeu « réel » pratiqué ;

2. le général GIAP s'est opposé victorieusement d'abord à la France puis aux États-Unis, pourtant militairement supérieurs. On peut regarder la bataille de Diên Biên Phu comme l'exemple type[1] de prise d'un territoire avec successivement : encerclement, érosion, tenaille et pénétration dans le territoire adverse ;
3. c'est aussi la prise du pouvoir à Moscou par les Bolchevicks en 1917 ; Lénine penchait pour l'attente, considérant que pour agir il fallait qu'il possède des forces suffisantes, c'est-à-dire le peuple, plus la flotte, plus les armées. Trotski, lui, disait : « C'est trop gros, trop long... » ; il se faisait fort d'y réussir avec simplement quelques spécialistes connaissant bien le fonctionnement des Postes, les égoûts, les centraux téléphoniques et les chemins de fer. Il réussit à bloquer la gare de Moscou avec seulement 37 commandos. Lénine accéda au pouvoir (pour la petite histoire, Lénine était si peu confiant dans les résultats de cette manœuvre qu'il arriva à la réunion, qui devait aboutir à l'élimination de Kerinski, rasé et déguisé avec notamment une moumoute). En fait Kerinski avait le pouvoir mais pas le contrôle. Trotski avait compris où était le territoire dont la possession entraînait la défaite de l'adversaire.

Quelques principes du jeu de « Go »

- le but est la réalisation d'un projet, non pas la destruction de l'autre,
- l'autre n'est pas un adversaire mais un obstacle à la réalisation,
- en conséquence l'autre peut exister, mais il faut exister plus que lui,
- il faut chercher d'abord à le contenir, à le perturber ; s'il doit y avoir affrontement, il faut le mener avec détermination,
- il faut utiliser au mieux la confusion que permet le jeu et pour cela voir loin, ce qui conduit à jalonner, connecter, envelopper, encercler (un pion seul ne peut servir à rien), en devenant lisible le plus tard possible,
- n'utiliser ses forces que lorsque cela fait progresser le projet,

1. R. PERICAUD, déjà cité.

– penser à s'appuyer sur les bords du Go-Ban en prenant appui sur la quatrième ligne : les vrais sources de domination (*cf.* les facteurs clés de succès),
– maîtriser le temps.

Appliquer cette attitude mentale dans la conception d'une stratégie concurrentielle, c'est éviter bien des écueils en ne pratiquant pas la lutte frontale systématiquement, en recherchant en permanence la différenciation ; même un dominateur par les coûts peut se différencier en partie par rapport à un concurrent s'efforçant de le contrer sur les coûts.

S'inspirer du jeu de GO, c'est aussi rechercher en permanence des terrains d'alliance et ne pas craindre de jouer avec des « alliés », même et seulement pour un temps.

C'est aussi savoir calculer pour le long terme.

Ce sont les investissements d'aujourd'hui en termes de :
– recherche de l'information,
– de veille de toute nature (économique, concurrentielle, technologique...),
– bureau de vente à l'étranger,
– formation et création de pôles de formation,

c'est-à-dire ces pierres posées sur de nouvelles intersections, qui feront les avantages concurrentiels et donc les succès de demain.

L'aventure de Mao Tsé-Toung[1] est là pour montrer que la stratégie gagnante c'est très souvent de :

« gagner l'adversaire en le convertissant à son point de vue »,

c'est-à-dire :
– l'amener à devenir votre allié, conscient ou objectif, sans avoir à utiliser complètement sa force,
– à se rendre, sans lui donner l'impression de perdre la face,
– mais au contraire en lui laissant le bénéfice de l'idée d'avoir fait un libre choix.

1. Scott A. BOORMAN, *Go et Mao,* Seuil Éditeur, Paris.

Dans ce jeu, si proche des conseils de SUN TZU, il faut :

> *« ne pas s'attaquer à l'ennemi mais à ses plans mieux encore, plus en amont, s'attaquer à ses valeurs, l'amener à douter de la justesse de ses vues plus que de la force de ses bras ».*

Mais le jeu de GO nous enseigne aussi à changer à temps de « Go-Ban » ou recommencer une autre partie quand la défaite est programmée :

> *« l'industrie japonaise a profité du parapluie nucléaire américain, après la défaite de 1945, pour ne pas avoir à investir dans un lourd budget militaire mais au contraire utiliser toutes ses forces pour devenir une puissance économique de premier plan ».*

Le Japon a utilisé sa défaite pour aller reconstituer, sur un autre Go-Ban, une position de force.

La **« segmentation stratégique »,** qui occupera un chapitre a elle seule, est le parfait exemple d'une des étapes de l'analyse stratégique, basée sur une méthode de conception occidentale, qui, utilisée avec la conception du GO, peut amener à de belles réussites.

L'exemple de RHÔNE-POULENC a souvent été cité à ce propos. Dans le monde de la chimie qui demeure l'un des très rares secteurs économiques où les Entreprises d'Extrême-Orient sont inexistantes, puisque la première japonaise n'arrive qu'au 21ème rang, on peut considérer qu'elles sont présentes à travers RHÔNE-POULENC ; et ce n'est pas faire affront, nous l'espèrons, à son président que de considérer que la stratégie de son groupe est un parfait exemple d'application du GO.

• Apports de la stratégie militaire

De tout temps, les militaires se sont préoccupés de la « menace » que représente un adversaire, « déclaré ou non ». De ce fait, la stratégie militaire a toujours pris en compte, d'une façon ou d'une autre, l'analyse des forces réciproques des différents acteurs en présence, du terrain de la manœuvre, des qualités du « Général » et des Peuples dont étaient issues les armées. De la somme des études réalisées et l'analyse des stratégies passées on peut tirer des enseignements pour la stratégie des Entreprises.

Dans un premier temps les militaires ont bien distingué les trois niveaux d'intervention :

– niveau politique,

– niveau stratégique divisé en deux couches générale et opérationnelle,
– niveau tactique,

ces mêmes trois niveaux qui nous ont servi pour décrire tant la démarche stratégique que la démarche marketing.

Une autre réflexion à prendre en compte est issue des trois règles que le Maréchal FOCH a formulées pour expliciter sa vision de la démarche stratégique :

– VOULOIR : avec ce que cela signifie en termes de « forces morales »,
– POUVOIR : c'est-à-dire les degrés de liberté dont on dispose face aux adversaires,
– SAVOIR : la connaissance du terrain, des adversaires, de la climatologie, etc., permet la meilleure utilisation de ses forces et donc conduit à l'efficacité.

Depuis l'origine de la stratégie militaire, il semble que le respect de trois règles explique la plupart des succès :

a. Concentration des moyens

> *« Celui qui essaie de défendre tout ne défend rien. »*
> Frédéric le GRAND

Depuis l'Antiquité, 95 % des batailles ont été gagnées par les « gros bataillons. » Il est vrai qu'une armée peut ne pas représenter, à un instant donné, la plus grande masse ; c'est alors qu'il faut faire en sorte de rassembler le maximum de moyens sur une partie, suffisamment étroite, du champ de bataille pour y posséder l'avantage du poids.

C'est l'avidité qui fait qu'une marque leader essaie de contrôler trop de segments de marché, en prenant le risque de se « dépositionner » dans l'esprit des consommateurs.

> *« Donc, concentrer ses moyens sur une largeur de front compatible avec eux et ne pas hésiter à le faire sur **un front court ».***

b. Vitesse et souplesse

La rapidité de la manœuvre est l'un des facteurs de succès des stratégies militaires. « Si les amateurs discutent stratégie, les généraux pensent logistique », exprime avec justesse un « connaisseur de l'art militaire ».

Il est vrai que pour réussir n'importe quel mouvement stratégique, ce ne sont pas les plans qui importent le plus, mais la faculté d'adaptation aux événements et la capacité à adapter les moyens :

> *« On ne procède pas en commençant par planifier puis en essayant d'adopter les circonstances aux plans, mais en s'efforçant d'adapter les plans aux circonstances... je pense que la différence entre le succès et l'échec dans le Haut-Commandement dépend de la capacité que l'on a à appliquer ce principe. »*
>
> Gal G.S. PATTON Jr, La traversée fulgurante de la France par la IIIe Armée

Mettre cet enseignement au service de la stratégie d'Entreprise, c'est avoir une certaine conception de la chaîne de valeur interne, en relation avec la chaîne de valeur externe, mais aussi la volonté de doter l'Entreprise d'un certain métabolisme et donc la volonté d'acquisition d'aptitudes comportementales de sa part (flexibilité, qualité, etc.). Mais ceci ne peut se faire sans une volonté ferme et persévérante des Dirigeants et des collaborateurs directs ayant les compétences : *« le chef se juge à la qualité de son État-Major. »*

Mal LYAUTEY

c. L'élément de surprise

> *« S'attaquer à la stratégie de l'adversaire »,* recommandait SUN TZU. Rien n'a changé depuis lors et la déstabilisation, la désinformation sont des éléments clés de la stratégie moderne.

Nous sommes tous convaincus de cela, aussi faut-il simplement se borner à rappeler que, pour une Entreprise, la recherche systématique de formes de différenciation y répond. Il est vrai que certains secteurs économiques s'y prêtent peu, mais cela ne doit pas servir d'excuse.

> Si l'on prend le cas de l'industrie cimentière il est vrai qu'il n'existe pratiquement aucune source potentielle de différenciation, si ce n'est d'être installé auprès d'une carrière permettant de fabriquer un ciment blanc, et encore a peu d'effet pratique. Que voit-on ?
>
> – Lafarge et Coppée se dirige vers les matériaux et la bio-technologie,
> – les Ciments français allant vers l'aval *via* le béton prêt à l'emploi et les produits en béton.

Mais pour bien d'autres secteurs, des issues existent :

> *« Même lorsque deux produits sont par ailleurs identiques ; il existe le plus souvent des différences psychologiques... le besoin est psycho-*

logique plus qu'utilitaire, au sens courant du produit. Ainsi, on s'aperçoit que le terme "qualité" se rapporte de plus en plus à l'ambiance, à l'association à un mode de vie...[1]. »

Il faut explorer toutes les voies pour trouver une différenciation, mais aussi utiliser toutes les analyses de la démarche concurrentielle pour tenter de surprendre et déstabiliser les concurrents. On se reportera à la définition de « core competences » ainsi qu'à leur optimisation à l'intérieur d'un champ de bataille défini comme « les 3C ».

Par contre il n'est peut-être pas très pertinent, pour assurer le niveau de rentabilité du secteur dans le futur, de tenter de déstabiliser les concurrents en *« prenant les clients en otages »*. On a vu, par exemple dans l'industrie informatique, des firmes faisant de façon, trop prématurée ou par bluff, des annonces de sortie de nouvelles offres pour prévenir leurs clients d'acheter chez des concurrents. Ces formes « perverses » de déstabilisation sont trop « marquées par le mépris du client » pour ne pas entraîner à terme des réactions négatives.

Concentration des moyens, vitesse et souplesse, surprise sont certainement des leçons à tirer de la stratégie militaire ; mais il y a aussi à se familiariser avec « les idées de manœuvre ».

• Les idées de manœuvre

Celles-ci dépendent de « principes » généraux qui sont devenus naturels pour les militaires car, en dehors de la dissuasion nucléaire, ce qui différencie le plus la stratégie militaire des autres formes de stratégie c'est que lorsque la guerre est déclarée :

- le coût n'est plus l'élément décisif, c'est au pouvoir civil à fournir les moyens,
- l'échec est dramatique car il mène, généralement, à la capitulation ou à la défaite.

Aussi les militaires ont-ils appris à maîtriser certains principes qui leur permettent de survivre dans des situations de guerre ouverte qui peuvent se révéler très dangereuses. Ainsi on parle de :

- guerre offensive,

1. Alvin TOFFLER, *Le choc du futur*, Denoël, Paris 1974, Folio, Essais 1984.

– guerre défensive,
– attaque de contournement,
– attaque de flanc,
– techniques de guérilla.

On doit s'inspirer des principes qui guident ces mouvements et cette façon de concevoir les « opérations ». Ainsi :

– une attaque de flanc ne semble pouvoir réussir que si la surprise existe,
– la guérilla ne fonctionnera bien que sur une niche ou un créneau suffisamment petit pour ne pas attirer l'attention des « gros »,
– une attaque de contournement suppose de pouvoir « déstabiliser » fortement l'adversaire (par exemple : rupture technologique), en ayant les moyens de changer les règles du jeu,
– une guerre offensive suppose que l'on puisse attaquer l'adversaire sur un front restreint, où il présenterait une faiblesse notable,
– une guerre défensive commence peut-être par tenter d'enrayer les assauts de l'adversaire, en lançant une attaque contre ses propres positions, c'est-à-dire en « cannibalisant » ses propres parts de marché (remplacer ses propres produits par de nouveaux pour empêcher l'adversaire de le faire).

• La « formule de la stratégie »

Imaginée par le Général André BEAUFRE[1], qui fut le chef d'État-Major de DE LATTRE pendant les campagnes de FRANCE et d'Indochine, elle se présente ainsi : **S = O** x **M** x **H** x **T...** + Epsilon

(dans laquelle : S représente la stratégie, O : l'environnement, M : les moyens, H : les hommes, T : le temps).
Rajouter epsilon, c'est laisser une petite part à la chance.

Cette formule veut signifier que :

> *« La stratégie est le résultat de l'application des moyens, des hommes et du temps sur l'environnement ».*

1. A. BEAUFFRE, *Introduction à la stratégie,* Économica.

Si on essaye de voir comment les stratèges militaires appliquent cette formule de nos jours, on se rend très vite compte que son usage dépend directement de la culture. Ainsi :

– les Américains privilégient les « moyens », pour satisfaire à leur volonté politique de « zéro mort » (*cf.* la guerre du Golfe),

– les Japonais, influencés par le « taoïsme », privilégient le temps : ainsi lorsqu'ils désirent s'attaquer à un marché étranger, ils prennent le temps de créer un bureau de vente dont le principal objectif est de réunir autant d'informations qu'il est nécessaire avant d'entamer une quelconque manœuvre tactique,

– les Européens, spécialement les Français, ont tendance à croire qu'il suffit de jouer sur les « hommes » et que motivation et courage suffisent.
Ils oublient, tout simplement, quelquefois la disproportion des forces et que c'est en ayant les pieds sur le terrain avec une bonne conceptualisation stratégique que l'on gagne. Motivation et courage permettent de gagner « à la marge » seulement.

Principes de base de la stratégie[1]
(issus de l'art militaire)

1) Définir un objectif et s'y tenir,
2) S'assurer de l'adhésion,
3) Agir avec détermination,
4) Utiliser la surprise,
5) Concentrer ses forces,
6) Assurer la sécurité de ses forces,
7) Engager ses ressources de façon adaptée,
8) S'assurer des conditions de la coordination,
9) Être en mesure de s'adapter,
10) Faire simple.

1. R. Pericaud, déjà cité.

FOCUS

A la fin de ce chapitre on peut mesurer le rôle éminent du Dirigent dans l'initiative, la conduite et la mise en œuvre d'une analyse stratégique : au vrai il n'y a dans ce constant rien de bien surprenant.

Rappelons ce qu'écrivait Napoléon dans ses « Maximes de guerre » :

« Ce ne sont pas les légions romaines qui ont conquis la Gaule, mais César. »

Et pour mieux convaincre, il poursuivait ainsi :

« Ce ne sont pas les soldats carthaginois qui ont fait trembler Rome mais Hannibal.
Ce n'est pas l'armée française qui atteignit la Weser et l'Inn mais Turenne.
Ce ne furent pas les soldats prussiens qui défendirent la Prusse, sept années durant contre les trois plus redoutables puissances de l'Europe, ce fut Frédéric le Grand ».

Il est dans le rôle du Dirigeant en tant que stratège de :

- maîtriser le temps : quand lancer ou actualiser une analyse stratégique,
- décider : tout part de la *stratégie corporate* dont il a la responsabilité première et entière,
- contrôler : la qualité et la véracité de l'analyse et la cohérence des choix avec la mise à disposition des moyens.

PARTIE 2

L'analyse stratégique : les 7 domaines clés d'étude

L'analye stratégique : les 7 domaines clés d'étude

Premier domaine d'étude :

L'étude de l'environnement
Il faut d'abord comprendre les conditions de la lutte concurrentielle et pour cela procéder à l'étude de l'environnement. Chaque secteur économique possède ses propres caractéristiques qui expliquent les conditions de la lutte concurrentielle.

Deuxième domaine d'étude :

Le diagnostic stratégique de l'Entreprise
Il faut d'abord connaître parfaitement les positions de départ avant de vouloir déterminer les manœuvres à exécuter :

Troisième domaine d'étude :

La segmentation stratégique
Où faut-il allouer les ressources pour réussir à construire un avantage concurrentiel ? Pour répondre à cette question il faut découper l'Entreprise, sous forme de segments stratégiques, de telle sorte que l'on puisse utiliser au mieux ses ressources contre les adversaires.

Quatrième domaine d'étude :

La gestion du portefeuille stratégique
Les segments stratégiques actuels permettents-ils de satisfaire à la politique générale de l'Entreprise et celle-ci peut-elle assurer sa pérennité avec eux ? Répondre à ces deux problématiques est une obligation.

Cinquième domaine d'étude :

La chaîne de valeur
Construire un avantage concurrentiel c'est, physiquement et intellectuellement, faire les « choses » autrement que les autres. Pour bien comprendre ces phénomènes on dispose d'outils : les chaînes de valeur interne et externe de l'Entreprise.

Sixième domaine d'étude :

Les groupes stratégiques
Les différents concurrents, dans un secteur, ont des stratégies de lutte différentes. Il faut les analyser et comprendre où et pourquoi elles sont plus ou moins gagnantes.

Septième domaine d'étude :

Les outils d'aide à la décision stratégique
Ces outils sont utilisés pour aider au choix d'avantage concurrentiel à partir des éléments sélectionnés durant les précdentes étapes de l'analyse stratégique.

PREMIER DOMAINE

L'étude de l'environnement

« Qui ne se préoccupe pas de l'avenir lointain
infailliblement aura des ennuis prochains. »
Proverbe chinois

« Ceux qui ignorent les conditions géographiques,
montagnes et forêts, défilés périlleux, marais
et marécages, ne peuvent conduire la marche
d'une armée. »
SUN TZU (*L'art de la guerre*)

Au cours des précédents chapitres et notamment dans « comprendre le changement » a été mise en évidence la somme des influences qui sont contenues dans l'environnement et qui conditionnent le devenir des Entreprises. Il est, par conséquent, tout à fait logique que la démarche d'analyse concurrentielle démarre par l'étude de l'environnement au sein duquel l'Entreprise va lutter pour assurer sa survie et sa prospérité. Pour cela, nous allons définir plus précisément ce que recouvre le vocable « environnement ».

1. L'ENVIRONNEMENT

L'Entreprise se situe à l'intérieur de ce que l'on baptise un secteur économique, c'est-à-dire un ensemble regroupant la totalité des Entreprises qui participent, directement ou indirectement, à la production et/ou à la commercialisation ou offrant les services utiles aux utilisateurs, de biens et services pour satisfaire à un type de besoins.

Il est aussi admis d'inclure dans l'environnement les clients et les « non consommateurs relatifs » du produit (bien et/ou service), et tous les autres acteurs tels que les fournisseurs, les distributeurs, les préconisateurs, l'État et tous les autres intervenants possibles.

Mais pour y voir plus clair, on peut classer les intervenants et les variables d'influence en découpant l'environnement en plusieurs niveaux. Le niveau le plus immédiat est, bien sûr, le secteur économique mais en fait l'Entreprise vit dans un environnement plus large qui est l'environnement « public », dans le sens Institutionnel du terme, lui-même inclus au niveau planétaire dans l'environnement économique ou « macro-environnement ».

Le schéma ci-joint s'efforce de présenter cette structuration.

Ce sont ces divers environnements qu'il va falloir prendre en compte à travers l'analyse extérieure, étant entendu que c'est, en définitive, à l'intérieur du secteur économique que se focalisent toutes les tendances affectant l'Entreprise.

Une autre approche, complémentaire de la précédente, consiste à considérer le secteur économique comme un « système » composé de divers acteurs :

- les fournisseurs,
- les concurrents présents,

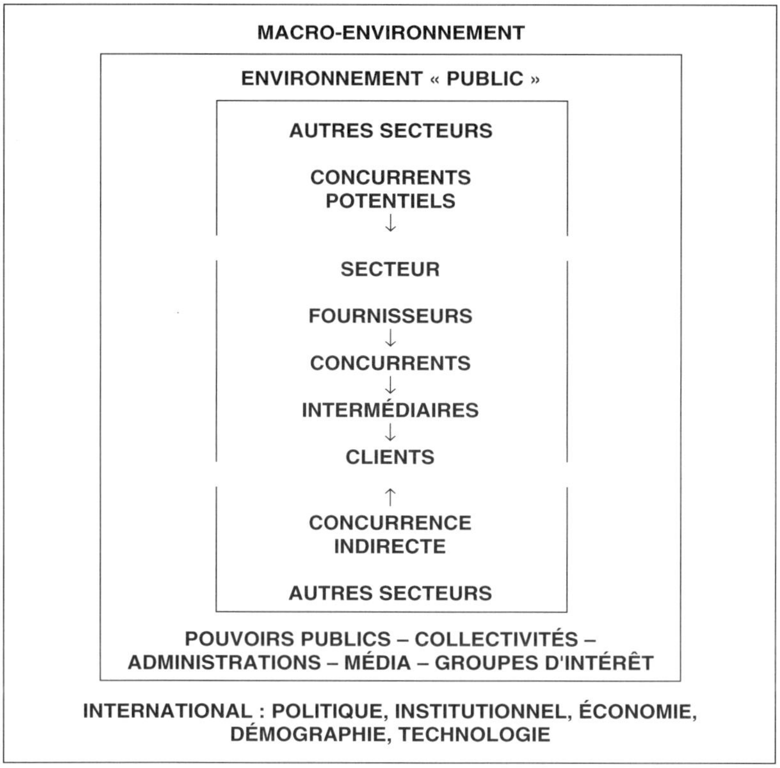

Figure 5.1 L'environnement et sa structuration[1]

– les distributeurs,

– les clients.

Ce système forme une chaîne qui a pour but de construire de la « valeur » pour le client final.

Ces deux approches vont permettre d'étudier de façon complémentaire l'environnement.

1. D'après J. Boudeville et J. Meyer, *Stratégies d'Entreprise,* PUF / Gestion, Paris 1986, p. 18.

2. L'ANALYSE DU SECTEUR

La structure d'un secteur exerce une influence déterminante sur les règles du jeu concurrentiel et par là-même sur les stratégies que les Entreprises du secteur vont formuler. Étudier un secteur économique va donc consister à lister, puis à analyser les facteurs structurants du secteur, afin de comprendre les influences réelles qui jouent et les conséquences qui en résultent pour l'ensemble des Entreprises du secteur. En effet, toutes les Entreprises appartenant à un même secteur subissent les mêmes influences et c'est de leur capacité à évoluer dans cet environnement que vont dépendre leurs succès ou leurs échecs.

En conséquence, l'examen du secteur va débuter par l'étude de l'intensité des forces qui structurent un secteur économique et donc définissent les conditions de la concurrence dans ce secteur.

1. La première analyse : les 5 forces de PORTER[1]

Aucun secteur économique ne ressemble réellement à un autre secteur. Chaque secteur possède sa propre structure, est régi par ses propres lois, a ses propres contraintes et représente un domaine bien particulier où les conditions de survie et de profit sont différentes.

En fait l'intérêt que présente un secteur varie fortement d'un secteur à un autre.

Si les conditions de la bataille sont différentes cela ne tient pas aux effets du hasard, mais bien au contraire à des raisons parfaitement explicables qui répondent à une logique.

Pour bien comprendre cette logique il faut identifier :

- l'ensemble des acteurs et déterminer leur contribution respective à la création de valeur pour le client final,
- les changements dans leurs comportements et les causes,
- les pouvoirs détenus par chacun et leurs sources,
- les risques d'entrée de nouveaux acteurs ou de produits de substitution,
- les causes et l'intensité de la concurrence.

---

1. Ce développement s'appuie sur les travaux de Michael PORTER, *Choix stratégiques et concurrence,* Économica, Paris 1982, p. 4 et suivantes.

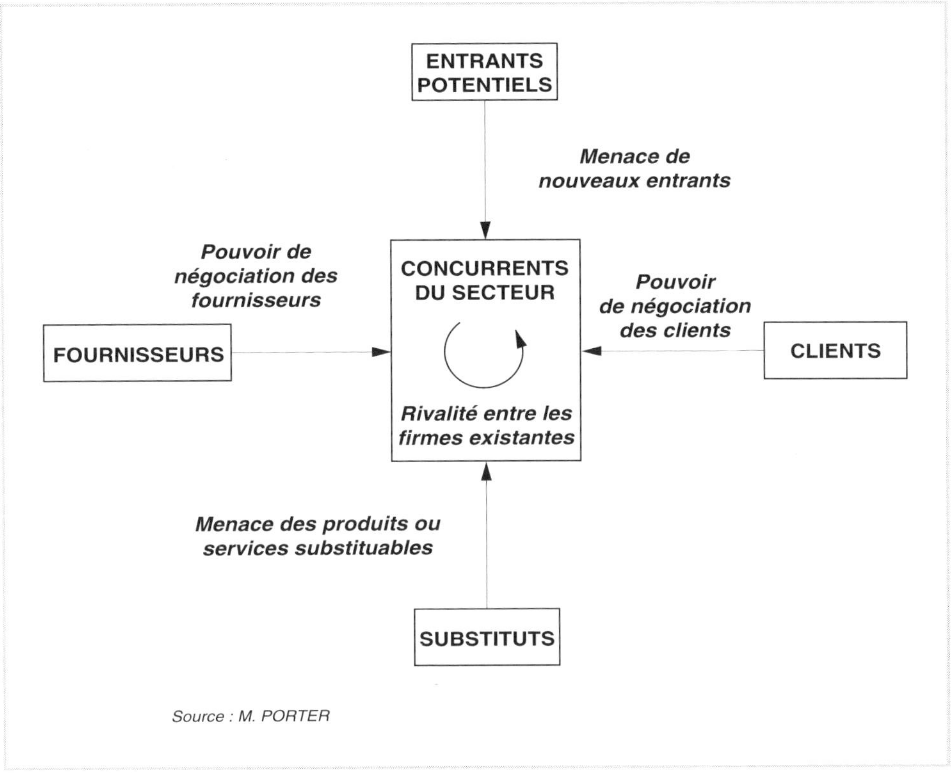

Figure 5.2 Schéma sur les 5 forces

Michael PORTER fournit une approche très pertinente de ces éléments en proposant d'analyser les « 5 forces » qui s'exercent sur toutes les Entreprises appartenant à un même secteur économique, et aussi de déduire de cette analyse leur intensité : rivalité entre les firmes existantes, pouvoir de négociation des fournisseurs, pouvoir de négociation des clients, risque de nouveaux entrants, risque de produits ou services de substitution.

• La rivalité entre les firmes est renforcée par les facteurs suivants

– faible croissance du marché (le gâteau ne croissant pas, certaines Entreprises vont tenter à tout prix d'enlever des parts de marché aux concurrents),

– niveau élevé des frais fixes (d'où une forte rivalité pour prendre des parts de marché permettant de les couvrir en les répartissant sur un plus grand nombre de produits),
– faible différenciation de l'offre entraînant une non-fidélité à la marque (facteur aggravant de la concurrence par la tendance à la lutte par les prix),
– surcapacité de production sur le secteur donc de nombreux concurrents sont en situation de sous-capacité (afin d'atteindre la masse critique certains n'hésitent pas à entamer des batailles vigoureuses),
– diversité de la provenance des concurrents, ayant de ce fait des cultures très différentes ce qui a généralement pour conséquence des actions déstabilisantes (la différence entre les cultures entraînant des incompréhensions concernant les mouvements stratégiques entre concurrents et donc des risques de réponses disproportionnées),
– barrières fortes à la sortie ce qui a pour conséquence directe d'amener les Entreprises à se battre plus longuement avant de quitter le secteur (du type actifs très spécialisés ne trouvant pas preneur en dehors du secteur, coûts fixes de sortie très élevés, interrelations stratégiques, réticences affectives, contraintes ou restrictions sociales ou gouvernementales),
– concurrents nombreux et de taille voisine (ce qui a, le plus souvent, pour effet d'amener les plus ambitieux à tenter d'en éliminer d'autres),
– indivisibilité du capital technique (on ne peut vraiment pas l'utiliser dans un autre secteur, aussi les Entreprises ont d'autant plus tendance à se battre pour rester en vie dans le secteur où elles se trouvent),
– innovation technologique supposant des frais de recherche élevés (d'où la nécessité de faire du volume).

• Le pouvoir de négociation des fournisseurs (c'est-à-dire des Entreprises situées dans la chaîne amont, même si ce ne sont pas des fournisseurs directs) est renforcé par :

– la concentration des fournisseurs (si les clients sont très nombreux en face de peu de fournisseurs, ceux-ci ont d'autant plus de poids),
– la dépendance de produits de leur secteur (les Entreprises éprouvent de très grandes difficultés à trouver des produits de substitution auprès de fournisseurs étrangers au secteur),
– l'importance du produit pour l'acheteur, notamment pour se différencier (plus le produit acheté présente un caractère stratégique fort et plus le fournisseur possède un fort pouvoir de négociation),

- le coût de transfert d'un fournisseur à un autre élevé (on quitte d'autant moins facilement un fournisseur qu'il a réussi à se différencier augmentant par là même le coût de transfert),
- la menace crédible d'intégration en aval (de la part de fournisseurs),
- l'excédent de la demande sur l'offre,
- le poids du secteur ne représente pas pour les fournisseurs un enjeu majeur (par conséquent ils ne sont pas prêts à faire des efforts importants, notamment sur les prix, pour conserver ces clients).

• Le pouvoir de négociation des clients (et de tous les participants en aval de l'Entreprise) est renforcé par :

- l'achat par quantité importante (le client représente alors un marché intéressant pour le ou les fournisseurs),
- le coût de transfert faible notamment parce que les produits achetés sont peu différenciés ou ont une image faible (il est donc aisé de remplacer un fournisseur par un autre),
- les produits achetés au secteur représentent une part importante des coûts ou des achats des clients (ils vont donc être très attentifs aux conditions d'achat),
- les clients sont confrontés à une forte obligation de réduction des coûts,
- les clients ont de faibles profits (un secteur pauvre ne fait pas la richesse de ses fournisseurs, car un tel secteur reste très préoccupé par le niveau des prix),
- les clients représentent une menace crédible d'intégration par l'amont (d'où une pression sur les fournisseurs qui sont plutôt en mauvaise posture pour négocier),
- le produit du secteur n'influe pas sur la qualité de l'offre des clients (qui auront tendance à s'approvisionner auprès du moins-disant),
- le client dispose d'une information complète (notamment sur les prix de revient du fournisseur et se trouve donc en bonne position pour négocier).

Voilà pour ce qui concerne le pouvoir de négociation des clients, lorsqu'il s'agit de consommateurs ou d'utilisateurs. Mais dans de très nombreux cas l'Entreprise ne vend pas en direct, ce pouvoir de négociation se partage aussi avec les intermédiaires, c'est-à-dire la distribution. Le pouvoir de négociation de la distribution est d'autant plus élevé :

– que la distribution est plus concentrée que les Entreprises du secteur,
– qu'elle représente en soi une part importante des ventes,
– que les clients sont fidèles à un mode de distribution ou à une enseigne,
– qu'elle fournit tout ou partie des services indispensables pour l'utilisateur, et leur pouvoir sera d'autant plus que fort que ces services seront importants par rapport à l'offre du constructeur.

Soulignons que pour bien déterminer l'intensité de cette force, il est essentiel de prendre en compte la façon dont le pouvoir de négociation se répartit entre tous les intervenants en aval de l'Entreprise depuis celle-ci jusqu'au destructeur final du produit.

• Le risque de nouveaux entrants

Il est renforcé par de faibles barrières à l'entrée. En d'autres termes, chaque fois qu'il sera possible pour les Entreprises d'un secteur de dresser des barrières, elles limiteront l'envie que pourraient avoir des Entreprises extérieures au secteur d'y pénétrer.

Quels types de barrières peuvent exister ?

– économies d'échelle (elles obligent les entrants à une stratégie de volume donc à des investissements élevés),
– différenciation de la part d'Entreprises capables de :
  • créer une image forte,
  • fidéliser les clients,
  • offrir des services spécifiques,
  • profiter d'une publicité effectuée,
  • concevoir un produit reconnu nouveau ;

– intensité du besoin capitalistique (ce qui augmente le risque et décourage ceux qui ont peu de moyens financiers) et par là estimation :
  • du risque,
  • des difficultés et des délais de recouvrement ;

– le coût des transferts (qui peuvent être nécessaires pour passer d'un fournisseur à un autre pour un nouvel entrant) :
  • sur le plan quantitatif,
  • sur le plan qualitatif ;

– difficulté d'accès aux circuits de distribution (s'ils sont spécifiques au secteur ou bien « captifs » si les Entreprises du secteur ont une réelle maîtrise sur eux),
– avantage de coût détenu par les concurrents actuels (apporté entre autres par un accès favorable à la technologie, ou aux matières premières, à des subventions publiques, des emplacements favorables) et aussi entraîné par le jeu de l'effet d'expérience,
– la courbe d'apprentissage (dans les secteurs où cette courbe joue, c'est très souvent un élément dissuasif : en fait chaque fois que les Entreprises du secteur auront réussi à établir un prix dissuasif à l'entrée du secteur),
– la situation géographique, notamment en termes de situation physique des points de vente,
– la politique de l'État qui peut défavoriser ou favoriser des concurrents en provenance d'ailleurs,
– l'anticipation de représailles (de la part d'Entreprises possédant cette capacité), représailles favorisées par :
    • une croissance faible de l'activité,
    • des firmes puissantes et bien installées,
    • des Entreprises très engagées dans le secteur,
    • des comportements d'alliance, de solidarité, de défense commune dans le passé.

En tout état de cause, certaines de ces barrières ne peuvent être créées par une ou plusieurs Entreprises du secteur à elle(s) seule(s). Mais elles peuvent dans tous les cas participer à leur établissement, à leur défense et à leur survie.

Il peut y avoir une autre façon de renforcer la protection du secteur, c'est celle qui consiste à permettre l'existence de barrières de sortie élevées par exemple :
– la difficulté de revente des actifs car le mode de production est bien spécifique,
– ou l'usage d'un capital technique qui ne peut, que très difficilement, être utilisé dans un autre secteur.

Michael PORTER a très bien montré qu'il existait un lien direct entre la rentabilité d'un secteur et l'importance des barrières d'entrée et de sortie. On distingue parfaitement à la valeur des barrières d'entrée si le secteur a des chances de permettre des revenus plutôt élevés ou plutôt faibles (plus les barrières d'entrée sont élevées et plus les revenus ont de chance d'être élevés) ;

de la même façon l'importance des barrières de sortie permet de deviner la plus ou moins grande stabilité des revenus (plus les barrières de sortie sont faibles et plus les revenus ont de chance d'être stables).

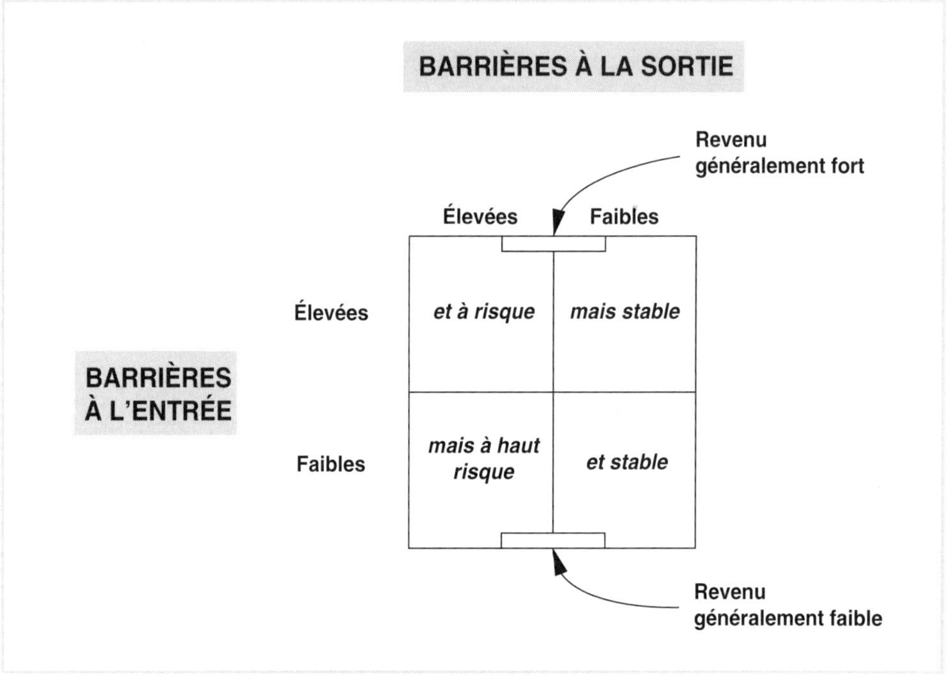

Figure 5.3 Rentabilité d'un secteur et barrières[1]

• Le risque de produit ou service de substitution

Il existe dans tous les secteurs. Le risque essentiel réside dans l'intérêt que le marché peut trouver à ces produits ou services de substitution, intérêt qui va avoir pour effet d'accélérer l'obsolescence des offres existantes et donc de diminuer la valeur marchande des produits et services offerts actuellement.

1. Conçu à partir de M. PORTER ; déjà cité p. 25.

Prêtons attention au fait que l'intérêt peut prendre des formes très variées telles que :

- le produit de substitution offre des fonctionnalités supplémentaires,
- des avantages au niveau du coût d'achat, d'approvisionnement, d'appropriation ou de mise en œuvre,
- une meilleure adaptation au besoin client,
- un produit sur une pente de forte diminution des coûts amenée soit par conception différente soit par un nouveau mode de production,
- un produit présenté par des secteurs performants donc fortement rentables, et qui ont déjà payé en grande partie les coûts de développement ailleurs.

En fait, on peut considérer que la « substitution » peut :

- être directe,
- provenir de la disparition d'intérêt pour l'emploi du produit,
- être consécutive à la réduction d'emploi du produit,
- résulter d'une intégration par l'amont dans la filière,
- résulter d'une intégration par l'aval.

Ces cinq types de substitution sont généralement influencés directement ou indirectement par des facteurs tels que :

- niveaux de prix relatif des produits ou service de substitution,
- coût de conversion, d'adaptation ou d'appropriation,
- comportement de plus ou moins grande fidélité des clients.

Le vrai problème réside, le plus souvent, dans la difficulté de les identifier : ainsi la concurrence que se font l'une par rapport à l'autre des formes de loisir différentes.

Il est de toute façon impératif d'exercer une veille technologique sérieuse. De nos jours il semble important de suivre tout particulièrement les tentatives des adversaires qui leur permettraient d'obtenir un rapport qualité/prix plus intéressant ou entraîneraient des gains de temps ou de coût d'appropriation.

Bien entendu ces 5 forces évoluent dans le temps en fonction d'un certain nombre d'événements. Ces évolutions ne peuvent rester ignorées des Entreprises, qui doivent tenir compte des transformations qui auraient le plus d'effet sur le jeu concurrentiel.

L'influence d'INTERNET sur les 5 forces de PORTER

L'apparition d'INTERNET a bien entendu créé de nouvelles influences sur les 5 forces de PORTER :

- il facilite l'arrivée de nouveaux concurrents qui au travers de la toile peuvent se faire connaître des clients potentiels : par exemple il n'est plus nécessaire de se déplacer chez un libraire spécialisé pour acheter des ouvrages en langue étrangère alors qu'il est possible de les obtenir *via* On-Line BOOKSTORE,
- Internet est un outil de veille technologique et concurrentielle et permet aux Entreprises de mieux appréhender l'arrivée de produits de substitution,
- en ce qui concerne le pouvoir de négociation des clients là encore INTERNET modifie les règles du jeu en permettant aux clients de mieux informés des offres et des conditions de vente des concurrents et ainsi diminuer leur fidélité,
- par la même approche des fournisseurs voient leur pouvoir diminuer car les Entreprises deviennent à leur tour des clients,
- enfin l'influence d'INTERNET sur la rivalité entre concurrents est grande car elle modifie les limites de la concurrence par l'augmentation du risque de nouveaux entrants et du pouvoir de négociation des clients.

Les principaux facteurs de changement dans l'environnement

Certains auteurs classent les principaux facteurs de changement à l'intérieur d'un secteur économique en utilisant des critères fonctionnels, par exemple :

- le mode de vie,
- les aspects techniques,
- les aspects géographiques.

Un mode de raisonnement centré plus sur les comportements des acteurs fait que nous préférons privilégier un mode de classement basé sur leur appartenance à deux grands domaines ; il s'agit :

- *soit de données objectives,*
- *soit d'éléments de nature subjective.*

Dans le premier domaine, nous rangerons des facteurs appartenant :

– au changement technique :
  - les nouvelles technologies : les mots en IQUE ou en AO qui entraînent de nouveaux produits correspondant à de nouvelles utilisations
  - les nouveaux modes de production qui entraînent des modifications des métiers des hommes dans l'Entreprise et changent les règles du jeu concurrentiel
  - les changements de mode de distribution

– les changements géopolitiques :
  - création de nouveaux pays
  - guerres ou état de guerre dans certaines parties du monde
  - accords économiques entre certains pays

– les changements au niveau d'un pays
  - variations importantes dans les coûts de production qui amènent à avoir des usines itinérantes pour suivre cette évolution
  - variation des monnaies, jeu des gouvernements sur les taux des emprunts ou la législation
  - défense locale de l'emploi
  - utilisation de normes spécifiques dont le but est de freiner la concurrence étrangère
  - droits de douane élevés sur l'importation de produits concurrençant les productions locales.

Dans le second domaine, nous classerons plutôt des facteurs ressortant de l'analyse psychologique ou sociologique du comportement des acteurs notamment des utilisateurs ou des consommateurs :

– changement dans la demande (rappelons que si dans les années 60 et 70 les comportements d'achat des français bougeaient très lentement, depuis les années 80 on constate que 10 à 15 % de ces mêmes français changent de comportement sous 2 à 3 ans),

– modification des critères d'achat (entraînés par la variation de variables de type psycho-économique pour ce qui concerne le grand public et des variables ressortant plus de la technologie et de la recherche pour ce qui concerne l'industrie).

En règle générale, on trouve dans ce dernier domaine plutôt des facteurs résultant directement du jeu des différents Acteurs, alors qu'au contraire dans le premier il s'agit plutôt de facteurs résultant de tendances macroéconomiques.

• Le bon usage de l'outil

La première analyse consiste à lister les grandes tendances de l'environnement qui doivent avoir un effet sensible sur le comportement des acteurs du secteur.

Pour bien comprendre le bon usage à faire des « 5 forces de PORTER », il faut garder à l'esprit que les tendances lourdes d'un secteur économique sont nombreuses et d'importance très variable. Reconnaissons qu'il n'est guère possible de raisonner lorsqu'on doit prendre en compte un trop grand nombre de critères. Il devient indispensable de diposer d'un outil qui permette de pouvoir traiter tous ces nombreux critères mais aussi de qualifier les conséquences de leur présence. Telle est la justification d'un tel outil.

La question qui se pose alors est de vérifier que le choix des 5 forces permet de bien définir, en terme de compréhension du secteur économique, l'influence des différentes tendances lourdes.

Examinons le rôle de chacune des 5 forces :

- la « rivalité » est un élément clé puisque c'est de l'intensité de celle-ci que va dépendre la rentabilité moyenne du secteur,
- le pouvoir de négociation des dournisseurs, de la distribution et des clients permet de déterminer les parties de la filière où la marge sera la plus importante,
- enfin, le risque de nouveaux entrants ou de substitution permet de définir le danger soit d'avoir à partager le secteur avec d'autres concurrents soit d'être en face de l'obbligation d'investir dans de nouveaux biens ou services à cause du danger d'obsolescence de la production actuelle.

Ainsi, on peut constater que le choix de ces 5 forces permet bien de qualifier l'évolution du métabolisme du secteur et répond bien à la problèmatique à résoudre.

L'étude des « 5 forces » permet de comprendre et d'analyser :

- les conséquences du comportement des acteurs à l'intérieur d'un secteur,
- ou des variations de variables influençant sa structure (rappelons que pour chaque secteur il existe des variables plus ou moins spécifiques qui ont

une influence fondamentale sur l'évolution de ce secteur ; par exemple tel secteur sera influencé par les variations du coût de l'énergie, tel autre par l'évolution du nombre des mariages ou tout autre phénomène démographique, tel autre par le nombre de kilomètres d'autoroute construits, etc.).

Elle permet aussi d'anticiper les événements susceptibles de se produire, d'imaginer les effets sur chacune de ces forces et par là même d'anticiper les enjeux des futures batailles et les conséquences au niveau de la rentabilité du secteur.

Il ressort de cette analyse l'absolue nécessité d'utiliser cette approche pour être à même de prendre en compte les changements pouvant se produire mais surtout pour pouvoir en corollaire expliciter les effets induits par chacune des variables tendancielles sur chacune des 5 forces.

Pour optimiser l'usage de cet outil, il faut étudier l'effet que pourrait avoir sur chacune de ces 5 forces tout changement important dans le jeu de tel ou tel acteur ou dans la variation de telle ou telle variable explicative de la structure du secteur. Il est par exemple possible et souhaitable de se demander quel effet aurait sur chacune des forces telle ou telle décision gouvernementale ou prise par la Commission de Bruxelles. Voilà une façon d'éviter un des inconvénients majeurs, souvent mis en évidence, de cet outil qui serait de ne pas prendre en compte les interventions des « États » et des « Gouvernements ». Une fois acquise une bonne habileté dans l'étude des « 5 forces », on prend conscience qu'avant tout il faut dresser une liste, aussi exhaustive que possible des Intervenants du secteur ainsi que des variables explicatives du comportement et de l'allure du secteur.

En revanche, il est clair que cette forme d'analyse privilégie fortement les dimensions économiques et techniques et prend moins naturellement en compte les aspects psychosociologiques ; d'où l'impérieuse nécessité d'examiner l'ensemble des variables influençant ou pouvant influencer à terme le secteur. Nous possédons les outils pour déterminer ces variables, à savoir études de marché et études prospectives, ce qui permet d'analyser tout ce qui concerne le « macro-environnement ».

On remarquera aussi que la méthode des « 5 forces » est moins directement utilisable lorsque se pose le problème de la gestion d'un portefeuille diversifié d'activités, car il ne propose aucune solution pour arbitrer l'allocation des ressources. Dans ce cas précis, il faudra considérer l'analyse du secteur, à l'aide des « 5 forces », comme le préalable d'une autre analyse mettant en jeu des outils matriciels du type « portefeuille d'activités » qui nous permettront d'établir des comparaisons plus pertinentes pour optimiser le choix de ces allocations.

2. La deuxième analyse : la maturité du secteur

Les secteurs économiques ont une courbe de vie, tout comme les produits. On décrit donc la maturité du secteur en utilisant un outil de même nature que celui utilisé en marketing pour définir le cycle de vie du produit. Le tableau suivant montre les éléments clés de définition de la maturité d'un secteur ainsi que les stratégies générales habituellement recommandées parce que justifiées par l'état du risque.

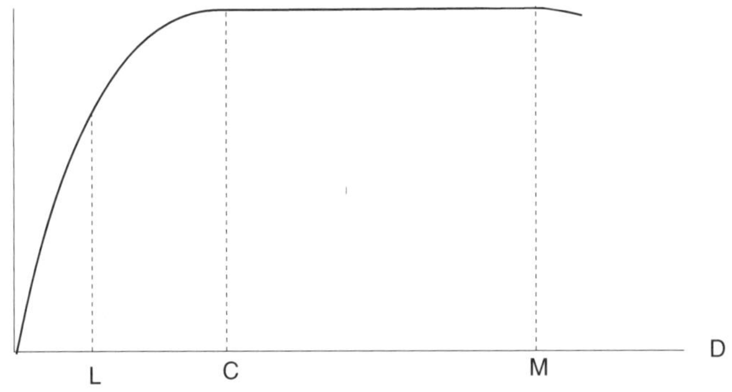

	Lancement	Croissance	Maturité	Déclin ou vieillissement
Croissance	Moyenne à forte	forte	faible/stable	Nulle à négative
Structure concurrentielle	Répartie volatile	En voie de stabilisation	Des leaders ↓ Concentration	Concentrée ↓ Diminution
Type de technologie	Émergente	Stabilisée	Stabilisée à mature	Mature à obsolescente
Stratégies	INNOVER COPIER	INVESTIR pour CROÎTRE	CONSOLIDER et RENTABILISER	TRAIRE

Figure 5.4 Tableau maturité du secteur

La notion de maturité d'un secteur sera traitée plus en détail, lors du chapitre consacré à l'étude du portefeuille stratégique de l'Entreprise, mais dès maintenant prenons en compte que le risque de vivre dans un secteur est directement lié à l'âge du secteur :

« plus le secteur est jeune et plus l'imprévisibilité est grande et donc le risque ; à l'opposé les surprises et donc les risques sont de plus en plus faibles au fur et à mesure que le secteur vieillit ».

3. La troisième analyse : la filière

Pour aller plus avant dans l'analyse du secteur, principalement pour ce qui concerne les secteurs industriels, on dispose d'un autre système d'analyse qui est celui de la filière.

Tracer la carte de la filière est une excellente façon d'étudier l'organisation de l'industrie à laquelle on s'intéresse. En effet, la filière comprend l'ensemble des intervenants permettant la mise à la disposition des utilisateurs ou des consommateurs d'un produit ou d'un service.

En ce sens la filière décrit ce processus comme une succession d'activités qui rendent possible la mise en évidence des métiers et par là même les diverses technologies mises en œuvre.

L'établissement de la filière permet de dessiner une carte situant chacun des acteurs à son niveau d'intervention dans le processus de satisfaction du client « destructeur » ou final. À chaque stade du processus s'établissent des relations commerciales et/ou techniques, financières nécessaires aux flux d'échange entre les acteurs.

Il faut noter que la filière est, souvent, appelée – à tort – « chaîne de la valeur externe » ce qui est restrictif (ce point sera explicité lors du chapitre consacré à la chaîne de valeur).

C'est donc une analyse complémentaire aux « 5 forces » de Porter, qui elle met en lumière les rapports de force existants entre fournisseurs et clients mais par contre ne permet pas, très facilement, de prêter attention à ce qui peut se produire en terme d'opportunités ou de menaces entre les acteurs.

Il est important de bien saisir que c'est de l'importance stratégique de la position que l'Entreprise occupe dans la filière que dépend en grande partie sa pérennité. Les acteurs appartenant à une même filière dépendent les uns des autres quant à leur devenir et à leurs performances économiques. Très souvent les différents niveaux d'une filière ont les mêmes fournisseurs, et par là ont une bonne connaissance des prix de revient des uns et des autres (on peut citer l'exemple du secteur de l'automobile), utilisent soit les mêmes technologies soit des technologies voisines.

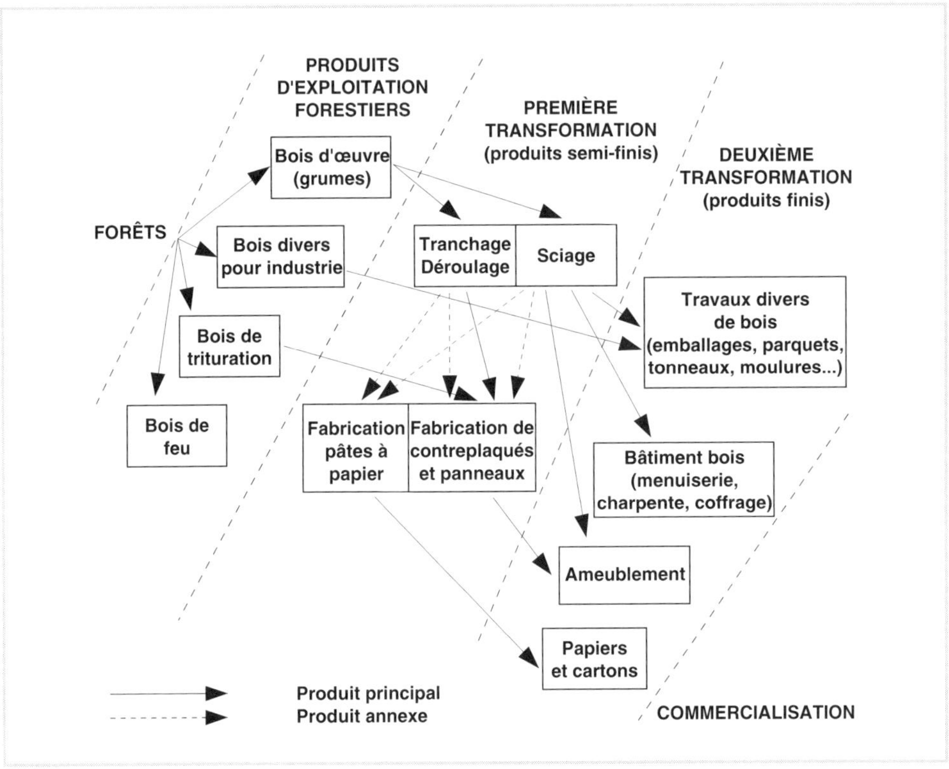

Figure 5.5 Schéma descriptif de la filière Bois[1]

Les filières évoluent et les évolutions, surtout en ce qui concerne les filières de produits industriels, dépendent soit d'une modification des habitudes de consommation ou des modes d'achat des clients mais aussi des changements technologiques en amont dans la filière. En fait, la filière industrielle est caractérisée essentiellement par le nombre important des acteurs et le fait que les changements peuvent intervenir soit par l'amont soit par l'aval.

L'importance de la position stratégique dans la filière va avoir un effet direct sur le degré des opportunités ou des menaces.

À ce stade, il est donc important de bien saisir les sources de pouvoir à l'intérieur de la filière puisque c'est de leur maîtrise que va essentiellement provenir le degré d'importance stratégique de la position occupée par une

1. Source AAGREF (Association Amicale du Génie Rural des Eaux et Forêts), Les forêts françaises et le développement de l'économie du bois.

Entreprise. Pour décrire ces sources de pouvoir on dispose d'un certain nombre de facteurs qui nous sont en partie connus car, et c'est bien normal, nous les avons déjà utilisés pour examiner le pouvoir de négociation réciproque entre clients-entreprises-fournisseurs avec les « 5 forces ».

Les principaux critères à utiliser sont :

- la concentration relative d'un niveau par rapport à l'autre,
- l'importance relative en termes de taille des intervenants (en général on peut remarquer que dans les filières de produits industriels, au début et en fin de filière on trouve de très grands groupes comme la sidérurgie, l'électronique, la chimie au départ et de grands constructeurs en fin de filière comme les constructeurs automobiles, aéronautiques ou de machines-outils),
- la maîtrise des technologies les plus délicates,
- la maîtrise de la conception (le constructeur automobile dans la filière auto),
- la maîtrise des activités apportant le plus de valeur ajoutée,
- la capacité à se mouvoir dans la filière et ce pour des raisons fort diverses,
- la maîtrise du client final,
- la qualité des relations établies au sein de la filière,
- la taille relative par rapport aux autres acteurs.

Ces critères permettent donc de se poser un certain nombre de questions quant à l'importance stratégique de chacun des intervenants et permet de mieux comprendre la répartition du pouvoir entre chaque niveau dans la filière.

Il est important de se poser d'autres questions et principalement celles-ci :

- Que vaut ma ou mes filières en termes de rentabilité et en termes de sécurisation et de visibilité ?
- Que vaut ma position dans la filière ?
- Est-ce-que je maîtrise bien les relations avec les niveaux amont et aval ?

À partir des réponses apportées à ces questions, les Dirigeants peuvent se livrer à une première analyse des raisons d'espérer ou au contraire du bien-fondé de songer à de possibles désinvestissements pour assurer la pérennité de l'Entreprise dans des lieux plus hospitaliers.

Cependant, rester dans la filière, parce que les raisons d'espérer sont importantes, ne signifie pas pour autant la nécessité de l'immobilisme à l'intérieur de celle-ci. Il existe des cas, bien au contraire, où il est indispensable de penser à migrer en son sein pour mieux assurer l'avenir de l'Entreprise. Ces mouvements à l'intérieur de la filière peuvent prendre des allures très différentes depuis une intégration minime d'activités complémentaires jusqu'à et y compris un réel changement de métier. Ceci sera facilité car la filière permet de bien circonscrire le métier de chacun des intervenants et d'expliciter les diverses façons de les exercer.

Ces mouvements dépendent de l'analyse qui aura été faite en termes de compétitivité et du niveau de menace ressenti.

L'étude de la filière permet, aussi, de mieux comprendre le risque de voir arriver de nouveaux entrants soit par intégration amont soit par l'aval et, ce que l'on oublie **beaucoup trop souvent,** elle permet de voir quels sont les risques d'entrants nouveaux en provenance d'autres filières. Il suffit pour cela de dresser, en tout ou partie, les cartes des filières à l'intérieur desquelles sont utilisées des technologies proches de celles employées dans le secteur de l'Entreprise, ou bien sont maîtrisés des circuits de distribution analogues à ceux utilisés dans sa filière.

Pour toutes ces raisons, l'étude de la filière est un excellent complément des « 5 forces » de PORTER.

4. La quatrième analyse : le métier

Il peut sembler surprenant d'étudier le métier, qui *a priori* décrit l'Entreprise, alors même que nous traitons de l'environnement. Cependant, il faut prendre en considération le fait que l'environnement suppose l'existence de filières et à l'intérieur d'entre elles de multiples acteurs exerçant différents métiers. Ceci justifie de démarrer l'étude du ou des métiers de l'Entreprise à cette étape de la démarche : le métier fait partie de la réalité de l'existence même du secteur. Il devient donc plus facile de le comprendre et de l'expliciter à ce moment de l'analyse.

• La compréhension « habituelle » du métier

L'Entreprise conserve longtemps son métier, aussi est-il indispensable que les responsables de l'Entreprise en aient une vision claire. On est toujours surpris de la difficulté rencontrée par nombre de cadres, y compris des cadres supérieurs voire des Dirigeants, pour définir parfaitement le métier de l'Entreprise. Trop souvent on rencontre des membres appartenant à un même comité de direction n'ayant aucune compréhension commune du métier exercé par leur Entreprise. Ceci ne manque pas d'être inquiétant lorsque l'on sait que la réussite dans chaque métier ou chaque groupe de métiers nécessite de répondre parfaitement à des facteurs clés de succès spécifiques. Ce point essentiel sera revu en profondeur lors de la Segmentation stratégique.

Peu d'Entreprises prennent le temps d'établir entre les responsables des équipes une compréhension commune du métier. En règle générale, on constate qu'on se contente de le définir comme étant, par exemple, « le goût » ou « les services » ; en fait, c'est se contenter de définir une « vocation ». Il est vrai que de cette vocation vont dépendre des différences en termes de comportement stratégique :

> Il est très révélateur de voir, par exemple, que deux firmes comme MICHELIN et GOODYEAR sont amenées à avoir des comportements stratégiques très différents dans un même secteur sans doute parce qu'elles n'ont pas la même conception du métier que chacune d'elles exerce :
>
> > MICHELIN se considère comme un « manufacturier de pneumatiques » alors que GOODYEAR se décrit comme un « spécialiste du caoutchouc ».
>
> De cette divergence de vue sur leur métier réciproque se déduisent tout naturellement des prises de position différentes sur un plan stratégique. Ainsi MICHELIN se concentre, presque exclusivement, sur le pneumatique et l'on a pu entendre François MICHELIN répondre à un journaliste :
>
> > « Notre langage c'est le pneumatique. Le pneumatique le moins cher possible et le meilleur possible. C'est le seul vrai langage que comprennent les clients... »
>
> À l'opposé, GOODYEAR s'est diversifié dans la plupart des usages du caoutchouc et ne réalisait plus que la moitié à peine de son chiffre d'affaires dans le pneumatique (avant d'abandonner plusieurs diversifications).
>
> On pourrait citer de nombreux exemples dans d'autres secteurs économiques tels que Salomon et Rossignol dans le matériel de sport ou bien Moulinex et SEB dans le petit équipement domestique.

Ce descriptif, sous forme du choix d'une « vocation », est essentiel pour fournir une « vision partagée » mais pas suffisant pour imaginer les mouvements stratégiques à mettre en œuvre pour, d'une part, assurer la pérennité et, d'autre part, faire les bonnes attributions de ressources pour maitrîser les activités à exercer.

Il faut donc définir autrement le métier.

• La définition du « métier »

Comment définir, d'un point de vue stratégique, le métier exercé par une entreprise ? :

En définissant aussi parfaitement que possible :

- les diverses activités exercées par une Entreprise,
- la façon dont elle les exerce,
- ainsi que les technologies ou les techniques qu'elle domine pour l'exercer aujourd'hui.

Insistons sur le fait que par « activités » on entend :

- recherche et développement,
- conception des produits,
- production,
- commercialisation,
- services divers.

Un certain nombre d'auteurs ont établi des listes de critères pour aider les Entreprises à mieux définir le ou les métiers qu'elles exercent. Sans vouloir être exhaustif, voici à notre avis les principaux points à passer en revue pour bien déterminer le ou les métier(s) exercés :

- critères appartenant au marché :
  - nature du produit pour le client (bien d'équipement, produit semi-ouvré, bien de consommation etc.)
  - mode(s) de distribution maîtrisé(s)
  - modalités de vente
  - zone géographique couverte
  - type de clients (professionnels ou grand public, etc.)
  - services liés à l'offre
  - gamme (largeur, profondeur) nécessaire

- critères de technologie :
  - types de technologies maîtrisées
  - degré de maîtrise de(s) technologie(s)

- critères de production :
  - production sur devis et/ou catalogue

- durée du cycle de production
- degré de l'intégration verticale
- qualification du personnel

– critères de coût
  - part de R & D dans le prix de vente
  - ratio CA / capitaux investis
  - ratio frais directs de vente / coût de communication

– critères de service :
  - nature des services fournis
  - répartition des services avec la distribution

Cette liste, non exhaustive, est fournie tout simplement comme une aide. Cependant son contenu montre parfaitement les liens existant entre métier et filière et donc justifie le choix fait de traiter le métier à l'intérieur de ce chapitre.

Ce qui est très important, c'est de bien comprendre l'absolue nécessité d'effectuer l'examen de la filière afin de parfaitement *distinguer avec certitude* les activités qu'il est impératif de remplir pour exercer un métier et assurer ainsi son existence dans une filière, de celles qui sont facultatives et restent du choix des Dirigeants.

On peut ainsi déterminer le *« métier minimum »*, c'est-à-dire les activités et les compétences qui sont indispensables pour pénétrer ou assurer la pérennité au sein de la filière ou du secteur.

> À titre d'exemple, on peut regarder ce qui se passe dans le domaine de la « planche à voile ». Celui qui veut exercer ce métier doit être à même d'assurer la conception et la commercialisation (au moins jusqu'à la distribution spécialisée ou non) ; en revanche, il n'est pas nécessaire de faire de la recherche au niveau des matériaux ni d'assurer la production. Ainsi les compétences et les ressources financières indispensables vont dépendre de la volonté de vouloir exercer son métier au-delà du « minimum » indispensable.

On définit ainsi les « facteurs clés de succès » d'un métier. Cette notion de métier minimum permet d'une certaine façon de mieux comprendre les « réelles » barrières d'entrée et donc d'estimer le risque potentiel de nouveaux « entrants » et leur provenance (à partir d'autres filières ou secteurs économiques).

Quelques questions types sont utiles pour répondre à cette problématique :

– Quelles sont les « activités » qu'il faut, au minimum, exercer ?,
– Quelles sont les « technologies » ou les « techniques » que l'on doit maîtriser ?,
– Quelles sont les « capacités » qu'il faut savoir mettre en œuvre ?,
– Quelles sont les « ressources » indispensables qu'il faut posséder ?

Les réponses sont riches d'enseignements pour bien comprendre le minimum indispensable pour assurer la survie à travers « un » métier dans un secteur spécifique de l'économie.

L'étude de la filière, nous l'avons vu, est complémentaire de l'étude des « 5 forces » pour bien décrire le secteur de l'Entreprise et l'étude du métier de l'Entreprise pour la situer dans la filière, et par rapport à ses concurrents, et par rapport aux autres intervenants dans cette filière.

Une autre raison essentielle de lier l'étude du métier à celle de la filière et du secteur réside dans le constat qu'il existe un lien direct entre les besoins de financement et la maturité du métier au sein d'une filière.

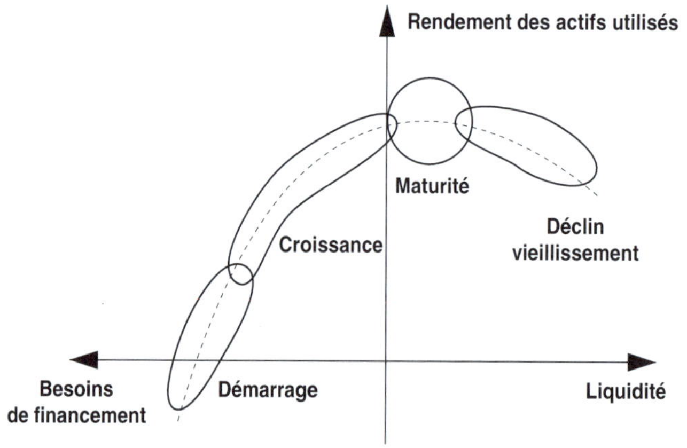

Figure 5.6 Comportement financier des métiers en fonction de leur maturité[1]

1. E. ADER. L'analyse stratégique moderne et ses outils, Futuribles, Décembre 1983, p. 29.

On voit que les besoins de financement sont très importants pendant le démarrage et encore pendant la phase de croissance car il faut financer la capacité de production, créer ou développer des réseaux de distribution, constituer les stocks de lancement, investir en formation et en communication, etc. La rentabilité des capitaux investis ne sera pas immédiate, et il faut tenir compte de la structure du secteur et de la position concurrentielle du métier dans la filière pour fixer aussi clairement que possible à quelle échéance elle aura lieu.

Les conclusions, qu'il faut tirer de ce constat, ne doivent pas se limiter à l'aspect financier ; elles doivent permettre de réfléchir au juste équilibre du portefeuille stratégique qui nécessite que l'on gère dans le même temps des segments stratégiques en devenir et des segments « mûrs » (cet aspect sera traité au chapitre 8 consacré au portefeuille stratégique).

Le « MÉTIER » doit servir d'élément de culture commune à tous les membres de l'Entreprise : c'est l'élément fédérateur à condition, bien sûr, d'avoir été clairement défini. Ne nous étonnons donc pas lorsque nous constatons qu'aucune synchronisation culturelle n'existe réellement dans des Entreprises, lorsqu'elles n'ont pas fait la démarche d'analyse du métier. Le risque principal est de voir chacun œuvrer dans sa fonction comme s'il était seul, ce qui interdit de faire jouer au mieux les synergies potentielles. À terme le risque existe de voir s'établir des « baronnies » néfastes pour assurer un bon fonctionnement à l'Entreprise, notamment lors de la mise en œuvre de la stratégie choisie.

Mais le fait de mal maîtriser la compréhension de son métier entraîne d'autres erreurs de type stratégique pour de telles Entreprises. Afin de mieux cerner ce dernier aspect des choses, il semble très utile de bien mettre en évidence les possibilités de mouvements stratégiques offertes aux Entreprises possédant une vision réellement pertinente en termes de stratégie de la compréhension du métier. Cette nouvelle vision stratégique du métier amène à mieux définir ce que l'on appelle le « lieu de la bataille » ; pour cela essayons de redéfinir, en termes de stratégie d'Entreprise, le vieux concept militaire de « champ de bataille ».

3. LE CONCEPT DU CHAMP DE BATAILLE : « LE CHAMP CONCURRENTIEL CONCEPTUEL »

Par contrecoup, les Entreprises ayant mal défini leurs métiers ne sauront pas mieux reconnaître celui exercé par les concurrents. Elles auront tendance à comprendre le métier du concurrent par l'observation des produits qu'il fabrique. C'est là une vue limitée et très « dangereuse », mais malheureusement fréquente chez les utilisateurs des outils stratégiques.

En effet à court terme le succès des Entreprises provient en tout ou partie de leur capacité à maîtriser, au travers de leur offre, le rapport prix / performance ; mais à plus long terme l'avantage concurrentiel provient de la capacité que possède l'Entreprise à mettre en œuvre des compétences de base lui permettant d'offrir au marché, plus vite et mieux, des produits, qui tout en correspondant davantage aux attentes des clients, dans le même temps, surprennent les adversaires (apprendre à déstabiliser l'adversaire à son profit).

Ce n'est pas seulement en examinant les produits fabriqués aujourd'hui par tel ou tel concurrent qu'elle peut deviner ce qu'il est capable de produire demain. C'est en comprenant la façon dont il utilise et domine aujourd'hui ses technologies, les modifications qu'il entreprend dans ses modes de production, l'application des compétences qu'il possède parfaitement et celles qu'il s'efforce d'acquérir qu'elle peut saisir où et comment il s'efforce de construire un nouvel avantage concurrentiel.

Il apparaît souvent que la veille concurrentielle et la veille technologique sont trop fréquemment considérées comme la panacée pour éviter de prendre trop de retard ou d'être surpris. Il ne s'agit pas d'introduire un doute sur leur utilité, mais il est tout aussi important d'être capable de reconnaître à temps qui seront les vrais concurrents de demain. Mais attention : tous les services de renseignements savent que le recueil des données ne vaut rien sans des analystes efficaces et des axes de recherche clairs. On peut considérer cette recherche des concurrents possibles ou probables à terme, comme la recherche des limites du « champ de bataille » de demain.

L'histoire de HONDA est maintenant bien connue par beaucoup. HONDA a compris plus rapidement que ses futurs adversaires que, notamment, sa maîtrise et sa compétence dans la conception et la fabrication des moteurs et de la transmission, (mais aussi en termes de maîtrise de mode de distribution), pouvait lui permettre de réussir dans tous les secteurs économiques et dans toutes les industries où ces compétences étaient l'un des éléments clés de succès. Ainsi HONDA, *devenu leader mondial de la moto, s'est infiltré dans des secteurs aussi différents que le matériel de jardin (tondeuse à gazon), le motonautisme, le générateur, le moteur électrique et même, et avec quel succès, la formule 1 et l'automobile.* HONDA *a réussi à atteindre ses objectifs dans chacune de ces filières d'autant plus aisément que les concurrents successifs à l'époque ne l'ont jamais vu venir.*

Jamais, tout du moins on peut le penser, HONDA ne sous-traitera la fabrication des moteurs, puisque cette firme a tout intérêt à faire jouer au maximum la courbe d'expérience dans chacun des secteurs où elle peut jouer, et par ailleurs, à rester le grand spécialiste du produit. Cet exemple, à lui seul, montre bien l'importance de comprendre clairement son métier.

Ces compétences essentielles de HONDA sont un exemple parfait de ce que l'on dénomme les « core competences », thème qui sera développé en conclusion du « champ concurrentiel conceptuel ».

Il est clair que ni la veille technologique, ni la veille concurrentielle n'auraient permis de deviner les mouvements stratégiques d'HONDA. Seuls les Dirigeants aptes à saisir parfaitement ce qui constitue le cœur du métier sont à même de pouvoir :

- d'une part, saisir les vraies possibilités de diversification proche ou lointaine,
- et, d'autre part, comprendre à temps quels sont les entrants potentiels, les surveiller attentivement pour éviter toute surprise voire envoyer des signaux pour s'efforcer de les dissuader de pénétrer dans le pré carré.

Remettons-nous en mémoire cette recommandation, issue de « l'art de la guerre » de SUN TZU, et qui nous rappelle que :

> « le meilleur moyen de gagner une bataille c'est encore de ne pas avoir à la livrer ».

Il est donc essentiel, pour bien deviner qui seront essentiellement les concurrents les plus dangereux à terme, d'avoir une vision non restrictive du champ concurrentiel probable.

Pour cela, il nous semble pertinent d'expliciter les métiers et les secteurs économiques dans lesquels ils peuvent s'exercer, et à partir desquels des Entreprises pourraient pénétrer avec succès (cette analyse est l'indispensable prélude avant toute stratégie de diversification). En d'autres termes, il s'agit de voir d'où peuvent provenir de nouveaux entrants dans notre industrie, mais aussi et par réciproque quels sont les autres secteurs économiques et/ou filières dans lesquels, à notre tour, nous pourrons exercer nos capacités.

Nous pouvons maintenant baptiser ce « nouveau » champ de bataille, tel qu'il vient d'être décrit. La première proposition qui nous vient à l'esprit est de l'appeler « CHAMP CONCURRENTIEL STRATÉGIQUE ».

Que recouvre ce « champ concurrentiel stratégique » ? :

William ROTSCHILD[1] ancien responsable de la planification stratégique chez GENERAL ELECTRIC avait conçu un nouveau concept avec une définition basée sur la notion d'« ensemble des secteurs économiques d'où peuvent provenir de nouveaux concurrents ».

S'appuyant sur des travaux de la Harvard Business School, il a été le premier à introduire ce concept, sous la dénomination d'« arène stratégique ». Un exemple d'arène stratégique, simplifiée, permet d'expliciter ce concept :

	NUCLÉAIRE	PÉTROLE	GAZ	CHARBON
Distribution	Réseau	Détail Transport	Réseau	Détail Transport
Production	Centrales Minerais	Raffinage Production	Liquéfaction Production	Extraction
Équipements	Générateurs Turbines	Para-pétrolier	Équipements Gaziers	Matériels Miniers

Figure 5.7 Arène stratégique du secteur de l'énergie[2]

(Il faudrait rajouter pour être complet les énergies : solaire/éolienne/biomasse /hydraulique.)

On remarque que « l'arène stratégique » ressemble à un couple : filière / besoin primaire. Pour enrichir ce concept, deux chercheurs américains (J. McLaughlin et A. Birinyi), ont proposé une cartographie.

L'exemple ci-contre permet de bien voir tout ce qu'apporte cet enrichissement :

– d'une part les « produits » et les « services »,

– et d'autre part les « contenus » et les « contenants ».

1. William ROTSCHILD, *How to gain and maintain the competitive advantage in business,* Mc Graw Hill 1984.
2. F. BIDAULT, *Le champ stratégique de l'Entreprise,* Éditions Économica, 1988, p. 115.

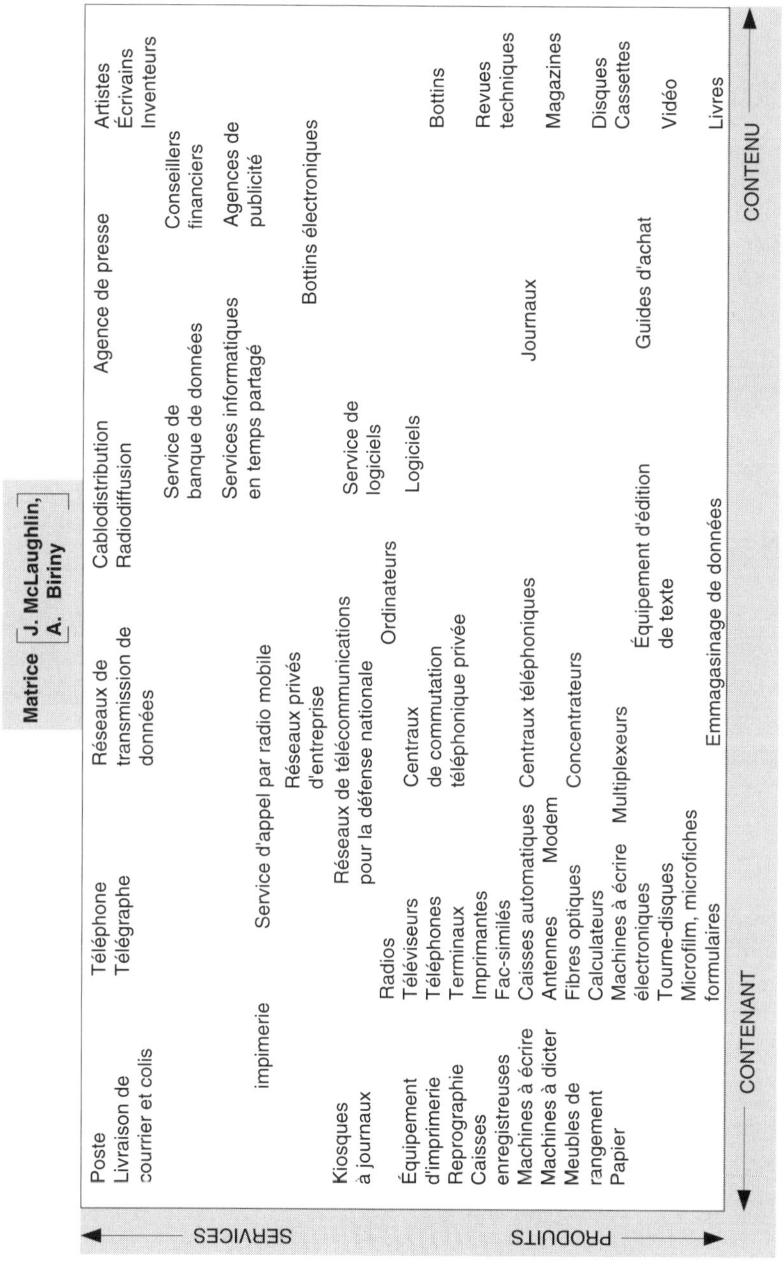

Figure 5.8 Arène de l'information[1]

1. J.P. SALLENAVE, *Direction générale et stratégie d'Entreprise,* Éditions d'Organisation, 1984, p. 232.

L'étude de l'environnement

Il est important de bien « conceptualiser » le contenu de l'arène stratégique, car il doit aider aux choix stratégiques des champs de bataille sur lesquels l'Entreprise peut choisir de se positionner.

Notre idée est de compléter ce concept au travers de la dénomination de « CHAMP CONCURRENTIEL STRATÉGIQUE CONCEPTUEL » ou plus simplement « CHAMP CONCURRENTIEL CONCEPTUEL » ou en résumé *« les 3C »*. En effet, cette appellation fait directement le lien avec les core competences et par là même permet de définir la méthodologie de construction.

Appartiennent donc à ce « champ concurrentiel conceptuel » l'ensemble des secteurs économiques ou plus exactement l'ensemble d'Entreprises, regroupées sous forme d'« industries », pouvant satisfaire à la satisfaction d'un « besoin élémentaire ». Par « besoin élémentaire », nous entendons définir des besoins spécifiques qui peuvent s'exprimer de façon différente suivant les métiers exercés dans divers secteurs économiques tels que : l'énergie, la santé, mais aussi la transmission de vitesse ou de puissance, la protection contre l'échauffement, etc.

Beaucoup d'Entreprises participent, de près ou de loin, à la tentative de satisfaction de tels besoins élémentaires sans bien entendu exercer le ou les mêmes métiers et donc sans appartenir directement au même champ concurrentiel.

Construire la carte des « 3C » va consister à :

- **déterminer le ou les besoins de base au(x) quel(s) s'intéresse l'Entreprise,**
- **lister l'ensemble des filières pouvant conduire à la satisfaction du ou de ces besoins,**
- **enfin déterminer les métiers exercés au sein de ces filières, en faisant ressortir les compétences essentielles qui permettent d'exercer ces métiers, en vue de satisfaire, spécifiquement, le besoin élémentaire auquel on s'intéresse.**

La dernière partie de l'étude à entreprendre pour construire la carte des « 3C » suppose que l'on soit capable de faire ressortir les compétences clés pour bien réussir dans un métier. Pour ce faire, il est nécessaire de mettre en valeur le concept de :

– « Core competence » –

difficilement traduisible au mot à mot (compétence noyau). Il s'agit, en fait, d'une ou de plusieurs compétences que doit posséder l'Entreprise pour être en situation de réussir contre ses concurrents dans un secteur économique donné. Dans l'exemple de HONDA, cité plus haut, on voit bien que cette « core competence » s'est révélée être le fait d'être l'un des meilleurs concepteurs et producteurs de moteurs et de transmission au monde.

On peut dresser alors une carte permettant d'imaginer les mouvements stratégiques possibles pour toutes les Entreprises appartenant, à l'une ou l'autre des filières, et ainsi ne pas se contenter d'examiner seulement le jeu des acteurs présents aujourd'hui.

Avec cette analyse, on se donne la possibilité de comprendre d'où peut provenir le risque de nouveaux « entrants » qu'il serait plus difficile voire impossible à appréhender si l'on ne faisait pas usage de ce concept.

On notera aussi que « les 3C » sont un moyen pour l'Entreprise de « sentir » les menaces, et donc permet d'expliquer la façon dont elle se bat ; ainsi, on possède un nouvel outil pour tenter d'expliquer les raisons des « comportements stratégiques » de ses concurrents.

Pour construire cette carte du « 3C » il faudra décrire les différents métiers existants dans chacune des filières par les activités principales exercées, ce qui en fait revient à décrire les activités de base essentielles sans la maîtrise desquelles il n'est pas possible d'entrer en compétition.

Si l'on observe attentivement la stratégie de développement d'un certain nombre de grandes Entreprises, notamment japonaises, on s'aperçoit qu'elles ne sont plus l'assemblage d'un nombre de lignes de produit, considérées comme des unités indépendantes, mais plutôt comme des regroupements autour de compétences de base spécifiques détenues par l'Entreprise. On voit bien là la marque de la compréhension qu'ont ces Entreprises des métiers qu'elles exercent, ainsi que du recentrage stratégique opéré afin de leur permettre d'être d'autant plus efficaces. On peut se référer à la pensée du BCG qui, il y a 2 ou 3 ans, parlait de stratégie des « pôles de compétences ».

Pour identifier ses compétences de base, l'Entreprise doit se poser un certain nombre de questions du type :

- Qu'est-ce qui m'offre une ouverture sur un ou plusieurs marché(s) ?
- Quelles activités contribuent de façon essentielle à l'avantage de mes produits actuels ?
- Quelle est la spécificité de cette compétence par rapport à celles de mes concurrents ?

Ces « core competences » sont acquises dans la durée et par là même nécessitent un long temps d'apprentissage de la part de toutes les grandes fonctions de l'Entreprise. Très souvent chacune de ces compétences de base, à elle seule, ne permet pas à l'Entreprise de finaliser un produit original et « stupéfiant ». Il faut pouvoir réunir plusieurs de ces compétences pour se faire, à la condition, bien sûr, d'avoir la vision stratégique de ce qu'il faut réaliser : c'est-à-dire la vision du métier à exercer pour satisfaire un besoin spécifique donné.

Prenons quelques exemples notoirement connus :

> 3M possède une compétence universellement reconnue dans le domaine des adhésifs ainsi que dans celui du revêtement. C'est bien en combinant ces 2 compétences que 3M a pu s'installer dans des domaines pouvant apparaître comme aussi divers que les bandes magnétiques, les papillons autocollants, les pellicules photo par exemple. On voit bien qu'il ne s'agit pas d'un développement anarchique de diverses lignes de produit, mais bien de l'utilisation par 3M de ses « core competences » et ce d'une façon très rationnelle parce que pensée et réfléchie.

De nombreuses Entreprises ont créé des nouveaux produits à partir de plusieurs de leurs « core competences » et à chaque fois cela leur a permis de se doter d'une avance sur les concurrents qui n'utilisaient pas encore cette technique de développement de produits, et ce essentiellement pour deux raisons :

- premièrement à chaque fois ou presque l'effet de surprise joue à plein, entraînant une déstabilisation pour les adversaires,
- ensuite parce que cette avance construite à partir de plusieurs sources est plus facilement défendable et donc durable (condition de l'avantage concurrentiel).

Deux chercheurs américains C.-K. PRAHALAD et G. HAMEL[1] ont montré que, de ce point de vue, on peut parler de deux conceptions différentes de l'Entreprise. Ils ont explicité ces deux conceptions sous forme d'un tableau dont nous nous sommes inspirés pour décrire à notre tour les deux conceptions possibles qu'une Entreprise compte tenue de la vision qu'elle peut avoir de son environnement concurrentiel (schéma ci-contre).

(Cette nouvelle conception de l'Entreprise sera développée plus loin à la fin du chapitre intitulé : Acquérir une vision stratégique de l'Entreprise).

1. D'après C.-K. PRAHALAD et G. HAMEL, *Les grands groupes ne connaissent pas leur métier,* Havard l'Expansion / Hiver 1990-91, p. 40.

	Lignes de produit	Compétences de base
Vision de la concurrence	Basée sur le présent en termes de produits	Basée sur les Entreprises ayant les mêmes compétences
Vision de l'Entreprise	Portefeuille de produits	Portefeuille d'activités
Organisation type	Strategic business unit	*Core competence* (groupe de compétences)
Allocation ressources	Système de budgets par unité	Répartition par core competence
Management de l'Entreprise	Par groupe d'unités avec choix des priorités dépendant des résultats espérés	Choix des activités à prioriser aujourd'hui et à acquérir pour demain

Ces deux conceptions de l'Entreprise sont exclusives l'une de l'autre. Abandonner la première de ces deux conceptions et faire le choix de la seconde, qui est bien entendu celle que nous recommandons, suppose une transformation complète du mode de pensée en termes de conception stratégique de la part des Dirigeants, ce qui ne peut manquer d'entraîner des bouleversements profonds dans le mode d'organisation et de fonctionnement de l'Entreprise et surtout en termes de management des hommes. Mais cela en vaut la peine !

• Rappel des 5 forces de Porter, les tendances lourdes

Une autre forme indispensable et essentielle de l'analyse de l'environnement est l'examen de l'évolution des grandes tendances de l'industrie à laquelle appartient l'Entreprise. Ces grandes tendances que nous appellerons dorénavant « tendances lourdes », car particulièrement significatives, varient en fonction d'un certain nombre de paramètres que l'on peut considérer comme des facteurs stratégiques tels que :

- changement comportemental des clients,
- modification du jeu des concurrents,
- évolution des modes de distribution,
- changement des rapports de coût avec des concurrents étrangers,
- état de santé de l'économie,
- changements démographiques, etc.

Il s'agit réellement de déterminer :

- d'une part, les tendances qui vont perdurer et l'influence qu'elles vont avoir sur l'environnement,
- et, d'autre part, d'analyser celles qui vont évoluer afin de préciser les variations probables qu'elles peuvent engendrer.

À partir des résultats de cette analyse, il devient nécessaire de tenter de décrire la part de « menace » ou « opportunité » que réserve chacune de ces tendances lourdes pour les Entreprises en lutte dans cet environnement.

En fait, le plus souvent, ces tendances lourdes ne sont pas – dans l'absolu – une « menace » ou une « opportunité ». Elles sont porteuses dans le même temps de ces deux potentialités. Si l'habitude a été prise de parler de menace et d'opportunité, c'est, en fait, pour s'offrir une plus grande facilité d'expression. Si dans la réalité telle tendance est plutôt porteuse de menace ou d'opportunité, c'est en fait les capacités que sera capable de mettre ou non en œuvre l'Entreprise qui feront que cette Entreprise sera à même de pouvoir bénéficier des avantages et/ou d'éviter les inconvénients apportés par cette tendance. L'Entreprise peut, plus ou moins facilement, corriger les influences de ces tendances ; certaines plus que d'autres, il est vrai, mais cela montre qu'il n'y a rien « d'absolu ».

Rappelons qu'il faut analyser l'effet de chacune des tendances lourdes sur les 5 forces de PORTER, afin de comprendre sa réelle influence.

4. LES FACTEURS CLÉS DE SUCCÈS SECTORIELS

La compréhension de la structure de l'industrie, dans laquelle se trouve l'Entreprise, les tendances lourdes qui vont influencer, pendant un temps au moins, le comportement et l'allure du secteur vont permettre de clairement comprendre les conditions de la lutte concurrentielle. Celle-ci se fonde et s'organise toujours autour des éléments de l'environnement qui ont une importance vitale pour la réussite des Entreprises présentes ou potentiellement « entrantes ».

On peut déduire de cette compréhension les **« facteurs clés de succès »** qu'il est nécessaire de maîtriser pour survivre.

Prenons quelques exemples qui expliciteront cette recherche :

– dans l'industrie textile, la « bonneterie » est un métier pour lequel il existe des possibilités réelles de fabriquer en grandes séries et ce pour de nombreuses raisons (principalement le peu de différenciation des produits, le fait que des économies d'échelle sont possibles). Il s'en déduit qu'il est nécessaire d'avoir une grande capacité de production avec des coûts bas pour réussir à vendre du volume. Ces conditions vont entraîner des investissements très lourds.

  Très clairement, pour réussir dans ce métier, le facteur clé de succès sera la « capacité financière ».

– dans cette même industrie, au contraire, la « confection » doit répondre à des besoins différents : à savoir livrer au bon moment des séries courtes correspondant à des phénomènes de sensibilité à la mode. Puisqu'il s'agit de produire des séries courtes, il est difficile d'investir dans un système de production de masse comme précédemment, de ce fait les coûts sont très liés à la main-d'œuvre. Il faut donc livrer très rapidement tout en tenant les coûts. Pour lutter contre les pays à faible coût de production, les Entreprises sont souvent contraintes à investir dans la distribution et à délocaliser la production. Les « FCS » sont donc différents de ceux de la bonneterie et sont plutôt du type : « création pour répondre à la mode, domination de la distribution, etc. ».

Ces « FCS », nous les baptiserons « sectoriels », car ils s'appliquent à un métier, donc à toutes les Entreprises exerçant ce même métier et il est primordial de bien les définir.

> Les FCS sectoriels sont d'une telle importance que certains grands patrons les utilisent pour déterminer, dès l'origine, l'étendue de leur « champ concurrentiel conceptuel ». Ainsi J.-R. FOURTOU, le président de RHÔNE-POULENC, considère-t-il l'intérêt qui existe à être présent dans le même temps dans la santé humaine, la santé animale et ce qu'il appelle l'agro-chimie. Il les a d'ailleurs réunis sous l'appellation des « sciences de la vie » car à son jugement ces trois métiers répondent au même FCS sectoriel qui est :
>
> la « capacité de recherche ».

La nécessité de bien comprendre les FCS sectoriels, à elle seule, justifie que l'on consacre temps et ressources pour bien déterminer les conditions de la lutte concurrentielle dans un secteur donné. Dès maintenant précisons que ce concept de facteur clé de succès sera utilisé ultérieurement, avec toutefois un sens un peu différent, lors de la segmentation stratégique et de l'étude du portefeuille. À ce moment-là, pour les différencier, nous les appelerons tout simplement « facteur clé de succès » sans leur adjoindre aucun qualificatif.

5. LES PRÉCAUTIONS À OBSERVER LORS DES ÉTUDES

L'usage de la méthode des 5 forces nous fournit une première approche pour déterminer les menaces et les opportunités et les facteurs clés de succès sectoriels dans un secteur ou une industrie. Mais cette approche n'est pas exhaustive et donc il est nécessaire de la compléter en étudiant très précisément l'évolution d'un certain nombre de paramètres qui appartiennent soit à :

- l'environnement économique général
- au(x) secteur(s) dans le(s)quel(s) se trouve l'Entreprise : évolution des technologies, des modes de production, du comportement des clients, des modes de distribution, du jeu concurrentiel.

Une des difficultés de cette approche est la nécessité de percevoir et de décrire une vraie tendance et de ne pas la confondre avec l'effet qui en résulte :

> Ainsi on peut être amené à considérer la baisse du marché comme une menace. Or, il peut se révéler qu'en fait cette baisse est consécutive à la disparition d'une couche spécifique de clients et donc à la diminution du besoin, diminution elle-même due à une évolution du mode de vie. La véritable tendance à prendre en compte sera donc la raison de cette évolution du mode de vie, qui peut se révéler être, par exemple, une variable psychosociologique.

On devine très facilement ce qu'une telle erreur de compréhension peut entraîner comme conséquence stratégique. Si la menace est perçue seulement en termes de baisse de marché, bien des Entreprises se lanceront dans des dépenses de communication, de PLV ou toutes autres actions de stimulation du marché, toutes actions qui se révéleront pratiquement sans effet par rapport au but recherché.

En effet, il s'agit plutôt, dans cette hypothèse, de voir s'il lui est possible à elle seule de redresser les effets d'une tendance psychosociologique ; en cas de réponse négative de chercher des alliances avec d'autres acteurs et en cas d'impossibilité de mesurer les conséquences réelles de ce changement comportemental des clients puis d'en tirer les conséquences :

- en termes de modifications de l'offre,
- voire d'abandon de tout ou partie du secteur s'il doit s'avérer qu'il lui est par trop coûteux de se repositionner.

Chacune des SIX analyses qui viennent d'être décrites :

- méthode des 5 forces proposée par M. PORTER,

– maturité du secteur,
– étude de la filière,
– étude du métier,
– étude du champ concurrentiel conceptuel,
– tendances lourdes,

possède, comme toujours, ses propres limites.

Mais il est possible de pallier, en grande partie, cet inconvénient. Pour cela, il suffit de se rendre compte qu'elles sont parfaitement complémentaires et donc ne pas hésiter à les utiliser toutes les six et ce de façon itérative. Par exemple, il est pertinent de vérifier à l'aide de l'approche des 5 forces la réalité et la pertinence des évolutions des tendances lourdes.

Il sera alors devenu possible de dresser un tableau, comme ci-dessous, qui mettra en évidence l'aspect menace et l'aspect opportunité de l'évolution de chacune des tendances.

MENACES	TENDANCE MIXTE	OPPORTUNITÉS
– Risque nouveaux entrants	– Évolution de la distribution – nouvelle technologie	– Marché croissant

Figure 5.10 Tableau tendances lourdes

Ce diagnostic des menaces et des opportunités, dans le secteur économique, va nous permettre, une fois analysés les points forts et les points faibles de l'Entreprise d'en préciser la position concurrentielle actuelle. Ce diagnostic permettra aussi d'envisager ce que pourrait devenir à terme cette position concurrentielle si l'Entreprise devait réagir, dans le futur, de la même façon que par le passé et ce sans tenir compte, ou très peu, ou très mal des nouvelles tendances.

C'est en grande partie sur ces bases que nous poursuivrons notre démarche, lorsqu'au chapitre suivant nous traiterons de l'analyse de l'Entreprise.

Focus

Repositionnons l'étude de l'environnement dans le cadre de la démarche suivie et pour cela présentons-la sous forme d'un schéma récapitulatif.

À cet effet posons clairement les deux étapes clés qui la structurent :

- analyse de l'industrie dans son environnement,
- segmentation stratégique de l'entreprise.

(l'étude de l'Industrie dans son environnement a été l'objet de ce chapitre, un autre sera consacré, ultérieurement, à la segmentation stratégique).

Résumons maintenant cette étude :

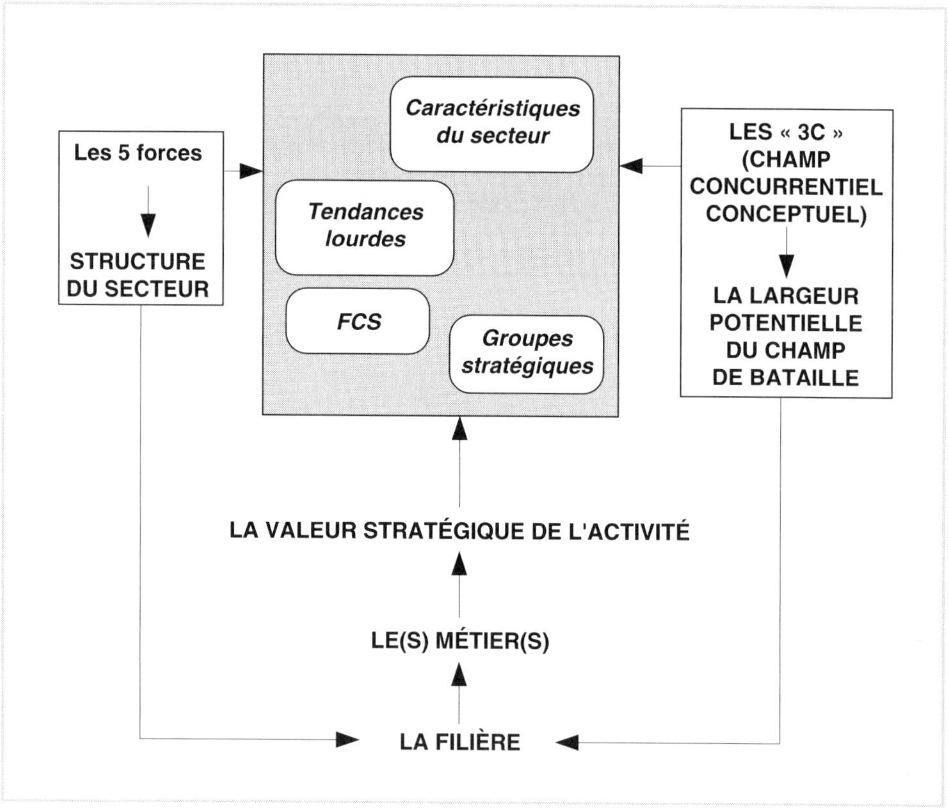

Figure 5.12 Schéma étude environnement

Il apparaît utile de repositionner, au vu de ce qui vient d'être écrit et afin même de bien les faire comprendre, un certain nombre d'idées qui sont généralement admises comme des vérités. On constate, en fonction de notre précédente analyse, qu'il est devenu nécessaire de remettre en question certaines de ces idées.

• Le rôle de l'équilibre de l'offre et de la demande

Une idée très souvent reçue comme vraie, idée véhiculée par la théorie capitaliste libérale, laisse croire que c'est de l'équilibre entre la demande et l'offre que résulte la rentabilité d'un secteur économique.

D'abord reconnaissons que cet équilibre ne pourrait résulter que d'un effet du hasard ayant peu de chance de perdurer à une époque où les ententes sont fortement combattues par des législations du type antitrust. Mais surtout prenons conscience, que sur le long terme, seule la structure du secteur aura un effet réel sur sa rentabilité ; au contraire les fluctuations de l'offre et de la demande, apportant tantôt une surabondance, tantôt une raréfaction des produits, n'auront que des effets réduits sur la durée et n'affecteront pas fondamentalement la rentabilité du secteur.

Il est essentiel de remettre en cause cette idée de l'équilibre entre offre et demande, car elle peut être source d'erreur stratégique majeure.

• Comprendre l'avantage concurrentiel

Une autre idée fortement ancrée dans l'esprit de beaucoup de managers, est que la création d'un avantage concurrentiel – distinctif, décisif, défendable et durable – est la panacée universelle pour assurer la survie de l'Entreprise. Cette vision apparaît comme par trop « confortable » parce que « simpliste ».

Il n'est nullement question de remettre en cause les termes de l'analyse concurrentielle que propose Michael PORTER, analyse qu'il est essentiel de pratiquer, mais il peut exister des états de marché où il faut aller au-delà de cette analyse.

Il paraît illusoire et dangereux de se contenter d'affirmer qu'il faut faire « plus et mieux », car en fait, c'est bien à cela que revient la construction de l'avantage concurrentiel. Il est aussi nécessaire de prendre en compte que la « durée » d'un avantage est de plus en plus courte du fait de la capacité de réaction des concurrents. Ceci ne signifie pas qu'il ne faut rien faire, mais que la vitesse est devenue, vraiment, un des éléments stratégiques clés.

Tous ceux qui ont eu à affronter des situations dans lesquelles la « différenciation » de l'offre était devenue très difficile, pour ne pas écrire quasi impossible, savent par expérience que dans nombre de cas cette forme d'analyse les entraîne à penser qu'il est souvent vain de continuer la bataille. En effet des Entreprises confrontées à ce type de situation peuvent ne pas avoir les ressources et les moyens, notamment humains et financiers, pour lutter contre des concurrents capables d'obtenir de meilleurs coûts ou reconnus comme étant des leaders en termes de qualité.

Ces Entreprises doivent-elles pour autant quitter le secteur ou mourir ? Peut-être pas, mais à la condition qu'elles approchent la concurrence avec une vision complémentaire de celle induite par l'analyse concurrentielle.

Au lieu de se focaliser contre la concurrence, ces Entreprises doivent essayer pour tenter d'assurer leur survie de se focaliser sur le client (ou si elles le peuvent de changer les règles du jeu concurrentiel). Il s'agit, en effet, de comprendre autrement l'avantage concurrentiel.

> L'exemple que nous proposons est, semble-t-il, tout à fait démonstratif à ce sujet. Pendant des dizaines d'années, les concurrents d'IBM ont systématiquement usé des mêmes stratégies pour combattre cette firme. Ces stratégies étaient toutes basées sur l'idée de présenter une offre plus performante que celle d'IBM, en quelque sorte s'attaquer aux points forts de l'offre d'IBM. Bien entendu, celle-ci n'a éprouvé que peu de difficultés pour lire le jeu de ses adversaires et donc a pu s'y préparer sans problème. Aucun concurrent n'a été en mesure de contrarier réellement les manœuvres stratégiques d'IBM. Ceci jusqu'au jour où HITACHI a décidé de pratiquer autrement. HITACHI a compris comme tout le monde qu'IBM était « merveilleusement » positionnée, en termes de services ou de perception de services rendus, dans l'esprit des utilisateurs. Mais HITACHI, compte tenu des échecs des autres concurrents, a compris qu'il était vain de s'attaquer à IBM sur ces bases. HITACHI a donc procédé à une autre analyse. Cette firme est partie de l'idée que si les clients étaient si intéressés par le service c'est que peut-être les matériels le nécessitaient par leur taux de panne. En fait peut-être la meilleure façon d'entrer en compétition avec IBM, ce n'était pas de fournir un meilleur service, mais bien au contraire faire en sorte que le service devienne beaucoup moins important pour le client. Nous reviendrons sur cette autre approche de la stratégie.

Les groupes stratégiques

En adoptant la méthode d'analyse de l'environnement de Michael PORTER, nous avons admis que l'analyse structurelle d'un secteur économique reposait sur l'intensité et l'identification des sources des 5 forces qui affectent le secteur. Mais la structure du secteur ne repose pas uniquement sur l'action résultante de ces 5 forces. En fait les 5 forces forment le cadre à l'intérieur duquel les divers concurrents s'affrontent.

Il est donc indispensable d'étudier le comportement des concurrents d'un même secteur et pour cela Michael PORTER nous propose de les classer sous la forme de groupes, baptisés « groupes stratégiques », regroupant au sein de chacun les concurrents pratiquant des stratégies très voisines. Il paraît tout à fait pertinent de procéder à une telle étude. Néanmoins, un très grand nombre d'Entreprises travaillent à l'intérieur de plusieurs secteurs ou bien à l'intérieur d'un même secteur luttent contre des concurrents différents suivant les unités ou les lignes de produit, aussi paraît-il opportun de reporter à plus tard cette étude, après qu'ait été répondu à la problématique de la « segmentation stratégique ». Nous verrons, aussi, que l'analyse des concurrents à travers les groupes stratégiques doit se compléter par la réalisation de la chaîne de valeur, pour les principaux d'entre eux, avec les éléments dont on dispose.

DEUXIÈME DOMAINE

Le diagnostic stratégique de l'entreprise

« Il ne faut pas déprécier ce proverbe contenu
dans le livre de SUN TZU, le grand expert militaire
de la Chine antique :
"Connais ton ennemi et connais-toi toi-même,
et tu pourras livrer cent batailles
sans essuyer un désastre". »
MAO TSÉ-TOUNG (Œuvres choisies I, p. 187)

1 • L'analyse stratégique classique
2 • La nouvelle matrice MOFF
3 • Les « 7S » de McKinsey
4 • La méthode du « PIMS »
5 • Le positionnement stratégique de l'entreprise

Dans le chapitre sur l'étude de l'environnement a été mise en évidence l'absolue nécessité pour une Entreprise de comprendre, parfaitement, le(s) métier(s) qu'elle exerce.

À partir de cette compréhension, l'Entreprise sera en mesure d'étudier la ou les places occupées dans la filière et bien sûr l'importance stratégique de ses métiers dans la filière. Ces études permettront à l'Entreprise de prendre en compte les rapports de force existant entre les différents acteurs intervenant dans la filière.

À ce niveau de la démarche, le stratège est censé avoir une bonne connaissance de :

- **l'environnement, c'est-à-dire une bonne compréhension des rapports de force entre les acteurs,**
- **l'importance relative de chacune des 5 forces qui agissent sur toutes les Entreprises du secteur et dont l'intensité réciproque lui donne sa structuration,**
- **les variations des tendances lourdes que nous savons, relativement, porteuses de menaces et/ou d'opportunités.**

Il est donc pertinent, à cette étape de l'analyse, de se demander quelles sont intrinsèquement les chances que possède une Entreprise d'assurer sa pérennité dans son secteur. Pour répondre à cette problématique essentielle, une méthodologie a été conçue par des chercheurs de la Harvard Business School et de ce fait connue sous l'appellation d'« Analyse d'Harvard ».

Cette analyse amène à déterminer les compétences ou les manques de compétences de Entreprise. En fait, cela revient à étudier les « points forts » qu'elle détient et aussi à comprendre quels sont les « freins » qui ralentissent les mouvements de l'Entreprise et qui sont de nature à l'empêcher d'échapper aux menaces présentes dans l'environnement, voire peuvent faire obstacle aux opportunités à saisir.

Aujourd'hui on appelle cette méthode l'« analyse stratégique classique » par opposition à la démarche de Michael PORTER, qui est elle basée sur les rapports de force avec les concurrents.

1. L'ANALYSE STRATÉGIQUE CLASSIQUE

On présente souvent cette analyse en utilisant une représentation, qui de près ou de loin ressemble à celle qui suit :

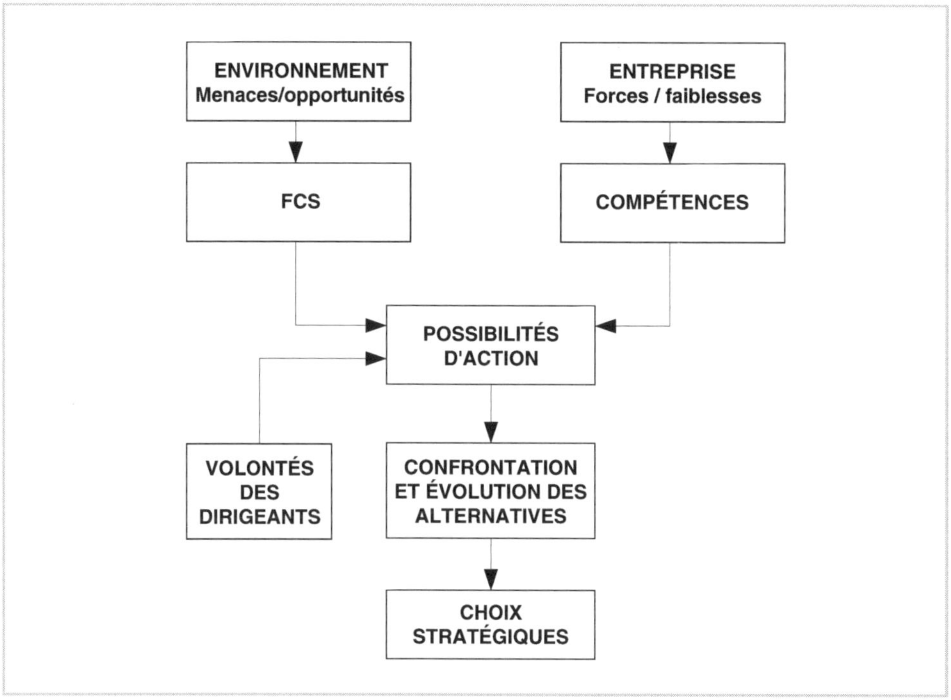

Figure 6.1 Analyse d'Harvard

Comme on le voit, il s'agit de mettre en évidence les possibilités d'action que peut avoir une Entreprise :

– compte tenu des événements prévisibles dans l'environnement, qui sont porteurs d'opportunités mais aussi de menaces, d'où la détermination des facteurs clés de succès à maîtriser pour réussir,
– et des possibilités stratégiques de l'Entreprise qui sont induites par les compétences qu'elle possède ou ne possède pas.

Par la suite, les possibilités d'action devront être évaluées en prenant en compte les volontés des Dirigeants. De là se déduiront, selon cette méthodologie, les choix stratégiques, à se fixer des objectifs, à déterminer les politiques fonctionnelles et enfin les plans d'action. Il s'agit donc bien d'une méthode globale, la première qui fut utilisée, pour aider à la décision stratégique.

L'étude des « tendances lourdes » étant faite, il faut maintenant dresser la liste des points forts et des points faibles de l'Entreprise. Pour cela, on doit considérer chacune des activités exercées et examiner sa capacité à le faire par rapport :

– d'une part, à la façon d'agir des concurrents
– et, d'autre part, aux attentes et besoins des cibles marketing visées.

Il va falloir examiner toutes les activités et toutes les fonctions mises en œuvre, c'est-à-dire : le management, la commercialisation, les finances, la gestion des ressources humaines, la recherche et développement, la conception des produits, la production ainsi que tous les paramètres qui peuvent affecter sa capacité à entreprendre ou son *modus operandi* tels que les aspects culturels.

Une première vision de l'Entreprise peut nous être fournie par la mise en évidence des mix produits / marchés sous la forme suivante :

MARCHÉS \ PRODUITS	ANCIENS	NOUVEAUX
ANCIENS	PÉNÉTRATION ACTUELLE 1	DÉVELOPPEMENT DU PRODUIT 2
NOUVEAUX	DÉVELOPPEMENT DU MARCHÉ 3	DIVERSIFICATION 4

1. Offre segmentée par canal et par cible
2. Élargissement gamme et nouveaux produits
3. Types de clients et marchés connexes
4. Métiers et territoires

Figure 6.2 Analyse des mix marchés / produits[1]

1. Igor ANSOFF, *Stratégie du développement de l'Entreprise*, Éditions d'Organisation, Paris 1989.

Il ne s'agit pas, comme on peut le voir, de mettre sous le feu des projecteurs des couples produit / marché, ainsi que cela se pratique en « analyse marketing », mais bien de mettre en évidence les stratégies de développement mises en œuvre par l'Entreprise en termes de produits par rapport à des marchés.

La construction de ce tableau va permettre une première analyse de l'Entreprise basée sur les choix passés, analyse qui va traduire les mouvements stratégiques :

- classiques pour l'Entreprise dans le quadrant 1,
- en développement soit de produit soit de marché dans les quadrants 2 et 3,
- enfin dans le quadrant 4, les essais de pénétration dans des domaines différents.

Toutes les Entreprises ne sont pas présentes, au moins à certains moments de leur existence, dans les quatre quadrants et cela n'est pas neutre en ce qui concerne la compréhension du jeu stratégique joué.

Il existe une variante[1], sous la forme de 9 cases, de cette matrice d'Ansoff ; cette variante permet de mettre en lumière les axes de diversification :

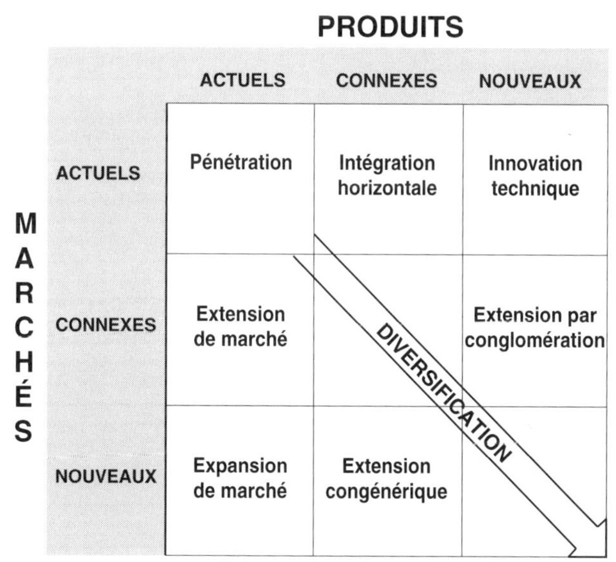

Figure 6.3 Variante ANSOFF

1. J.-P. SALLENAVE, p. 215, déjà cité.

Une autre approche consiste à passer en revue tous les aspects de l'Entreprise ayant une influence certaine sur la stratégie. On peut dresser une liste de questions synthétiques permettant de passer en revue les principaux critères d'analyse des « forces » et des « faiblesses » d'une Entreprise et les regrouper ainsi :

– *présence sur le marché :*
  - l'image,
  - la couverture géographique,
  - le nombre de segments marketing couverts,
  - la longueur et la largeur de gamme,
  - la part de marché,
  - le niveau de prix,
  - la fidélité des clients,
  - la compétence en logistique externe,
  - le nombre de canaux de distribution maîtrisés,
  - la compétence de la force de vente etc.

– *management :*
  - charisme des dirigeants,
  - qualité de communication,
  - valeur du système d'organisation mis en place,
  - cohérence de fonctionnement de l'Entreprise,
  - acuité et flexibilité de vue des managers et notamment de l'encadrement moyen, etc.

– *marketing :*
  - qualité du marketing informationnel et valeur du système d'information marketing,
  - valeur du positionnement de l'Entreprise et de ses produits,
  - qualité de la communication,
  - capacité à développer de nouveaux produits,
  - capacité à manager les canaux de distribution adéquats,
  - capacité de promotion, etc.

- *recherche et développement :*
  - gestion de l'interface marketing/développement,
  - brevets, licences,
  - capacités de recherche, compétences des chercheurs,
  - aides gouvernementales et accès à des sources privilégiées d'information, etc.
- *production :*
  - adaptation du mode de production aux exigences du marché,
  - capacité de production en termes de quantité,
  - niveau de qualité,
  - flexibilité,
  - localisation des usines,
  - savoir-faire technique de la main-d'œuvre,
  - maîtrise des coûts de production,
  - maîtrise des effets d'expérience et d'échelle, etc.
- *financier :*
  - structure du bilan,
  - capacité de financement,
  - capacité d'augmentation de capital,
  - capacité d'emprunt,
  - cash-flow,
  - niveau du besoin en fond de roulement,
  - état de la trésorerie,
  - état des stocks,
  - état des effets à recevoir, etc.
- *gestion des ressources humaines :*
  - système de valeurs partagées,
  - relations avec les représentants du personnel,
  - clarté et adhésion à la stratégie,
  - système de récompense admis et motivant notamment en termes d'évolution de carrière des personnels,
  - niveau des salaires,

- système de communication,
- mode de recrutement,
- capacité d'attirance des talents,
- capacité d'évolution des différents personnels,
- niveau de formation,
- taux d'absentéisme,
- niveau du turn-over, etc.

– *systèmes d'organisation :*
  - valeur du système d'information,
  - structure des coûts,
  - gestion des interfaces spécifiques,
  - procédures administratives,
  - nombre de niveaux hiérarchiques,
  - processus de prise de décision,
  - processus de contrôle,
  - flexibilité organisationnelle, etc.

Il devient possible de déterminer un « profil concurrentiel » de l'Entreprise tel que montré sur le diagramme ci-contre.

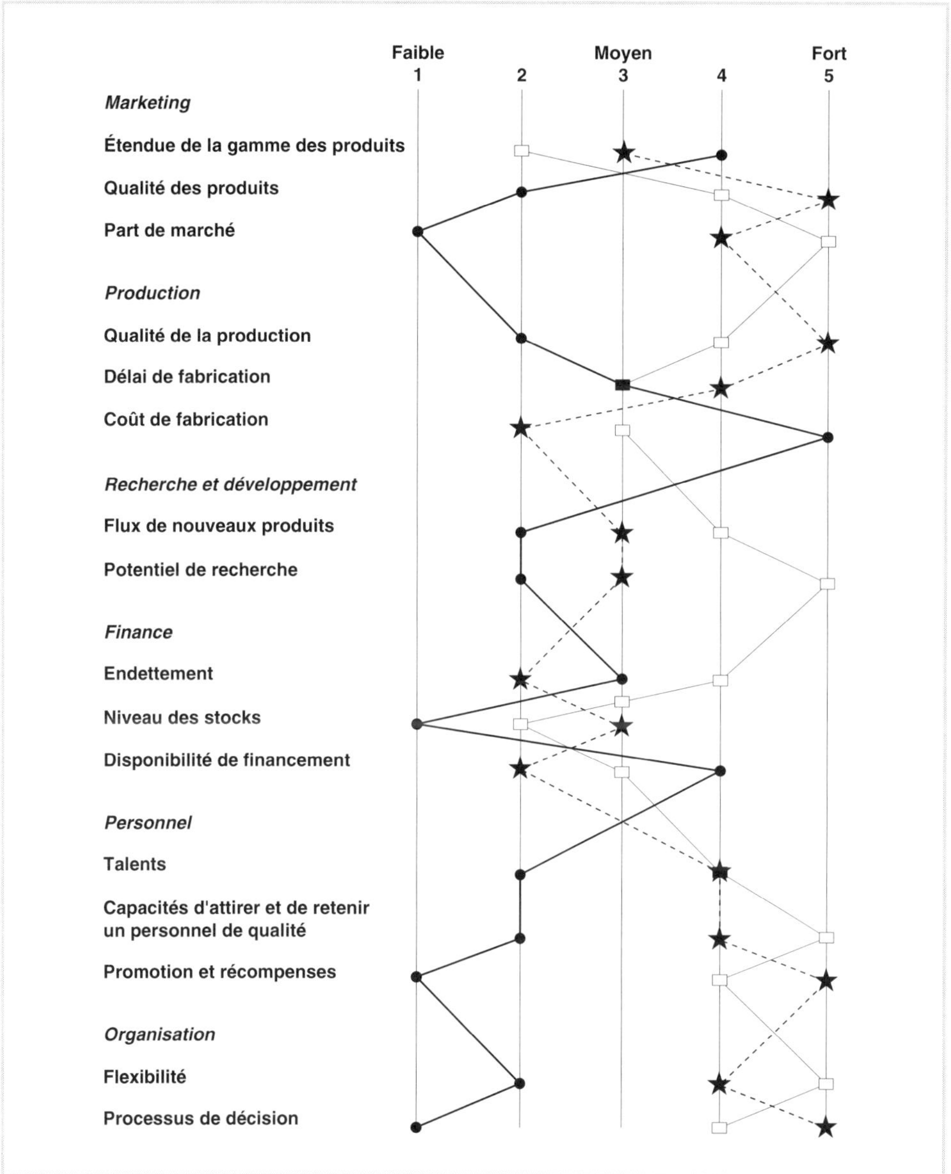

Figure 6.4 Capacités d'une unité de l'Entreprise par rapport à ses concurrents[1]

Le diagnostic stratégique de l'entreprise

1. R.A. THIETART, *La stratégie d'Entreprise,* Mc Graw Hill, Paris 1984, p. 81.

On peut aussi établir cette comparaison par rapport aux capacités requises par l'environnement qui ont dû être déterminées lors de l'étude du secteur :

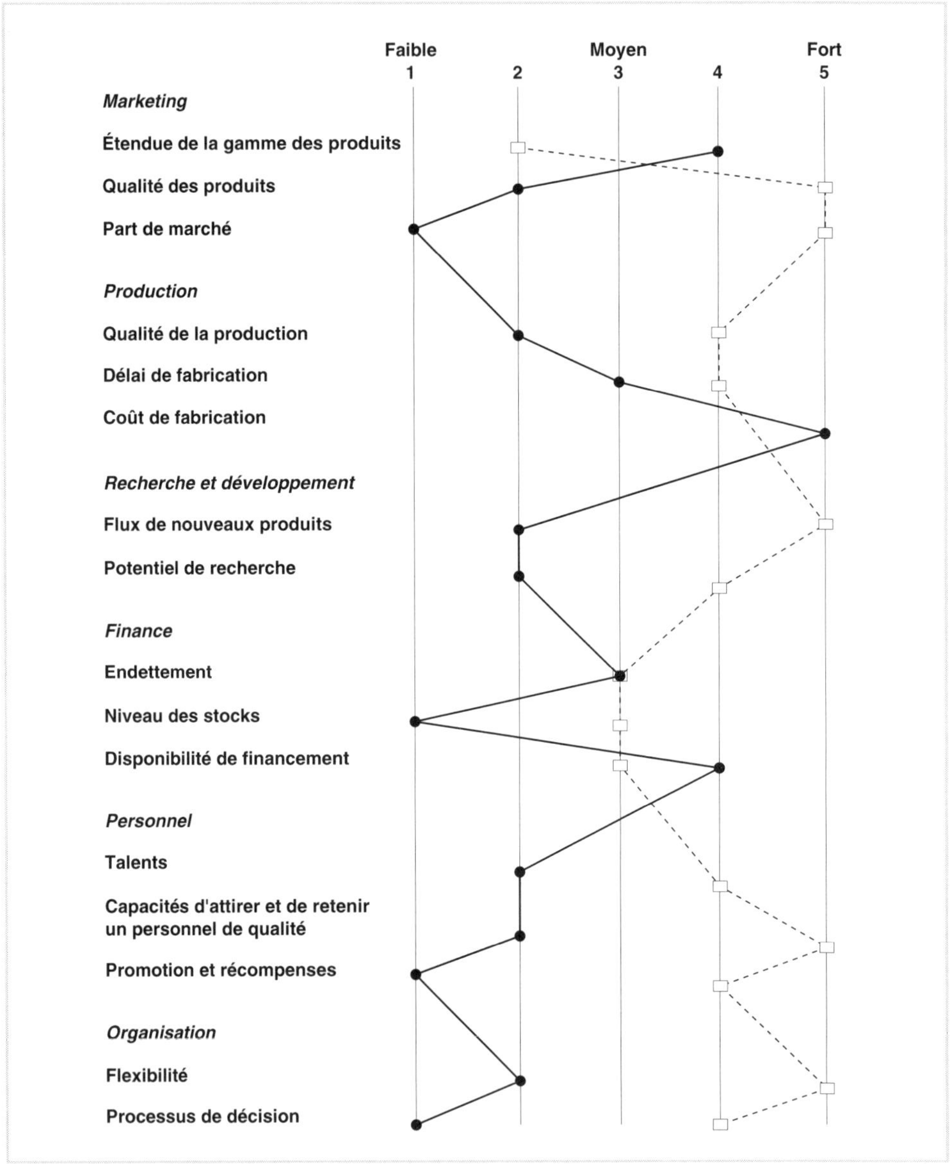

Figure 6.5 Capacités de l'unité par rapport à celles requises par l'environnement[1]

1. R.A. THIETART, *La stratégie d'Entreprise,* Mc Graw Hill, Paris 1984, p. 82.

Ces profils doivent être étudiés non seulement au niveau global de l'Entreprise, mais aussi au niveau de chaque unité stratégique, ce que plus loin nous appellerons des « segments stratégiques ».

L'analyse des différents profils va permettre de mettre en évidence le degré des compétences possédées par rapport aux principaux concurrents et ce dans un contexte environnemental donné qui, pour être pris en compte, suppose que l'on soit à même de donner un poids relatif à chaque critère d'analyse retenu.

La domination ou la non-domination de certains de ces éléments conduit l'Entreprise à plus ou moins posséder telle ou telle aptitude pour :

- gérer le changement,
- avoir une bonne vitesse de réactivité,
- conduire sa croissance,
- obtenir l'adhésion des personnels,
- partager le risque mais aussi le pouvoir,
- susciter la confiance des autres intervenants sur lesquels elle a besoin de s'appuyer,
- résister à l'intensité de la lutte concurrentielle et donc savoir vivre dans un système de combat.

En fait, il s'agit de passer en revue tous les aspects de l'Entreprise de façon exhaustive. Ils constituent les bases sur lesquelles une Entreprise peut bâtir sa compétitivité. Le fait qu'ils soient, objectivement, très difficiles à définir ne doit pas empêcher de le faire. Il suffit de se remettre en mémoire le contenu du premier chapitre pour comprendre le bien-fondé de leur prise en compte.

Il est clair que cette analyse, pour être aussi exacte que souhaitée, demande que l'on fasse preuve d'une grande clairvoyance et d'une non moins grande honnêteté, ce qui exige une certaine humilité dans les jugements portés. Il s'agit donc d'acquérir, si nécessaire, un comportement adéquat. C'est un exercice difficile ; mais rappelons que d'une part le péché d'orgueil est celui qui pardonne le moins et que d'autre part sans clairvoyance il n'est point de chance de salut. Mais, et sans faire preuve d'angélisme, c'est le moins que l'on puisse exiger de vrais professionnels. Et puis à quoi bon se mentir, les événements auront, surtout à notre époque, vite fait de remettre les rêveurs et autres manipulateurs en face des réalités.

Rappelons à ceux qui auraient tendance à l'oublier que l'on ne peut être victime ni des faits ni des événements. Seuls les hommes peuvent faire d'autres hommes des victimes ; aux managers de s'en souvenir pour ne pas devenir leur propre victime et par là même de ne pas accepter tant d'eux que des autres une telle attitude.

Les faits s'imposent à nous, nous obligeant un jour ou l'autre à nous confronter à eux et les oublier volontairement, c'est mener un combat d'arrière-garde qui n'a jamais mené aucune armée à la victoire, au mieux elle n'a fait que reculer le moment de la défaite. Et ce n'est pas de cela qu'il s'agit.

1. La matrice dite « Tows[1] »

Forces et faiblesses, une fois clairement comprises, il sera alors nécessaire de comparer les points « forts » et les points « faibles » de l'Entreprise avec les menaces et les opportunités, présentes aujourd'hui ou à terme, dans l'environnement. Telle est la méthode proposée par un chercheur de l'université de San Francisco le Professeur H. WEIHRICH. Il s'agissait pour lui de confronter et d'évaluer les alternatives stratégiques possibles à partir de ces comparaisons. Il a, ainsi, mis au point une matrice connue sous la dénomination de matrice de WEIHRICH ou matrice « TOWS » :

Threats – opportunities – weaknesses – strenghts

c'est-à-dire :

Menaces – opportunités – faiblesses – forces

Il s'agit de retenir pour remplir la matrice les éléments paraissant les plus importants et de les combiner les uns avec les autres, de préférence deux par deux, afin d'imaginer les attitudes possibles pour l'Entreprise dans chaque situation. On voit immédiatement le nombre et la complexité des situations à examiner. WEIHRICH définit ainsi les situations de chaque quadrant de la matrice.

1. H. WEIHRICH. *The Tows Matrix : a tool for situational analysis,* Long Range Planning, vol. 15, n° 2, 1982.

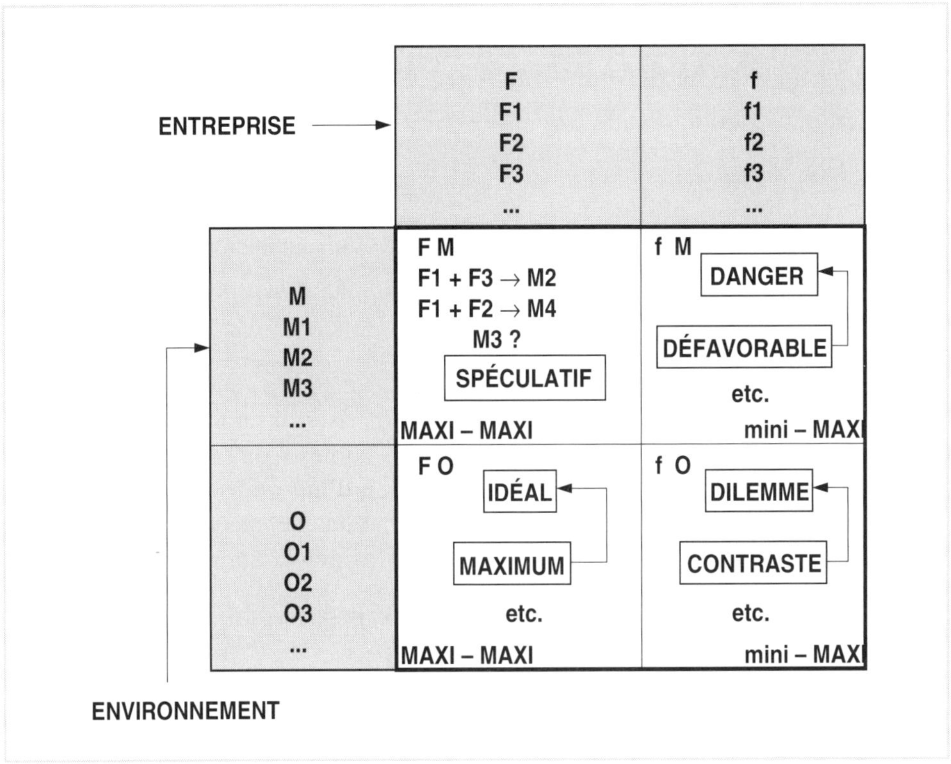

Figure 6.6 Matrice Tows

Une présentation simplifiée de ces comparaisons peut se faire en utilisant deux axes dans l'espace, par exemple :

– l'axe vertical : forces / faiblesses,

– l'axe horizontal : opportunités / menaces,

le point de rencontre de ces deux axes représentant symboliquement le point d'équilibre où menaces et opportunités s'équilibrent ainsi que forces et faiblesses.

• Variante General Electric

Vers le début des années 70, General Electric qui a toujours été à l'avant-garde de la recherche dans le domaine stratégique avait mis au point un outil de même nature et qui se présentait sous la forme indiquée page suivante.

Très simplifiée, apparemment par rapport à la matrice TOWS, cette représentation permettait d'indiquer des tendances générales qui restent encore aujourd'hui globalement intéressantes à garder à l'esprit.

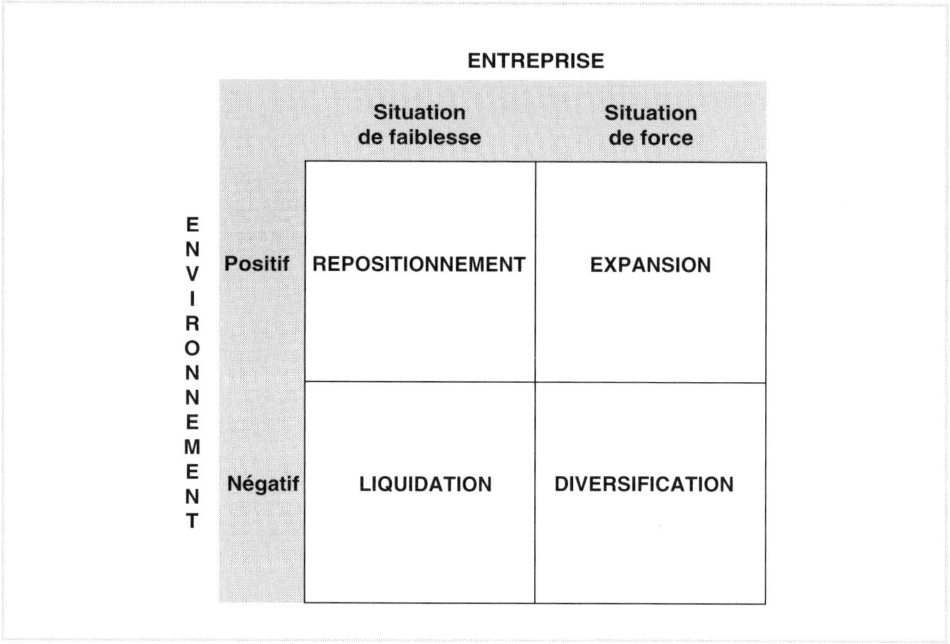

Figure 6.7 Matrice GE 1973

2. LA NOUVELLE MATRICE MOFf

Néanmoins ces outils restent un peu simplistes dans le cas de la matrice de GENERAL ELECTRIC ou assez difficiles à analyser pour ce qui est de la matrice TOWS. À partir de ce constat, il est possible d'imaginer un processus permettant de pallier à ces inconvénients. Pour cela, on doit prendre en considération le fait qu'une menace ou une opportunité possède deux éléments de qualification :

– premièrement un niveau important « d'effet », c'est-à-dire un niveau de gravité pour une menace ou un niveau d'exploitation pour une opportunité,

– deuxièmement une probabilité réelle que l'événement se réalise ; bien entendu, cette probabilité est favorable dans le cas d'une opportunité (on peut parler de niveau de « chance ») et défavorable dans le cas d'une menace (on peut, cette fois, parler de niveau de « risque »).

À partir de ces deux éléments, il est relativement facile de qualifier l'événement (menace ou opportunité), en utilisant une échelle de notation.

Une fois que l'on a quantifié ainsi chaque menace et chaque opportunité, il devient nécessaire de croiser menaces et opportunités, en ne retenant que les menaces et les opportunités qui soient réellement significatives. En fait, on ne retient que les menaces et opportunités qui se révèlent avoir en même temps :

– un effet notable,
– une probabilité de se réaliser.

On détermine ainsi des scénarios « possibles » de l'état de l'environnement. Bien entendu on peut ne pas retenir les scénarios qui pourraient apparaître comme totalement irréalistes (quoique ! il faut parfois se garder de l'élimination trop rapide de certains scénarios considérés comme irréalistes simplement parce que nous sommes peut-être atteints de myopie stratégique). En fait on ne conservera que les scénarios qui sont susceptibles de remettre en cause l'équilibre actuel. Ces scénarios peuvent être de trois types :

– « spéculatif », si menaces et opportunités sont forts tous les deux (ce qui signifie en vérité que l'on ne possède pas d'outil pour faire des choix),
– « idéal » si les événements entraînent des risques ayant un impact faible à comparer au niveau des possibilités offertes qui est fort,
– « inquiétant » à l'opposé du précédent, lorsque le poids des menaces est plus fort que celui des opportunités qui pourraient se présenter.

Nous retiendrons donc spécifiquement les situations créées par les scénarios décrits ci-dessus pour construire une matrice terminale, différente de la matrice MOFF (TOWS) classique puisque non directement déduite des menaces et des opportunités comme cela se pratique habituellement.

En croisant ces 3 types de situations avec les forces et les faiblesses de l'Entreprise nous construirons une nouvelle matrice présentant 6 occurrences :

	F F1 F2 F3 ...	f f1 f2 f3 ...
SITUATION SPÉCULATIVE O M	1 LE JEU À CHANCE GAGNANTE	2 LE JEU À HAUT RISQUE
SITUATION IDÉALE O m	3 LE PARADIS	4 LE DILEMME
SITUATION DANGEREUSE o M	5 LE PURGATOIRE	6 L'ENFER

Source G. GARIBALDI

Figure 6.8 Nouvelle matrice Tows

Cette dernière matrice amène à définir 6 situations très différentes, au lieu de quatre dans le modèle classique de la matrice TOWS. En fait, construire cette matrice, en lieu et place de la matrice classique TOWS, permet d'imaginer les scénarios les plus probabilistes quant aux conditions de l'environnement dans lequel pourrait avoir lieu la concurrence.

Par expérience, débuter la construction de cette matrice par cette formulation de scénarios, permet une analyse beaucoup plus fine des diverses situations de l'environnement dans lesquelles l'Entreprise peut se trouver et donc de ses réelles possibilités d'insertion dans ces différentes situations.

– la position 1 est celle où l'Entreprise peut mobiliser de réelles forces pour jouer face à une situation spéculative. Nous baptiserons ce cas « JEU À

CHANCE GAGNANTE » puisque la notion de spéculation entraîne un comportement de Joueur et à chance gagnante puisque l'Entreprise peut user de ses points forts,

- la position 2, lorsque le décideur choisit de se maintenir dans le secteur, demande aussi un comportement de Joueur puisque la situation de départ est spéculative mais cette fois à haut risque puisque l'Entreprise ne pourrait surtout présenter que des faiblesses. Il s'agit donc d'un « JEU À HAUT RISQUE » que l'on peut assimiler à « la roulette russe »,
- la position 3 met l'Entreprise en situation d'exploiter ses forces dans une situation idéale puisque les opportunités sont fortes en face de menaces faibles. Nous appellerons cette position : le « PARADIS »,
- la position 4 met l'Entreprise en face de la même situation sauf qu'elle n'aurait que des points faibles pour saisir les opportunités présentes. L'Entreprise n'aurait que peu de possibilités de saisir les chances offertes par son incapacité due au contraste entre situation de l'environnement et état de l'Entreprise : c'est un « DILEMME »,
- la position 5 est celle où l'Entreprise serait à même de pouvoir utiliser ses points forts en face d'une situation dangereuse puisque présentant plus de menaces que d'opportunités. L'Entreprise pourra sans doute survivre et s'adapter mais sans aucun doute dans la souffrance : c'est le « PURGATOIRE »,
- enfin la situation 6 est celle où l'Entreprise n'aurait à opposer que ses faiblesses en face d'une situation dangereuse c'est bien entendu le pire des scénarios possibles pour l'Entreprise : c'est « L'ENFER ».

Examinons les recommandations que la lecture de cette matrice semblent suggérer à une Entreprise se trouvant dans l'un des cas que nous venons de décrire.

• Cas n° 1 : le jeu à chance gagnante

C'est en principe une situation enviable à la condition que l'Entreprise ne cède pas à la facilité et ne s'endorme pas. Elle est en bonne position pour passer le cap à la condition qu'elle maintienne son leadership et fasse en sorte de ne pas être doublée par des concurrents ayant une meilleure réactivité et aussi à la condition que de nouveaux entrants attirés par cette situation ne la mettent en difficulté.

Recommandations : suivre très attentivement les concurrents actuels pour vérifier qu'ils ne privilégient pas ce type de scénario et qu'ils ne soient pas déjà en train d'acquérir de nouveaux atouts ; vérifier aussi que les entrants possibles ne soient pas déjà en train de s'installer notamment au travers d'alliances avec des poursuivants par exemple.

• Cas n° 2 : le jeu à haut risque

En principe l'Entreprise risque de perdre beaucoup sur le champ de bataille dans une telle situation, car les conditions du jeu sont peu valorisantes pour elle puisque, par définition, elle a peu de capacité concurrentielle à exercer en face de ce scénario très spéculatif.

Recommandations : examiner la réalité des possibilités de résistance, déterminer les concurrents les plus favorisés par un tel contexte et mesurer les écarts de compétence par rapport à eux. Si ces écarts sont jugés trop importants, envisager un repli organisé permettant de récolter ce qu'il est encore possible d'engranger sans dépenses supplémentaires importantes, notamment en évitant au maximum toutes dépenses d'investissement trop spécifiques qui en cas de départ seraient difficilement utilisables ailleurs.

• Cas n° 3 : le paradis

C'est bien la situation idéale celle qu'on vit dans un rêve : attention au réveil et pour paraphraser Maria Laetizia BUONAPARTE qui disait « pourvu que ça dure », écrivons : « POURVU QUE ÇA ARRIVE ».

Recommandations : prier pour que le scénario ait bien lieu ! mais ne pas s'endormir sur des lauriers, non encore cueillis, et continuer à suivre l'évolution stratégique des concurrents pour s'assurer qu'ils ne sont pas en train de combler leur retard en termes d'atouts et par conséquent d'annuler l'avantage concurrentiel possédé. Et puis, pourquoi pas, envisager aussi tout ce qu'il est possible de faire pour augmenter les chances de voir ce scénario se dérouler dans la réalité.

• Cas n° 4 : le dilemme

C'est le cas de figure type au sein duquel l'Entreprise peut être amenée à courir de gros risques. En effet partir n'est pas une décision simple quand on observe le niveau des opportunités. Cette situation présente aussi, *a priori*, l'inconvénient de démoraliser l'ensemble du personnel s'il est peu sensibilisé et donc peu conscient des faiblesses de l'Entreprise. Autant dire qu'il s'agit d'une décision d'autant plus difficile à prendre que l'Entreprise a vécu dans le confort d'une situation privilégiée ou à l'abri d'un quelconque monopole. Les chances pour l'Entreprise de bénéficier de l'évolution des choses sont pour le moins faibles.

Recommandations : il est nécessaire de réagir, d'analyser très sérieusement les chances qu'ont de tels scénarios de se réaliser. Dans le cas où les chances apparaîtraient relativement sérieuses, il est indispensable pour le comité de direction de s'interroger sur les mesures à prendre car cette non-préparation de l'Entreprise peut remettre en question, à terme, le choix du secteur ou du segment sur lequel elle se bat.

En effet, s'il doit s'avérer que le coût d'acquisition des facteurs clés de succès soit trop élevé pour l'Entreprise, alors on voit mal l'intérêt pour Elle de persévérer dans ce secteur. Il devient important alors de déterminer si ce scénario va se prolonger ou si prochainement il prendra une configuration plus conforme aux aptitudes de l'Entreprise.

Peut-être existe-t-il des parties du champ de bataille plus indiquées pour cette Entreprise ? Il faut le vérifier le plus rapidement possible. En conclusion : se préparer à faire des choix c'est-à-dire investir pour se donner des atouts, sinon préparer le départ en bon ordre.

• Cas n° 5 : le purgatoire

L'Entreprise doit, pour le moins, se préparer à passer un certain temps dans une situation délicate car très certainement complexe et mouvante. L'Entreprise, certes, possède des atouts certains à opposer aux concurrents mais la situation est essentiellement caractérisée par des menaces. On entre en situation de « gros temps ».

Recommandations : l'Entreprise doit se poser un certain nombre de questions telles que :

Quelle part du chiffre d'affaires et quel pourcentage de la marge risquent d'être concernés par ce scénario ?

Est-il possible d'acquérir à peu de frais les atouts nécessaires pour mieux assurer la pérennité dans un tel contexte ?

Quel type d'alliance peut-on se proposer de bâtir ? (si l'on pense que cela coûtera moins cher ou si l'on croit que le scénario aura une assez faible durée de vie et donc que les investissements doivent rester très modestes).

Les choix qui devront être faits par l'Entreprise dépendront principalement de l'importance de ou des activités concernées et du niveau du risque tel que perçu par les Dirigeants. Il est à peu près certain que la psychologie des décideurs va avoir une influence majeure dans le choix fait. S'Ils sont du type « gagneur ou joueur » il y a de grandes chances qu'ils entament la partie en investissant des ressources dans la bataille, alors qu'au contraire, s'Ils sont du type « sécuritaire ou timoré » ils s'efforceront plutôt d'investir dans des secteurs plus calmes.

• Cas n° 6 : l'enfer

HARPAGON pourrait être ainsi paraphrasé : « MAIS QU'IRIONS NOUS DONC FAIRE DANS CETTE GALÈRE ? ». En effet, y a-t-il une meilleure question que celle-là à se poser dans un tel cas de figure ? Que peut espérer l'Entreprise, sinon voir ses jours remis sérieusement en cause ? Quels arguments peut-Elle mettre en avant contre certains des concurrents qui en ont sans doute de meilleurs à présenter ?

Recommandations : d'abord se dire que si le scénario, dans l'absolu, ne semble réserver que des menaces et surtout s'il s'agit de fortes menaces, l'intérêt qu'il y aurait à rester est nul. Il faut donc analyser très minutieusement les risques qu'un tel scénario se développe, déterminer et suivre des indicateurs permettant de ne pas être pris de court si le scénario se déroule et envisager dès maintenant comment partir et SURTOUT où aller dans le cas où l'activité concernée représenterait une part non négligeable du chiffre d'affaires de l'Entreprise, c'est-à-dire qui recouvrirait une part sérieuse des frais fixes, et peut-être une part sensible de la marge actuelle de l'Entreprise.

3. LES « 7S » DE McKINSEY

Une autre méthode de jugement de l'Entreprise proposée par McKINSEY présente l'avantage d'étudier simultanément plusieurs niveaux. Elle peut se représenter sous la forme du schéma suivant s'appuyant sur :

- stratégie (objectifs, plans d'action, comment utiliser les ressources au mieux dans un certain environnement...),
- structure (organisation, nombre de niveaux hiérarchiques, délégation...),
- systèmes (procédés, procédures, règles instituées et régulièrement suivies...),

- personnel : *staff*, (en fait les spécialités, les métiers des hommes...),
- compétences : *skills*, (distinctives par rapport à celles des concurrents),
- style, (culturel, techniques et comportements en termes de management, style de direction...),
- valeurs communes : *shared values*, (principes, concepts moraux, philosophiques et même spirituels que partagent les membres de l'Entreprise).

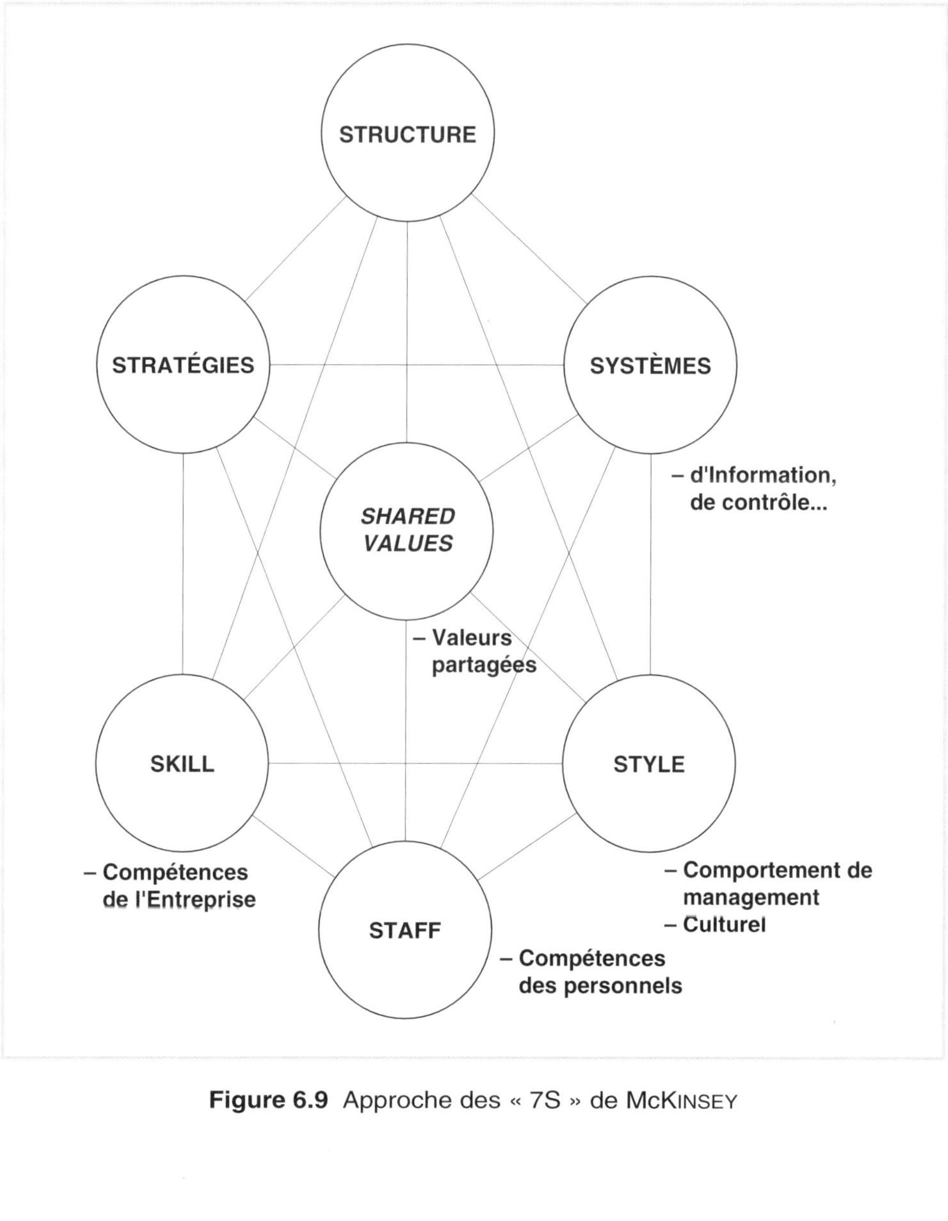

Figure 6.9 Approche des « 7S » de McKinsey

Il ne faut, sans doute pas réellement, considérer les 7 « S » de McKinsey comme une méthode d'analyse mais plutôt comme une approche style « check list » permettant de :

- décrire tous les aspects clés de l'Entreprise pour réfléchir sur le plan stratégique,
- donner du poids à des facteurs les uns concrets (stratégie, structure...), les autres non concrets (valeurs partagées...),

sans en oublier aucun, ni en privilégier aucun.

Les « 7S » de McKinsey demeurent un outil précieux pour insérer la dimension « humaine » dans l'analyse stratégique. C'est un fait que les outils présentés jusqu'alors ont vraiment peu permis de le faire. Or cette dimension deviendra primordiale lorsque l'Entreprise aura à construire et à mettre en œuvre les plans d'action pour réussir le « Comment ? ».

Mais aussi, cette méthode « marche », lorsqu'on a effectué les choix stratégiques pour en valider toutes les conséquences et vérifier leur adéquation par rapport à l'Entreprise.

4. LA MÉTHODE DU « PIMS » *(profit impact of market strategy)*

Le « Pims » est une méthode d'analyse stratégique qui a été pensée vers la fin des années 50 et le début des années 60 à la demande de General Electric. Ce très grand groupe d'origine américaine a senti le besoin de procéder à des études sérieuses pour tenter d'expliciter, mathématiquement, très clairement les raisons »génériques » pour lesquelles certaines Entreprises étaient plus « gagnantes » que d'autres, et ce quel que soit le secteur économique, voire même la taille de l'Entreprise.

General Electric souhaitait donc comprendre les phénomènes et les choix faits expliquant la différence de rentabilité des capitaux investis. Ceci paraissait d'autant plus important à cette firme, qu'elle était en train de passer d'une organisation de type fonctionnel à un mode basé sur un système divisionnaire des activités entraînant la création de très nombreux centres de profit (strategic business units), ayant des rentabilités différentes.

En fait GENERAL ELECTRIC estimait que le système des matrices (BCG 60 et A.D. Little), était trop réductionniste, qu'il n'utilisait pas un assez grand nombre de critères et donc que la base de données stratégiques était insuffisante. Au fond on essayait de voir s'il existait, en stratégie, des lois qui pouvaient être assimilées à des théorèmes.

Le PIMS est donc une approche d'« ingénieur » qui se veut exhaustive.

À la base de la méthode se trouve la volonté de recherche d'un modèle de prévision des performances futures à partir notamment du « déjà réalisé ». Ce modèle a nécessité l'étude, en détail, de plusieurs centaines d'Entreprises et d'activités différentes. Aujourd'hui ce sont plus de 4 500 Entreprises nord-américaines, japonaises et européennes et plus de 3 000 domaines d'activité qui sont concernés. Pour cela des équipes passent dans ces Entreprises, plusieurs jours si nécessaire, pour relever les informations constituant la base de données stratégiques.

Les premiers travaux ont été repris par la HARVARD BUSINESS SCHOOL et de nos jours la gestion de la base est assurée, sur le plan mondial, par le STRATEGIC PLANNING INSTITUTE[1]. En France, le programme d'exploitation, issu de cette base, est fait par le STRATEGIC SYSTEM GROUP.

Le PIMS se fixe une triple vocation :

– gérer une base de données réflétant les activités passées des membres,
– découvrir, à partir de ces données, les lois du marché,
– fournir ces éléments aux cotisants.

Cette base de données stratégiques permet de tirer des moyennes. La « moyenne » devient la norme : le PAR (terme pris au domaine du golf).

On voit, tout de suite, une des limites de la méthode :

la « moyenne », ne représente, en aucun cas, un jeu gagnant.

Comment fonctionne le PIMS ?

Dans une première étape, on entre dans la base de données stratégiques et pour une Entreprise déterminée :

– les données de l'Entreprise cliente,
– la définition des segments stratégiques,

1. The PIMS Program, *The strategic planning institute,* Cambridge, Massachusetts 02139.

– l'appréciation de la qualité relative,
– les données du marché,
– les données financières,

puis, ces informations sont croisées avec celles contenues dans la base de données. Ces croisements permettent de fournir à l'Entreprise cliente :

– des résultats : ROI, productivité, etc.
– une évaluation des niveaux appropriés d'investissement en termes de R & D et de frais commerciaux,
– des enseignements à tirer, en termes de tactique, par comparaison avec des Entreprises semblables,
– l'analyse du portefeuille,
– l'évaluation par rapport aux concurrents.

Il faut, néanmoins, savoir que les concepts utilisés par le PIMS lui sont personnels et que les comparaisons avec les résultats de l'utilisation d'autres outils doivent être faites avec précaution.

Le modèle PIMS a identifié une quarantaine de facteurs pouvant influencer la rentabilité des secteurs et les a regroupé en quatre catégories :

– l'environnement économique,
– la position concurrentielle de l'Entreprise,
– la structure du processus de production,
– les allocations de ressources.

On peut noter que ce regroupement est parfaitement valable pour toute analyse stratégique et pour toutes les Entreprises.

Le PIMS a particulièrement mis en valeur l'importance de la notion de ROI (return on invest), le retour sur investissements que l'on peut représenter par la formule :

$$\text{ROI} = \frac{\text{résultat courant} + \text{frais financiers} + \text{impôts}}{\text{capitaux utilisés}}$$

Moyenne calculée sur *quatre années,* avec comme base de calcul :

– pour les capitaux utilisés, la somme des immobilisations et du besoin en fonds de roulement. (le BFR étant, ainsi déterminé, comme la somme des stocks et des crédits clients diminués des crédits fournisseurs).

Par ailleurs le PIMS a mis en lumière ce qu'il considère comme les paramètres ayant l'influence la plus forte et la plus directe sur la rentabilité :

– *Intensité du capital :*
  plus la rotation du capital est forte et plus la rentabilité est forte ; ce qui a pour corollaire qu'un investissement à faible rotation n'a de sens pour une Entreprise que si les atouts de celle-ci sont très conséquents. En théorie, ceci favorise la sous traitance pour n'intégrer, en interne, que l'assemblage.

– *Croissance du marché :*
  elle est favorable à la rentabilité et défavorable au cash-flow,

– *Part de marché :*
  comme le BCG (que nous examinerons lors de l'étude du portefeuille), le PIMS considère que la rentabilité croît avec la part de marché (phénomène dû à la maîtrise de l'effet d'expérience),

– *Productivité :*
  la rentabilité évolue dans le même sens que le ratio « valeur ajoutée par personne dans l'Entreprise »,

– *Qualité relative du produit :*
  la rentabilité évolue en fonction de la qualité vendue, la qualité relative étant obtenue en faisant la différence entre le pourcentage du nombre de produits vendus à qualité supérieure à celle des concurrents et ce même pourcentage pour les produits vendus à qualité inférieure (c'est le jugement des clients qui compte ; par ailleurs le terme de produit englobe le produit physique lui-même et les services qui lui sont éventuellement associés).

Les travaux du PIMS permettent de mettre en évidence des corrélations qui semblent aujourd'hui connues et acceptées par tous, ce qui n'était pas le cas à l'époque. C'est donc une bonne méthode pour, notamment, comprendre le passé et comparer les résultats de son Entreprise relativement par rapport à ses concurrents.

Il faut, quand même, savoir que les Entreprises européennes donc françaises ne pèsent pas lourd dans la base de données du PIMS et qu'il est délicat de comparer des segments stratégiques US et français, ne serait-ce que parce que les lois sociales et le code du Travail étant profondément différents les mêmes mouvements stratégiques ne sont pas permis et, en tout cas pas, au même coût. Par ailleurs cette méthode, construite autour d'une base de données se rapportant au passé, est, à elle-seule, d'un usage limité pour servir à proposer des mouvements stratégiques pour l'avenir.

Cependant le PIMS a tiré « neuf » conclusions générales des études passées, qui semblent aujourd'hui admises et que l'on peut résumer ainsi :

- *« la situation d'une industrie peut généralement se prévoir ;*
- *ces situations se ressemblent car elles obéissent aux mêmes lois de marché ;*
- *ces lois déterminent environ 80 % des écarts constatés entre les résultats d'opération des différentes Industries ;*
- *il y a neuf facteurs influençant profit et cash flow net ;*
- *l'exploitation de ces neuf facteurs d'influence est complexe ;*
- *les caractéristiques du produit n'ont pas d'influence ;*
- *les effets espérés des particularités stratégiques d'une industrie ont tendance à s'affirmer avec le temps ;*
- *les stratégies sont gagnantes si leurs fondements sont bons et perdantes s'ils sont mal fondés ;*
- *la plupart des signaux d'alarme stratégiques clairs sont solides. »*

Beaucoup pensent que le PIMS est à la base de toutes les approches dites « japonaises », que l'on a vues fleurir dans les années 80.

En définitive, si le choix a été fait, de présenter cette méthode à l'intérieur de ce chapitre c'est parce que le PIMS fournit des règles, permettant d'enrichir la réflexion stratégique mais aussi parce que, mais à un coût qui n'est pas neutre, et sous certaines conditions d'équivalence des segments stratégiques, il est possible d'évaluer ses propres segments stratégiques par rapport à ceux de ses concurrents.

5. LE POSITIONNEMENT STRATÉGIQUE DE L'ENTREPRISE

Une autre approche, trop souvent négligée et ce fort injustement, provient de :

« SPACE » : Strategic position and action evaluation.

Ainsi que l'on pourra le comprendre, elle est riche d'enseignements pour valider les choix faits.

Elle a été conçue par un groupe de chercheurs[1], qui ont mis en évidence qu'à côté de la « position concurrentielle » et de l'« attrait du secteur », il était nécessaire de considérer deux autres facteurs :

– la stabilité de l'environnement,
– et la force financière.

Ils ont construit un système à deux axes, chacun d'entre eux étant gradué à l'opposé par rapport au point zéro pour pouvoir supporter deux facteurs. La cotation des quatres facteurs devra tenir compte de cette particularité de construction. Pour cela on utilisera :

– la valeur « maxima » pour une « force financière » et un « attrait du secteur » qui sont élevés,
– et à l'opposé, la valeur « minima », c'est-à-dire : négative, pour les deux autres facteurs quand ils sont forts.

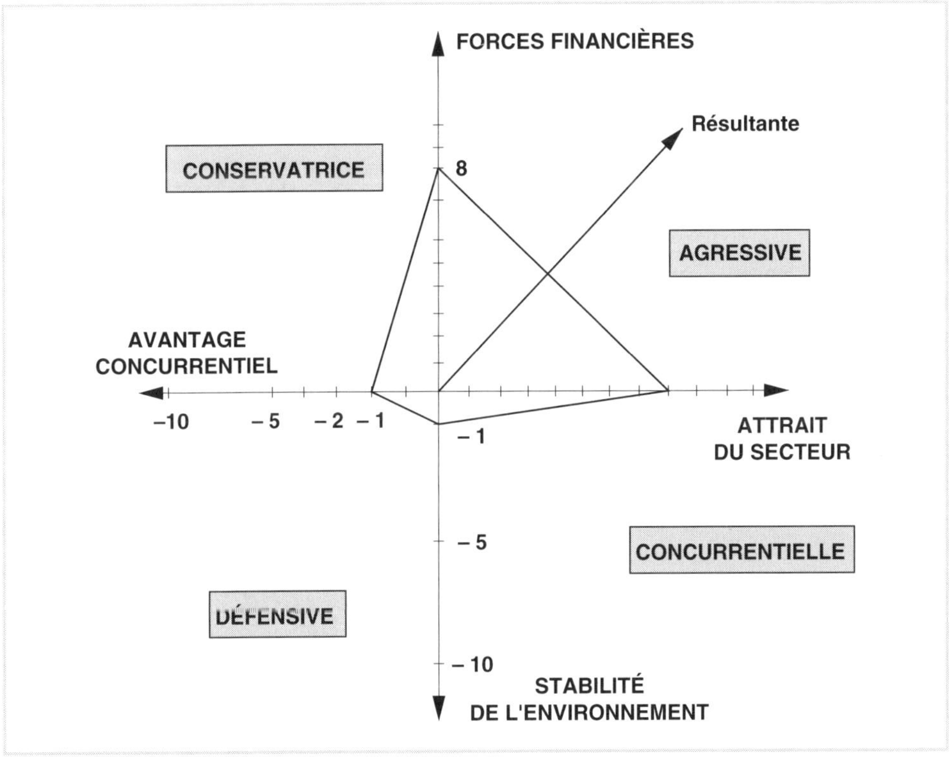

1. R.A. THIETART. *La stratégie d'Entreprise,* Mc Graw Hill, p. 125 à 130 à partir des travaux de A.J. ROWE et autres, *Strategic management and business policy,* A methodological approach, Addison-Wesley, Reading, Mass, 1982.

Ce système à deux axes définit quatre quadrants ; la résultante des cotations permet de tracer la « résultante ». La position occupée par l'Entreprise, à l'intérieur d'un de ces quadrants, permet de vérifier que les choix d'action actuels sont bien pertinents pour assurer la survie et que l'Entreprise possède les compétences et les ressources nécessaires.

Le tableau[1], ci-après, permet de voir ce qui est préférable dans chaque quadrant :

CONSERVATRICE	AGRESSIVE
Sélection produits Sélection des marchés Réduction des coûts Recherche de nouveaux marchés Développement de nouveaux produits	Saisie des opportunités Renforcement des parts de marché Acquisitions Concentration des ressources sur production complémentaire
DÉFENSIVE	**CONCURRENTIELLE**
Retrait progressif Réduction des coûts Arrêt des investissements Diminution de la capacité de production	Accroissement des ressources financières Augmentation de la force de vente Amélioration des lignes de produit Accroissement de la productivité Réduction des coûts Maintien de l'avantage concurrentiel

On peut, à partir de là, comparer ce qui a été fait et en déduire la qualité des mouvements stratégiques passés.

1. R.A. THIETART, *La stratégie d'Entreprise,* déjà cité.

Focus

Cette étude de l'Entreprise, basée pour une partie notable sur l'analyse d'HARVARD, appartient à ce qu'il est convenu d'appeler de nos jours : « l'analyse stratégique classique », par opposition à l'analyse concurrentielle de M. PORTER. On peut se reporter au schéma 1a du chapitre IV (les deux modes d'analyse), pour se remettre en mémoire les différentes étapes de cette approche.

Comme on l'aura compris cette analyse n'a plus aujourd'hui pour but premier de faire prendre des décisions stratégiques immédiates puisque nous disposons, entre autres, des travaux de nombreux chercheurs dont PORTER.

On voit mal, en effet, où serait la construction de l'avantage concurrentiel, ce que nous recherchons, au travers de ces outils. Il s'agit donc, en réalité, de permettre à l'Entreprise d'inscrire son itinéraire stratégique en ayant toujours présent à l'esprit les divers scénarios dans lesquels elle pourrait avoir à se trouver (à partir de la comparaison ENVIRONNEMENT / ENTREPRISE).

Néanmoins, il est indispensable de garder en mémoire que l'urgence des décisions à prendre est souvent due à la surprise devant l'apparition subite de certaines situations non prévues. L'étude de l'environnement a pour but de remédier à cet état de fait en offrant un mode d'analyse basé sur la recherche d'informations fiables puisées essentiellement dans l'environnement. Elle ne se propose pas de répondre aux questions du type :

- Où devons-nous aller ?
- Comment y aller ?

La réponse à ces questions se trouve dans la suite de la démarche proposée. Cela va exiger d'autres informations qu'il faudra analyser à l'aide de nouveaux outils.

Mais afin d'être à même d'utiliser ces outils dans de bonnes conditions, il faut rappeler les propos tenus précédemment, sur le comportement à avoir pour réussir une analyse stratégique.

Il est devenu difficile de contester l'influence primordiale que la volonté et le comportement du Dirigeant ont sur le comportement général de l'Entreprise. L'état d'esprit, ce qu'on appelle un peu vulgairement « la mentalité », qui règne dans l'Entreprise est déterminée en grande partie par ces facteurs. C'est le Dirigeant qui, consciemment ou malheureusement quelquefois inconsciemment, fixe les règles du jeu au sein de l'Entreprise. Or, l'analyse stratégique suppose : connaissances et aussi honnêteté et humilité pour porter des jugements sains.

Pour obtenir de ses collaborateurs et d'abord des principaux, le respect des conditions indiquées cela suppose, d'abord, de sa part puis de celle des membres de l'encadrement, pour le moins, la reconnaissance pour autrui du droit à l'erreur, le règne d'un juste équilibre entre les mérites et les récompenses et l'usage de signes de reconnaissance pour la réussite des actions passées. C'est à cette condition que cette analyse sera menée avec pertinence et que l'on pourra parler d'excellence.

TROISIÈME DOMAINE

La segmentation stratégique

« L'analyse stratégique... n'est plus uniquement l'art de combiner les manœuvres des armées, mais l'effort pour concevoir un peu plus tôt que l'autre ce qu'il adviendra ou non, afin de se placer dans une perception de l'évolution plus efficace en englobant le système de pensée de l'adversaire, si faire se peut. Ce processus correspond à une aspiration profonde non seulement de la pensée stratégique, mais de toute démarche humaine : rendre cohérent ce qui est hétérogène et introduire une certaine prévisibilité en des ensembles mouvants comportant de multiples variables enchevêtrées parfois contradictoires, souvent non dissociées. »
Jean-Paul CHARNAY (Critique de la stratégie)

1 • L'interprétation de la démarche de Michael PORTER
2 • Le mode de réalisation de la segmentation stratégique par réduction matricielle
3 • La segmentation de D.-F. ABELL
4 • La segmentation par la méthode des avantages recherchés
5 • L'utilisation de ces trois méthodes
6 • La segmentation stratégique, structures et organisation
7 • La segmentation stratégique des principaux concurrents
8 • La recherche de nouveaux segments stratégiques

À cette étape de l'analyse stratégique, l'Entreprise a :

- *procédé à l'analyse de l'environnement,*
- *déterminé sa position concurrentielle relative,*
- *réfléchi à son ou ses métiers.*

Les « décideurs » doivent être, alors, en mesure de passer à une autre étape de la réflexion qui doit les conduire à déterminer, avec autant d'exactitude que possible, les niveaux de l'Entreprise à partir desquels doit être conçue une stratégie concurrentielle.

En effet, chaque fois qu'une Entreprise n'est pas mono-produit voire mono-marché (c'est-à-dire lorsque son offre est multiple, lorsqu'elle est dans des secteurs différents), il est clair qu'elle va avoir à lutter contre des concurrents différents suivant les secteurs ou les domaines d'activité sur lesquels elle manœuvre. L'Entreprise va donc avoir à se créer un avantage concurrentiel différent pour chacun des secteurs ou chacune des parties du champ de bataille où elle opère.

Choisir une stratégie concurrentielle (ce qui est le but de la démarche actuelle) c'est, à un moment donné de la démarche, choisir les « demandes » que l'Entreprise veut satisfaire et déterminer le contenu des « offres » qu'elle produira à cette fin ; et pour construire des offres assurant sa pérennité, choisir une stratégie, c'est choisir le type d'avantage concurrentiel dont ces offres vont être la traduction lisible par le marché.

En marketing, on appelle « marché » l'ensemble des offres et des demandes qui se complètent. En termes de stratégie d'Entreprise, considérant que la construction d'une offre engage toutes les fonctions de l'Entreprise, nous appellerons « domaine d'activité stratégique », l'ensemble des offres de toutes les Entreprises répondant à la satisfaction des besoins de même nature, c'est-à-dire en fait une partie du champ de bataille. Ainsi, pour déterminer le niveau de découpage stratégique nous allons déterminer les différents domaines d'activité stratégique sur lesquels se situe l'Entreprise au moment où l'on engage cette segmentation.

Il est donc indispensable de trouver un mode de découpage de l'Entreprise qui nous permette de le faire. Tel est l'objectif de la SEGMENTATION STRATÉGIQUE :

> découper l'Entreprise en « unités stratégiques » pour chacune desquelles l'Entreprise devra faire le choix d'une stratégie concurrentielle, c'est-à-dire d'un type d'avantage concurrentiel (stratégie générique).

À partir de cette première réflexion, nous appellerons « segment stratégique » tout ensemble issu de ce découpage. Cette appellation de segmentation stratégique a été créée par le BCG, GENERAL ELECTRIC appelle ce découpage *« strategic business unit »* alors que A.-D. Little parle de découpage en « centres de stratégie ».

Nous allons présenter trois démarches permettant d'aboutir à l'exécution de la segmentation stratégique d'une Entreprise, chacune de ces démarches étant présentée pour une utilisation bien précise. Elles ont été imaginées :

- l'une par Michael PORTER[1] basée sur une réduction matricielle à partir de critères de type analyse stratégique,
- une autre par D.-F. ABELL[2] basée celle-là sur trois dimensions du découpage des couples produit / marché,
- et enfin une troisième et dernière s'appuyant sur l'analyse par avantages recherchés et créée par R.-I. HALEY[3].

1. INTERPRÉTATION DE LA DÉMARCHE DE MICHAEL PORTER

La première démarche, décrite, est issue directement des travaux de Michael PORTER. Elle s'appuie sur la technique de réduction matricielle à l'aide de matrices construites après application aux unités actuelles de l'Entreprise de critères de segmentation de type stratégique. Cette démarche va en premier lieu nous offrir la possibilité de définir plus complètement le concept de segment stratégique.

• Définition du segment stratégique

Pour aboutir à une définition du segment stratégique, nous allons approfondir la réflexion entamée.

1. Michael PORTER, *L'avantage concurrentiel,* InterÉditions 1986.
2. D.-F. ABELL, *Defining the business,* The starting point of strategic planning, Prentice Hall, 1980.
3. R.-J. HALEY, *Benefit segmentation : a decision oriented research tool,* Journal of marketing research, juillet 1968.

Pour exercer la segmentation stratégique, il faut découper l'Entreprise ce qui signifie partir de l'existant de l'Entreprise pour déterminer :

– quels sont les domaines d'activité stratégiques auxquels s'intéresse aujourd'hui l'Entreprise,
– puis voir quelles sont les différentes lignes de produit ou tout autre type d'unités de cette Entreprise qui sont en compétition avec les mêmes concurrents dans un domaine d'activité stratégique donné.

Il s'agit donc d'effectuer un regroupement voire un découpage de lignes de produit, sous forme de segments stratégiques, devant construire le même avantage concurrentiel car luttant contre les mêmes concurrents, avec les mêmes technologies, sur le même champ de bataille ou la même partie de ce champ.

Il est devenu possible d'esquisser une première tentative de définition :

> « On appelle segment stratégique un ensemble de 1 à n lignes de produit partageant les mêmes ressources pour affronter les mêmes concurrents dans un même environnement ».

Il semble intéressant, juste avant d'entrer dans le processus de la segmentation stratégique, d'examiner les différents niveaux de segmentation utilisables pour comprendre et définir l'Entreprise dans son environnement.

On a donc pris l'habitude de distinguer plusieurs niveaux de segmentation qui sont généralement décrits de la façon suivante[1].

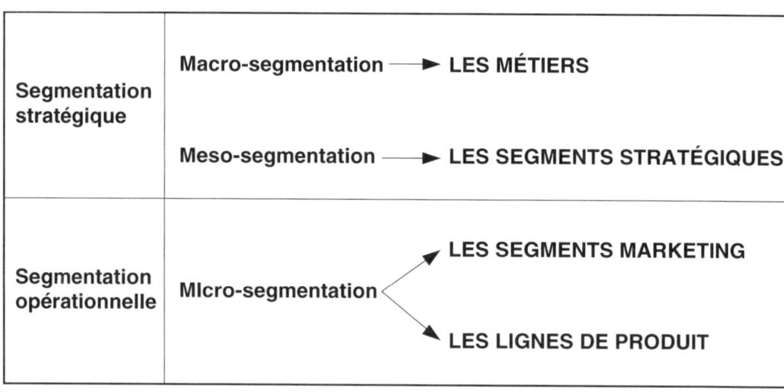

1. E. ADER et J. LAURIOL, *La segmentation, fondement de l'analyse stratégique.* Harvard – l'Expansion, Printemps 1986.

Le niveau macro-segmentation, c'est-à-dire le métier, a déjà donné lieu à un développement et nous ne reviendrons pas dessus.

Par contre nous n'avons jusqu'alors fait qu'évoquer la segmentation marketing. Or la majorité des MANAGERS étant certainement plus familiarisée avec la notion de segmentation marketing, il est pédagogiquement intéressant de partir de celle-ci pour expliquer plus clairement les différences existantes entre elle et la segmentation stratégique.

• Différences entre segment marketing et segment stratégique

Il est particulièrement important de bien différencier ces deux modes de segmentation. En effet quand on parle segmentation, on parle critères de segmentation. Or le segment stratégique vivant à l'intérieur d'un domaine stratégique, il est clair que :

- d'une part certains des critères que nous allons utiliser pour mettre en œuvre la segmentation stratégique sont de même nature que des critères de segmentation marketing
- et d'autre part il va être nécessaire de relier ce découpage de l'Entreprise au marché.

Il est donc important, pour éviter tout errement de la pensée, de maîtriser l'usage de ces deux types de segmentation pour comprendre l'utilisation optimum de critères qui semblent, dans une première approche, être de même nature.

Afin de rendre plus lisibles les différences de nature essentielles entre la segmentation marketing et la segmentation stratégique, il est intéressant de les comparer à partir d'éléments clés[1] (voir page suivante).

Notons que si la durée de vie d'un segment stratégique doit être *a priori* plus longue que celle de segments marketing, au moins égale au temps nécessaire pour obtenir le ROI (*return on invest :* retour sur investissement), il n'en reste pas moins vrai qu'il peut devenir éphémère. En effet la composition d'un segment stratégique peut et doit se changer dans le temps au fur et à mesure que se modifient les domaines d'activités sur lesquels opère l'Entreprise, afin de tenir compte des évolutions des tendances lourdes de l'environnement qui remettent en cause la conception de l'avantage concurrentiel de l'Entreprise.

1. Tableau conçu à partir de STRATEGOR, p. 105, déjà cité.

	SEGMENT MARKETING	SEGMENT STRATÉGIQUE
OBJET	Concerne un secteur économique	Concerne une Entreprise
MÉTHODE	Découper un « univers » hétérogène de clients en sous-univers homogènes de clients ayant les mêmes besoins, avec la même intensité, les mêmes habitudes et les mêmes comportements d'achats	Découper l'Entreprise en groupes de lignes de produit travaillant dans le même domaine d'activité stratégique, contre les mêmes concurrents, dans le même environnement, avec les mêmes technologies
CRITÈRES	En provenance du marché	En provenance du mode de fonctionnement actuel de l'Entreprise et de la concurrence
RÉSULTAT	Segments marketing composés de consommateurs/utilisateurs	Segments stratégiques composés de lignes de produit
UTILISATION	Permet de construire des offres c'est-à-dire un marketing-mix, en cohérence avec les besoins des segments de clients cibles	Permet d'allouer les ressources stratégiques pour : – développer, – créer, – ou décider d'abandonner des activités
NIVEAU DE RESPONSABILITÉ	Directeur marketing, chef de produit ou de marché	Direction générale, direction planification ou développement
SITUATION DANS LE TEMPS	Les segments marketing changent au rythme des changements comportementaux des clients, donc à court ou moyen terme	Les segments stratégiques changent au rythme de mouvement de grande ampleur dans l'environnement (technologies, modes de distribution, changements majeurs des clients...), donc à moyen ou long terme

Les principaux facteurs d'environnement pouvant remettre en cause les frontières des segments stratégiques actuels sont en règle générale à trouver dans les changements :

– *de technologies,*

– *dus à l'évolution des modes de distribution*

– *du comportement des clients.*

Mais la durée de vie ou les frontières des segments stratégiques peuvent être modifiées par une simple décision de la direction générale, qui pour des raisons diverses, envisagerait différemment le futur de l'Entreprise. La façon de traiter ces évolutions, essentielles pour assurer la pérénnité de l'Entreprise, sera traitée plus loin.

Le tableau précédent montre les différences fondamentales de conception entre ces deux modes de segmentation. Il montre aussi que la segmentation stratégique doit précéder, dans la réflexion, la segmentation marketing. Mais une fois la segmentation stratégique effectuée, les lignes de produit composant un segment stratégique auront besoin de maîtriser des canaux de distribution permettant de mettre l'Entreprise en rapport avec les cibles de clientèle visées. C'est à ce niveau-là que la segmentation marketing prendra tout son sens et tout son intérêt.

Pour faciliter la compréhension il est peut être utile de prendre connaissance de la décomposition suivante (schéma ci-après) de l'industrie de la peinture.

Ce schéma montre les différentes étapes de l'analyse stratégique en termes de déroulement et d'échelonnement des étapes pour aboutir à une segmentation stratégique et ses liens avec les segments marketing pour lesquels sera conçue l'offre :

- le groupe,
- le(s) métier(s),
- les segments stratégiques,
- les lignes de produit et enfin les canaux de distribution.

La segmentation marketing se retrouve au niveau des lignes de produit, des canaux de distribution et des clients.

• Utilisation du segment stratégique

La segmentation stratégique va permettre aux Dirigeants de l'Entreprise d'avoir une vision réellement stratégique de l'Entreprise. Elle va, en effet, leur donner la possibilité de ne plus regarder l'Entreprise comme un tout, ou à travers un découpage d'unités de type divisions ou lignes de produit mais comme un regroupement de segments stratégiques déterminés à partir de plusieurs variables, de type stratégique ; cette nouvelle vision est le moyen pour dégager les aspects stratégiques du mode de fonctionnement actuel.

Une fois ce découpage fait, ils seront ainsi en mesure d'allouer des ressources à ce niveau de l'Entreprise, qui est le bon niveau pour construire l'avantage concurrentiel, puisque toutes les unités rassemblées dans un même segment affrontent les mêmes concurrents sur les mêmes marchés.

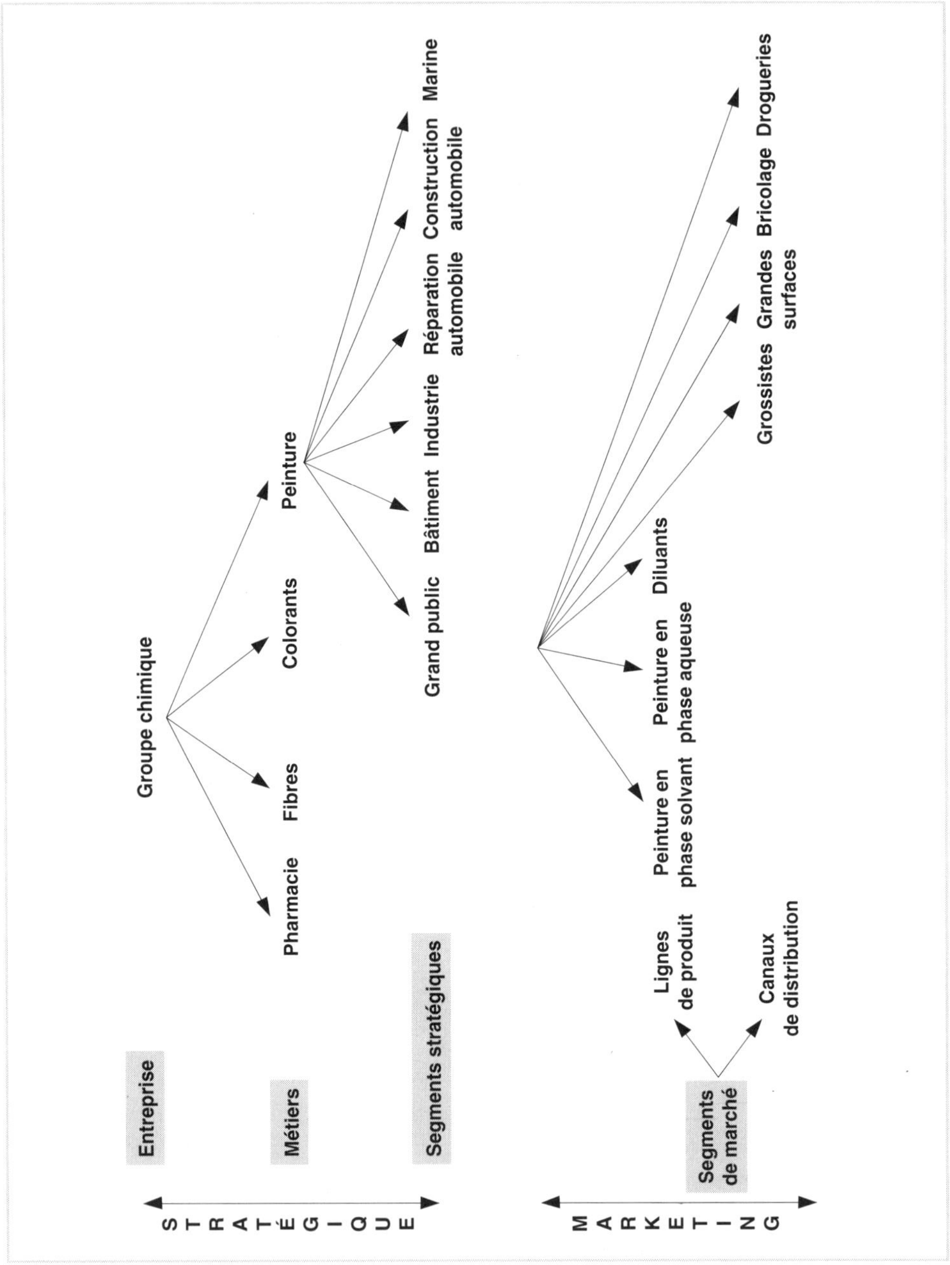

Figure 7.3 La segmentation stratégique de l'industrie de la peinture[1]

---

1. E. Ader et J. Lauriol, *La segmentation, fondement de l'analyse stratégique,* p. 5, Harvard – l'Expansion, Printemps 1986.

Pour affronter les concurrents avec des chances de succès, il faudra définir l'avantage concurrentiel choisi pour chaque segment stratégique. Chaque avantage stratégique va devenir l'expression de la stratégie au niveau de chacun des segments stratégiques, la consolidation de l'ensemble devant satisfaire aux objectifs de la stratégie corporate. C'est donc, le bon niveau de l'Entreprise auquel les Dirigeants doivent allouer les ressources (et par conséquent attendre un ROI), nécessaires pour construire l'avantage concurrentiel. On retrouve bien le concept de stratégie concurrentielle, évoquée au début de cet ouvrage, se traduisant par la recherche d'optimisation des allocations de ressources stratégiques.

Mais pour construire un avantage concurrentiel au niveau de chacun des segments stratégiques, il est indispensable pour l'Entreprise de comprendre et d'expliciter le plus clairement possible les conditions exactes de la lutte concurrentielle à ce niveau, ce qui revient à déterminer les « FACTEURS CLÉS DE SUCCÈS » *(FCS ou KFS : Key factors of success),* auxquels doit satisfaire chaque segment stratégique.

• Les facteurs clés de succès

La détermination des facteurs clés de succès représente l'un des enjeux majeurs dans lequel l'Entreprise doit faire la preuve de son excellence car c'est particulièrement en ce domaine qu'elle ne peut se permettre aucune erreur : en effet quelle que soit sa nature, une erreur en ce domaine entraîne automatiquement une mauvaise compréhension des facteurs sur lesquels se concentre la lutte concurrentielle. Dans une telle conjoncture l'Entreprise risquerait d'allouer ses ressources pour dominer des facteurs clés de succès qui ne seraient pas les bons et donc les investissements pourraient être faits en pure perte ou ne trouveraient pas une rétribution intéressante.

Il est donc temps de nous interroger à propos de la méthode à mettre en œuvre pour lister les FCS.

Si on essaye de trouver les FCS, en se basant sur sa faculté de raisonnement ou sur sa connaissance innée, il y a de grandes chances pour que la liste établie se compose pêle-mêle des facteurs tels que : avoir le meilleur prix, satisfaire et respecter le délai, offrir soit la meilleure qualité soit le meilleur rapport qualité/prix etc., c'est-à-dire en fait des critères généraux de satisfaction des besoins clients. Ces critères sont, sans aucun doute, nécessaires au succès, mais la réalité des besoins des clients et l'âpreté de la lutte concurrentielle réclament, de la part de l'Entreprise, une vision plus précise et plus spécifique de ces critères.

Pour cela il est important de remonter jusqu'au niveau du métier voire jusqu'à un regroupement de métiers pour bien saisir les vrais facteurs clés de succès. Lors du chapitre sur l'étude externe de l'Entreprise le concept de facteur clé de succès sectoriel a été présenté et son contenu précisé.

> Prenons un exemple pour illustrer ce concept :
>
> à une question que nous lui avons posée, sur le découpage stratégique de son groupe, Jean-René FOURTOU, le PDG de RHÔNE-POULENC, nous a précisé qu'il avait effectué un premier découpage consistant en un regroupement de trois grands types de métiers, l'explication étant que pour chacun de ces groupes de métiers il fallait dominer un facteur clé spécifique :
>
> – les sciences de la vie, recouvrant plusieurs métiers de base (santé humaine et santé animale), dont le facteur-clé commun de succès est la recherche,
>
> – la chimie d'application dont le FCS est le partenariat avec le client (pour tous les métiers inclus dans ce regroupement),
>
> – la chimie des intermédiaires dont le FCS est la bonne maîtrise de l'outil de production (pour tous les produits en général une seule usine par concurrent pour servir le marché mondial).

FCS groupe

Cet exemple s'applique pour ce qui concerne les FCS sectoriels. Il apparaît à travers lui que pour parfaitement saisir les facteurs clés de succès sectoriels, il ne faut pas hésiter à inspecter, très minutieusement, le champ de bataille pour y repérer les facteurs de l'environnement qui influent sur le besoin et l'attente des clients. Il faut, ensuite, rechercher les qualités nécessaires pour réussir à satisfaire à ces besoins et à ces attentes. Bien entendu ces qualités sont différentes suivant les environnements.

Mais il est évident que les métiers exercés au sein de la Santé humaine, de la Santé animale ou de l'agroalimentaire permettent de répondre à des besoins et des marchés par très différents. Si ces métiers possèdent en commun la nécessité de la « recherche », au fur et à mesure que l'on descend dans la conception et la mise en œuvre de stratégies concurrentielles des FCS supplémentaires et spécifiques à chaque « domaine d'activité » vont apparaître. Il va donc falloir les expliciter.

En règle générale on peut considérer que :

> *« les facteurs clés de succès sont les éléments sur lesquels se fonde, véritablement et en priorité, la concurrence entre les Entreprises : de ce fait ces éléments correspondent aux compétences à maîtriser pour être performant en termes de lutte concurrentielle ».*

C'est pour cette raison, que l'expérience démontre que, très souvent, la recherche des facteurs clés de succès est une première approche pour segmenter grossièrement.

La recherche des facteurs clés de succès doit amener l'Entreprise à pouvoir les énoncer de façon claire, concise et non ambiguë et surtout éviter de confondre cause et effet.

Pour aider à déterminer les FCS, voici une liste non exaustive des principaux critères rencontrés :

> *Prix – délai – notoriété – image – qualité – savoir-faire – adaptation au besoin client – capacité de conseil – réseau de démonstratin – logistique administrative – largeur de gamme – pack-back assuré – recherche et développement – apport d'innovation – prêts de matériels – ponctualité du rendez-vous – fiabilité – finition – robustesse – emballage ou packaging, etc...*

Il est donc possible maintenant de mieux préciser la définition du segment stratégique donnée en début de ce chapitre :

> « On appelle segment stratégique » un ensemble de 1 à n lignes de produit partageant les mêmes ressources pour affronter les mêmes concurrents sur les mêmes marchés, avec les mêmes technologies et ayant par conséquent à maîtriser les mêmes facteurs clés de succès ».

Le segment stratégique est le bon niveau de l'Entreprise auquel doit s'intéresser le Dirigeant quand il pense stratégie concurrentielle, c'est-à-dire lorsqu'il s'agit des choix à long et moyen terme et des allocations de ressources du panier stratégique (hommes et finances).

Les principaux critères ou variables de segmentation stratégique

Voici la liste de critères ou variables stratégiques permettant de réaliser dans la très grande majorité des cas une segmentation stratégique pour une Entreprise.

Ces critères sont proposés pour être utilisés dans tous les secteurs économiques. De ce fait, il va falloir trouver la *« juste »* expression à leur donner pour bien exprimer, lors de leur usage, la réalité de chacun des secteurs. Pour faciliter cette expression, nous fournirons, chaque fois que cela nous semblera nécessaire, les différentes façons de les interpréter.

Par ailleurs ces critères sont en nombre limité pour permettre une meilleure facilité d'utilisation, cependant certaines des variables à examiner peuvent quelquefois recouvrir des interprétations différentes de la réalité, essentiellement de par les différences structurelles entre secteurs économiques et l'histoire passée de l'Entreprise.

Pour faciliter la compréhension, nous fournirons, chaque fois que cela nous semblera nécessaire, les différentes façons de les interpréter.

A • Les activités homogènes

Rappelons ce que l'on entend par « activités » :

- recherche et développement,
- conception produit,
- production
- commercialisation,
- services (rendus au client ou au produit).

Il s'agit, tout naturellement, des mêmes activités que pour la définition du métier.

Il ne faut pas faire cohabiter, au sein d'un même segment stratégique, des entités de l'Entreprise qui soit n'exercent pas les mêmes activités, soit les exercent de façon différente. En effet dans les deux cas les allocations de ressources sont différentes, en termes de compétences, d'investissements et les synergies ne sont pas naturelles ou n'existent pas. Par exemple pour ce qui concerne la production, une ligne de produit où l'on se contenterait de réaliser l'assemblage alors qu'une seconde intégrerait totalement le cycle de production ne devraient pas appartenir au même segment stratégique.

B • Marchés spécifiques

Il s'agit à travers ce critère de regarder si des lignes de produit servent bien des marchés ayant la ou les mêmes spécificités ou bien si c'est le contraire. Par exemple marché professionnel ou marché grand public sont, en principe, deux marchés spécifiquement différents. En fait la spécificité du marché est démontrée lorsqu'il devient nécessaire de réaliser des investissements spécifiques pour le servir, notamment lancement de produits ou de services spécifiques à un marché.

La spécificité d'un marché est le plus généralement créée par un type de besoin à satisfaire, un type de consommation donnée, ou un type d'usage bien précis. Dans l'exemple donné plus haut – marché professionnel, marché grand public – chacun de ces deux Marchés a son propre mode de fonctionnement, d'utilisation des produits, de critères d'achat ainsi que de mode d'approvisionnement.

Il paraît donc assez réaliste de ne pas mettre dans le même segment stratégique des lignes de produit s'adressant à des marchés par trop différents.

C • Type de distribution

Il s'agit de considérer les différents circuits de distribution que les lignes de produit utilisent pour mettre l'offre à la disposition du consommateur ou de l'utilisateur. Chacun des modes de distribution possède ses propres facteurs clés de succès.

Par exemple pour réussir la vente *via* la grande distribution il est indispensable pour une Entreprise d'avoir la capacité de se faire référencer et de conduire une bonne politique de « merchandising ».

A contrario, pour mettre en œuvre une « force de vente directe » les qualités indispensables sont principalement l'aptitude à gérer et à motiver une force de vente. Ainsi les compétences qu'il est nécessaire de posséder ne sont pas du tout semblables, et réclament des investissements spécifiques.

En conséquence, il ne paraît pas raisonnable de mettre dans le même segment stratégique des lignes de produit commercialisant à travers des modes de distribution réclamant la maîtrise de compétences par trop distinctes. En effet, devant maîtriser des compétences dissemblables, ces lignes de produit auront à créer un avantage concurrentiel différent. Les principaux canaux de distribution à prendre en compte sont : la vente directe, la grande distribution, la vente par distributeurs – exclusifs/non exclusifs –, la VPC (vente par correspondance), la vente par grossistes, la vente par détaillants, la vente par courtiers.

Bien entendu, pour se situer à un niveau d'analyse de type stratégique, il faudra regrouper les modes de distribution qui nécessitent les mêmes compétences ; sinon on se situerait à un niveau de découpage marketing.

D • La base d'expérience commune

Cette variable permet de prendre en considération les spécificités qui peuvent être propres à une ligne de produit par rapport aux autres.

Ces spécificités peuvent provenir :

- soit d'habitudes prises suite à une accoutumance à une demande bien particulière du marché, et dans ce cas, cette variable risque de faire double emploi avec « marchés spécifiques » (en effet la spécificité du marché est entrainée par le type de besoin, le type de consommation, etc.).
- soit d'un usage particulier d'une technologie et dans ce cas, la variable peut éventuellement faire double emploi avec une variable explicitée plus loin (« compétence et technologie requises »).

Mais cette variable peut aussi servir à expliciter des « spécificités » non couvertes par les autres variables, telles que des différences de type culturel, organisationnel, fonctionnel, ou de tout autre ordre que ce soit.

Pour illustrer ce paragraphe, ainsi il me semblerait peu pertinent de mettre dans le même segment stratégique :

- des entités ayant pratiqué pendant plusieurs années des stratégies pas trop différentes (domination par les coûts versue différenciation),
- des PME associées directement avec des filiales de groupes et encore plus si ces derniers sont multinationaux,
- enfin d'associer des entités ayant, de par la personnalité de leurs dirigeants, une histoire et une culture pas trop différente.

Il n'y a donc pas lieu, en principe, de mettre dans le même segment stratégique des lignes de produit qui posséderaient une base d'expérience non commune.

E • La structure des coûts

À travers ce critère, il s'agit de mettre en avant la réalité des coûts : entre ceux qui sont partagés par plusieurs lignes de produit et ceux qui sont spécifiques à chacune des lignes et de voir si pour certaines lignes de produit les coûts partagés sont prépondérants (par rapport aux autres coûts).

Plus les coûts partagés sont prépondérants et plus ce critère milite pour inclure ces lignes de produit dans le même segment stratégique.

non

Le lecteur n'aura certainement pas manqué de noter l'extrême précaution avec laquelle sont présentées les conclusions que l'on peut tirer de l'usage de ce critère. En effet, il ne semble pas souhaitable qu'à lui tout seul il puisse conduire à un choix. En effet, il faut aussi se demander comment procèdent les concurrents. S'il s'avère que, parmi ceux-ci, les plus importants approchent différemment le partage des coûts, il existe un risque réel, si on réalise la segmentation sans prendre en compte ces différences, de ne pas être en mesure de comprendre d'où les concurrents tirent leur force.

Ce point est particulièrement important : il s'agit d'attirer fortement l'attention sur la nécessité de ne jamais oublier l'existence des concurrents pendant la réalisation d'une segmentation stratégique. En effet, le but étant de découper l'Entreprise pour exerçer un avantage concurrentiel spécifique contre les concurrents, c'est aussi en tenant compte de leurs comportements stratégiques qu'il faut segmenter.

Bien entendu, tout ceci suppose que l'Entreprise ait à sa disposition un vrai système d'analyse des coûts. Profitons de cette occasion pour attirer l'attention sur la nécessité non seulement de posséder un système d'analyse des coûts, mais aussi sur la nécessité de le mettre à jour de façon régulière. Il semble qu'à notre époque on doive considérer qu'au bout d'environ trois ou quatre ans tous les systèmes de ce type doivent être, pour le moins, remis en cause. De toute façon, aucun système d'analyse des coûts ne devrait avoir plus de sept ou huit ans d'âge avant d'être complètement refondu. Notre expérience nous a malheureusement enseigné que certaines Entreprises pour avoir oublié cette nécessité ont disparu ou ont vécu des moments plus que difficiles.

F • Le type de clientèle

Il s'agit d'utiliser cette variable pour regrouper les clients de telle sorte que ne figurent dans le même segment stratégique que des lignes de produit s'adressant à des clients possédant les mêmes FCS et donc pour lesquels ces lignes de produit pourront construire et exercer le même avantage concurrentiel. Ceci entraîne que ces clients aient la même intensité de la demande, les mêmes critères d'achat, les mêmes habitudes d'achat etc.

C'est parce qu'existe le besoin, d'un point de vue stratégique, de regroupement de segments marketing, exigeant la maîtrise des mêmes facteurs clés de succès que ce critère se présente sous la référence « type de clientèle » et non type ou segments de clients qui serait du niveau marketing.

La difficulté d'utilisation de cette variable, la première fois que l'on procède à une segmentation stratégique, est que dans ce cas précis on semble utiliser un critère de segmentation marketing ; cette ressemblance semble d'ailleurs d'autant plus grande que les Entreprises n'ayant encore jamais procédé à une segmentation stratégique n'ont pas, en général, d'autre mode de classement des clients que celui apporté par la segmentation marketing.

Cependant cette variable présente, dans certaines occasions, une difficulté supplémentaire en termes d'usage ; c'est la compréhension du contenu du concept « client » : QUI EST LE CLIENT ?

Beaucoup considèrent que le client est celui qui achète, celui que l'on appelle le plus souvent : « client direct ». Mais cela est-il toujours exact d'un point de vue stratégique ? Plutôt que de répondre directement à cette problématique, examinons le cas d'une « grande surface » :

- quand elle achète, pour le revendre, un produit d'entretien ou un produit alimentaire, les producteurs de ces produits considèrent, avec juste raison, que cette grande surface est un « intermédiaire », c'est-à-dire un « distributeur » et que donc le « client » demeure le consommateur,
- mais lorsque cette même « grande surface » achète des armoires frigorifiques, pour son propre usage, le fabricant des armoires la considérera comme son « client » et non pas comme un « distributeur » et ce, parce qu'elle est l'utilisateur (qui en devient à terme le destructeur par usage du produit).

En fait, en analyse stratégique le « client » n'est pas nécessairement le « client direct » mais bien plutôt le « consommateur » ou l'« utilisateur », c'est-à-dire le « client destructeur ». Il ne faut pas hésiter à descendre vers le « bas » de la filière pour aller rechercher le « client ».

Cependant il existe des exceptions à cette supposée règle ou tout du moins des interprétations à apporter à son emploi. Prenons le cas d'un OEM (Original equipment manufacturer c'est-à-dire un incorporateur) qui achète un bien pour l'incorporer à l'intérieur de son propre produit, c'est le cas des pneumatiques ou d'un carburateur incorporés par le constructeur automobile. Qui est le client pour le fabricant de pneus ou de carburateurs ?

Pour répondre il faut aller rechercher chez qui se trouvent les facteurs clés de succès, et deux cas de figure se présentent :

- s'ils résident uniquement chez l'OEM, alors ce dernier est le vrai client d'un point de vue stratégique ; dans le cas du pneumatique, l'acheteur du véhicule n'étant pas autorisé lors de la signature à indiquer une marque de pneus le client est réellement l'OEM ; en effet c'est bien ce dernier qui fait le choix de ses fournisseurs et c'est chez lui que s'organise la lutte concurrentielle,
- mais si ces facteurs clés sont à rechercher chez l'utilisateur du bien produit par l'OEM, parce que cet utilisateur est préconisateur du produit incorporé, alors c'est sans aucun doute ce dernier qui doit être considéré comme le vrai client par le fabricant du produit incorporé, car c'est lui en dernier ressort qui fera la décision.

Ceci reflète bien une réalité, celle des biens (tels que le pneumatique ou le roulement à bille) qui sont des biens à double marché : la première monte et la rechange ; chacun de ces marchés ayant ses propres FCS il faut, d'un point de vue analyse stratégique, étudier le positionnement des acteurs dans chaque marché. En première monte, la lutte a lieu chez le fabricant automobile, l'utilisateur final n'ayant pas son mot à dire, c'est bien lui le client ; par contre en seconde monte (marché de la rechange) l'utilisateur a son mot à dire.

Nous pouvons revenir, maintenant, à la problématique du regroupement de divers segments marketing (chaque fois que cela a un sens) pour constituer les « types de clientèle ». Pour ce faire, il est indispensable de ne pas considérer chacun des éléments de comportement des clients, séparément mais bien au contraire d'essayer de les regrouper.

En fait la meilleure façon de procéder est de se demander quelles sont les différences structurelles existantes entre les divers segments marketing ainsi que les différences dans leurs chaînes de valeur (nous sommes là obligés de demander au Lecteur soit la patience d'attendre soit de se reporter au chapitre traitant de la chaîne de valeur).

La bonne analyse consiste à ne pas mettre dans le même segment stratégique des lignes de produit qui adresseraient leurs offres à des types de clientèle ayant soit des différences structurelles importantes soit des chaînes de valeur par trop distinctes et encore plus si les deux coexistent, car leurs FCS sont différents.

G • La compétence et la technologie requises

En ce qui concerne la spécificité des compétences requises, nous visons plus spécialement ici la compétence managériale. La question qui se pose est celle de savoir si la même équipe de direction peut manager deux segments. La bonne réponse est : OUI si ces deux segments sont très proches en termes d'avantage concurrentiel à construire puis à défendre. En revanche, si tel n'est pas le cas, il semble raisonnable de conseiller de ne pas les regrouper au sein du même segment stratégique.

« Compétence et technologies requises » sont associées sous la même rubrique. En effet pour « manager » une entité de haute technologie, il est préférable de comprendre les enjeux technologiques et d'être à même de faire les bons choix d'investissement en termes de recherche et d'application.

La deuxième variable précisée concerne la technologie. De par la définition du segment stratégique, il est clair que les lignes de produit constituant un segment stratégique doivent maîtriser les mêmes technologies puisqu'elles doivent construire le même avantage concurrentiel. On voit difficilement des lignes de produit maîtrisant des technologies différentes, offrir des produits ayant des modes de fonctionnement et des performances identiques et, donc, exerçant le même avantage concurrentiel.

L'expérience prouve, en règle générale, que chaque fois que l'on rencontre ce cas de figure, il s'agit d'une organisation dérivée du passé et qui est presque toujours remise en cause avec le départ d'une personne.

Par exemple, il n'est pas pertinent de classer dans un même segment stratégique une ligne de produit produisant des outils à commande électrique et une ligne de produit fabriquant des outils à commande manuelle (par exemple rasoirs électriques et rasoirs à main).

H • Le marché pertinent

Quelles visions du marché, justifiée par la structure du secteur où elles œuvrent, ont des lignes de produit ?

Tout d'abord en termes de « géographie » : Quelle est la vue pertinente du marché ? Nous savons que pour nombre de marchés la localisation géographique des clients a une influence sur leurs besoins ainsi que sur les coûts de distribution. À partir de ce constat, il y a de très grandes chances qu'il existe des chaînes de valeur différentes suivant les clients et aussi que les modes de distribution soient différents, lorsque des clients sont situés dans des lieux géographiques distincts. Ceci n'est pas toujours vrai et dépend de la structure du secteur. D'où une fois encore l'importance à accorder à l'étude de la structure du secteur économique.

Le critère géographie repose sur l'existence de localités, de régions et de pays mais aussi sur l'existence de climats, de zones économiques, de stades de développement des économies et de la maîtrise des technologies.

Il faut éviter deux excès lorsqu'on détermine la dimension géographique d'un segment stratégique :

- le premier consiste à sous-estimer les efforts pour exporter et à mettre dans le même segment des lignes de produit qui se trouveront suivant les pays dans des situations compétitives différentes,
- le second à ne penser que local et donc faire preuve de myopie stratégique ce qui dans ce cas conduirait à ne pas faire jouer les synergies et donc à ne pas optimiser l'utilisation des ressources nécessitées pour la construction et la défense de l'avantage concurrentiel.

Mais il est possible de donner à ce critère de « marché pertinent » une autre signification qui tient à la vision structurelle du marché. Nous aimerions prendre comme exemple celui du marché américain de la voiture de luxe. Les deux schémas ci-dessous montrent deux attitudes possibles des acheteurs potentiels de voitures de luxe aux États-Unis.

1re situation : les clients orientent leurs achats à partir de la taille du véhicule :

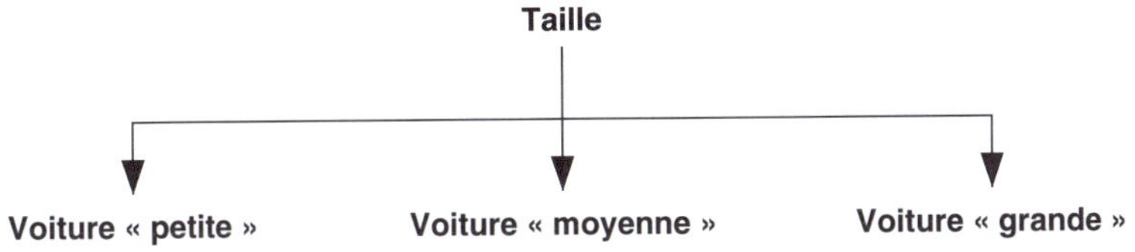

2e situation : les achats sont orientés à partir de la provenance du véhicule :

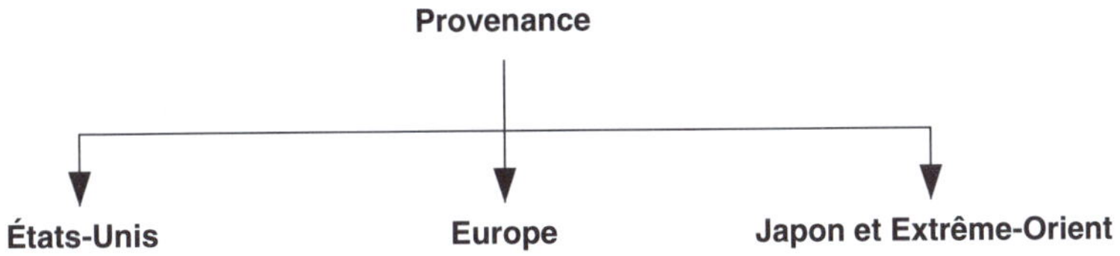

On mesure bien que dans la première situation, GENERAL MOTORS avec ses diverses marques : Cadillac, Oldsmobile peut couvrir les divers segments, alors que dans la seconde il va falloir, pour lutter contre Mercedès ou BMW, importer des véhicules Opel depuis l'Allemagne (dans ce cas précis, l'usine OPEL de l'ex-RDA transforme des « Omega » 6 cylindres pour en faire l'entrée de gamme de Cadillac).

Les segments stratégiques à mettre en œuvre ne sont pas les mêmes dans les deux situations et ceci est tout à fait normal. En effet, car la conception du segment stratétique doit répondre aux critères de choix des clients et donc permettre d'expliciter les attitudes stratégiques à prendre.

• Classement des critères de segmentation stratégique

Les critères de segmentation stratégique peuvent être classés en trois catégories de variables appartenant soit :

– au client c'est-à-dire à la demande,

– au produit c'est-à-dire à l'offre,
– à l'Entreprise.

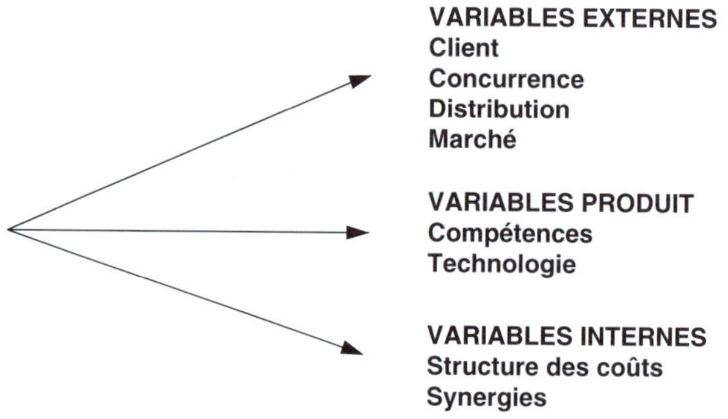

Figure 7.6 Les 3 types de variables

La question que l'on peut être amené à se poser est de savoir quel poids relatif il faut donner à chacune des catégories de variables et à chacune des variables elles-mêmes.

Réellement, il n'est pas possible de répondre à cette question par une règle stricte et c'est heureux.

On voit bien à travers ces trois catégories que d'une certaine manière les deux premières appartiennent au marché, puisqu'il s'agit de l'offre et de la demande, tandis que la troisième appartient à l'Entreprise. Ces variables apparaissent comme issues de deux logiques, ce qui donne de la richesse au raisonnement mais ce qui ne doit pas tourner à la confrontation. Il ne faut donc privilégier aucune de ces deux logiques car :

– si nous favorisions la première nous emprunterions une démarche par trop marketing,
– et si au contraire nous le faisions pour la seconde, nous prendrions le risque de faire du nombrilisme car ce choix équivaudrait à créer des segments stratégiques sans, *à aucun moment,* s'intéresser à ce que font les concurrents.

Quant à l'importance relative de chaque variable, elle doit dépendre d'abord de la structure du secteur économique. Prenons un exemple : la variable

« technologie » n'aura pas la même importance dans un secteur de biens d'équipement principaux et dans un secteur de biens de consommation. Ensuite ce poids relatif va aussi dépendre des choix faits au niveau de la stratégie corporate et donc de la vision, qu'ont les responsables de l'Entreprise, de son identité.

Dans une première conclusion notons que :

> la liste des critères de segmentation stratégique qui a été proposée est suffisamment exhaustive pour permettre, en règle générale, d'effectuer une segmentation stratégique sans omettre des aspects stratégiques clés. Néanmoins il reste toujours possible pour un perfectionniste d'en imaginer de nouveaux ou d'utiliser d'autres dénominations qui seraient plus parlantes pour telle ou telle Entreprise, ou dans tel ou tel secteur. Laissons leur le soin de le faire, en attirant toutefois leur attention sur le fait que la segmentation stratégique restant un exercice difficile, nous leur conseillons de commencer d'abord par se pénétrer de la méthode puis à bien la mettre en œuvre avant que de vouloir la modifier.
>
> Par expérience, nous avons toujours pu réaliser la segmentation stratégique des entreprises en utilisant suivant les cas 5, 6 ou 7 de ces variables, sans jamais avoir eu à en imaginer d'autres.

2. MODE DE RÉALISATION DE LA SEGMENTATION STRATÉGIQUE PAR RÉDUCTION MATRICIELLE

Cette mise en œuvre, comme cela est indiqué en début de chapitre, se fait en partant de l'existant de l'Entreprise.

Il s'agit donc de partir des unités existantes, à cet instant, dans la firme, c'est-à-dire en fait des modes et lieux d'attribution des ressources stratégiques. Il faut donc répondre aux questions du type :

> Comment le Dirigeant gère-t-il d'un point de vue stratégique son Entreprise ? Quelles sont les unités à partir desquelles il surveille les dépenses et les recettes ?

En répondant à ces questions, on sera à même de déterminer où ont lieu les attributions de ressources, par exemple les lignes de produit, et de leur appliquer les critères ou variables de segmentation que nous venons d'examiner.

Ce travail, tout en restant délicat, est en général beaucoup plus facile à faire pour les Entreprises de production, mais il est parfois très délicat pour les Entreprises de service.

La première analyse, qu'il devient nécessaire de faire, est de déterminer à partir de cette liste les variables pertinentes. Pour ce faire, il faudra procéder à une réduction de ces variables, par élimination successive, en ne conservant que celles qui sont pertinentes pour décrire le comportement stratégique actuel de l'Entreprise dans son environnement actuel. Cette réduction consistera à les soumettre à un test de pertinence afin de ne retenir que celles qui possèdent réellement une influence notable sur les sources de l'avantage concurrentiel. Là encore, il faudra s'appuyer sur la nécessaire compréhension des facteurs clés de succès pour bien voir où sont pour chaque secteur et chaque Entreprise les avantages concurrentiels.

L'étape suivante va consister à examiner pour chaque variable pertinente retenue les diverses valeurs qu'elle prend dans la réalité et ensuite les lister. Là encore, il va être indispensable d'avoir une bonne compréhension du niveau stratégique auquel il faut se situer, pour déterminer les listes de valeurs à retenir. En effet il faut notamment éviter de se situer à un niveau de compréhension marketing par exemple lorsqu'il s'agira de lister les valeurs correspondant au type de distribution ou au type de clientèle. Nous reviendrons avec un exemple pratique sur ce point.

Au niveau suivant, on va procéder au démarrage de la réduction des variables. Pour cela il faudra construire une première matrice en utilisant :

- soit les lignes de produit et une première variable,
- soit en sélectionnant deux des critères ou variables de segmentation, indépendants l'un de l'autre, puis décrire à partir de ces deux variables le mode de fonctionnement des unités. Il est essentiel que ces deux critères soient bien indépendants, car sinon leur interdépendance même fera qu'il sera très difficile voire impossible de mettre en lumière les divergences de fonctionnement, par rapport à eux, des unités de l'Entreprise. Si par mégarde, on tentait de construire une matrice avec deux critères réellement dépendants l'un de l'autre, on arrive à deux cas de figure possibles soit l'incapacité à remplir le tableau soit plus généralement l'impossibilité d'obtenir une réduction intéressante des occurrences du tableau.

On sera, alors, en situation de commencer à remplir la première matrice. Certaines cases, pourront rester vides (car les occurences ne sont pas présentes à ce jour dans l'Entreprise), et c'est infiniment intéressant car cela va nous permettre de réduire les occurrences possibles et donc nous faciliter la réduction générale. L'on ne retiendra, cela s'entend, que les occurrences présentes (on voit d'ailleurs mal comment on pourrait faire autrement). Ces occurrences vont devenir la base d'une seconde matrice de réduction, en les utilisant avec les valeurs que prend l'une des variables pertinentes retenues. Il faut, bien entendu, que cette nouvelle variable soit parfaitement indépendante des deux premières utilisées pour construire la première matrice.

Dans le cas où les variables pertinentes, non encore utilisées, ne sont plus indépendantes de celles déjà utilisées, il est nécessaire de démarrer la construction d'une nouvelle série de matrices en utilisant deux nouvelles variables indépendantes l'une de l'autre. Puis on procède comme précédemment.

Lorsque unités de l'Entreprise et variables ont toutes été utilisées, il ne reste plus qu'à construire une dernière matrice avec les occurrences conservées lors de la réduction des deux systèmes issus des deux matrices d'origine. Il n'est pas d'exemple connu par l'auteur, qui ait nécessité la construction de plus de deux systèmes de matrices de départ. Il reste bien entendu qu'une variable pertinente n'est utilisée, par définition même de la méthode de réduction, qu'une seule fois dans le processus de réduction.

À la sortie de cette dernière matrice, les occurrences restantes deviennent des propositions de segments stratégiques fournies par la réduction matricielle. Il restera, à la direction générale, à faire le choix de les prendre tels quels ou bien d'effectuer de nouveaux regroupements.

Ces regroupements doivent être faits chaque fois que cela semble raisonnable en se reportant une nouvelle fois aux facteurs clés de succès qui doivent être spécifiques à chaque segment stratégique. On sait, par définition même d'un segment stratégique, que la meilleure vérification de la qualité d'une segmentation est que chaque segment stratégique reconnu répond à des facteurs clés spécifiques. Aussi s'il apparaît, à la fin de la réduction matricielle, que deux segments stratégiques (ou plus) ont les mêmes facteurs clés de succès, il existe certainement de bonnes raisons de penser que celle-ci a été réalisée trop finement et, donc, il y a lieu de regrouper de tels segments stratégiques au sein d'un même segment afin de faire jouer les synergies...

La dernière vérification à exercer est la détermination des « facteurs clé de succès ». Rappelons que chaque segment stratégique possède ces propres FCS. En effet si deux segments stratégiques possède les mêmes FCS, il faut alors les regrouper pour jouer au mieux des synergies de coûts et de compétences.

Il est clair qu'habituellement la question des FCS ne se pose pas dans les mêmes termes puisque le plus généralement on travaille au niveau des produits ou au mieux au niveau des couples produit / marché. Il s'agit donc d'un nouvel exercice et il faut beaucoup se méfier des réponses *a priori*. En réalité cette vérification demande que l'on s'interroge sur les réponses à donner, sans hésiter à y consacrer le temps nécessaire. Il est très important de comprendre que « l'avantage concurrentiel » doit être basé sur une meilleure domination de ces FCS que les concurrents, et donc se tromper sur les FCS c'est se tromper sur les lieux d'attribution des investissements (cet aspect sera développé au chapitre 9).
L'exemple, très simple, présenté maintenant devrait aider à se familiariser avec ce système de réduction.

• Segmentation stratégique par réduction matricielle d'une entreprise de production

Une Entreprise textile fabrique les produits suivants :

- tissus polyester pour la confection,
- doublures pour vêtements,
- tissus polyester pour le sport,
- tissus de protection,
- tissus polyester pour la maison,
- rubans pour imprimante.

Ces produits répondent à des « besoins » spécifiques (bonne façon d'exprimer la « spécificité » des marchés servis) :

- confection,
- doublage,
- protection,
- impression.

Pour fabriquer, elle maîtrise les technologies suivantes :

- tissage,
- teinture,
- apprêt,
- encollage,
- encrage.

Elle vend :

- en direct,
- par des représentants exclusifs,
- par des multicartes.

Les divers clients servis sont :

- les armées, la gendarmerie,
- Les confectionneurs de vêtements masculins,
- Les confectionneurs de vêtements féminins,
- Les fabricants d'articles de sport,
- Les industries chimiques et pétrolières,
- l'industrie informatique.

Les clients sont, suivant les produits, localisés en :

- France,
- ou en Europe,
- ou dans l'ensemble du monde.

On possède, donc, pour entamer la segmentation stratégique :

- des « lignes de produit »,
- des « marchés spécifiques » dans ce cas les « besoins satisfaits »,
- des « types de distribution »,
- des « types de clients »,
- des « technologies »,
- des « marchés pertinents » dans ce cas les « zones géographiques couvertes ».

Analyse des critères retenus

Dès le départ de l'analyse, le directeur général prend la décision de se séparer des « multicartes » le plus rapidement possible ; de ce fait à terme l'Entreprise n'utilisera plus que la vente directe et des exclusifs. Considérant qu'il n'y a pas lieu de faire, d'un point de vue stratégique, de différence entre ces deux approches commerciales, la conséquence est qu'il n'y a plus de raison de conserver le critère « type de distribution ».

La connaissance des produits lui permet de considérer qu'il existe des liens spécifiques entre des produits déterminés et des technologies spécifiques :

par exemple « l'encrage » ne sert qu'aux rubans etc, ce qui permet de considérer qu'il est inutile de continuer à traîner le critère « technologie » (pour ne pas alourdir l'exemple nous nous contenterons de citer ce lien).

Au niveau des clients, l'armée, la gendarmerie et les industries chimiques et pétrolières utilisant pratiquement les mêmes cahiers des charges, l'Entreprise n'a pas à investir des ressources spécifiques pour satisfaire ces clients. Il a donc été décidé de les regrouper sous l'appellation « armée ». Le même raisonnement a été appliqué aux confectionneurs de vêtements masculins ou féminins et articles de sport sous la dénomination de « fabricants ».

Enfin, les technologies et les modes de production étant les mêmes, les coûts partagés étaient importants et permettaient, d'un point de vue stratégique, de considérer que les tissus polyester et les tissus pour la maison pouvaient ne faire qu'une seule entité.

Lignes de produit retenues :

- tissus polyester,
- tissus sport,
- tissus techniques,
- doublure,
- rubans.

Critères retenus :

- Types de fonctions d'usage :
  - confection,
  - doublage,
  - protection,
  - impression.

- Types de clients :
  - fabricants,
  - armée,
  - industrie informatique.

- Aires géographiques :
  - France,
  - Europe,
  - Monde.

Réduction matricielle :

GÉOGRAPHIE / LIGNES DE PRODUIT	FRANCE « F »	EUROPE « E »	MONDE « M »
TISSUS POLYESTER		X	
TISSUS SPORT	X		
TISSUS TECHNIQUES	X		
DOUBLURE		X	
RUBANS			X

Lignes de produit – géographie
Occurences retenues : tissus polyester / E
tissus sport / F
tissus techniques / F
doublure / E
rubans / M

Figure 7.7 Matrice 1

CLIENTS / LIGNES DE PRODUIT/GÉO	FABRICANTS « FAB »	ARMÉE « Ar »	INDUSTRIE INFORMATIQUE « I.I. »
TISSUS POLYESTER / F	X		
TISSUS SPORT / F	X		
TISSUS TECHNIQUES / F		X	
DOUBLURE / E	X		
RUBANS / M			X

Lignes de produit – géographie / clients
Occurences retenues : tissus polyester / E / FAB
tissus sport / F / FAB
tissus techniques / F / Ar
doublure / E / FAB
rubans / M / I.I.

Figure 7.8 Matrice 2

L de P / GÉO / CLIENTS \ FONCTIONS D'USAGE	CONFECTION	DOUBLAGE	PROTECTION	IMPRESSION
TISSUS POLYESTER / E / FAB	X			
TISSUS SPORT / F / FAB	X			
TISSUS TECHNIQUES / F / Az			X	
DOUBLURE/ E / FAB		X		
RUBANS / M / I.I.				X

Figure 7.9 Matrice 3

Les segments stratégiques issus de la réduction matricielle sont donc :

I – Tissus polyester / en Europe / vendus à des fabricants / pour la confection,

II – Tissus sport / en France / vendus à des fabricants / pour la confection,

III – Tissus techniques / en France / vendus à l'armée / pour la protection,

IV – Doublure / en Europe / vendue à des fabricants / pour le doublage,

V – Rubans / dans le Monde / vendus à l'industrie informatique / pour impression

Afin de vérifier le bien-fondé de cette segmentation examinons les facteurs clés de succès de chacun de ces segments stratégiques. D'après les Dirigeants de cette Entreprise, après analyse des affaires réussies ou perdues et après enquêtes auprès des clients, les FCS à retenir sont successivement pour les segments :

I – Prix,

II – Qualité / respect des livraisons,

III – Services,

IV – Prix,

V – Prix / qualité.

Conclusions

– Chaque segment stratégique doit respecter des FCS spécifiques,
– la tentation que l'on aurait pu avoir de rassembler les segments I et II qui ont en commun : des technos, des clients puisqu'ils vendent à des fabricants pour satisfaire au même besoin de confection, et seulement une aire géographique différente (l'Europe pour le I et la France pour le II), il faut y résister puisque les FCS sont différents.

• La compréhension du segment stratégique

Avant ce découpage de l'Entreprise en segments stratégiques, la vision stratégique de l'Entreprise était basée le plus souvent sur un découpage structurel qui tenait tout autant au poids du passé, des hommes en place voire par copie de la vision stratégique des concurrents. Après la segmentation stratégique, le Dirigeant pour allouer les ressources stratégiques va non plus s'appuyer sur une vision organisationnelle, mais sur la représentation du mode de fonctionnement stratégique. Dans l'exemple que nous avons pris on a vu :

– avant la segmentation les « tissus pour la maison » étaient considérés comme une ligne de produit ;
– après la segmentation, elle est noyée dans le même segment stratégique que les « tissus pour la confection » ;

par ailleurs, on ne considère plus l'Entreprise à partir des lignes de produit mais au travers d' :

> « un regroupement de deux lignes de produit baptisé « TISSUS POLYESTER » qui utilise des technologies bien spécifiques (telles que tissage, teinture...), couvrant l'« EUROPE » entière, pour servir des « FABRICANTS » dans le but de servir à la fonction de consommation « CONFECTION ».
>
> AINSI sont définis, dorénavant, les motifs d'allocation de ressources à cette « entité stratégique ».

Il existe des cas, par expérience, où à la fin de la réduction matricielle on constate que les segments stratégiques recouvrent plus ou moins les lignes de produit (ce qui est un peu le cas de cet exemple simplifié). Certains pourraient alors être tentés de penser que l'exercice a été inutile. Qu'ils soient rassurés !, les rares fois où cela a été constaté, les directions n'ont pas éprouvé ce sentiment, car la segmentation stratégique leur a permis de ne plus penser allouer les ressources à de « simples » lignes de produit mais, même dans ce cas de figure, à des « segments stratégiques » puisque leur vision était devenue :

> « une ligne de produit utilisant telle technologie, auprès de tel type de clientèle, sur tel territoire géographique, à travers tel type de distribution etc »,

et c'est bien là tout l'intérêt de la segmentation stratégique : avoir une vision stratégique de l'organisation dans un sens concurrentiel.

La segmentation d'une entreprise de services

Si la segmentation stratégique est en soi un exercice difficile et délicat il le devient encore plus lorqu'il s'agit de la faire pour une Entreprise œuvrant dans les « services ».

En effet, pour ces dernières, très fréquemment, la structure de l'Entreprise n'est pas construite autour du concept de lignes de produit. De ce fait, très souvent, dans ce type d'Entreprises lorsqu'une réflexion stratégique n'a pas été menée on confond « unités organisationnelles » avec :

- compétences,
- tâches et fournitures,
- travaux facturés,
- voire même types de clients, etc.

En face d'une telle situation il va être impératif, avant de démarrer la segmentation stratégique, d'entamer une réflexion sur la façon de prendre en compte l'existant de l'Entreprise.

Prenons deux exemples pour mieux faire comprendre :

- *telle banque avait* pris l'habitude d'utiliser deux critères pour définir son approche stratégique :
  - les types de clients classés à partir essentiellement de leur intérêt pour une bancarisation mono ou multi-produits,
  - et l'approche commerciale choisie par cette banque pour atteindre les clients.

Le premier critère permet de relier ces couples au marché tandis que le dernier s'efforce de prendre en compte le mode de fonctionnement de cette banque.

On aboutissait à des couples produit / marché du type :

– clients favoris / approche personnalisée,
– clients espoirs / investissements commerciaux modérés.

On remarquera qu'en fait cette approche définit, non une unité donnée de cette banque, mais bien une compétence ou un mode de commercialisation des produits bancaires.

Lorsque cette banque décida de procéder à une analyse stratégique, elle utilisa la méthode de la segmentation stratégique exposée plus haut et ceci amena une vision tout à fait différente des segments stratégiques à financer tels que :

– Particuliers « standards » relevant du réseau,
– Collectivités territoriales relevant du Siège.

permettant de faire apparaître de façon très claire les unités de l'Entreprise. La notion de lignes de produit était devenue opérationnelle.

En fait la première approche était d'origine marketing, la deuxième est réellement de type stratégique et permet de voir clairement où l'on doit répartir les ressources stratégiques.

– *Le second exemple* est celui d'une Entreprise de services à l'immobilier, qui s'est trouvée confrontée à la difficulté d'avoir à déterminer les « entités » internes. Cette Entreprise couvre le territoire national à travers plusieurs implantations, dont les compétences ne sont pas identiques car dépendant des capacités du personnel local.
  Pour démarrer sa segmentation stratégique, la première difficulté a été de trouver une définition exacte des produits vendus.
  Une première analyse a conduit à dresser une liste de 34 « produits » (la liste qui suit est non exhaustive) :
  • Audit des équipements techniques immobiliers, – diagnostic d'exploitation, – négociation de contrats, – gestion de contrats, – contrôle d'exploitation, – planification de l'entretien, – définition de programmes de modernisation des équipements techniques, – expertise des équipements techniques, – conduite d'opérations techniques, – réception / vérification, – maîtrise d'œuvre d'équipements techniques, – gestion entretien des immeubles, – assistance et conduite d'opérations immobilières, – études, – organisation des services techniques, – formation, – réalisation d'études thématiques...

Une réflexion, longue et délicate, a conduit à des regroupements présentés dans le tableau :

	ÉTUDES GÉNÉRALES	CONSEIL	
		Conception réalisation	Gestion
Services urbains	1	4	7
Patrimoine collectif	2	5	8
Immeuble	3	6	9

Ce tableau indique que la direction générale a décidé de ne considérer que 9 entités ou lignes de produit, comme :

1. conception d'un « traitement » des déchets urbains,
6. assistance à programme / conception, conduite d'opérations déléguées, maîtrise d'œuvre équipement, etc.

Après qu'ait été prise la décision de partir de ces 9 lignes de produit, il devient possible de démarrer le processus du découpage stratégique (par réduction matricielle).

• Les difficultés de la segmentation stratégique

Les néophytes en la matière, lorsqu'ils abordent pour la première fois la segmentation stratégique, éprouvent de réelles difficultés pour assimiler cette technique et la mettre en œuvre. De notre expérience d'animateur de comités de direction nous avons retenu que si la segmentation stratégique apparaît si difficile à leurs yeux, ceci tient à plusieurs raisons qui sont de nature très différente :

– la première tient au fait qu'il faut se situer, en termes de raisonnement, dans le fauteuil du directeur général ; il ne s'agit pas là d'une mauvaise plaisanterie, mais d'une façon d'essayer de faire comprendre qu'il faut apprendre à voir les choses à partir d'un certain niveau (qui est naturellement celui du directeur général) : la vision du regroupement permettant de construire l'avantage concurrentiel et non pas seulement au niveau de l'organisation actuelle de l'Entreprise,

– la seconde tient à la nécessité de savoir utiliser à bon escient les variables de segmentation, non pas communes mais de même nature, servant à la segmentation marketing et à la segmentation stratégique ; il faut, en effet, dans le second cas, les utiliser à un niveau d'agrégat supérieur,
– enfin, la segmentation stratégique n'est pas une méthode scientifique, même si le mode de réduction des matrices est un outil mathématique.

Il existe, en dehors de ces raisons, des cas où la segmentation stratégique est particulièrement délicate : c'est celui des secteurs présentant un nombre important de clients ayant des besoins particuliers et par là même demandant surtout du « sur-mesure ». Un exemple éloquent est celui de la « machine-outil ». Il est très fréquent que des machines d'imprimerie ou des fraiseuses par exemple, soient conçues pour répondre à des utilisations très spécifiques. La segmentation stratégique devient alors très délicate ; en effet, en fin de réduction matricielle, on peut se retrouver avec un nombre de segments stratégiques à gérer par trop important à cause d'une trop grande finesse de découpage due aux diverses spécificités des clients. Certainement une bonne approche est celle qui consiste à faire des regroupements à partir de type d'usage ou de type de technologies utilisées. Là encore, la compréhension stratégique du « décideur » retrouve toute son importance.

La segmentation stratégique résulte, en finale, des choix effectués par les décideurs, mais cela ne remet nullement en cause la méthode. Tout d'abord parce que ceux-ci, en l'occurrence le directeur général, sont supposés les mieux à même de faire les bonnes réflexions et par là à même d'effectuer les bons choix et ensuite parce qu'il est tout à fait raisonnable et sensé qu'en fin de compte ce soit bien à lui de le faire. Il existe de grandes chances que ceux que cette dernière affirmation dérange soient choqués parce qu'ils ont encore un peu de mal à bien faire la différence entre segmentation stratégique et segmentation marketing. En effet, si l'on interprète correctement les volontés des consommateurs, il s'en déduit pour le moins des orientations très fortes pour réaliser une segmentation du marché du produit. Mais les choses se passent différemment en termes de segmentation stratégique. Là, il n'existe pas un intervenant qui joue le rôle de juge de paix comme le faisait le client pour la segmentation marketing. En effet, on part de l'existant de l'Entreprise, c'est-à-dire des unités existantes et donc forcément la segmentation stratégique est tout autant attachée, au départ, à l'Entreprise qu'elle l'est au secteur dans lequel elle vit.

• Risques entraînés par une mauvaise segmentation

La dernière remarque permet d'aborder le problème de l'importance du risque que court une Entreprise en effectuant une segmentation stratégique. Ces risques sont à deux niveaux :

- ou bien on a segmenté trop « fin » et ceci conduit à négliger les opportunités de partage des ressources et donc à ne pas faire jouer, autant que cela se pourrait, les synergies entre des lignes de produit pour construire un même avantage concurrentiel,
- ou bien, à l'opposé, on a segmenté trop large et cela peut conduire à sous-estimer la spécificité des activités, ce qui revient à ne pas se rendre compte qu'en fait le segment stratégique tracé en recouvre deux répondant à des FCS différents et par voie de conséquence, à mal satisfaire les exigences de chacun d'eux.

Les risques existent et sont donc bien réels, mais reconnaissons qu'une Entreprise n'utilisant pas la segmentation stratégique court pour le moins des risques aussi grands. Elle prend en fait des risques qu'elle ne soupçonne même pas, à un niveau certainement beaucoup plus important, car elle ne s'est jamais posée, avec autant d'acuité, les questions que nous venons d'examiner et auxquelles il faut répondre pour appliquer la méthode.

De ces deux risques, le plus important est le second ; aussi faut-il recommender de privilégier une segmentation fine. Il sera toujours possible de regrouper deux segments si l'on découvre, par la suite, que les FCS sont identiques.

Ainsi la segmentation stratégique ne fait pas courir fondamentalement plus de risques à l'Entreprise. De là à croire qu'on peut la confier à quelqu'un qui n'aurait pas la hauteur de vue nécessaire, il y a là une extrapolation qui semble peu raisonnable.

• Les grandes étapes de la segmentation stratégique

En résumé pour procéder à une segmentation stratégique par réduction matricielle il faut passer successivement par plusieurs étapes. Mais avant le démarrage, il faut bien garder en mémoire l'objectif poursuivi :

> il s'agit de déterminer le bon niveau de l'Entreprise où doivent être affectées les ressources stratégiques pour construire un avantage concurrentiel.

La procédure proposée comporte 11 étapes :

1) prendre en compte les unités de l'Entreprise sous forme, par exemple, de lignes de produit,
2) identifier sur la liste des 8 variables stratégiques celles qui sont pertinentes par l'influence qu'elles ont sur l'avantage concurrentiel dans le secteur étudié,
3) ne conserver que les variables ayant satisfait au test de pertinence,
4) faire une liste des valeurs que peut prendre chacune des variables,
5) analyser, pour chaque variable, les valeurs listées et ne retenir que celles qui exigent des compétences différentes et spécifiques,
6) construire une première matrice en choisissant deux variables non corrélées entre elles, ou la liste des lignes de produit et une variable, et ne retenir de la matrice que les occurrences entre cases utiles,
7) construire autant de matrices que nécessaire en associant à chaque fois une nouvelle variable, non corrélée, aux occurrences retenues lors de la résolution de la matrice précédente,
8) démarrer une nouvelle série de matrices, s'il s'avère qu'à un certain moment, les variables restantes sont plus ou moins corrélées avec celles utilisées dans la série précédente,
9) réduire les matrices résultantes pour obtenir une matrice globale de segmentation,
10) vérifier que les propositions de segments stratégiques issus de cette matrice globale sont bien indépendantes en s'assurant que chacun d'entre eux doit répondre à des facteurs clés de succès spécifiques et différents de ceux des autres segments,
11) effectuer un dernier test, en vérifiant qu'il est possible de positionner les concurrents.

Ce dernier point est particulièrement intéressant, car il permet de commencer à mesurer les écarts stratégiques par rapport aux concurrents. En effet la vue des segments semblables ou différents entre une Entreprise et ses concurrents est source de compréhension des conditions de la lutte concurrentielle.

3. LA SEGMENTATION DE D.-F. ABELL (appelée parfois méthode tri-dimensionnelle)

Pour ABELL, la segmentation stratégique est une des conditions majeures à respecter pour qu'une Entreprise ait du succès et c'est, estime-t-il, de sa capacité à définir de manière créative cette segmentation qu'il dépend.

La base de la segmentation stratégique, telle qu'il la suggère, est la définition du marché de référence tel qu'il est vu par le client et non pas en partant de l'Entreprise. En fait il s'agit de voir comment le marché de référence peut s'organiser sous forme de couples produit / marché. Cette notion de couples produit / marché a déjà été abordée en début de ce chapitre quand nous avons différencié la segmentation stratégique de la segmentation marketing. En fait ce mode de segmentation est incomplet car le marché de référence, vu par le client, est plus restreint ce qui ne permet pas de faire apparaître clairement les nouveaux entrants et les risques de produits de substitution.

Il est donc clair que la méthode proposée par ABELL est très proche d'une analyse de type marketing et donc, très souvent, plus facile à assimiler ; cependant sa mise en œuvre demeure relativement délicate. En effet, comme nous le verrons il n'existe pas de méthode rigoureuse pour procéder au découpage d'un secteur en couples produit / marché.

Pour arriver à un résultat, D.-F. ABELL a proposé d'élargir sensiblement ce concept des couples produit / marché en le décomposant selon trois dimensions :

- *une dimension « client »,* qui recouvre les groupes de clients servis aujourd'hui par l'Entreprise.
  Cette dimension permet un découpage des clients à l'aide de critères géographiques, démographiques, sociaux économiques pour les produits de consommation, et pour les biens industriels des critères tels que type d'industrie, taille des Entreprises, choix technologiques etc.
- *une dimension « fonction »* pour décrire les différents besoins des clients à satisfaire qui doit permettre de prendre en compte les résultats des analyses comportementales des clients et des offres concurrentielles,
- *une dimension « technologie »* qui traduit les choix techniques faits par les divers adversaires présents pour satisfaire aux besoins.

En fait ces trois dimensions peuvent aussi s'exprimer sous la forme des trois questions suivantes :

- À quoi ça sert ?
  c'est-à-dire « Quelles sont les fonctions d'usage ou de consommation remplies par le produit ? »,
- Pour qui ?
  c'est-à-dire « Quels sont les groupes de clients, soit quels sont les segments marketing, intéressés par ce produit ? »,
- Comment,
  c'est-à-dire « Quelles technologies, quelles techniques ou quels modes de production l'Entreprise doit-elle maîtriser pour produire cette offre ? ».

En fait, ces trois dimensions ont déjà été utilisées pour regrouper les variables de segmentation dans la méthode de PORTER.

Ces trois dimensions s'interprètent en appliquant un raisonnement de type marketing que l'on peut présenter de la manière suivante :

– À quoi ça sert ?	le besoin	le produit
– Pour qui ?	le client	le marché

En associant ces deux dimensions, on associe le produit et le marché permettant ainsi de définir le « couple » produit / marché que l'Entreprise peut s'efforcer de construire.

On peut, de cette façon, découper l'Entreprise à partir des couples produit / marché existants aujourd'hui. Il est alors possible de leur associer la troisième dimension c'est-à-dire le « Comment ? », la technologie à mettre en œuvre pour réaliser le produit ; ce faisant on précise le découpage de l'Entreprise.

On peut présenter cette analyse graphiquement (ci-après) sous forme d'un système de plan à trois dimensions :

- les deux dimensions produit et clients : le couple produit / marché,
- la troisième dimension, la technologie, reliant l'Entreprise à ce(s) couple(s).

En choisissant sur chacun de ces trois axes une certaine valeur de la variable, on obtient une figure dans l'espace qui est au minimum un cube et qui peut prendre d'autres formes telle que celle d'un parallélogramme rectangle. Ces figures, décrites dans cet espace à trois dimensions, permettent de mettre en lumière les technologies nécessaires et donc à travers elles les unités de l'Entreprise qui servent les couples produit / marché.

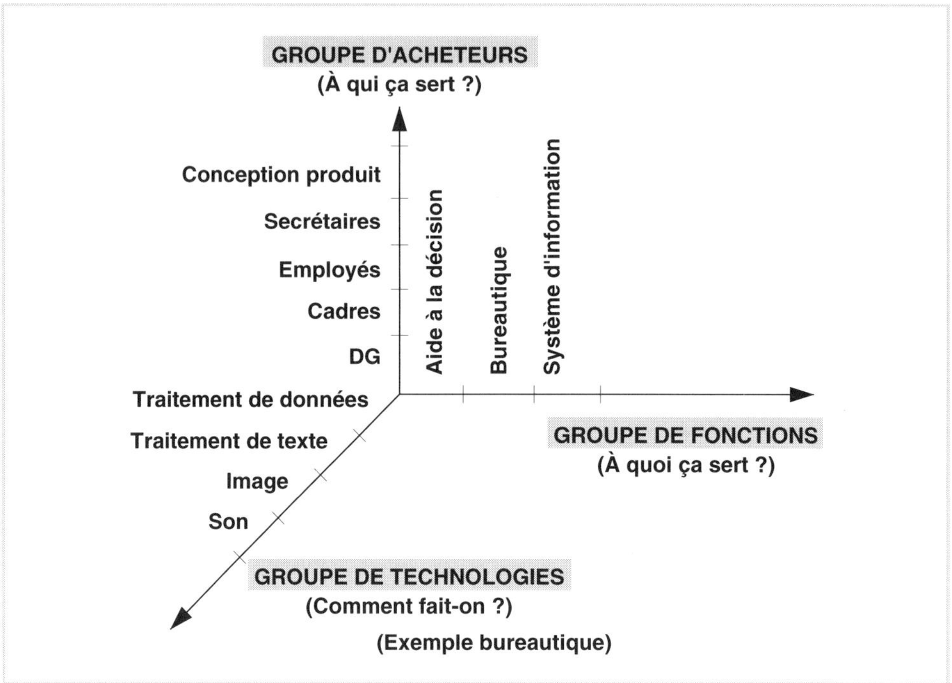

Figure 7.11 Schéma ABELL

Il est intéressant de noter une variante qui permet à certains utilisateurs d'aller plus loin encore dans l'analyse en adoptant une quatrième dimension : « Contre qui ? », afin de prendre en compte les concurrents. Cette quatrième dimension a pour but de ne pas prendre le risque de regrouper à l'intérieur d'un même segment des ensembles produit / marché / technologie qui se trouveraient avoir à lutter contre des concurrents différents.

On peut représenter cette segmentation sous la forme suivante du schéma ci-contre.

• Procédure de mise en œuvre

Comme nous l'avons déjà indiqué, il n'existe pas réellement une procédure de découpage d'un secteur en couples produit / marché qui soit stricte.

Il va nous falloir procéder, comme d'ailleurs pour la mise en œuvre de la méthode de PORTER, par la détermination des critères pertinents pour illustrer

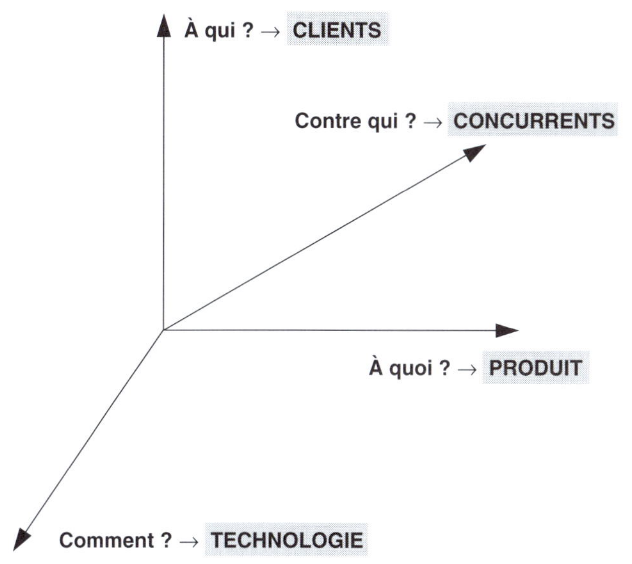

Figure 7.12 Schéma ABELL 4 D

chacune des trois dimensions. Et c'est là la raison pour laquelle nous pensons que cette deuxième approche est très intéressante dans de très nombreux cas. En effet, en toute logique, ces critères appartenant aux clients, aux technologies, aux fonctions remplies par l'offre, vont nécessairement recouvrir certains de ceux déjà utilisés pour PORTER.

Si nous avons commencé par exposer la méthodologie de M. PORTER c'est qu'elle est certainement la plus pertinente mais certainement la plus délicate à mettre en œuvre. Aussi il est quelquefois intéressant de commencer par la méthode d'ABELL ce qui permet de dégrossir la réflexion, notamment pour mettre en lumière *la spécificité des différents marchés.* En effet, cette variable est, quelquefois, assez délicate à manier et la méthode d'ABELL peut être d'un bon secours pour aider à la préciser. On peut alors se reporter à la méthode de PORTER avec plus de sécurité.

Voyons quels pourraient être les divers critères que l'on devrait retenir pour ces trois dimensions :

– dimension fonction : il faut comprendre le service rendu par le produit et pour cela le traduire par les fonctions qu'il remplit,

– dimension client : secteur économique, industrie, métier, taille, maîtrise d'une » technologie, position dans une filière (constructeur, incorporateur, etc.), profil économique, social, culturel...
– dimension technologie : type de technologie, mode de production, type de produit, performances.

Reprenons les exemples déjà utilisés pour faciliter l'appréhension de cette recherche des variables.

– en textile on peut imaginer :
  - des fonctions de protection (tissus techniques), de doublage, d'habillement,
  - des technologies comme la filature, le tissage, l'apprêt, la teinture,
  - des types de clients tels que l'armée ou les industries chimiques pour la protection, la confection, l'industrie informatique ou bureautique pour les rubans.

– en conseil :
  - des fonctions d'audit, de formation, de conception de systèmes d'information,
  - des technologies comme la technique d'animation, de conception de séminaires, de création d'outils spécifiques,
  - des types de clients comme des comités de direction, des forces de vente, des centres de formation.

Il faut être conscient que, pour appliquer cette méthode, les facteurs peuvent être et sont souvent spécifiques à un secteur. Un bon usage rend donc indispensable une meilleure détermination des variables retenues en utilisant des sources complémentaires telles que :

– le comportement des clients,
– les fonctions complémentaires des produits,
– les autres technologies intéressantes pour satisfaire aux fonctions recherchées par le client,
– la structure des coûts dans l'Entreprise,
– ressources et compétences de l'Entreprise etc.

On voit bien qu'il est beaucoup plus difficile, qu'on pouvait l'imaginer de prime abord, de constituer une liste quasi exhaustive des variables à prendre en compte et certainement peu réaliste de vouloir leur donner un poids, en utilisant ce type de diagramme.

Surtout, il faut prêter une attention toute particulière, et ce pendant tout le suivi de la méthodologie, à n'effectuer des regroupements qu'à la condition d'assurer l'homogéneité par rapport à chacune des dimensions étudiées. Ainsi il faut considérer, pour chaque variable, l'effet qu'elle peut avoir sur chaque grand segment de marché. Il est clair que chaque fois que cet effet sera relativement semblable pour plusieurs de ces segments cela peut conduire à identifier un segment stratégique précis.

Il ne faut pas, là encore, hésiter à faire un juste compromis entre le souhaitable et le possible. Une attitude contraire risquerait d'amener à créér des segments stratégiques dont le coût de fonctionnement serait prohibitif.

Mais cette approche est particulièrement intéressante chaque fois que les facteurs de type marketing ont une très grande influence sur la structure du secteur et le jeu des concurrents.

4. LA SEGMENTATION PAR LA MÉTHODE DES AVANTAGES RECHERCHÉS

Cette méthode est basée sur la recherche des préférences des clients et sur la mise en lumière des avantages qu'ils recherchent à travers le choix d'une offre. C'est un mode de segmentation directement issu de l'analyse marketing et qui donc ne devrait pas avoir sa place dans cet ouvrage. Si elle y figure, c'est pour la bonne et simple raison qu'elle permet de résoudre en partie les problèmes de recherche des facteurs clés de succès et des variables de segmentation issues du marché.

On peut décomposer cette méthode en cinq étapes :

- *choisir un scénario d'usage du produit,*
  ce qui va nécessiter la collecte des données clients,
- *lister les bénéfices potentiels,*
  c'est-à-dire les avantages tels qu'ils sont attendus par le client,
- *sélectionner un sous-ensemble de critères de choix,*
  ce qui va conduire à trouver un algorithme qui permette de classer les bénéfices par ordre de préférence des clients, et ainsi déterminer les bénéfices prioritaires,

– *identifier des segments marketing recherchant des bénéfices spécifiques,* ce qui amènera à un regroupement de clients recherchant les mêmes avantages,
– *décrire l'ensemble des segments identifiés,* afin de pouvoir expliquer l'appartenance à tel ou tel segment marketing donné.

La segmentation par avantages recherchés a permis à ses concepteurs de proposer des choix stratégiques comme ceux indiqués sur le tableau ci-dessous.

AVANTAGES RECHERCHÉS	STRATÉGIE DE SEGMENTATION PRÉFÉRABLE	POSITIONNEMENT POSSIBLE
Similaires ou très proches	Contre-segmentation	– UN SEUL PRODUIT pour tout le marché perçu comme le meilleur par rapport à un ou plusieurs bénéfices majeurs
Proches à modérement proches	Segmentation classique	– STRATÉGIE de DIFFÉRENCIATION PRODUIT, sur les attentes prioritaires d'un segment – DÉCLINAISON D'UNE GAMME de produits différents
Grandement à extrêmement différents	Hyper-segmentation	– SPÉCIALISATION sur un segment après confrontation bénéfices attendus / procurés

Figure 7.13 Avantages recherchés et choix stratégiques[1]

On remarquera que ces choix, « volume », « différenciation », « spécialisation », sont de même nature que ceux proposés lors de la présentation des Stratégies génériques. Cependant on voit bien les limites de cette approche, pour faire des choix stratégiques pertinents, puisque à aucun moment ne sont pris en compte les événements concurrentiels.

1. E. Vernette, *La segmentation par avantages recherchés, outil de stratégie marketing,* Revue Française de Gestion, mars-avril-mai 1989, p. 20.

On peut, donc, utiliser cette méthode comme une première approche des autres méthodes présentées auparavant. En effet, on pourra regrouper des segments marketing, recherchant des bénéfices proches et qui ne nécessitent pas, vus de la direction générale, des investissements distincts.

Très souvent ce type d'approche est facilitée par l'utilisation de cartes perceptuelles (utilisées en marketing) permettant de conceptualiser et de visualiser les comportements des clients ainsi que leurs préférences.

5. UTILISATION DE CES TROIS MÉTHODES

Puisque nous disposons de trois modes de segmentation, efforçons-nous de les utiliser rationnellement. Par expérience, il apparaît opportun de conseiller de procéder de la façon suivante :

- commencer par utiliser la réduction matricielle imaginée par M. PORTER.
- utiliser la méthode proposée par ABELL chaque fois que l'on bloque sur le choix ou la compréhension des critères de l'analyse selon PORTER. En effet, notamment en ce qui concerne le critère « spécificité du marché », l'analyse du couple produit / marché auquel conduit la méthode d'ABELL peut permettre de résoudre la difficulté.
- se servir enfin de la méthode par avantages recherchés si on a un doute sur les facteurs clés de succès ou tout simplement afin de procéder à une vérification de leur validité.

Ces trois méthodes sont à considérer comme complémentaires si on consent à les utiliser ainsi, c'est-à-dire en fait comme un moyen d'optimisation de la segmentation stratégique.

6. SEGMENTATION STRATÉGIQUE, STRUCTURES ET ORGANISATION

Dans le chapitre consacré aux stratégies génériques, il a été mis en évidence que ce sont les Entreprises qui s'enlisent dans la voie médiane, c'est-à-dire celles qui ne font pas clairement le choix d'une stratégie générique, qui ont systématiquement la rentabilité la moins élevée dans leur secteur.

Cependant on est en droit de se demander s'il est réaliste pour une Entreprise de vouloir mener de façon concomitante des stratégies génériques différentes dans divers segments stratégiques :

> la réponse est « affirmative », mais c'est certainement moins facile au niveau du pilotage au jour le jour. Dans l'absolu, il n'y a pas de raison de ne pas y réussir, mais dans la réalité l'Entreprise va devoir résoudre quelques problèmes délicats.

En effet chaque stratégie générique demande la maîtrise d'un avantage concurrentiel différent et donc l'Entreprise va devoir exercer différemment les activités à partir desquelles sera construit cet avantage. (Nous renvoyons à la fin du chapitre consacré à « la chaîne de valeur », outil qui doit permettre à l'Entreprise de mettre en œuvre l'avantage concurrentiel dans chacune des configurations stratégiques décidées).

Une autre question intéressante à se poser est de savoir si, pour une Entreprise, vendre dans différentes zones géographiques n'entraîne pas pour elle la décision de concevoir plusieurs segments stratégiques : en fait ce n'est pas la zone géographique, en elle-même, qui constitue l'élément décisif de décision. La décision dépend de la vision du marché : il existe des marchés à taille locale, régionale, nationale, continentale et même mondiale de par la clientèle visée, le type de l'offre en fait les facteurs clés de succès à maîtriser.

En termes de structures, le raisonnement sera tout autre puisqu'il faudra prendre en compte d'autres critères : la langue, les réglementations du type droit du travail, fiscalité etc.

Un autre point, qui pose parfois problème, est celui du risque de désinvestissement d'une ou de plusieurs lignes de produit. Que faire dans une telle situation ? :

> *Recommandation :* certainement, ne pas « l'insérer » dans un segment stratégique avec d'autres unités, car si la décision de désinvestissement était prise cela pourrait mettre en cause la rentabilité du segment en question ; il est préférable de la mettre en observation en faisant d'elle un segment stratégique, à part entière, jusqu'au moment du choix. Ceci étant, si le désinvestissement de cette ligne de produit devait affecter gravement l'avenir d'un autre segment stratégique, la décision de quitter doit être prise relativement à la survie du segment stratégique concerné. Dans ce dernier cas, en attendant que la décision soit prise, on doit, sans doute, envisager de ne pas la sortir du segment.

Une autre question souvent soulevée à propos de la segmentation stratégique, est de savoir en quoi celle-ci doit influencer les structures et l'organisation de l'Entreprise.

Si la question était posée au niveau du ou des métier(s) de l'Entreprise, la réponse serait que, très clairement, les structures et l'organisation doivent prendre en compte leurs spécificité et à cause de cela une Entreprise n'a nul intérêt à cacher le ou les métier(s) qu'elle exerce, bien au contraire. En d'autres termes, la conception des structures et le mode d'organisation doivent tenir compte des spécificités de chaque métier auquel elles sont dévolues aussi devient-il essentiel de les faire apparaître dans l'organigramme.

Naturellement on pourrait croire que la même logique de raisonnement devrait s'appliquer en ce qui concerne les segments stratégiques. Cependant sur ce point, il faut être beaucoup plus réservé. La raison en tient au fait que cette segmentation sert à choisir le niveau de l'Entreprise où doit être construit l'avantage concurrentiel. Le fait de le faire connaître, c'est d'une certaine façon donner l'occasion aux concurrents d'obtenir à peu de coût des indications très, voire trop précises, sur le mode de conception de sa stratégie. Le danger d'une telle révélation est de permettre aux concurrents d'imaginer beaucoup trop facilement les décisions stratégiques que l'Entreprise peut être amenée à prendre, voire leur permettre de les anticiper ce qui privera cette Entreprise de toute possibilité de déstabilisation de ses adversaires.

Aussi une *recommandation forte* est de conseiller de ne pas la laisser apparaître dans un organigramme qui peut tomber entre des mains étrangères.

Par contre, pour faire jouer les synergies il va devenir nécessaire de créer des structures transversales, permanentes ou temporaires. Il faut reconnaître que cette recommandation va à l'encontre des idées habituellement reçues comme devant servir de base à l'organisation des Entreprises. Il est vrai que suivre cette recommandation va entraîner un risque de déphasage entre l'organigramme et le mode souhaité de fonctionnement et donc un risque de démotivation des personnels à cause des perturbations qui apparaîtraient. Néanmoins rappelons le conseil que donnait, il y a plus de vingt-cinq siècles, SUN TZU :

> *« C'est à la stratégie de l'adversaire qu'il faut s'attaquer. »*

Nous considérons que ce conseil est toujours valable ; encore plus peut-être de nos jours car, et le chapitre premier est explicite sur ce point, on peut se demander s'il y a place pour tous sur le marché aujourd'hui. Raison de plus pour ne pas mettre l'Entreprise en situation d'être contrée.

Par contre il est essentiel de se prémunir contre ces risques. La solution réside très certainement plus dans la compréhension que tout l'encadrement doit avoir de la stratégie concurrentielle que dans l'organisation elle-même, qui ne doit jamais apparaître comme figée. On sait trop bien ce qu'il advient des organisations, lorsqu'elles ne sont pas supportées par l'adhésion de tous ; c'est donc bien sur les dimensions « compréhension » et « adhésion » qu'il faut jouer bien plus que sur l'organisation elle-même.

7. SEGMENTATION STRATÉGIQUE DES PRINCIPAUX CONCURRENTS

Devant l'intérêt que présente la segmentation stratégique pour une Entreprise, on ne peut pas ne pas se poser la question de savoir comment les principaux concurrents abordent leur segmentation stratégique et pour cela il faut tenter de la reconstituer.

Bien entendu l'exercice est particulièrement difficile, voire même périlleux. Et pourtant on ne peut que recommander sa mise en œuvre, au moins pour ce qui concerne les principaux d'entre eux.

Pour cela il va falloir comprendre comment ils réalisent et à quel coût, comment ils financent ou obtiennent leurs ressources, comment ils répartissent leurs coûts de R & D, les réseaux communs qu'ils peuvent utiliser pour écouler des productions etc. : en un mot comprendre leur métabolisme.

Cette étude va, très souvent, révéler qu'ils mettent en œuvre des segments stratégiques différents des nôtres parce que :

– notamment ils viennent d'horizons différents, donc avec une autre culture stratégique,
– ou qu'ils répartissent autrement leurs coûts, parfois les amortissent sur des segments où nous sommes absents,

ceci peut amener à réfléchir sur une « non-présence » actuelle de l'Entreprise, sur telle ou telle partie du champ de bataille et permettre de comprendre qu'à terme les chances de survie sont relativement faibles et commencer à se resituer sur un front plus favorable.

Dans tous les cas, il est devenu essentiel de bien mettre en évidence :

– les concurrents ayant des segments stratégiques dont les frontières sont relativement identiques à celles des segments de l'Entreprise,

– les segments stratégiques de concurrents dont les frontières sont plus larges que celles de segments existants dans l'Entreprise,
– les segments stratégiques mis en œuvre par des concurrents, qui n'ont aucune existence dans l'Entreprise.
– le tableau ci-après montre une représentation possible de cette étude :

Concurrents \ Segments stratégiques	1	2	3	4	5	6	7
L'Entreprise	X	X	X	X			
Concurrent A	X	X		X	(X)		(X)
Concurrent B	X	[X]	X				
Concurrent C		[X]	X			(X)	
Concurrent D	>X<			X			(X)

X Segments stratégiques ayant des frontières proches

[X] Segments stratégiques ayant des frontières plus larges

(X) Segments stratégiques n'existant pas dans l'Entreprise

>X< Segments stratégiques ayant des frontières plus étroites

La réalisation d'une bonne analyse concurrentielle passe par une parfaite connaissance de ses propres concurrents.

Attention cependant :

> si l'étude des concurrents est aussi très instructive pour la propre segmentation d'une Entreprise, notamment pour déterminer le contour de ses segments stratégiques, il faut éviter les erreurs de confusion en comprenant que ces mêmes concurrents peuvent procéder d'une autre logique stratégique.

Nous reprendrons ce point quand nous reviendrons sur la veille concurrentielle.

8. RECHERCHE DE NOUVEAUX SEGMENTS STRATÉGIQUES

Dans ce chapitre et jusqu'à maintenant, il n'a été question essentiellement que de méthodes pour permettre de déterminer la réalité des segments stratégiques mis en œuvre par l'Entreprise, sans proposer de méthode d'analyse pour permettre un examen rationnel des nouveaux segments que celle-ci pourrait créer.

Dans une première réflexion, on peut considérer que les frontières des segments stratégiques actuels doivent être influençées par tout changement important au niveau :

- des technologies à maîtriser,
- du comportement des consommateurs,
- dans les modes de distribution.

Ces trois critères peuvent aussi servir à pratiquer une démarche de type heuristique en se posant des questions du genre :

- ai-je des segments stratégiques pour couvrir d'autres comportements du consommateur ?
- existe-t-il des canaux de distribution non couverts par les segments existants ?
- mes technologies sont-elles utilisées partout où cela est possible ?

Les reflexions induites par ce type de questions permettent d'envisager la création de nouveaux segments stratégiques.

En ce qui concerne les nouvelles technologies, il est pertinent de noter que la domination technologique revient à se construire une ligne « Maginot », c'est-à-dire un ensemble dont le franchissement en direct est pratiquement impossible. La création de nouveaux segments stratégiques basés sur de nouvelles technologies est une façon de contourner les défenses de l'adversaire. On sait ce qu'il en fût en 1940.

Mais aussi l'observation des mouvements stratégiques et les positions occupées par les concurrents, d'où l'importance d'essayer de comprendre la segmentation stratégique des principaux d'entre eux.

Une seconde approche nous est fournie par l'utilisation d'une méthode japonaise mise au point par HITACHI, basée sur l'usage d'une matrice ATTRAITS /

ATOUTS (de type MCKINSEY), avec cotation. Nous décrirons cette méthode après avoir étudié la matrice d'origine au chapitre suivant.

Un troisième mode de recherche est fourni par la compréhension des « core competence » ou compétences de base, concept qui a été longuement évoqué dans le chapitre sur l'environnement à propos des « 3C » (champ concurrentiel conceptuel).

Il est certain que la définition, pour une Entreprise de ses « 3C », l'autorise à analyser la pertinence d'ouvrir de nouveaux segments stratégiques dans de nouveaux secteurs économiques en occupant une place dans de nouvelles filières. Si cette analyse est bien menée, les chances de succès de ces nouveaux segments stratégiques est grande, et ce d'autant plus que les adversaires sont le plus souvent surpris par l'arrivée d'un tel « nouvel entrant » et donc sont généralement mal préparés pour lui résister.

Par exemple si la Société BIC avait considéré que sa « core competence » était le stylo à bille, elle aurait certainement eu un développement différent de celui qui a été le sien. Mais lorsqu'elle a compris qu'en fait sa « core compétence » était la production et la domination de modes de commercialisation spécifiques de « produits jetables », alors elle s'est dirigée avec le succès connu vers les briquets et les rasoirs jetables.

Dans un autre domaine, celui de l'horlogerie, un changement technologique majeur : l'introduction du circuit imprimé a mis à mal les fabricants de montres classiques et a permis à des Entreprises possédant cette technologie de les remplacer en grande partie.

Focus

Tout au long de ce chapitre a été mis en évidence le fait qu'il n'existe pas de procédure rigoureuse pour réaliser le découpage stratégique d'une Entreprise. Il n'est peut-être pas inutile d'en rappeler les raisons mais aussi de montrer que cela ne doit pas pour autant en limiter l'utilisation.

Tout d'abord, même si la méthode proposée par Michael PORTER s'appuie sur une technique mathématique, la réduction matricielle, celle-ci ne sert pas à la décision mais permet, uniquement, de réduire les options de découpage possibles sans pour autant assurer la qualité de ce découpage. Cependant, il ne faudrait pas croire que cette méthode soit subjective ; elle se fonde sur des critères objectifs (en termes de clients, modes de distribution, technologies...) ainsi que sur les facteurs clés de succès, néanmoins elle laisse place à des choix de la part de la direction générale.

La segmentation stratégique est un exercice très complexe pour de très nombreuses raisons :

– ce n'est pas une méthode scientifique ni une science exacte. Donnons deux exemples :

  si on considère le cas d'une Entreprise fabriquant des « détergents », elle va certainement s'efforcer de les vendre à des « ménagères » et à des « collectivités ».

  La technologie pour fabriquer ces produits sera la même, mais les forces de vente seront, elles, différentes car les deux marchés doivent être approchés différemment.

  Pour cette raison, il y aura lieu, sans aucun doute, de constituer deux segments stratégiques.

On peut aussi prendre le cas d'une Entreprise qui utiliserait le même outil industriel et la même force de vente pour deux produits différents et donc soit conduite à n'en faire qu'un même segment stratégique. Que devient la situation pour une autre Entreprise qui ne fabriquerait qu'un seul de ces deux produits ? Quelles frontières sont les bonnes ?

– risque d'interférence avec la segmentation marketing (parce qu'entre autres les segments appartiennent à la même Entreprise, peuvent utiliser soit les mêmes ateliers de production, soit les mêmes réseaux commerçiaux etc.),

La raison première tient au fait que, lorsqu'on démarre pour la première fois ce type d'analyse, on a trop souvent tendance à se situer à un niveau intermédiaire, tel le niveau marketing, pour retenir les valeurs prises par les critères de segmentation et plus difficilement se situer au bon niveau stratégique.

La deuxième tient au fait que si l'on ne procède pas à des regroupements à un niveau stratégique, il peut se produire que l'on soit amené à construire des matrices inutilement trop importantes, multipliant ainsi le nombre de segments stratégiques en résultant.

– nécessité d'une bonne connaissance des concurrents.

Le conseil que l'on peut donner, c'est de ne pas « se crisper », de comprendre que la segmentation change dans le temps avec, par exemple, les changements technologiques. Il faut donc démarrer le processus puis vérifier que cette nouvelle compréhension du comportement stratégique de l'Entreprise lui permet de s'adapter, mieux que par le passé, aux évolutions de l'environnement et aux mouvements stratégiques des adversaires.

Mais le point important est de bien saisir que la segmentation stratégique n'induit pas, en elle-même, des risques stratégiques par rapport à une non-segmentation, bien au contraire. Il n'y a donc pas lieu de se priver de ses apports, principalement en ce qui concerne le choix des lieux d'allocation de ressources pour construire l'avantage concurrentiel.

La segmentation stratégique doit aussi être liée au concept des « 3C » et donc à l'utilisation des « cores competences ». Ce concept permet, comme nous l'avons vu, de définir de nouveaux segments stratégiques hors des lieux traditionnels de lutte concurrentielle de l'Entreprise : ceci lui permet de contourner les défenses d'autres adversaires en tentant de les déstabiliser par la vitesse et la surprise (deux des enseignements majeurs de l'art militaire qui ont été explicités au chapitre 4).

QUATRIÈME DOMAINE

Le portefeuille stratégique de l'entreprise

« Le succès en stratégie dépend d'abord et avant tout d'une évaluation approfondie et réaliste de la situation. »
LIDDELL HART

« Celui qui essaie de défendre tout le front ne défend rien. »
Frédéric II (dit le GRAND)

1 • Les points communs des modèles de portefeuille BCG, A.D.L. et McKinsey
2 • La matrice du Boston Consulting Group
3 • La matrice d'Arthur D. Little
4 • La matrice de McKinsey
5 • La comparaison des 3 outils et détermination du champ d'application
6 • Le portefeuille et la technologie
7 • Les segments stratégiques nouveaux
8 • L'intérêt de l'analyse et gestion du portefeuille

Toutes les Entreprises qui ne sont ni mono-produit ni mono-marché se trouvent dans la situation d'avoir à comparer et gérer des segments stratégiques différents à l'intérieur de domaines d'activité différents. Elles ont besoin pour cela de posséder des méthodes qui soient à la fois : « conceptuelles » et « homogènes » :

- *« conceptuelles » pour fournir un cadre de référence et à partir de là des outils permettant une rationalisation des choix stratégiques,*
- *« homogènes » pour permettre de comparer, à l'identique, les segments stratégiques.*

Depuis plusieurs décennies, des chercheurs ont tenté de mettre au point une méthode exhaustive et universelle. Apparemment nous en sommes encore loin. Cependant des progrès importants ont vu le jour, depuis qu'en 1965 un groupe de professeurs de la HARVARD BUSINESS SCHOOL a publié ses travaux pour présenter une première méthode souvent baptisée « méthode de l'école d'HARVARD ». Cette méthode est basée sur le diagnostic de « l'interne » de l'Entreprise et sa comparaison avec « l'externe ». On reconnaîtra là : d'une part « menaces et opportunités » et d'autre part « forces et faiblesses », une méthode qui aboutit à construire une matrice du type « TOWS ». Cette matrice est et demeure très intéressante pour étudier le rapport de l'Entreprise avec son environnement, mais bien entendu répond assez mal aux besoins que nous avons explicités en tête de ce chapitre.

Fort heureusement d'autres chercheurs se sont intéressés à répondre à ces besoins et le résultat de leurs travaux se traduit par l'existence de trois types d'outils permettant aux Entreprises de :

- déterminer si les segments actuellement gérés vont autoriser la réussite de la stratégie corporate,
- vérifier les chances de survie de ces mêmes segments dans l'environnement où ils se trouvent.

C'est ainsi, notamment à la demande de GENERAL ELECTRIC, que des cabinets comme le BOSTON CONSULTING GROUP et Arthur D. Little ont imaginé des outils en s'inspirant de l'approche la plus connue à l'époque, c'est-à-dire la démarche marketing. Assez rapidement les Entreprises se sont rendu compte que ces outils, malgré tout leur intérêt, ne permettaient pas réellement de construire des stratégies gagnantes et surtout ne permettaient pas de comprendre pourquoi certaines Entreprises étaient gagnantes et d'autres pas.

Néanmoins, ainsi que cela apparaîtra en fin de ce chapitre, ces outils doivent être encore régulièrement utilisés car ils sont porteurs d'outils très précieux pour l'analyse stratégique à condition de les utiliser rationnellement, c'est-à-dire de ne leur demander uniquement que ce qu'ils sont susceptibles d'apporter.

Ces premiers outils ont été utilisés, à l'époque, pour gérer des lignes de produit puique le concept de segment stratégique n'était pas connu ; aujourd'hui il faut intégrer dans l'analyse les segments stratégiques.

Nous disposons aujourd'hui de plusieurs types d'outils dont chacun présente des avantages spécifiques mais aussi leurs propres limites. Tout d'abord :

- nous examinerons trois matrices qui ont été conçues respectivement par le Boston Consulting Group, A.D. Little et McKINSEY,
- puis nous considérerons une méthode imaginée par HITACHI à partir des outils du BCG et de McKINSEY.
  On appelle communément ces outils : le « portefeuille d'activités » de l'Entreprise.

Nous constaterons alors que l'influence du critère « technologie » étant peu pris en compte par ces outils, il va devenir nécessaire d'utiliser certains d'entre eux de façon un peu différente chaque fois que celle-ci aura une influence certaine dans le secteur.

Avant d'entamer l'étude de ces outils rappelons que le but de cette étape de la démarche est d'expliciter aussi clairement que possible :

- où l'Entreprise réalise son chiffre d'affaires,
- et les diverses possibilités actuelles d'allocation de ressources, en mettant en exergue parmi l'ensemble des segments stratégiques ceux qui présentent les plus grandes chances de succès.

1. POINTS COMMUNS DES MODÈLES DE PORTEFEUILLE BCG, A.D.L. ET McKINSEY

On peut mettre en évidence une approche commune pour étudier le portefeuille :

- établir la segmentation stratégique de l'Entreprise,
- analyser grâce aux outils de portefeuille les segments stratégiques, en usant de deux axes permettant de situer l'Entreprise par rapport à ses concurrents et à la qualité de l'environnement,

– positionner l'ensemble des segments sur un même outil, afin de pouvoir les comparer,
– analyser le portefeuille sous deux aspects : stratégique et économique,
– se garder de définir immédiatement des choix stratégiques, mais les utiliser comme une source de réflexion pour enrichir la suite de la démarche.

Commençons donc par les trois matrices qui, bien entendu, sont utilisées pour mettre l'Entreprise en relation avec son environnement.

On peut les présenter, ainsi que le montre le tableau ci-après, en mettant en évidence le mode de raisonnement qui a servi à les concevoir ; c'est-à-dire en partant des critères génériques utilisés pour qualifier la qualité de l'environnement et la capacité de l'Entreprise à y survivre :

		CRITÈRE D'ENVIRONNEMENT	CRITÈRE D'ENTREPRISE
MATRICES QUANTITATIVES	BCG (années 60, 1re version)	Croissance du secteur	Part relative de marché
	2e version	Croissance du secteur	Position concurrentielle
	ADL	Maturité du secteur	Position concurrentielle
MATRICE QUALITATIVE	McKINSEY	Attraits du secteur	Évaluation des atouts

Nous allons étudier chacun de ces outils et voir quelle aide une Entreprise peut en retirer pour faire des choix pertinents.

2. LA MATRICE DU BOSTON CONSULTING GROUP[1] (des années 60)

Il s'agit du plus ancien outil de portefeuille d'activités de l'Entreprise qui soit utilisé. C'est un excellent outil d'un point de vue pédagogique, aussi est-il particulièrement intéressant de l'utiliser pour se familiariser avec les outils du type matrice.

1. BCG, Note rédigée par B.D. HENDERSON : « L'effet d'expérience ».

Il a été mis au point par le BCG (Boston Consulting Group) au début des années 60, c'est-à-dire à une époque où la croissance était forte et où « rentabilité » et « part de marché » étaient très souvent liées.

1. La « courbe d'expérience »

Dans les années 60, une des grandes innovations, en termes de pensée stratégique, a été de relier les choix stratégiques à la compréhension du rôle des coûts. Le résultat de l'effet d'expérience sur les coûts en est un bon exemple. La courbe d'expérience, qui est le résultat de cet effet, est basée sur le concept de l'effet rétroactif de l'expérience. Ce concept a été énoncé par le BCG ainsi :

> « Les coûts de valeur ajoutée baissent d'environ 20 à 30 pour cent en termes réels à chaque fois que la production cumulée (ou expérience) double. »

La représentation graphique de ce concept, en utilisant une échelle semi-logarithmique, se présente ainsi :

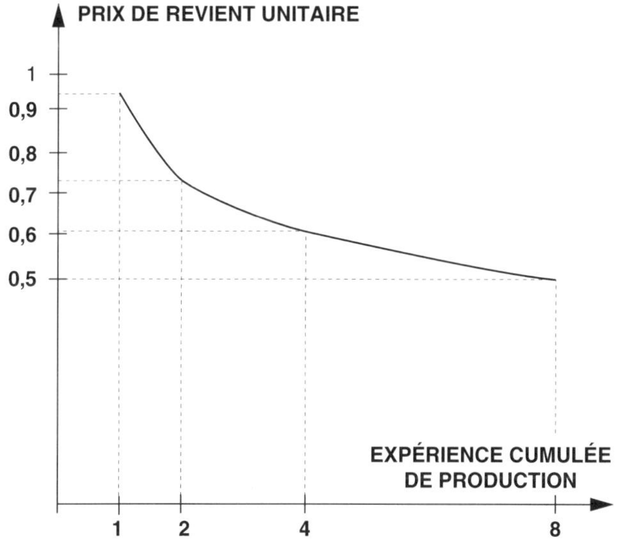

Figure 8.2 Courbe d'expérience

Ces réductions de coûts sont observées après avoir éliminé l'effet de l'inflation.

Cette théorie s'est trouvée vérifiée dans un grand nombre de marchés tels que : la FORD T, les composants noir et blanc et composants couleur en télévision, les semi-conducteurs etc.

Le point clé pour les Dirigeants est de noter que l'effet d'expérience ne joue que si l'Entreprise a mis en place une organisation permettant de tirer les meilleurs résultats du phénomène de l'« apprentissage ». Cet apprentissage est d'autant plus délicat à optimiser, qu'il doit concerner toutes les activités de l'Entreprise, alors même que les gains espérés ne sont pas du même niveau pour toutes. En effet on peut espérer obtenir plus de baisse des coûts dans l'activité « production » qu'en « marketing », et pourtant renoncer à optimiser toutes les fonctions n'est pas pertinent en termes de culture d'Entreprise.

Comment vérifier que l'effet d'expérience joue bien dans un secteur déterminé ?

Il faut :

- *mesurer, sur les dernières années, le taux d'amélioration des coûts à francs constants et de la productivité, mesurée par exemple en nombre d'heures par poste,*
- *noter la pente de la courbe obtenue,*
- *ne pas se contenter de faire ces deux études seulement pour les principaux produits mais aussi pour les principaux composants et les principales activités relativement coûteuses,*
- *faire le plus possible de comparaisons avec les concurrents.*

• Les limites de la courbe d'expérience

Cependant croire absolument en la courbe d'expérience peut se révéler dangereux, car il n'est pas possible d'extrapoler cette baisse indéfiniment. Par ailleurs, la baisse des coûts espérée peut être remise en cause si l'une des conditions nécessaires n'est plus remplie.

Déterminer sa courbe d'expérience est, d'ailleurs en soi, très délicat car elle va dépendre :

- du choix de la base retenue pour la construire,
- de la vitesse et du degré de descente de la pente,
- du degré de spécialisation de l'offre et ses effets, en termes de coûts induits, sur chacune des activités.

La courbe d'expérience possède des limites qui sont dues :

- aux économies d'échelle
- à l'apprentissage de la main-d'œuvre.

On comprend bien que si des concurrents se mettent à pratiquer des stratégies offensives, celles-ci vont, très certainement, se traduire par des baisses du prix de vente, ce qui va annuler en tout ou partie le résultat attendu des économies d'échelle possibles. Dans le même ordre d'idées, si un ou des concurrents arrivent avec un outil de production plus moderne et plus efficace, alors le volume de la production cumulée des autres n'aura plus le même degré d'influence sur leurs coûts.

En règle générale les limites de la courbe d'expérience proviennent de :

- l'importance relative des coûts, et donc des prix, par rapport aux autres critères d'achat des clients,
- l'innovation qui a pour effet d'annuler l'avantage du cumul de production. En règle générale on peut considérer que la technologie lorsqu'elle devient source d'innovation a un effet contraire à la baisse des coûts,
- l'effet d'expérience ne se poursuit pas de façon continue. En effet, il est des cas où la pente de la courbe évolue et augmente fortement dès que l'on a dépassé une certaine expérience de production en volume. Il faut éviter de sous-estimer les effets possibles d'augmentation des quantités vendues et donc produites, ainsi que des progrès technologiques,
- par ailleurs, lorsqu'on compare sa position sur la courbe d'expérience par rapport à ses principaux concurrents, il faut tenir compte du fait que la baisse des coûts n'est pas identique pour toutes les activités : ainsi les gains, en valeur mais aussi en pourcentage, sont plus importants en production qu'en commercial. Il faut, de ce fait, examiner la baisse des coûts par activité. Puis on examinera la façon dont les concurrents remplissent ces mêmes activités pour essayer de deviner où ils se situent (cet aspect sera explicité au chapitre traitant de la chaîne de valeur). Si tel concurrent se positionne mieux que nous, sur cette courbe, la vraie problématique n'est plus de produire plus mais autrement.

Nous n'irons pas plus loin dans l'analyse des divers facteurs influencés par la courbe d'expérience et renvoyons le lecteur intéressé aux travaux du BCG.

• Application à la matrice du Bcg

On voit que dans les secteurs où peut jouer cet effet, la croissance du secteur et la part de marché que détient l'Entreprise deviennent des indices pertinents à suivre. En effet une part de marché élevée conduit généralement à de bas niveaux de coût par rapport aux Entreprises n'en détenant qu'une faible part, puisque ces dernières ne peuvent progresser que plus lentement sur la courbe d'expérience. De même, plus la croissance du secteur est forte et plus vite l'on progresse à part de marché égale sur cette courbe, favorisant encore une fois les Entreprises ayant de fortes parts de marché :

– De ce fait, être le premier à détenir une forte part de marché dans ce type de métier, devient un atout stratégique majeur qui peut justifier des dépenses élevées ;
– *A contrario,* être en retard sur les concurrents peut devenir, à la limite, un handicap trop fort pour être surmonté.

Il ne faut donc pas attendre d'en arriver là ; aussi faut-il analyser régulièrement l'évolution de ses coûts, comparer la pente trouvée à celle qui serait convenable et éventuellement corriger les écarts pendant qu'il en est encore temps. Il faut prendre conscience que si l'Entreprise n'est plus capable de progresser en termes de productivité ou à même de faire les corrections utiles pour annuler les écarts constatés, c'est qu'elle est en train de perdre sa compétitivité et donc de se disqualifier en termes de métier, ce qui est gravissime.

En fait, la matrice du Bcg est un outil qui doit permettre de faire la balance entre :

– les unités de l'Entreprise qui sont génératrices de liquidités,
– et celles, au contraire, qui en sont consommatrices.

Elle devient, ainsi pour les Entreprises multi-produits, un instrument de gestion des choix à opérer.

La construction de la matrice ayant comme critères la croissance du secteur et la part de marché détenue par l'Entreprise, permet d'obtenir un graphique qui définit, selon le Bcg, les activités de la firme.

La matrice (ci-contre) présente 4 quadrants qui sont ainsi qualifiés :

– *le quadrant en haut à gauche :*
  les produits « Vedettes » ou aussi appelés « Stars » puisque l'Entreprise occupe une part de marché importante dans un secteur en forte croissance : ces segments génèrent de la croissance pour l'Entreprise. Par ailleurs s'ils génèrent habituellement beaucoup de liquidités, certainement

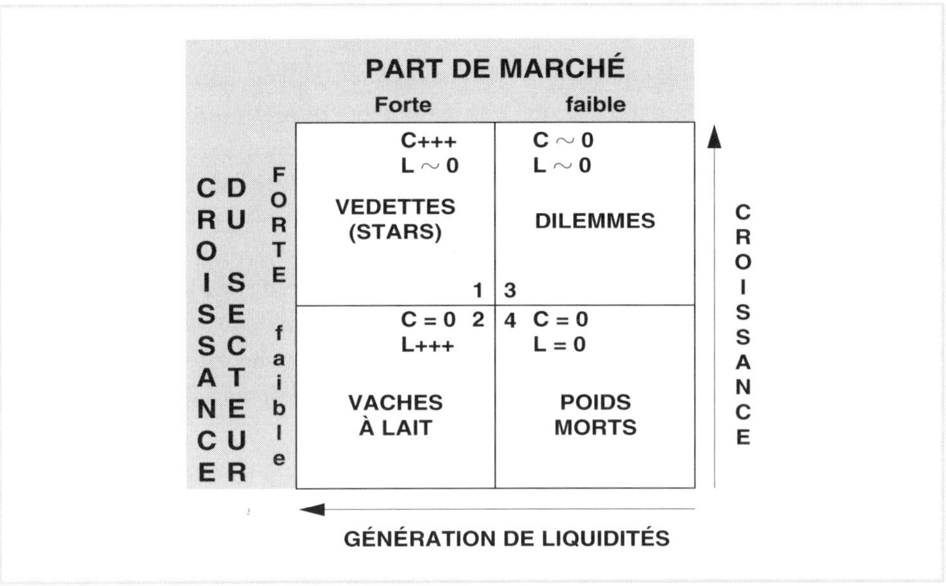

Figure 8.3 Matrice du BCG des années 60

ils en consomment aussi beaucoup pour payer le coût de la croissance. En général, ils permettent une forte croissance de la firme avec un cash-flow net équilibré. En atteignant leur maturité les marchés cessent de croître et si on a conservé la part de marché les vedettes passent dans le quadrant en bas à gauche.

– *le quadrant en bas à gauche :*
  les produits « VACHES À LAIT », car l'Entreprise conserve des parts de marché importantes dans un marché à faible croissance, sans croissance aucune voire en décroissance. Ces produits ne nécessitent plus d'investissements importants, ils deviennent générateurs de liquidités importantes entraînées par la part de marché qui peuvent être utilisées pour soutenir la croissance d'autres segments.

– *le quadrant en haut et à droite :*
  les « DILEMMES » car ces produits se situent sur des marchés en forte croissance mais qui n'offrent à l'Entreprise aucune réelle chance de se créer des liquidités ou de la croissance étant donné les faibles parts de marché détenues. En fait ils sont consommateurs de liquidités et si l'Entreprise ne fait pas le nécessaire, elle est en train de se fabriquer les « POIDS MORTS » de demain.

– *le quadrant en bas à droite :*
  les produits situés dans cette zone sont appelées : « POIDS MORTS ». En effet ils ne génèrent que faible croissance pour la firme ainsi que faible liquidité. Ils semblent n'avoir que peu d'intérêt pour la firme, car ils risquent de se refermer sur l'Entreprise comme un piège. En effet ils ne généreront, sans doute, jamais de fortes liquidités et l'Entreprise aurait intérêt à utiliser ailleurs ses ressources.

Le premier constat que permet de faire cette matrice est de voir en termes de degré de maturité l'âge du portefeuille de segments stratégiques de l'Entreprise. Ce point sera développé en fin de chapitre lorsque après avoir examiné d'autres outils sera traitée la « gestion du portefeuille ».

• Construction de la matrice

La présentation en 4 quadrants égaux est une facilité de présentation. En fait les indications que l'on peut retirer de cet outil dépendent du choix de positionnement des deux axes :

– l'axe vertical en déterminant le taux de croissance minimum à partir duquel on estime que le marché est réellement en croissance et par là même autorise de considérer que l'Entreprise peut avoir des « stars »,
– et l'axe horizontal dont le choix de l'échelle permet de donner un sens et une signification à la situation de leader.

En ce qui concerne l'axe vertical, le BCG a fait le choix, au moment de la conception de l'outil, de positionner l'axe de séparation pour une croissance comprise dans un intervalle entre 7 et 15 %, et l'habitude s'est installée de le situer au niveau de 10 % ; on considérait que toute ligne de produit servant un marché dont le taux de croissance était inférieur à cette valeur ne participait que faiblement à la croissance de l'Entreprise et donc ne pouvait se prévaloir de l'appellation de « STAR ».

Il est évident que, depuis quelques années, rares sont les marchés ayant encore un tel taux de croissance. De ce fait deux écoles de pensée coexistent aujourd'hui :

– la première conserve ce taux de croissance, considérant qu'il ne peut y avoir de vedette si le marché n'atteint pas au moins ce niveau de croissance et que par ailleurs si on remet en cause les bases de construction de la matrice il existe de fortes chances pour que les conclusions que l'on tire de son utilisation se révèlent fausses,

– la seconde qui considère que nous vivons une période d'un cycle économique au cours de laquelle la croissance n'est plus assurée, qu'il faut donc en tenir compte et qu'il est peut être plus raisonnable de le situer autour de 5 % (c'est-à-dire en-dessous du bas de l'intervalle recommandé par le BCG).

Chacune de ces deux positions entraîne son lot de contraintes :

– si l'on choisit la première école on risque, compte tenu du taux de croissance actuel dans nombre de domaines d'activité, d'avoir les segments stratégiques concentrés partout sauf dans le quadrant supérieur gauche, ce qui paraît limiter d'autant l'utilisation de l'outil ;
– mais si l'on choisit la seconde proposition on risque d'utiliser l'outil de façon peu pertinente.

Il faut donc, peut-être, faire un choix en fonction des secteurs où on se trouve, mais dans tous les cas il est nécessaire que ce taux de croissance couvre au moins le besoin net de trésorerie. Notre expérience nous induit à ne pas recommander de s'écarter par trop du taux de 10 %.

Pour ce qui concerne l'axe horizontal, on exprime la part de marché en termes de « part de marché relative par rapport au leader ». On l'exprime donc par un rapport : par exemple entre le chiffre d'affaires de l'Entreprise dans le domaine de référence et celui réalisé par le plus important concurrent. Parfaitement situer cet axe revient à poser la question suivante :

Qu'est qu'un leader ? et peut-on considérer, en termes d'analyse stratégique, qu'est systématiquement leader une Entreprise réalisant le plus grand chiffre d'affaires dans un secteur donné ?

Il semble qu'il soit pertinent de considérer qu'à lui tout seul ce critère (réaliser le plus grand chiffre d'affaires) ne soit pas suffisant pour justifier la réalité de la position de leader. Il faut, semble-t-il, pour être considéré comme un leader qu'existe vraiment une différence beaucoup plus marquée avec les poursuivants.

Suivant le nombre de concurrents présents sur le marché, cette différence doit être sélective. Il semble raisonnable, dans un marché où de très nombreux concurrents sont présents, de considérer que le leader doit réaliser un chiffre d'affaires supérieur d'au moins 10 % par rapport à ses poursuivants ; alors que dans un secteur où le nombre de concurrents serait relativement faible voire très faible, cette avance pourrait être de 20 voire 25 %.

C'est sur ces bases qu'il est recommandé de construire cette matrice, en choisissant d'user d'une échelle arithmétique pour l'axe vertical (croissance du marché), et une échelle logarithmique pour l'axe horizontal (part relative de marché). Il est en effet préférable d'utiliser, pour le second axe, une échelle logarithmique car les parts de marché détenues par différents concurrents peuvent aller jusqu'à des rapports de 1 à 20, voire quelquefois plus.

Une dernière précision est nécessaire pour assurer le positionnement des segments stratégiques en calculant leur part de marché relative par rapport à celle du leader. Par exemple :

- donnons la valeur 100 à la part de marché détenue par le leader « L »,
- le concurrent « A », second sur le marché a une part égale à 70,
- le concurrent « B » : 40 ;

positionnement du concurrent « A » :	70 / 100 =	0,70
concurrent « B » :	40 / 100 =	0,40
leader « L » :	100 / 70 =	1,43.

Dans le cas du leader, on calcule son positionnement par rapport à la part de marché détenue par le suivant.

Le tableau qui suit est un exemple de construction de cette matrice. On fera figurer chacun des segments stratégiques sous forme d'un cercle dont le diamètre est proportionnel au pourcentage du chiffre d'affaires réalisé par chacun des segments par rapport au chiffre d'affaires total de l'Entreprise.

SEGMENT	CROISSANCE DU SECTEUR EN %	PART DE MARCHÉ DE L'ENTREPRISE EN %	PART DE MARCHÉ DU LEADER EN %	POSITION RELATIVE (1)
a	– 5	21	14	1,5
b	– 2	16	19	0,84
c	– 1	6	20	0,3
d	+ 7	32	17	1,88
e	+ 13	20	37	0,54

$$\text{(1) Ratio} = \frac{\text{Part de marché de l'Entreprise}}{\text{Part de marché du leader (ou du n° 2 si l'Entreprise est leader)}}$$

Figure 8.4 Tableau de calcul

On obtient, alors, une matrice telle celle présentée ci-dessous :

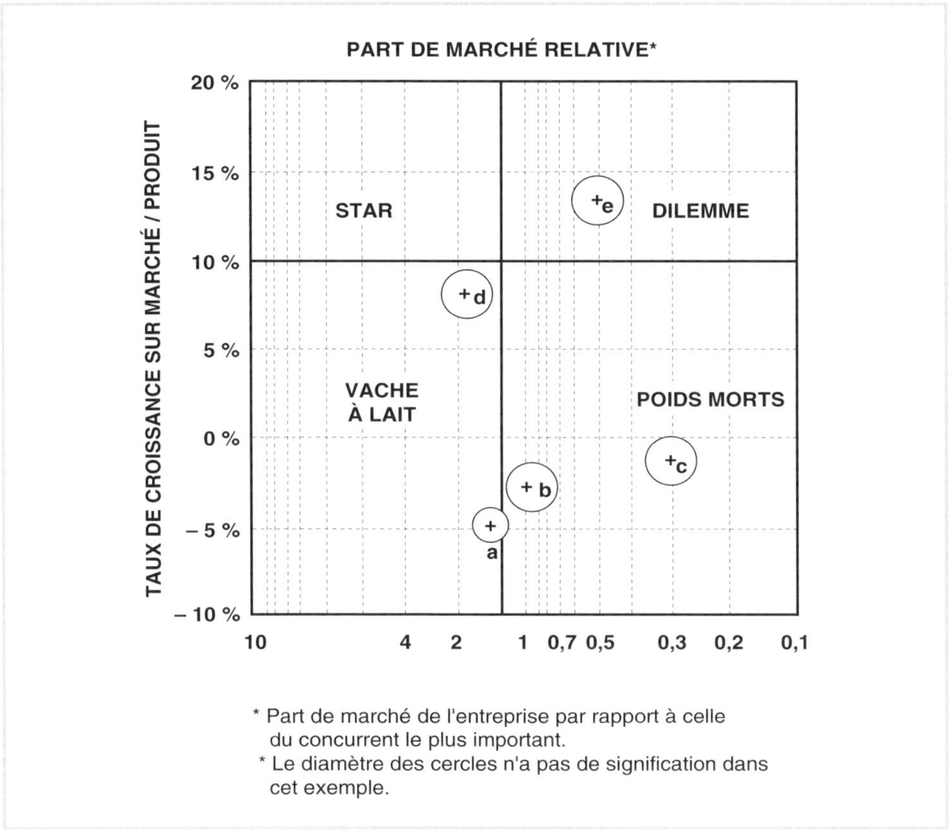

Figure 8.5

• Recommandations d'usage de la matrice du BCG

À partir de ce positionnement il y a été proposé un certain nombre de recommandations stratégiques :

VEDETTES :

– investir pour maintenir la position de leader, en tirant les ressources d'abord de l'autofinancement et en cas de besoin supplémentaire essentiellement des « vaches à lait » et éventuellement des désinvestissements des « poids morts ». Logiquement elles devraient se trouver en situation d'équilibre sur le plan financier si la croissance est devenue modeste.

Lorsque la croissance du marché baissera elles deviendront, naturellement, des vaches à lait si l'on a su défendre la part de marché.

VACHES À LAIT :

– rentabiliser et récolter, ne pas se laisser tenter par des investissements importants car il est plus réaliste d'affecter les ressources dégagées à d'autres segments stratégiques situés dans un autre quadrant par exemple des « vedettes » ou des « dilemmes » si cela est nécessaire et justifié.

POIDS MORTS :

– abandonner (vendre si ce n'est pas déjà trop tard), se maintenir sans investissement ou se spécialiser sur un segment particulier notamment en tentant de se différencier.

DILEMMES :

– investir, ou s'associer pour gagner, ou abandonner avant d'avoir trop investi ; voire tenter de resegmenter le marché pour voir s'il existe une partie du champ de bataille sur lequel on possède plus de chance de survie.

À partir de ces recommandations, on peut, comme le propose le BCG, déterminer des scénarios de succès et des scénarios d'échec.

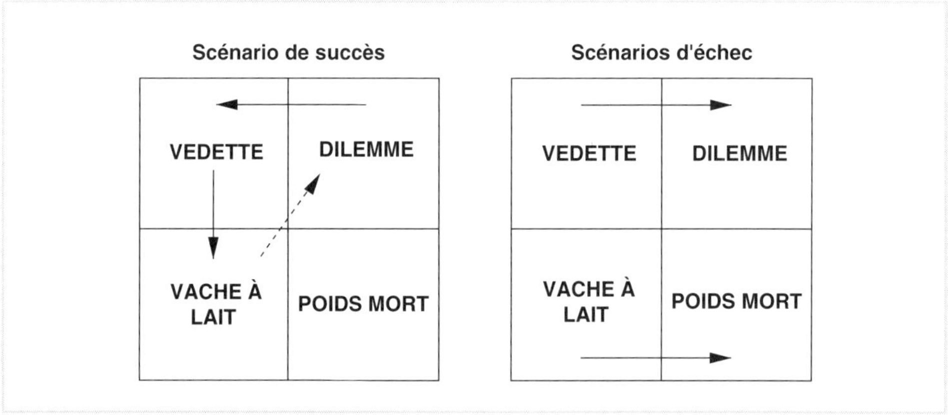

Figure 8.6 Schéma des scénarios

Il y a tout de même lieu d'attirer l'attention sur le fait qu'un pourcentage notable des Entreprises qui tentent de faire passer des segments d'une position de DILEMME à celle de VEDETTE n'y réussit pas. Bien au contraire elles subissent des désastres car elles mesurent souvent très mal l'intensité du besoin capitalistique nécessaire pour payer le coût de la croissance multiplié par autant de fois que l'on veut faire croître sa part de marché pour figurer dans le peloton de tête. La grande majorité des Entreprises – on cite parfois le pourcentage de 85 % – qui choisissent d'appliquer ce scénario sont amenées à abandonner soit par manque de moyens financiers soit par renoncement devant les difficultés et les aléas.

Il est très intéressant de comparer l'évolution des ventes, au niveau de chaque segment stratégique, par rapport à celle de la demande, c'est-à-dire voir comment évolue en termes de croissance le portefeuille. Ainsi être à même de déterminer le pourcentage du chiffre d'affaires qui évolue plus vite ou moins vite ou comme la demande.

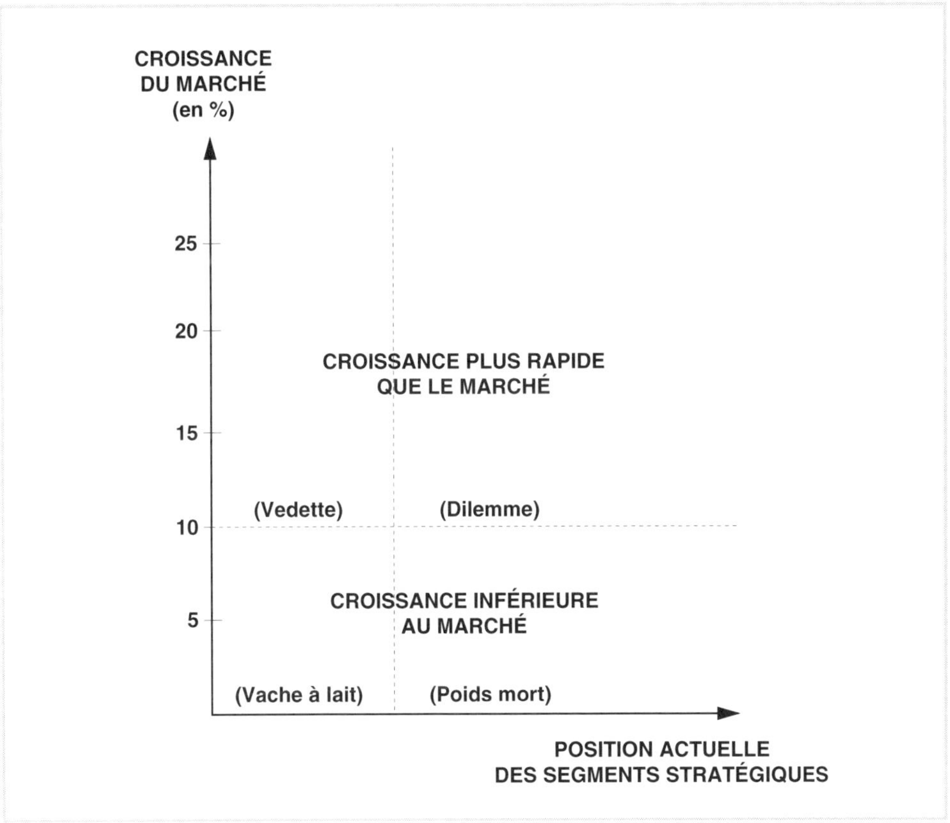

Figure 8.7 Schéma de croissance du portefeuille

• Erreurs stratégiques à éviter

Ce même schéma peut être conçu, non pas en regardant l'évolution du chiffre d'affaires, mais en fonction de l'évolution de la capacité de production c'est-à-dire le niveau des investissements. Ce deuxième schéma permet d'éviter certaines erreurs stratégiques majeures.

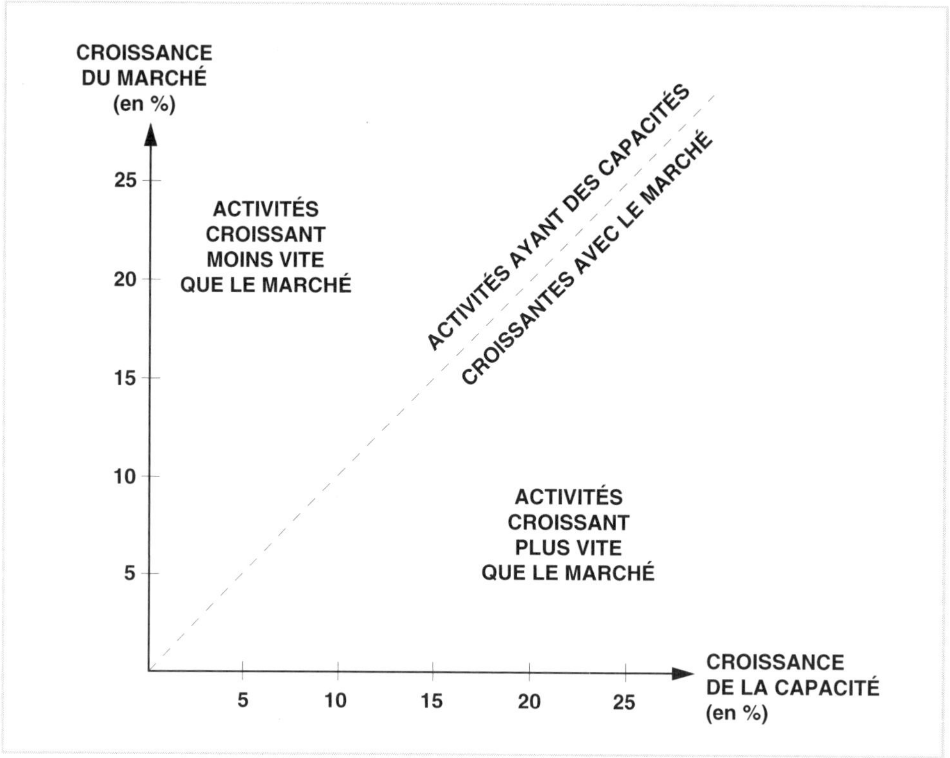

Figure 8.8 Croissance capacité

Ainsi :

- est-il raisonnable de tabler sur la survie à long terme d'un segment stratégique, dans un marché de volume, et de sous-investir ?
- où vont les investissements ? Sont-ils majoritairement alloués dans des secteurs en forte, moyenne ou faible croissance ?

Le BCG attire aussi l'attention sur les erreurs stratégiques à ne pas commettre pour réussir dans chacune des quatre positions de sa matrice :

– VEDETTE :

- ne pas reconnaître « SON » statut et donc ne pas lui accorder l'intérêt qu'elle mérite en termes d'investissements, ce qui revient en fait à la considérer comme une « VACHE À LAIT » : « la traire au lieu de la faire briller ».

– VACHE À LAIT :

- trop investir pour des parts de marché qu'il est trop tard pour conquérir à coût intéressant,
- ne pas assez investir et laisser dépérir.

– POIDS MORT :

- vouloir gagner des parts de marché par un challenge contre les leaders (c'est cher et en plus le marché étant au mieux très peu croissant c'est très difficilement réalisable pour de faibles profits à espérer).

– DILEMME :

- trop investir sans grande chance de se rapprocher des leaders de façon conséquente.

• Limites d'utilisation de l'outil

– La première limite vient du choix même des critères utilisés pour construire la matrice, choix qui entraîne chez certains utilisateurs une vision particulièrement mécaniste de cet outil :

- tout d'abord la part relative de marché n'exprime pas à elle toute seule la compétitivité d'une firme,
- de la même façon il est illusoire de penser que le taux de croissance du marché exprime à lui seul l'attrait économique qu'il réserve.

L'outil est donc très réducteur de la réalité.

– l'utilisation de deux types différents d'échelle présente aussi l'inconvénient de perdre une certaine linéarité qui peut introduire des distorsions inconscientes de raisonnement en amplifiant les différences en bas de l'échelle logarithmique et au contraire en les masquant vers le haut de l'échelle (en effet, par définition, la distance sur une telle échelle est identique pour un écart entre 0,1 et 0,2 comme pour un écart entre 1 et 2).

– le choix de la position de l'axe horizontal à partir d'un taux de croissance du marché identique pour tous les domaines, s'il semble à première vue logique, ne tient nullement compte du fait que les marchés réclament, par construction, des besoins de financement en volume différents.
– quelle part de quel marché faut-il prendre en considération ? Faut-il considérer la taille totale du marché ou prendre en compte seulement le ou les segments sur le(s)quel(s) se bat l'Entreprise ?
Autant de questions à partir desquelles les réponses apportées peuvent complètement modifier la construction de la matrice. À partir de là, c'est toute la position relative des activités les unes par rapport aux autres qui est remise en cause. La vision du portefeuille des segments de l'Entreprise va donc dépendre de la vision que l'Entreprise a de ses propres marchés. On voit le danger qui existe, en définitive, de ne reproduire que sa propre vision de la réalité.
– Autre point important à souligner : c'est la nécessité de rendre apparente la marge brute dégagée.
On sait que si certains secteurs en croissance permettent de dégager des marges brutes très supérieures aux besoins de financement pour financer cette croissance, par contre il existe d'autres secteurs à croissance plus faible dont les marges dégagées sont très faibles (en général à cause de la banalisation du produit), et qui ne permettent pas d'obtenir des liquidités pour financer d'autres segments. On arrive à des situations où les « stars » dégagent plus de financement disponible que les « vaches à lait » :
Ainsi telle Entreprise du secteur « textile » s'est trouvée dans la situation suivante d'avoir :
  • un segment stratégique réalisant 15 % du CA de la société, dans les tissus polyester, leader sur son marché avec une pénétration d'environ 30 %, lequel marché avait un taux de croissance négatif autour de -2 %, possédant donc un statut de « vache à lait » et dégageant une marge brute d'environ 10 %,
  • et un autre segment stratégique, dans les tissus de protection, possédant le statut de « star » (puisqu'évoluant dans un marché ayant un taux de croissance de 11 % et étant en seconde position assez près derrière le leader), et qui dégageait une marge brute de 34 % excédant très largement le besoin de financement nécessaire pour payer la croissance. Ce segment représentait 10 % du CA de l'Entreprise et donc son résultat était conséquent pour cette firme...

Pour mettre cet état de fait en évidence, il se révèle intéressant d'indiquer la marge brute dégagée par chaque segment en la figurant par un cercle pointillé (ayant le même centre que celui du segment). Voir figure ci-contre.

La mise en évidence de la marge brute peut aider fortement à la sélection des choix stratégiques, en fonction des volontés exprimées par les Dirigeants. À titre d'exemple on peut prendre les cas de la société DANONE. Cette Entreprise n'a pas hésité à revendre environ 20 % de ses actifs dans l'épicerie sèche bien que ses positions soient représentées par des marques de renommée mondiale telles que : Amora, Maille, etc. Cette décision a été prise car la marge brute dégagée par l'épicerie sèche (environ 65 %) ne permettait pas de dégager des marges suffisantes pour assurer la croissance externe dans d'autres domaines à plus forte marge où DANONE voulait confirmer sa place de leader mondial (produits laitiers, biscuits secs) ou de second (eaux derrière NESTLÉ).

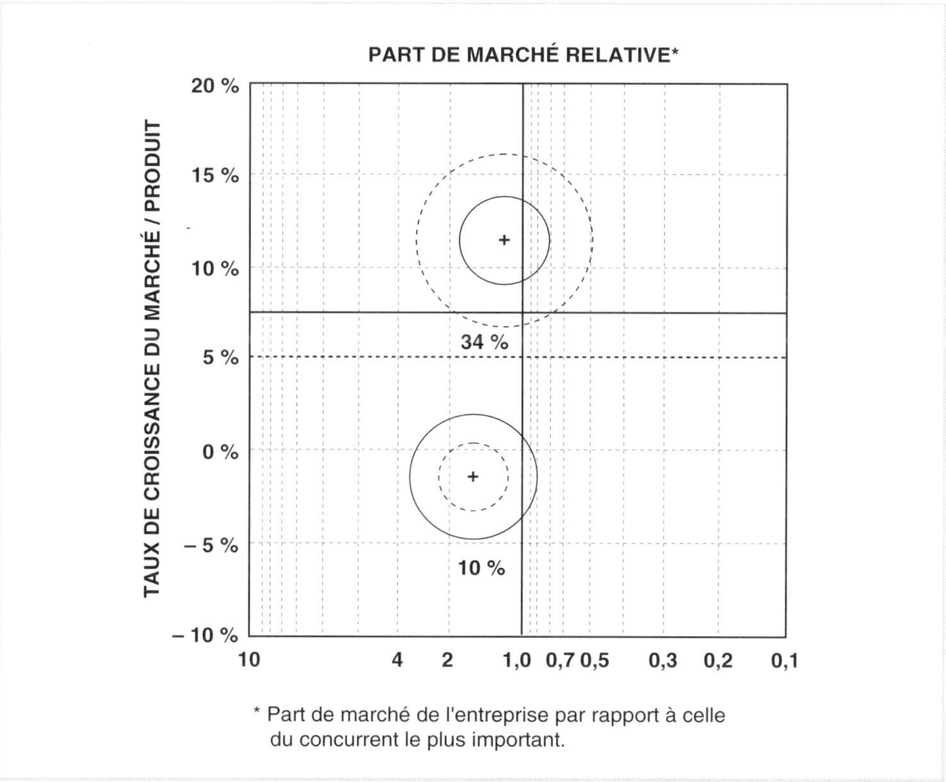

Figure 8.9 Matrice BCG avec marge brute

– Dernier point : le modèle est-il toujours aussi pertinent lorsque la courbe d'expérience ne joue plus ou alors que faiblement ?
Il y a tout lieu de craindre que cet outil convienne assez mal à des secteurs offrant de nombreuses possibilités de différenciation, c'est-à-dire dans

lesquels le coût ne constitue pas le seul avantage pris en compte par les clients (ainsi la disparition de PAA du ciel montre bien que l'effet de taille ne joue plus dans tous les secteurs de l'économie et par là même que le leader n'est plus assuré de triompher).

– On voit donc très facilement l'utilisation de cet outil pour les activités de « volume », par contre si l'effet d'expérience ne joue pas, ce qui conduit les Entreprises à privilégier des activités plus « différenciées », alors son utilisation est nettement moins convaincante. En effet si les critères d'achat des clients sont plutôt la qualité, les services, l'image que le prix, cet outil est, en partie, inadapté.
  Le BCG, convaincu de cela, a transformé vers 1966 / 1967 la matrice d'origine en utilisant non plus la part de marché relative, mais la « position concurrentielle ».

• La deuxième version de la matrice du BCG

L'innovation a consisté à classer les divers concurrents, sur une échelle de 1 à 10, en fonction de leur capacité concurrentielle. Ce changement d'axe permet de supprimer deux des inconvénients cités plus haut :

– la position concurrentielle s'exprime à travers plusieurs critères, par exemple rapidité de réaction, qualité, savoir-faire technologiques, et non plus seulement la part de marché relative,
– l'outil devient parfaitement utilisable pour qualifier des situations stratégiques différentes des activités de volume.

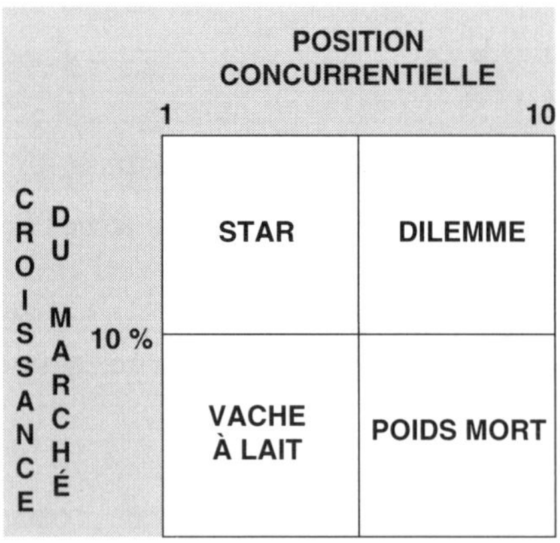

Figure 8.10 Matrice du BCG 2e version

L'axe vertical est positionné de telle sorte qu'il permette de séparer les concurrents générant des liquidités (situés à gauche de l'axe), des autres. Le BCG recommande de classer les concurrents de 1 à 10 ; par expérience, il apparaît que c'est, le plus souvent, entre 3,5 et 5 que se situe l'axe vertical séparant ceux qui génèrent des liquidités, des autres.

Cette deuxième version permet de bien expliciter la pensée stratégique du BCG. Déjà, lors de la conception du premier outil, il apparaît clairement que celui-ci, dans l'esprit de ses concepteurs, devait permettre d'équilibrer :

> les cash-flows « positifs » et les cash-flows « négatifs », c'est-à-dire d'utiliser les revenus pour aider les produits qui permettront demain d'assurer le futur de l'Entreprise. C'est bien là l'explication des scénarios décrits plus haut et c'est dans cette logique qu'il faut comprendre les recommandations de Bruce D. HENDERSON (ces recommandations sont de même nature que celles de la matrice 1re version).

Un certain nombre de mauvaises utilisations de cet outil est dû à la volonté de l'utiliser de façon mécaniste, ce qui n'a pas été la volonté de ses concepteurs. Aussi nous recommandons son utilisation pour plusieurs raisons :

- c'est un très bon outil pour démarrer l'étude du portefeuille : il présente l'avantage d'être simple car il ne nécessite pas des analyses sophistiquées, est aisé à comprendre et à mettre en œuvre et permet ainsi de s'habituer à l'usage des outils stratégiques,
- il permet de voir si l'Entreprise possède un portefeuille « sénile » (lorsque la majorité des segments se trouve être des vaches à lait ou des poids morts), ou bien « juvénile » (les segments étant alors majoritairement situés parmi les vedettes ou les dilemmes),
- il permet de situer les chiffres d'affaires de chaque segment dans l'un des quatre quadrants et de voir le pourcentage de CA par quadrant,
- c'est aussi un *excellent outil de communication verticale* dans l'Entreprise, car il est facilement assimilable.

Pour en terminer, disons que le faible taux de croissance des marchés de nos jours ainsi que le fait que tous les secteurs ne soient pas sensibles à l'effet d'expérience font qu'il est plus intéressant d'utiliser la deuxième version. Cependant, la première version elle-même est un très bon outil de formation et il doit donc rester utilisé, dans les Entreprises, aussi pour des raisons pédagogiques.

3. LA MATRICE D'ARTHUR D. LITTLE[1]

Le deuxième outil, par ordre chronologique, a été conçu par le cabinet Arthur D. Little à partir des deux variables suivantes :

- *le degré de maturité du marché,*
  il permet de mesurer l'intérêt du secteur économique, le risque sectoriel et l'intensité du besoin capitalistique pour y vivre.
- *la position concurrentielle de l'Entreprise,*
  dans ce domaine d'activité stratégique, qui permet de prendre en compte la compétitivité de l'Entreprise face à ses concurrents.

Le choix de ces deux variables est le résultat d'une analyse basée d'abord sur la nécessité de comprendre et de caractériser les métiers de l'Entreprise. Pour ce faire A.D.L. a été amené à rechercher et à identifier les « activités élémentaires homogènes » de l'Entreprise qui ont été dénommées des « centres de stratégie ». C'est la première fois qu'apparaissait ce concept que, par la suite, Michael PORTER devait affiner pour arriver à ce qu'il a défini comme des segments stratégiques. Il faut dire que cette approche a été rendue publique par A.D.L. dans les années 70, c'est-à-dire bien avant que PORTER entreprenne ses travaux. Puis il s'agit de classer ces « centres de stratégie » en fonction du degré de maturité du secteur auquel ils appartiennent, enfin de déterminer la position concurrentielle qu'ils occupent.

À l'aide de ces deux variables A.D.L. construit une matrice lui permettant de caractériser les centres de stratégie. Bien entendu puisque nous bénéficions, maintenant, des résultats des travaux de PORTER, ce sont les segments stratégiques qui seront utilisés en lieu et place de ces centres.

1. Construction de la matrice A.D.L.

Pour pouvoir construire cette matrice, il a fallu faire le choix d'un mode de détermination des critères :

en ce qui concerne la « maturité » du secteur, A.D.L. a considéré que dans son principe un secteur passe dans son cycle de vie par quatre phases (apparentes) tout comme un produit et a donc proposé d'utiliser ces mêmes quatre phases c'est-à-dire :

« démarrage – croissance – maturité – déclin / vieillissement ».

1. Robert V.L. WRIGHT, Arthur D. LITTLE, *Un système pour gérer la diversité.*

MATURITÉ DU SECTEUR / POSITION CONCURRENTIELLE	LANCEMENT	CROISSANCE	MATURITÉ	DÉCLIN
DOMINANTE				
FORTE				
FAVORABLE				
ACCEPTABLE				
FAIBLE				

Figure 8.11 Matrice A.D.L.[1]

Aujourd'hui certains, comme pour le cycle de vie du produit, préfèrent ajouter une cinquième phase et ainsi présenter ce critère avec les positions :

démarrage – croissance – turbulence – maturité – vieillissement ;

nous signalons l'existence de cette variante mais nous ne l'utiliserons pas, par la suite, car elle semble en règle générale apporter plus de complications quant aux définitions des phases que d'avantages pour l'analyse elle-même.

• La « maturité du secteur »

Pour déterminer la maturité du secteur, d'une manière générale, on peut utiliser la description de chacune des phases en utilisant des critères objectifs tels que :

- le niveau de la croissance,
- la stabilité de la technologie,
- l'évolution du nombre de concurrents
- la surcapacité de production,
- la stabilité des parts de marché détenues par les divers concurrents
- la prévisibilité de la tendance.
- l'apparition de produits de substitution,
- la maturité du consommateur.

1. Document Arthur D. LITTLE, *Un système pour gérer la diversité* par R. WRIGHT, p. 9.

Ces critères permettent de décrire l'allure habituelle de chaque phase :

- *la phase de lancement* se caractérise par un fort taux de croissance du marché, une volonté constante de basculements de non-consommateurs relatifs en nouveaux clients, des changements ou des modifications de technologie fréquents et rapides et automatiquement des parts de marché fragmentées et détenues par des concurrents non encore définitivement installés sur des segments de marché délimités. Les premiers à se lancer dans cette phase auront à affronter l'ensemble des concurrents offrant le produit qu'ils souhaitent remplacer.
- *la phase de croissance* se caractérise elle par un taux de croissance moins élevé mais encore très fort et on commence à voir apparaître une certaine stabilité des clients, des concurrents et des parts de marché détenues, ainsi que des évolutions technologiques.
  Les nouveaux « entrants » sont moins nombreux et éprouvent plus de difficulté à pénétrer.
  C'est dans cette phase que les Entreprises sachant le mieux mobiliser leurs ressources, de tous ordres, sauront prendre à meilleur coût des parts de marché.
- *la phase de maturité* possède une croissance faible, en général proche de celle du P.N.B. et se situe dans un environnement stabilisé et devenu plus prévisible ; ceci n'empêche d'ailleurs en rien l'intensité concurrentielle. C'est la phase des conflits de toute nature entre les concurrents en place, ceux qui veulent prendre des parts d'un gâteau qui ne croît plus, voire même des entrants ayant « loupé le coche ».
- *la phase de vieillissement* voit s'établir d'abord la stagnation puis la décroissance de la demande, ce qui entraîne à terme une diminution du nombre des concurrents en place puis un rétrécissement de la largeur de gamme de l'offre produit proposée au marché. Au cours de cette phase les conflits s'apaisent car personne en réalité ne les souhaite plus.

Arthur D. Little a étudié un « type d'évolution » de certaines activités ou fonctions aux divers stades de maturité (*cf.* figure ci-contre).

• La « position concurrentielle »

La deuxième variable choisie par A.D.L. est la « position concurrentielle » que l'Entreprise occupe pour un segment stratégique ; c'est un élément très complexe à définir car on ne peut se contenter d'un seul critère, de type universel. On peut la définir en utilisant de nombreux critères afin de bien la

	LANCEMENT	CROISSANCE	MATURITÉ	DÉCLIN
CROISSANCE	Moyenne à forte	Forte	Faible à stable	Nulle à négative
STRUCTURE CONCUR-RENTIELLE	Répartie Volatile	En voie de stabilisation	Des leaders Concentration	Concentrée
TECHNO	Emergente	Stabilité	Stabilité à mature	Mature à obsolescente
STRATÉGIE	Innover Copier	Investir pour croître	Consolider Rentabiliser	Traire

Figure 8.12 Tableau maturité du secteur[1]

caractériser par comparaison avec les performances réalisées par les concurrents, à partir de :

– *facteurs d'approvisionnement :* intégration verticale, existence de contrats avec les sous-traitants, loyer de l'argent, etc.,

– *facteurs de production :* capacité de production, productivité, flexibilité, situation dans le domaine des coûts, niveau de maîtrise technologique, situation géographique, etc.,

– *facteurs financiers :* marge brute, capacité d'endettement, niveau des réserves, niveau de trésorerie, etc.,

– *facteurs humains :* qualité du management, degré de formation de la main-d'œuvre, etc.,

– *facteurs commerciaux :* largeur de la gamme, la part de marché détenue, l'image de marque, relations avec la distribution, etc.,

et tous autres critères spécifiques au secteur sur lequel se développe le segment stratégique.

La difficulté réside dans le fait que certains de ces critères sont, par définition, de type qualitatif, et présentent un risque non négligeable de subjectivité lors de leur utilisation.

1. À partir du document Arthur D. LITTLE, déjà cité.

A.D.L. a d'origine prévu cinq positions sur l'échelle de la position concurrentielle qui sont du bas vers le haut :

« Marginale/faible – défavorable – favorable – forte – dominante ».

Pour arriver à positionner chaque segment stratégique sur cet axe, il faut procéder de la façon suivante :

- définir le degré de maturité du secteur,
- lister les différents critères permettant de définir la position concurrentielle,
- donner à chacun d'eux, si nécessaire, un poids relatif par rapport aux autres,
- donner une note à l'Entreprise quant à sa maîtrise de ce critère par rapport à ses principaux concurrents,
- faire la moyenne des notes obtenues (après application des poids relatifs), ce qui permet de positionner le segment par rapport à l'axe vertical.

On sera alors en mesure de positionner chaque segment stratégique sur une des vingt cases de cette matrice (*cf.* figure ci-contre).

On notera que le risque concurrentiel, pour une Entreprise, est décroissant chaque fois, bien évidemment, qu'elle progresse sur l'axe de la position concurrentielle et que le risque marché décroît lui aussi lorsque le secteur progresse dans son cycle de vie. *A contrario* les risques, concurrentiels ou dus au marché, augmentent chaque fois que l'Entreprise régresse en termes de compétitivité ou lorsqu'elle choisit des secteurs au début de leurs cycles de vie.

On voit aussi que la rentabilité augmente avec la position dominante alors que les besoins en capitaux diminuent au fur et à mesure qu'avance le secteur sur son cycle de vie.

2. Recommandations d'A.D.L.

• Sur 4 zones

À partir de ce diagramme, A.D.L. fait les recommandations stratégiques suivantes basées sur un découpage en quatre zones de l'espace matriciel :

- en zone 1 : ABANDON
  car l'Entreprise n'a qu'une faible compétitivité et le secteur ne présente que peu d'intérêt vu son état de maturité. Aussi acquérir des parts de marché risque de coûter beaucoup trop compte tenu de l'intérêt.

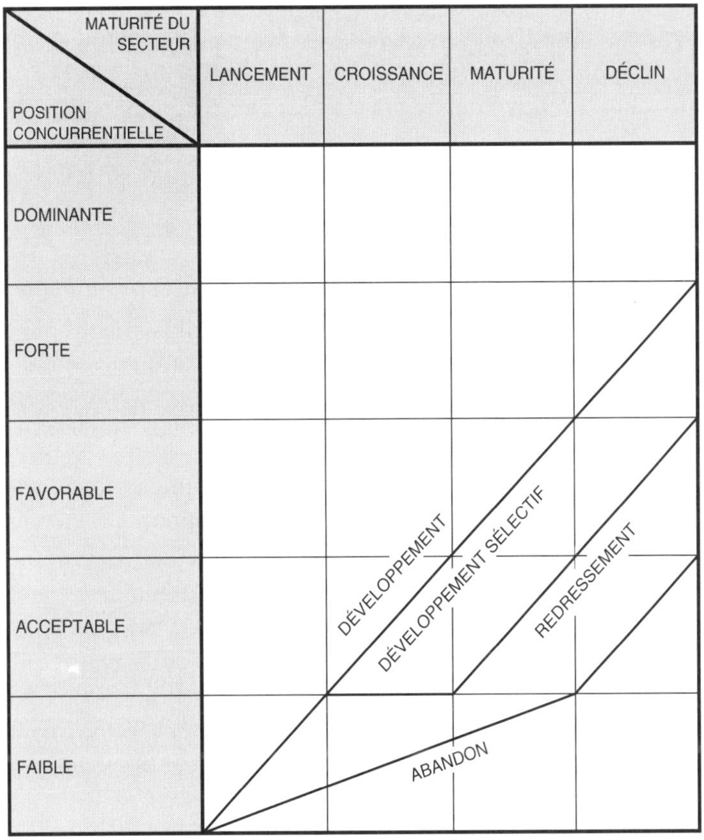

Figure 8.13 Matrice A.D.L.[1]

– en zone 2 : REDRESSEMENT
car si la compétitivité de l'Entreprise reste faible il peut néanmoins être intéressant de tenter de l'augmenter sur des marchés qui muteraient sur la fin de leurs cycles où moins de concurrents resteraient en lice.

– en zone 3 : DÉVELOPPEMENT SÉLECTIF
la compétitivité de l'Entreprise étant meilleure et l'évolution des marchés étant plus prévisible, de par leurs positions dans le cycle de vie, les risques pris par l'Entreprise sont d'autant plus réduits.

1. Document Arthur D. LITTLE, *Stratégie et Technologie*, European Forum de Davos, 1981, p. 20.

– enfin en zone 4 : DÉVELOPPEMENT NATUREL
car c'est là que l'Entreprise possède ses meilleurs atouts, non seulement dans l'absolu mais aussi et surtout par rapport aux autres concurrents. Il faut y aller, pratiquement dans tous les cas, recommande A.D.L., même si certains marchés en début de cycle de vie peuvent présenter à terme bien des surprises et révéler bien des risques pour l'Entreprise.

• Découpage par cases

Mais A.D. Little propose aussi des recommandations, plus détaillées, car spécifiques pour chacune des cases de la matrice. On peut d'autant mieux le faire que les choix stratégiques correspondent à des enjeux économiques et financiers différents. Aussi est-il important de rapprocher les choix stratégiques, proposés ci-dessus par A.D. Little de ces enjeux.

En effet de même que l'on peut se rendre compte de l'importance du besoin capitalistique pour faire passer un segment stratégique de l'état de DILEMME à celui de VEDETTE (et du taux d'échec constaté : près de 85 %) lorsqu'on utilise la matrice du BCG, de même l'utilisation de la matrice d'A.D. Little permet de constater les différences d'intensité du besoin en capitaux suivant les positions occupées ; ainsi l'Entreprise est amenée tout naturellement à s'interroger sur ces capacités à satisfaire tel ou tel choix stratégique.

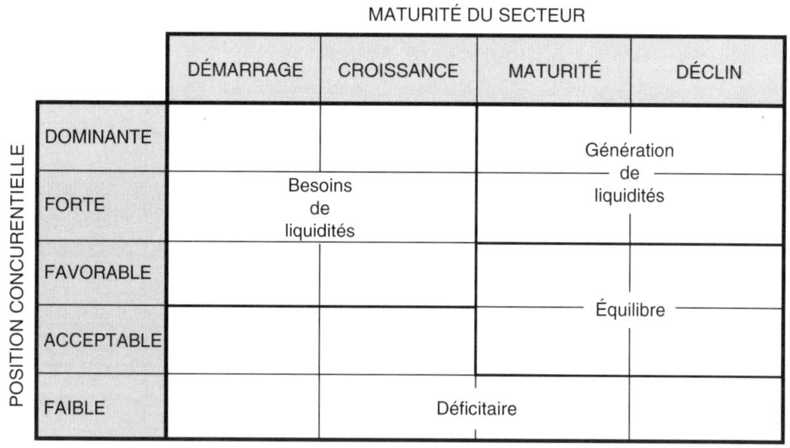

Figure 8.14 Schéma A.D. Little enjeux économiques

En fait on retrouve, à quelques différences près, les mêmes états de génération, ou de consommation de liquidité, qu'avec la matrice du BCG. Ce sont ces états qui permettent de gérer les divers segments contradictoirement pour conserver un bon équilibre.

Compte tenu des contraintes qui viennent d'être mises en évidence, voici les stratégies – plus ou moins différenciées – qui sont recommandées par A.D.L. pour chacune des cases (*cf.* figure ci-dessous).

Position concurrentielle ↑ / Maturité du secteur →

	Démarrage	Croissance	Maturité	Déclin
Dominante	• Pousser à fond pour accroître la part de marché • maintenir la position	• Maintenir la position et • Maintenir la part de marché	• Maintenir la position et • Croître avec le secteur	• Maintenir la position
Forte	• Essayer d'améliorer la position • Pousser à fond pour la part de marché	• Essayer d'améliorer la position et • Pousser pour la part de marché	• Maintenir la position et • Croître avec le secteur	• Maintenir la position ou « Moissonner »
Favorable	• Sélectionner ou pousser à fond pour la part de marché • Essayer d'améliorer la position de façon sélective	• Essayer d'améliorer la position et • Pousser pour la part de marché de façon sélective	• Maintenir ou • Trouver une niche et essayer de la protéger	• Moissonner et • Se retirer progressivement
Acceptable	• Pousser pour améliorer la position de façon sélective	• Trouver une niche et la protéger	• Trouver une niche et essayer de la protéger ou • Se retirer progressivement	• Se retirer progressivement • Abandonner
Faible	• Foncer ou • Se retirer	• « Turn around » ou • Abandonner	• « Turn around » ou • Se retirer progressivement	• Abandonner

Figure 8.15 Schéma recommandations stratégiques par case

3. Les limites et l'intérêt de la matrice A.D.L.

La matrice d'A.D. Little est un outil d'application plus générale que celle du BCG, car elle s'adapte à toutes les situations de compétition dont notamment celles présentes dans des secteurs à faible croissance voire en décroissance. Elle peut, mais plus difficilement, s'adapter aussi à des secteurs baptisés « fragmentés », c'est-à-dire offrant de nombreuses sources potentielles de différenciation et présentant les concurrences les plus différenciées et les plus qualitatives. Ainsi, dans une première approche, on peut considérer qu'il répond mieux que l'outil du BCG aux situations qualitatives.

La première limite de cet outil provient de la difficulté à donner des valeurs pertinentes et objectives aux variables choisies par A.D.L., notamment en ce qui concerne la position concurrentielle. Il en est de même pour la variable « maturité du secteur », même si dans l'absolu les difficultés sont moins grandes car les critères demeurent plus mesurables et donc plus objectifs (quoique le système de mesure à mettre en place soit loin d'être évident dans certains secteurs soumis à des variations complexes comme le secteur de l'énergie).

Un point, notamment, mérite particulièrement l'attention : les secteurs économiques, à la différence de l'homme, peuvent rajeunir ; il arrive que des phénomènes puissent inverser, pendant une période encore assez longue, l'évolution du cycle de vie. Ce genre de situation n'est absolument pas pris en compte à travers cet outil.

Par comparaison avec la matrice du BCG, ce dernier outil semble fournir des caractéristiques plus précises pour la prise de décision. Ceci n'est qu'en partie vrai car il y a une part d'illusion dans les conclusions que l'on peut tirer de son utilisation, illusion essentiellement due à l'existence d'un risque certain d'oubli des facteurs d'imprécision.

Elle reste cependant d'un emploi plus général car elle peut s'utiliser dans des secteurs où la croissance n'est plus là. Mais elle reste pertinente, aussi, lorsque l'effet d'expérience (voir ce qui vient d'être écrit sur la courbe d'expérience) est peu sensible.

À travers cet outil il est devenu possible de mettre en œuvre un mode de pensée basé sur l'application de la méthode « heuristique », méthode que l'on décrit comme la « méthode qui cherche à trouver ». Cette méthode a été conçue pour amener son utilisateur à se poser des questions nouvelles, afin de trouver des réponses inédites et pour ce faire l'oblige à entrer dans un système d'analyse des données (qu'elles soient internes ou externes).

Cet outil est d'autant plus performant que l'Entreprise est plus diversifiée et se trouve donc plutôt adaptée aux groupes multinationaux.

Notons aussi, que cette matrice est un excellent outil de communication horizontale dans l'Entreprise car il permet une certaine synchronisation culturelle quant à la lutte concurrentielle. Par ailleurs jusqu'à un certain niveau de l'Entreprise, il constitue un outil de communication verticale, valable, car il peut donner lieu à l'écriture de documents de synthèse.

4. LA MATRICE DE McKINSEY[1] (souvent appelée matrice attraits – atouts)

Ce troisième outil, une fois encore une matrice, est basé sur deux facteurs d'analyse qui sont :

- *pour l'environnement,*
  les attraits que possède chaque marché, à l'intérieur duquel lutte pour survivre chaque segment stratégique de l'Entreprise,
- *pour l'Entreprise,*
  la position qu'elle occupe, grâce à ses atouts, face à ses concurrents.

McKinsey et General Electric se sont proposés d'analyser chacun de ces facteurs en faisant une analyse multi-critères. Ils ont décrit ensuite un mode d'utilisation de ces critères pour aboutir à la construction de la matrice.

Nous nous en inspirons fortement pour présenter la méthodologie suivante qui comporte quatre étapes (à appliquer pour chacun des facteurs d'analyse retenus).

Pour ce qui concerne le secteur :

- identification des critères,
- poids relatif de ces critères pour l'Entreprise,
- évaluation des critères pour le secteur concerné,
- calcul de l'attrait du domaine d'activité auquel s'intéresse le segment stratégique.

La même analyse est à faire pour ce qui concerne les atouts possédés par l'Entreprise :

- identification des facteurs clés de succès dans le secteur ou le domaine d'activité du segment stratégique,

1. Document McKinsey, *Planning a chemical compagny's prospects,* Royal Dutch Shell 1972.

– poids relatif de ces critères,
– évaluation de la position concurrentielle de l'Entreprise par rapport à ces critères (c'est-à-dire le degré de maîtrise de ces critères par rapport aux concurrents),
– calcul des atouts de l'Entreprise pour chaque segment stratégique.

Le tableau suivant résume le mode de construction de cette matrice :

	ATTRAITS DU SECTEUR	ATOUTS DE L'ENTREPRISE
CHOIX DES CRITÈRES	Direction générale	FCS dans l'Environnement
PONDÉRATION DES CRITÈRES	Direction générale	Donnée par le secteur
COTATION	Le secteur	Le segment stratégique
LES CRITÈRES	Identiques pour tous les segments stratégiques	Spécifiques à chaque segment stratégique

Ces deux analyses permettent de positionner chacun des segments stratégiques à l'intérieur de la matrice attraits/atouts.

1. Choix des critères de la matrice McKinsey

Pour faciliter le démarrage de ces deux analyses, on peut proposer quelques critères qui paraissent devoir être pris en compte de façon presque systématique.

Ce sont pour ce qui concerne les attraits :

– le potentiel de croissance du marché,
– les besoins de financement,
– le potentiel de rentabilité,
– les possibilités de différenciation.

On remarquera que les deux premières variables, taux de croissance et besoins de financement, sont caractéristiques des stratégies de volume, alors que le dernier s'applique aux marchés permettant parfaitement de mettre en œuvre des stratégies de différenciation.

Bien entendu c'est du ressort de la direction générale de faire le choix des variables permettant de définir l'intérêt que présente un secteur pour l'Entreprise. Leur choix et le poids relatif qui leur est attribué doit exprimer la volonté des Dirigeants. Par exemple telle Entreprise disposant de possibilités financières importantes sera intéressée par les secteurs réclamant d'importants besoins de financement, car ainsi elle sera certaine d'éliminer d'entrée celles qui ne pourraient faire face à de tels besoins. Au contraire les Entreprises qui ne peuvent mobiliser de tels fonds manifesteront leur intérêt pour des secteurs de façon « inversement » proportionnelle au besoin de financement.

Ainsi on peut utiliser les mêmes critères mais en choisissant de les appliquer soit de façon proportionnelle, soit inversement proportionnelle.

Bien entendu, la direction générale pourra choisir d'autres critères correspondant à des volontés précises, tels que : utiliser les compétences actuelles, pouvoir être un intégrateur, etc.

En ce qui concerne les atouts, on peut essayer de les prédéterminer par le fait qu'un certain nombre de facteurs clés de succès peuvent être de même nature pour des produits appartenant à une même classification marketing des biens et des services.

Ainsi pour les biens et services industriels tous les spécialistes marketing ont pour l'habitude d'utiliser une classification en cinq classes :

- les biens d'équipement principaux (qui participent au prix de revient de l'Entreprise acheteuse),
- les biens d'équipement accessoires ou secondaires (les autres biens amortissables non placés dans la classe précédente),
- les produits semi-ouvrés ou pièces détachées (biens à double marché, vendus une première fois à des intégrateurs puis ensuite comme pièces détachées aux utilisateurs),
- les produits d'entretien et de consommation,
- les matières premières (en provenance du sol ou de l'élevage).

Tous les biens appartenant à une même classe ont en commun :

- des caractéristiques produit (en terme marketing),
- des caractéristiques de marché,
- des processus et des critères d'achat,
- des modes de commercialisation,
- des formalités commerciales,

par conséquent les facteurs clés de succès sont globalement proches. En règle générale plus un bien appartient à une classe donnée et plus il répond aux critères habituels des clients acheteurs de cette classe de biens.

Par exemple pour les biens d'équipements principaux les facteurs clés de succès sont à chercher parmi les critères suivants :

> Image – adaptation de la technologie au besoin client – recherche et développement – respect des performances annoncées – qualité des services – tenue des délais, etc.

Le même raisonnement s'applique aux biens et services de consommation, c'est-à-dire à ceux vendus à des consommateurs pour leur propre usage, la seule différence tenant au fait qu'il existe plusieurs modes de classification ce qui oblige à faire, dès le départ, le choix d'un mode donné.

Il restera, bien entendu, à rechercher pour chaque bien les critères qui lui sont spécifiques.

D'une façon plus générale, voici deux listes de critères pour les attraits et pour les atouts pouvant aider leur recherche :

• Critères d'intérêt

Rentabilité – croissance du marché – intensité en capital – possibilité de différenciation – taille du marché – types de concurrents – maîtrise du ou des canaux de distribution par l'Entreprise – degré de concentration – niveaux des barrières d'entrée ou de sortie – maîtrise technologique – synergies avec des positions stratégiques déjà occupées etc.

• Critères d'atouts (facteurs clés de succès)

Prix – délai – notoriété – image – qualité – savoir-faire – adaptation au besoin du client – capacité de conseil – réseau de démonstration – logistique administrative – largeur de gamme – pay-back assuré – recherche et développement – apport d'innovation – prêts de matériels – ponctualité des rendez-vous – fiabilité – finition – robustesse – emballage ou packaging etc.

2. Construction de la matrice

Pour construire physiquement la matrice, McKinsey recommande d'utiliser trois niveaux d'évaluation de chacun des critères, en choisissant trois valeurs arithmétiques par exemple 1, 2 ou 3 :

– 1 pour faible,

– 2 pour moyen,

– 3 pour fort,

et en utilisant des 1/2 points pour mieux préciser si c'est utile, par exemple 3,5 indiquant une très forte supériorité par rapport aux concurrents.

Comme pour d'autres outils, chaque segment stratégique sera représenté par un cercle dont le diamètre sera proportionnel au chiffre d'affaires réalisé par rapport au chiffre d'affaires total de l'Entreprise.
On est alors en mesure d'insérer les segments stratégiques sur les 9 cases de la matrice :

ATTRAITS

PARAMÈTRES / SEGMENTS STRATÉGIQUES	BESOIN DE FINANCEMENT	CROISSANCE	POSSIBILITÉ D'ENSEMBLIER	TOTAL
PONDÉRATION	4	2	1	7
SEGMENT 1	3	2	3	2, 70
SEGMENT 2	2	3	2	2,30
SEGMENT 3	1	2	2	1,40

ATOUTS

SEGMENT 1

FCS	POIDS	COTATION	
Prix	10	3	30
Délai	10	2,5	25
	20		55

$$\frac{55}{20} = 2,75$$

SEGMENT 2

FCS	POIDS	COTATION	
Fiabilité	10	2,5	25
Conseil	5	2	10
	15		35

$$\frac{35}{15} = 2,33$$

SEGMENT 3

FCS	POIDS	COTATION	
Service	10	1	10
Délai	7	1	7
Know-how	5	2	10
	22		27

$$\frac{27}{22} = 1,23$$

Figure 8.17 Exemple de construction de la matrice McKINSEY

Pour rendre plus aisée la présentation de cet outil, il est intéressant de situer sur chaque axe les valeurs : 1, 2 et 3 non pas en fin de case mais au contraire sur une position centrale ce qui permettra de positionner les segments stratégiques à l'intérieur du diagramme.

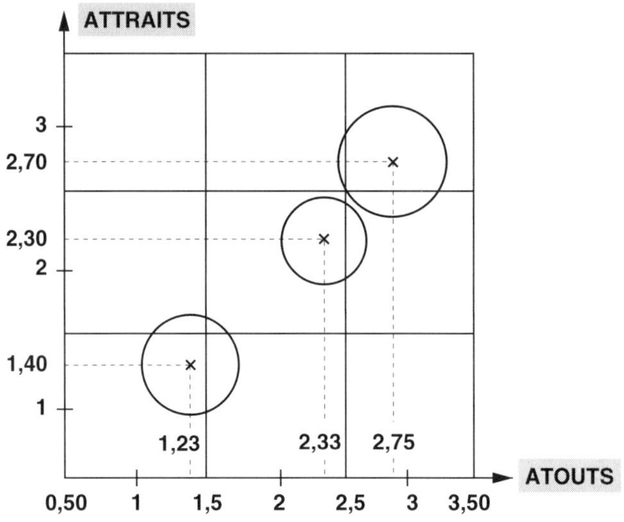

Le diamètre des cercles représente la part de CA réalisée dans le segment stratégique par rapport au CA total de l'Entreprise.

3. Les recommandations de McKINSEY

Dans un premier temps on peut diviser la matrice en 3 zones A, B et C constituée chacune de 3 cases (*cf.* figure ci-contre).

Pour chaque zone McKINSEY propose une stratégie élémentaire qui se traduit ainsi :

- zone A : maximiser le cash-flow ou bien désinvestir,
- zone B : maximiser les résultats d'exploitation de façon sélective,
- zone C : investir pour assurer la croissance et les profits futurs.

Il est évident, cependant, que chacune des cases composant une zone représente des situations différentes d'où le désir bien compréhensif de poursuivre plus en détail les recommandations au niveau de chaque case.

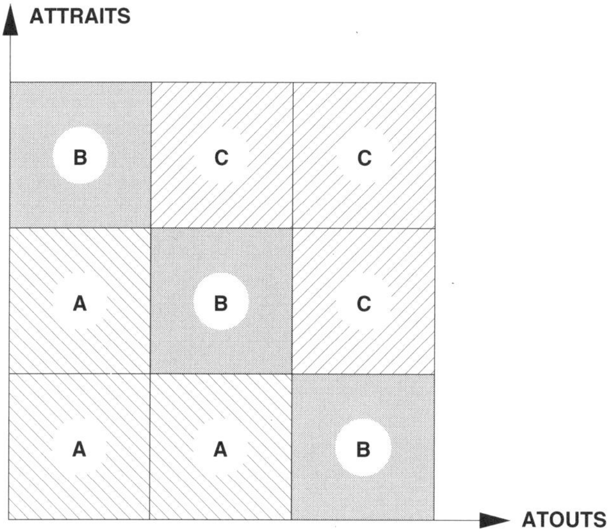

Figure 8.19 Schéma matrice 3 zones

Nous présentons donc la matrice avec les appellations de chacune des 9 cases.

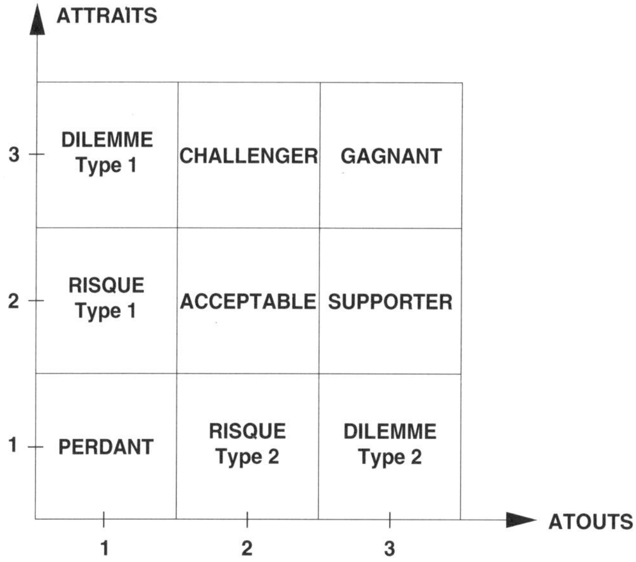

Figure 8.20 Matrice 9 cases

Les recommandations de McKINSEY sont :

– GAGNANTS :
  investir pour consolider la position dominante de l'Entreprise et exploiter autant que faire se peut le potentiel du marché.

– CHALLENGERS :
  poursuivre l'effort, au vu de l'attrait du marché, en essayant le plus possible de se différencier et ainsi tenter d'augmenter les atouts pour se resituer dans la case précédente.

– SUPPORTS :
  maintenir au moins la force compétitive et s'orienter vers une segmentation plus fine pour se concentrer sur la part du marché la plus attractive.

– ACCEPTABLES :
  étant en position médiane, accepter de jouer le *statu quo* et essayer de générer de la trésorerie.

– DILEMMES :
  cela devient une question de « quitte ou double ».

– RISQUES :
  envisager un retrait progressif et en attendant rentabiliser au mieux les investissements déjà réalisés.

– PERDANTS :
  se retirer le plus rapidement possible.

Si nous avons fourni ces deux niveaux de recommandations, c'est tout simplement pour offrir deux modes différents d'analyse, l'un plus resserré, l'autre sans doute plus précis. Signalons l'existence d'un troisième mode de division de la matrice en cinq zones.

4. Variante SHELL

En 1975, SHELL a utilisé une matrice issue de celle de General Electric / McKINSEY et à partir de laquelle cette firme a fondé sa réflexion stratégique. Cette matrice est basée sur :

– d'une part, la position concurrentielle mais limitée à trois niveaux :
  - faible
  - moyenne
  - bonne

– et d'autre part, les perspectives du domaine dans lequel œuvre la société, là aussi à trois niveaux :
  - négatives
  - moyennes
  - bonnes.

SHELL utilisait cet outil muni des recommandations suivantes :

		MARCHÉ POTENTIEL		
		Attrait élevé	Attrait modéré	Attrait faible
POSITION CONCURRENTIELLE DE L'ENTREPRISE	élevée	Expansion et innovation	Segmentation du marché par innovation au niveau produit	Maximiser la rentabilité à CT et diversification
	normale	Expansion et différenciation des produits pour créer des marchés	Repositionnement pour – maintien de la position – pénétration du marché	Retrait progressif Fusion
	faible	Quitte ou double Rentabilisation ou départ	Imitation si intéressant sinon retrait progressif et liquidation	Désinvestissement immédiat

5. Mouvements à l'intérieur de la matrice attraits/atouts

Il est possible de voir les situations de façon différente. En effet, si l'on examine les causes de mouvement des segments stratégiques à l'intérieur de la matrice, on se rend très vite compte qu'elles sont différentes suivant que ce mouvement a lieu sur l'axe horizontal ou sur l'axe vertical.

Les atouts de l'Entreprise peuvent évoluer :

– soit parce que celle-ci a su mieux maîtriser les facteurs clés de succès,

– soit par évolution des comportements des clients offrant de meilleures possibilités de maîtrise des FCS à l'Entreprise.

Les intérêts peuvent évoluer aussi pour deux motifs, à savoir :

– parce que l'Entreprise a pu reconstituer sa structure de bilan ou a fait entrer de nouveaux actionnaires,

– parce que le secteur économique a lui-même évolué et satisfait mieux aux objectifs de la stratégie corporate choisie par l'Entreprise.

6. Limites et intérêts de la matrice attraits/atouts

Cet outil est plus proche de la matrice A.D.L. que de celle du BCG. En effet elle utilise, comme A.D.L., des axes de référence qui permettent d'utiliser un mix de critères, et de ce fait toutes deux sont plus universelles que le BCG.

Elles présentent toutes les deux aussi les mêmes limites en ce qui concerne le danger de subjectivité, mais aussi d'empirisme quant au choix des critères et à la valeur des cotations données soit au secteur soit à l'Entreprise.

Par ailleurs, elle est souvent peu décisionnelle car très souvent on aboutit à une faible dispersion de position entre les divers segments stratégiques. Cette faible dispersion est due, dans la majorité des cas, au fait que l'emploi de nombreux critères primaires pour se positionner sur chacun des axes conduit à des phénomènes de compensation : les variations opposées des variables ayant tendance à annuler les divergences.

Un autre inconvénient majeur est que l'outil ne fait pas ressortir les synergies existantes entre segments stratégiques et aussi la nécessité de rester présent sur un segment stratégique pour aider à la réussite d'un autre ; à lui seul cet inconvénient interdit une utilisation mécaniste de cette matrice.

Il est à noter que cette matrice est plus centrée sur la profitabilité à long terme que sur les aspects financiers globaux tels que le cash-flow ; en fait, ils ne peuvent être pris en compte qu'au moment de la pondération des critères et nous ramènent au côté subjectif de l'utilisation de cet outil.

Mais cette méthode présente au moins un avantage clé qui la rend excessivement intéressante pour les Dirigeants. Elle présente, en effet, un intérêt essentiel dans le débat interne en permettant de créer une synchronisation culturelle sur ce qui constitue pour l'Entreprise :

– la compréhension des activités attractives c'est-à-dire des critères d'intérêt,

– la connaissance des facteurs clés de succès qu'elle doit absolument maîtriser.

C'est de ce fait un excellent outil de communication horizontale à un niveau élevé de l'Entreprise, et qui doit entraîner, de la part des décideurs de l'Entreprise, une vision mieux partagée des possibilités stratégiques de l'Entreprise et des conditions de la lutte concurrentielle.

La matrice de McKINSEY est particulièrement adaptée aux Entreprises ayant des activités liées et aussi à des Entreprises confrontées à des problématiques de choix telles qu'élagage, concentration, recentrage, alliances, parce que par manque de visibilité naturelle, elle oblige naturellement à se poser ces questions.

5. COMPARAISON DES 3 OUTILS ET DÉTERMINATION DU CHAMP D'APPLICATION

On peut comparer ces 3 outils afin de mieux qualifier leur utilisation spécifique. Pour ce faire il faut sélectionner un certain nombre de variables d'abord pour leur représentativité ensuite parce qu'elles sont primordiales pour faire une analyse de portefeuille. Cette comparaison se présente sous la forme du tableau ci-après :

	BCG 1re version	ADL	McKINSEY
TYPE DE VARIABLE	Mono-critère	Multi-critères	Multi-critères
SPÉCIFICITÉ	Courbe d'expérience	Non spécifique	Non spécifique
SEGMENTATION RETENUE	Éventuellement Lignes de prod.	Éventuellement Domaines d'activités	Segmentation stratégique
POINTS FORTS	Construction et lecture aisée	Courbe de vie des secteurs	Spécifie les différenciations
POINTS FAIBLES	Réduction des FCS au coût Choix des axes	Risque de subjectivité Empirisme	Risque de subjectivité Trop de niveaux d'analyse
POSITIONNEMENT SUR L'OUTIL	Relativement aisé	Assez subjectif	Assez subjectif
MANŒUVRES STRATÉGIQUES	Claires mais réductrices	Complexes et peu spécifiques	Claires et trop spécifiques
ENTREPRISES CONCERNÉES	Activités de volume pour la 1re version	Grandes ENT. diversifiées	Entreprises à activités liées

En dehors de ces trois méthodes, il en existe une autre qui est une variante issue d'un mix du BCG et de MCKINSEY. Elle est peu connue et pourtant présente un intérêt certain. Elle est intitulée « méthode d'HITACHI ». Elle sera présentée à la fin du chapitre lorsqu'il sera traité des méthodes de détermination des nouveaux segments stratégiques, car elle peut être utilisée pour cette recherche.

6. PORTEFEUILLE ET TECHNOLOGIE

Les outils de portefeuille qui viennent d'être présentés ne permettent pas de prendre en compte, de façon spécifique, une dimension très importante de certains secteurs qui est la « technologie ». En fait ces secteurs, et les métiers exercés en leur sein, sont structurés autour de la technologie qui leur a permis de proliférer.

1. Rôle stratégique de la technologie

La technologie, chaque fois qu'elle intervient dans la lutte concurrentielle, devient un des facteurs décisifs de succès pour les Entreprises sachant la maîtriser.

Un autre aspect important de la technologie ou plus exactement de l'innovation technologique, c'est son impact à différents niveaux par rapport à l'Entreprise. En effet elle intervient :

– tout d'abord *via* l'externe de l'Entreprise à travers le phénomène de reconstitution de couple produit / marché autour d'une nouvelle offre sous-tendue par l'innovation,
– au niveau des changements des concurrents : certains vont disparaître, d'autres vont apparaître,
– au niveau de la direction générale car une même technologie peut être partagée par plusieurs segments stratégiques,
– au niveau, enfin, des segments stratégiques qui ont à maîtriser, en commun, une ou des technologies. D'une façon plus générale on peut représenter les principaux effets sous la forme du résumé suivant :

A • Effets sur l'Entreprise

– création de segments stratégiques,

– croissance volontariste de segments stratégiques,
– disparition de segments stratégiques.

B • Effets sur le marché

– apparition de nouveaux couples produit / marché.

C • Effets sur les concurrents

– arrivée de nouveaux concurrents,
– départ de concurrents actuels,
– disparition de concurrents.

D • Effets sur la lutte concurrentielle

– évolution de la structure des coûts,
– nouvelles possibilités de différenciation.

On sait que les conditions de la lutte concurrentielle peuvent et sont très souvent remises en cause par l'innovation technologique. Cette dernière influe sur la conception des stratégies génériques à mettre en œuvre (domination par les coûts ou différenciation). Ainsi dans certains secteurs les choix technologiques doivent faire partie intégrante de la définition des stratégies concurrentielles.

Notons à ce propos que dans des secteurs de haute technologie, il arrive très fréquemment que des stratégies sont dites « émergentes » ; ceci parce qu'elles sont en première approche d'abord perçues par les hommes de terrain et pas nécessairement par les stratèges ou les chercheurs. Raison de plus, une fois encore, pour ne pas faire de la stratégie un domaine réservé à des « personnes » éloignées du terrain.

Les outils de portefeuille, présentés jusqu'ici, n'ayant jamais permis d'isoler les effets concurrentiels de la technologie il a fallu les adapter de façon à pouvoir en tenir compte. Cependant avant de décrire ces outils plus spécialisés, il est nécessaire de préciser un peu plus la notion d'innovation technologique.

Il est nécessaire de comprendre, que tout comme pour un secteur économique, la technologie a sa propre dynamique et donc un cycle de vie, et que l'on peut expliciter par la courbe suivante (qui rappelle la courbe de vie d'un produit, *cf.* figure ci-après).

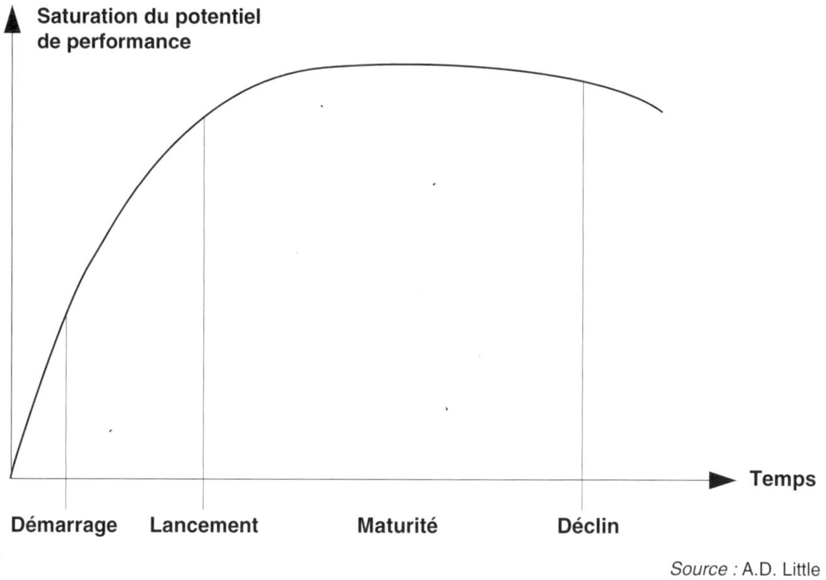

Figure 8.23 Courbe du cycle de vie d'une techno[1]

Bien entendu plusieurs indicateurs doivent être utilisés pour déterminer la position d'une technologie au sein de son cycle de vie. On peut citer :

- perte d'efficacité de la technologie,
- rapport coût/bénéfice,
- apparition de nouveaux concurrents à travers la maîtrise de cette technologie (qu'elle soit d'ailleurs nouvelle ou pas ; en effet il peut s'agir d'une technologie largement éprouvée dans un secteur et qui est apportée à un autre secteur par des entrants la maîtrisant correctement),
- évolution des conditions d'accès à la technologie (l'augmentation des possibilités d'obtenir une licence a une signification quant à la maturité de cette technologie),
- écarts de plus en plus faibles en termes de technologie entre les différents concurrents.

1. A. D. Little, *Stratégie et Technologie*, *European Management Forum,* Davos 1981.

2. Approche d'Arthur D. Little

A.D. Little recommande de bien noter que sous le vocable « technologie » on globalise des innovations dont l'effet et le point d'impact sont très différents. Il est donc utile de considérer plusieurs grandes classes de technologies :

- *technologies embryonnaires*
  qui en sont souvent au stade du balbutiement et qui en principe en sont encore au niveau de la recherche pure.
- *technologies émergentes*
  qui sont, par définition même, naissantes c'est-à-dire soit en état de développement, soit à leurs premières applications. Si on les considère, c'est qu'on imagine que ces technologies émergentes présentent un potentiel important de développement d'avantage concurrentiel.
- *technologies de base*
  qui sont, par définition, à la base de la conception des produits. En général c'est à partir de ces technologies que l'Entreprise s'est développée dans le passé, mais elles sont en général suffisamment diffusées pour ne plus être, à elles seules, un constituant de l'avantage concurrentiel.
- *technologies clés*
  qui sont celles qui permettent le mieux de développer un avantage concurrentiel basé sur la technologie. En fait une « techno clé », lorsqu'elle existe, est en général l'une des dimensions majeures selon laquelle s'organise la lutte concurrentielle.

En prenant en considération ces réflexions on peut utiliser une des matrices que nous connaissons déjà pour mettre en évidence les effets de la technologie dans un secteur donné.

C'est ainsi que l'on peut utiliser une matrice à trois positions par axe et la construire autour des deux dimensions suivantes :

- position technologique
  Forte – favorable – défendable
- position concurrentielle
  Forte – favorable – défendable

Une bonne utilisation suppose, cependant, de considérer le degré de maturité du secteur économique, ce qui en fait conduit à construire deux matrices :

- une pour les secteurs en démarrage et en début de croissance,
- une pour les secteurs en fin de croissance et en début de maturité.

On obtient alors les deux matrices suivantes sur lesquelles figurent les recommandations d'A.D. Little :

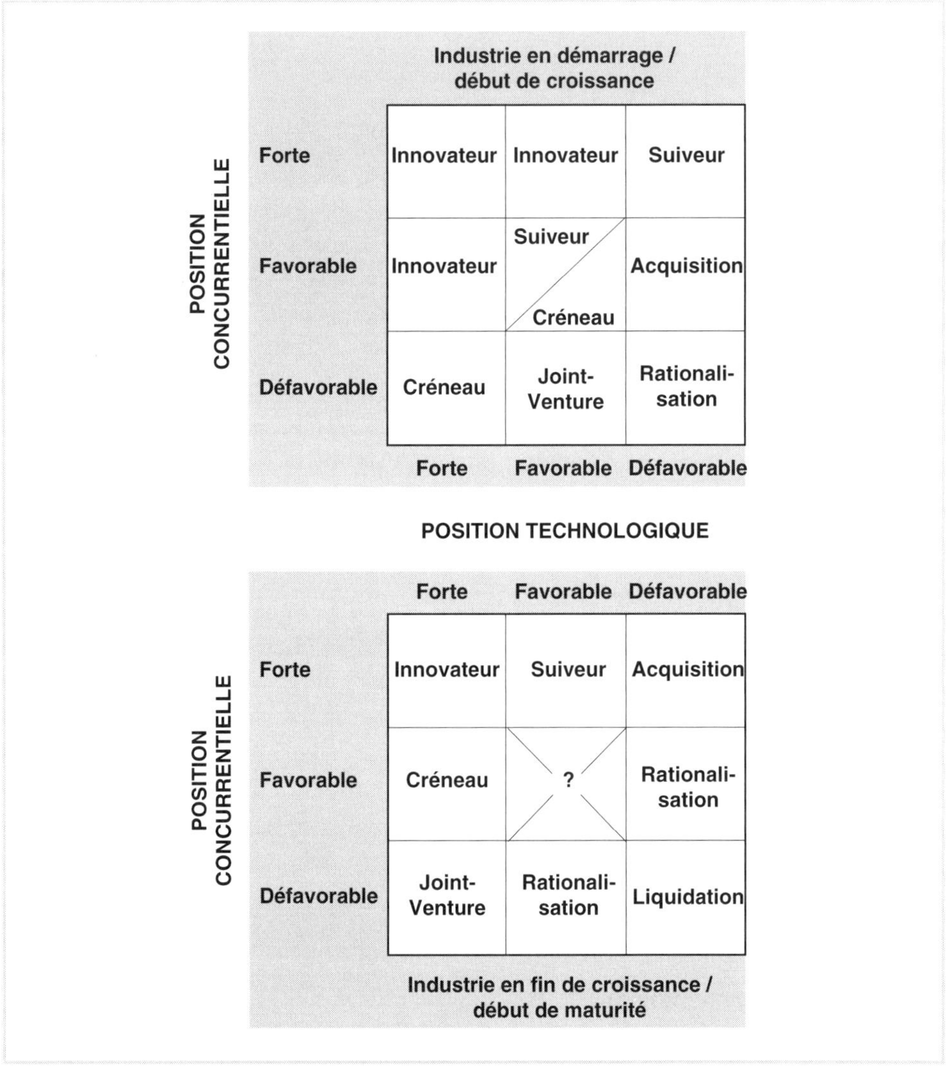

Figure 8.24 Les 2 matrices A.D.L. techno[1]

1. A. D. LITTLE, *Stratégie et Technologie*, *European Management Forum*, Davos 1981, déjà cité.

Cette classification des technologies ainsi que les leçons à tirer des deux matrices vont avoir, bien entendu, une conséquence directe sur les investissements à effectuer. C'est ainsi qu'A.D. Little recommande les comportements suivants : (schéma page suivante).

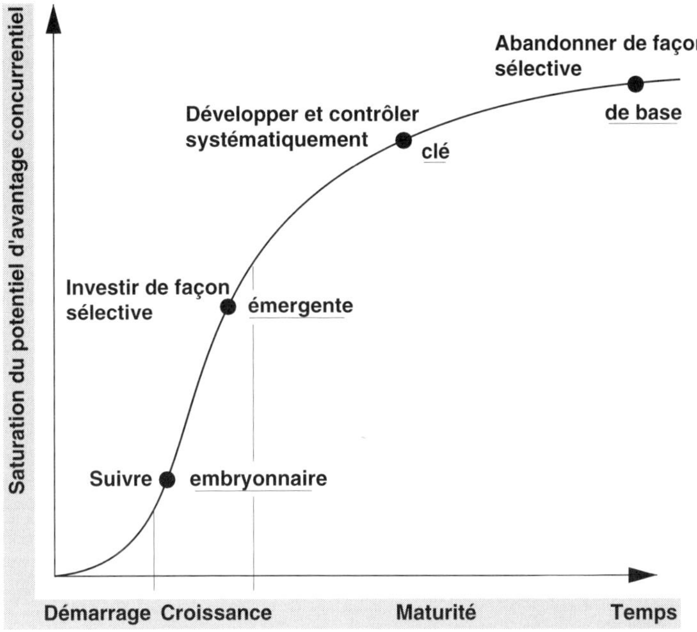

Source : A.D. Little

Figure 8.25 Schéma de l'investissement en techno[1]

On retrouve à travers ces recommandations d'Arthur D. Little des indications assez similaires de celles déjà données. Une fois encore, comme pour tous ces outils, on ne doit pas les utiliser de façon mécaniste, les recommandations sont faites pour être interprétées et non pas prises au pied de la lettre. Mais ce sont, sur un plan général, de bonnes recommandations.

1. Document, A. D. LITTLE, déjà cité dans ce chapitre.

• Approche de SRI international[1]

Une autre approche a été proposée par le SRI (STANFORD RESEARCH INSTITUTE), laquelle nous permet de voir si les segments stratégiques d'une Entreprise sont bien alignés sur son portefeuille de technologies ; bien sûr en cas d'anomalie il devient plus aisé de voir où il serait nécessaire d'affecter des ressources pour créer ou développer des segments stratégiques permettant de les faire disparaître.

La méthode se déroule en quatre temps :

- *segmentation permettant d'intégrer la dimension technologie* au classique couple produit / marché (voilà qui se rapproche de la segmentation d'ABELL : voir chapitre « segmentation stratégique »),
- *analyse du portefeuille stratégique,*
- *analyse du portefeuille des technologies,*
- *choix d'une stratégie spécifique* du type domination par les coûts / volume ou différenciation ou spécialisation.

Cette approche amène à construire plusieurs outils :

- matrice permettant de prendre en compte l'effet concurrentiel de la technologie et basée sur les deux dimensions :
  - potentiel de différenciation,
  - niveau des barrières d'entrée,
- portefeuille d'activités (matrice de McKINSEY),
- portefeuille de technologies.

La comparaison de ces trois outils permet d'analyser la situation actuelle de la firme face à la dimension « technologie » et d'avoir un premier aperçu du type de stratégie envisageable dans les différents cas de figure (*cf.* figure ci-contre).

Il est aussi possible de créer une grille des « stratégies spécifiques » en examinant les portefeuilles d'activités et de technologies de l'Entreprise pour mettre en évidence les anomalies éventuelles. Les stratégies spécifiques recommandées tiennent compte, bien entendu, du niveau des barrières d'entrée.

---

1. Approche SRI se reporter à P. DUSSAUGE et B. RAMANANTSOA : « Technologies et Stratégie ». Harvard – L'Expansion, Été 1986, tableau VII p. 9.

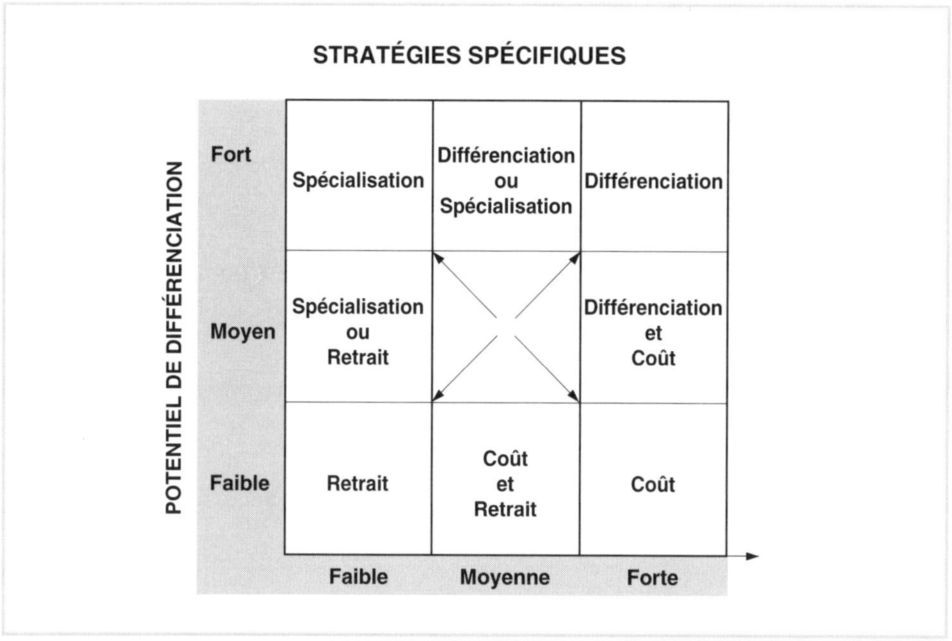

Figure 8.26 (a) Schéma des stratégies spécifiques

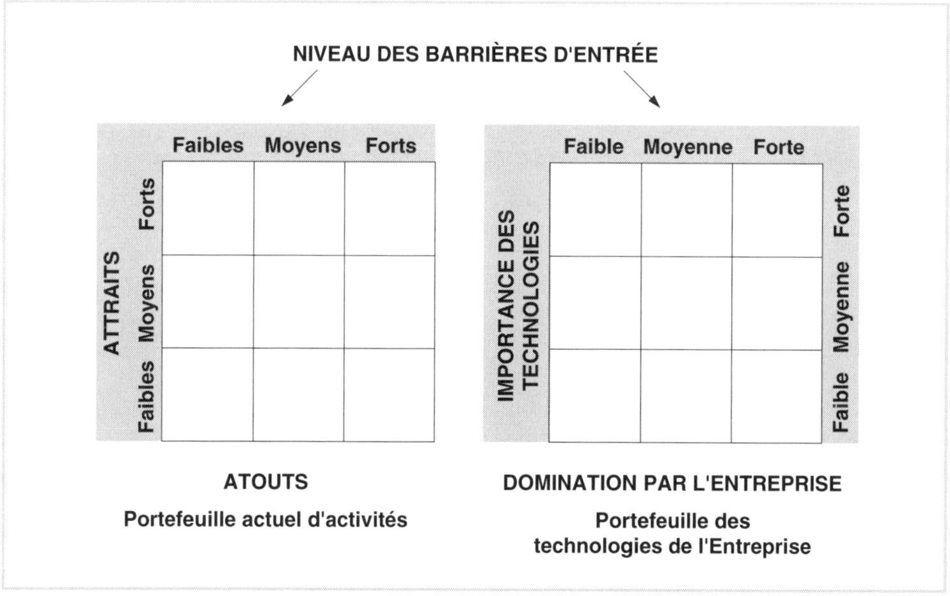

Figure 8.26 (b) Schéma des barrières d'entrée

• Le risque technologique[1]

Des travaux d'Arthur D. Little, il résulte que l'on peut qualifier le risque technologique à partir de deux dimensions :

– *le risque économique,*

– *l'incertitude technique.*

Aussi Arthur D. Little recommande d'évaluer, dans un premier temps, ce risque en situant chaque segment stratégique à l'intérieur d'un outil du type de celui-ci :

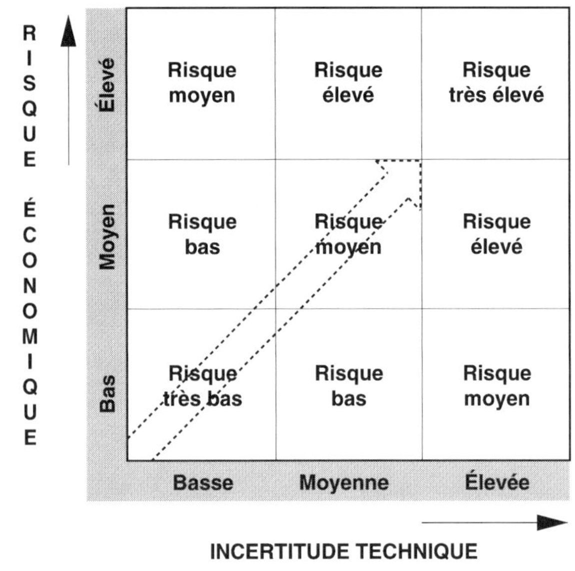

Figure 8.27 Risque technologique

La flèche montre l'évolution du niveau de risque technologique au fur et à mesure que les segments stratégiques s'éloignent, le long de la diagonale, du coin inférieur gauche.

1. Arthur D. LITTLE, *Stratégie et Technologie,* déjà cité p. 37.

7. LES SEGMENTS STRATÉGIQUES NOUVEAUX

Les outils présentés jusqu'alors ont été utilisés essentiellement dans le but de comparer les segments stratégiques actuels. Voyons comment les utiliser pour déterminer de nouveaux segments stratégiques auxquels l'Entreprise pourrait s'intéresser ?

Une bonne approche consiste à s'interroger en prenant comme base de la réflexion les critères qui peuvent remettre en cause les frontières actuelles des segments stratégiques existants. Ces critères sont principalement :

- les changements technologiques,
- l'évolution des circuits de distribution,
- les modifications des comportements d'achats.

Une seconde approche consiste à analyser les mouvements stratégiques des concurrents pour tenter de comprendre les segments stratégiques qu'ils financent et ainsi voir s'il existe des segments non couverts par l'Entreprise. Cette méthode paraît, de prime abord, assez difficile mais se révèle plus facile lorsqu'on a procédé à sa propre segmentation stratégique car des éléments communs existent toujours.

Enfin une troisième approche nous est offerte en comparant les frontières de nos segments stratégiques avec les DAS déterminés, cette méthode étant plutôt réservée aux grandes entreprises.

Mais ces approches, très intéressantes, ne sont pas quantifiable, et donc difficiles à utiliser pour déterminer les frontières exactes des nouveaux segments ; elles se révèlent donc insuffisantes mais cependant très utiles pour débroussailler le terrain. Par la suite un groupe japonais, HITACHI, a mis au point une méthode basée de type quantitatif.

• La méthode HITACHI[1]

Elle est basée sur une synthèse des outils conçus par le BCG et MCKINSEY. L'originalité de cette méthode réside dans les règles qui sont proposées pour évaluer d'une façon empirique les segments stratégiques de l'Entreprise, en accordant deux fois plus de poids à l'avenir qu'au passé. Cette particularité

1. Avec l'aimable autorisation du CPA : Cas n° 5746 Sintermet.

de la méthode doit permettre d'en faire un outil prospectif pour envisager les segments stratégiques de demain.

Il s'agit de construire une matrice à partir des deux axes :

- axe horizontal : l'attrait de l'industrie,
- axe vertical : la force de l'Entreprise,

chacun de ces axes étant gradué selon une échelle allant de 0 à 120 points.

HITACHI propose de donner un poids à chacune des deux composantes en utilisant la cotation suivante :

- pour l'attrait de l'industrie :

• possibilité de croissance :	60 points,
• rentabilité du métier :	15 points,
• taille du marché :	15 points,
• spécificité du marché	30 points,
	120 points

auxquels on peut ajouter + ou – 20 points pour un ajustement synthétique,

- pour la force de l'Entreprise :

• force de la concurrence :	60 points,
• rentabilité :	15 points,
• importance du CA :	15 points,
• caractéristiques de l'activité :	30 points,
	120 points

avec là encore + ou – 20 points pour l'ajustement synthétique.

Afin de mieux saisir la réalité présente derrière chaque critère, la plupart d'entre eux sont déclinés suivant plusieurs dimensions. Ainsi pour ce qui concerne la spécificité du marché les 30 points sont distribués selon la grille suivante :

– position sur le cycle de vie :	5 points,
– valeur ajoutée :	5 points,
– intensité concurrentielle :	10 points,
– nombre de concurrents :	3 points,
– degré de concentration :	4 points,
– barrières d'entrée :	3 points.

Les 20 points, attribués à des facteurs spécifiques, sont à la disposition de l'équipe pluridisciplinaire pour donner une importance particulière à tel ou tel des critères standards cités ci-dessus :

- par exemple pour ce qui concerne l'attrait de l'industrie, ces 20 points peuvent être attribués pour prendre en compte des facteurs spécifiques du secteur (autres que ceux déjà retenus), de types politiques ou sociaux, qui revêtiraient une importance particulière,
- et pour ce qui concerne la force de l'Entreprise, afin de prendre en compte des cas spécifiques au-delà des limites habituelles d'évaluation ou bien pour intégrer la notion de synergies existantes avec des segments stratégiques existants.

Mais, souhaitant donner deux fois plus de poids au futur par rapport au passé, HITACHI a choisi par exemple de répartir les 60 points attribués à la possibilité de croissance en accordant 40 points pour l'avenir et 20 points pour le passé. Ce rapport de 2 à 1 se retrouve d'ailleurs utilisé pour chaque critère.

Il faut donc effectuer les calculs permettant d'évaluer chacun des segments stratégiques, et utiliser intelligence et bon sens pour suppléer au caractère forcément incomplet des informations.

Une fois les calculs effectués, il devient possible de positionner les segments stratégiques sur un diagramme. Celui-ci est construit de la façon suivante :

- l'axe horizontal, l'attrait de l'industrie c'est-à-dire du secteur, avec une échelle de 0 à 120 allant de gauche à droite,
- l'axe vertical, représentant la force de l'Entreprise, avec la même échelle mais allant de bas en haut.

Le diagramme d'HITACHI se présente sous la forme présentée ci-après et avec les recommandations suivantes :

zone A : produit problématique,
zone B : produit semi-problématique,
zone C : produit nécessaire à spécialiser,
zone D : produit à développer,
zone E : produit à renforcer,
zone F : produit secondaire,
zone G : produit de qualité.

On remarquera que la zone centrale ne fait l'objet d'aucune recommandation, HITACHI considérant en effet qu'un produit situé là ne présente aucun caractère particulier.

Bien entendu, fidèle à notre ligne de conduite, ce sont les segments stratégiques que l'on doit positionner.

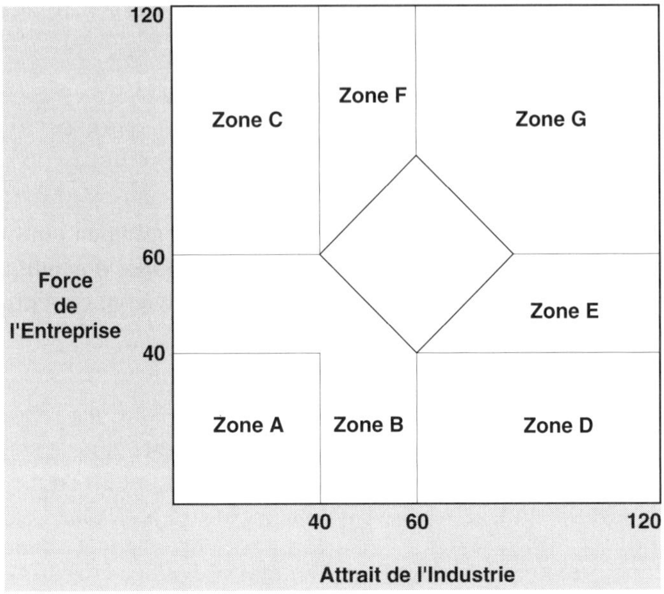

Figure 8.28 Diagramme HITACHI

Le fait que l'on accorde le double de poids à l'avenir par rapport à l'état actuel doit permettre par comparaison avec :

- d'une part les segments stratégiques, mis en œuvre aujourd'hui par des concurrents, et que l'Entreprise ne maîtrise pas,
- d'autre part les besoins plus ou moins bien satisfaits sur le marché,
- et enfin l'évolution des technologies,

de faire le choix de création ou de modification des frontières des segments stratégiques.

8. INTÉRÊT DE L'ANALYSE ET GESTION DU PORTEFEUILLE

La segmentation stratégique offre la possibilité, pour ceux qui ont une excellente connaissance du métier et du secteur ainsi qu'une bonne expérience de la méthode, de réaliser un découpage précis et pertinent de l'Entreprise en segments stratégiques – c'est-à-dire en regroupement d'unités – en charge de construire un même avantage concurrentiel.

Mais il faut aller plus loin dans l'analyse, car des segments stratégiques peuvent se situer dans des secteurs différents et exercer un avantage plus ou moins décisif, voire ne pas pouvoir en construire un. Il est donc réellement indispensable d'étudier les différents segments stratégiques actuels de l'Entreprise afin de pouvoir faire des choix réalistes entre ceux qu'il faut développer et ceux qu'il est préférable d'abandonner. Tel est le premier intérêt visible de l'analyse du portefeuille.

Par ailleurs, on se rend compte que les outils de type quantitatif (comme les outils BCG et A.D. Little) permetttent de rechercher un bon équilibre entre les positions qui réclament des liquidités et celles où on peut en sécréter.

> Exemples :
> la gestion du portefeuille stratégique à travers l'utilisation des matrices du BCG, pour déterminer l'âge du portefeuille et voir ce qu'il y aurait lieu de faire pour corriger les écarts jugés trop importants. Il suffit de construire la matrice du BCG et de déterminer si l'on se trouve en face d'un portefeuille « juvénile » ou bien « sénile » et de le comparer à ce que pourrait être un portefeuille « équilibré ».

La notion de « portefeuille équilibré » peut être parfaitement mise en lumière en utilisant une matrice du type A.D.L.

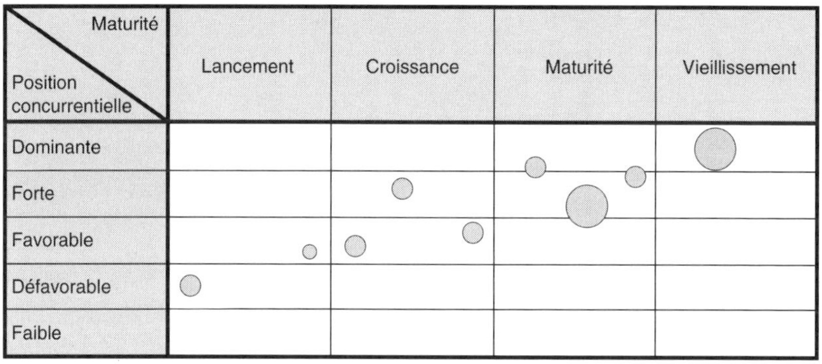

Figure 8.29 Portefeuille équilibré

En réalité pour un grand nombre d'Entreprises qui, depuis longtemps, utilisaient des méthodes telles que l'analyse des coûts, l'analyse de portefeuille se révèle être plus un outil pour s'assurer une démarche plus systématique qu'un mode nouveau de raisonnement stratégique. On ne peut cependant pas nier le côté réducteur de ces méthodes ainsi que l'aspect mécaniste des recommandations qu'elles peuvent induire dans l'esprit d'utilisateurs maladroits.

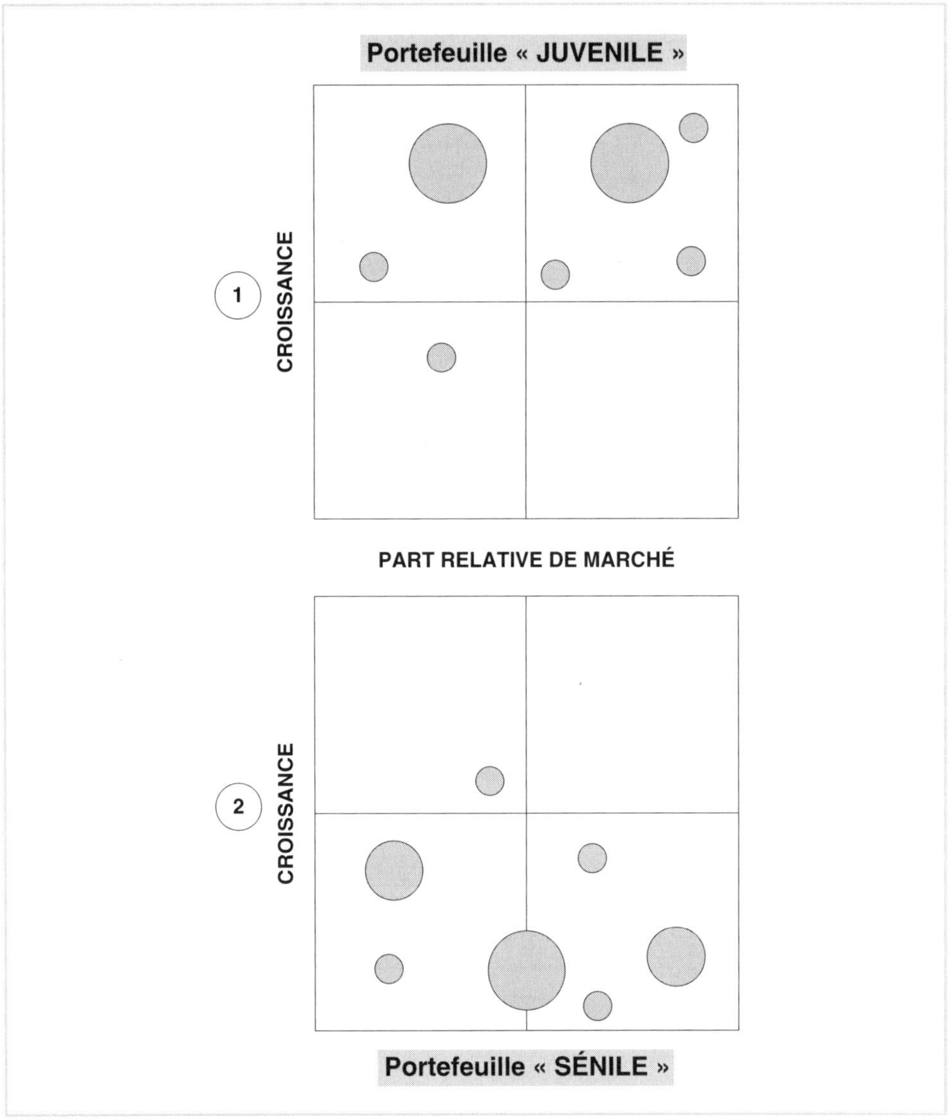

Figure 8.30 Les 2 portefeuilles juvénile et sénile à partir du BCG

Rappelons qu'en aucun cas on ne doit utiliser ces méthodes d'analyse comme les seuls outils de réflexion pour repenser les structures de l'Entreprise, et ce justement parce qu'il n'est pas pertinent de les utiliser pour procéder à une planification stratégique.

Cela explique, sans doute, pourquoi aujourd'hui de nombreux praticiens n'emploient plus ces outils autant qu'ils le pourraient, et ce sans doute à tort. Ils sont, c'est vrai, de moins en moins utilisés comme des outils de planification stratégique et de plus en plus comme des outils de diagnostic. En effet d'outils « mécanistes » indiquant des itinéraires stratégiques, ils sont devenus des outils « heuristiques » permettant de se poser des questions utiles : le choix des critères, leurs poids, les cotations des secteurs et de l'Entreprise, les facteurs clés de succès.

> « C'EST la principale raison pour continuer à les utiliser régulièrement ».

Ainsi s'il apparaît peu réaliste d'utiliser de façon « mécaniste » les prescriptions stratégiques indiquées, on peut cependant utiliser ces outils pour préfigurer une gestion du portefeuille des segments stratégiques. Par exemple la courbe du cycle de vie des secteurs, à l'intérieur desquels les segments stratégiques luttent contre les concurrents, peut conduire à déterminer des trajectoires possibles, telles qu'avoir une position marginale pendant le démarrage ou le début de la croissance pour tenter de devenir une « vache à lait » vers la fin de la maturité du secteur.

FOCUS

La segmentation stratégique permet de bien mettre en évidence les attributions actuelles (ou futures) faites par l'Entreprise de ses ressources stratégiques pour nourrir les systèmes de lutte concurrentielle.

Une fois cette opération achevée, les Dirigeants doivent se faire une doctrine quant au choix des segments à conserver, à créer ou à abandonner à plus ou moins long terme. Telle est la justification de l'existence de ce domaine d'étude.

Différentes matrices ont été présentées, mais il n'est pas nécessaire de toutes les utiliser. En effet, chacun de ces outils permet de mettre en évidence des aspects différents d'une situation et donc le choix de leur utilisation dépend, notamment, de l'état du secteur économique et des problématiques posées.

Cependant il est important, au moment de faire le choix d'utiliser telle et / ou telle matrice, de se souvenir que la matrice de McKINSEY – matrice : attraits / atouts – est construite en choisissant :

- les critères d'attraits : à partir des « volontés des Dirigeants »,
- les critères d'atouts : à partir des FCS.

De ce fait cette matrice permet de relier la « stratégie corporate » à la « stratégie concurrentielle », ce qui doit permettre de vérifier qu'il y a bien COHÉRENCE entre ces deux niveaux de la définition de la stratégie d'une Entreprise. C'est un point essentiel à garder en mémoire car il n'existe pas tellement d'outil de cohérence dans cette démarche entre ces deux premiers niveaux.

Comme le lecteur a pu s'en rendre compte ces outils, qui ont été conçus il y a déjà souvent plusieurs décennies, ne répondent pas à la définition des « outils ouverts ». Cependant, et c'est vrai pour les matrices multi-critères, le fait qu'ils doivent être utilisés comme des outils heuristiques autorise à pratiquer un nouveau questionnement. Ce nouveau questionnement apporte, tout naturellement, de nouvelles réponses et donc de nouveaux éclairages sur les situations stratégiques. Il y a là une réelle possibilité d'acquérir une vision plus riche parce que plus complète de la situation de l'Entreprise au sein des segments stratégiques actuels ou futurs, à la seule condition de faire le bonne usage de ces outils et de ne pas se laisser entraîner à les urtiliser de façon mécaniste.

Après l'étude du portefeuille stratégique on ne se trouve pas encore réellement en mesure de proposer des stratégies pertinentes pour chacun des segments stratégiques, par contre on peut maintenant voir assez clairement où sont les centres d'intérêts de l'Entreprise et quelles sont les activités où elle est en bonne position. Pour pouvoir, avec une meilleure certitude, choisir et développer des stratégies pertinentes il va être nécessaire de bien comprendre le fonctionnement de l'Entreprise par rapport à celui de ses concurrents afin de comprendre ses réelles possibilités de création d'un avantage concurrentiel qui soit : décisif, défendable et durable, autant que faire se peut. Pour réaliser cette étude nous nous proposons d'utiliser un autre « outil ouvert » – la chaîne de valeur – avec deux variantes : la chaîne interne et la chaîne externe...

CINQUIÈME DOMAINE

La chaîne de valeur[1]

« Ne soyez pas plus vertueux
que vos forces ne vous le permettent.
N'exigez rien de vous
qui soit invraisemblable. »
Guide de la sérénité et de la sagesse

1 • La chaîne de valeur interne
2 • La chaîne de valeur externe
3 • La chaîne de valeur et analyse concurrentielle
4 • La chaîne de valeur technologique
5 • La chaîne de valeur et temps

1. Ce chapitre s'appuie sur les travaux de Michael PORTER. *L'analyse concurrentielle,* ouvrage déjà cité.

Il est difficile en regardant une Entreprise dans son ensemble de déterminer ses réels moyens de réussite de telle ou telle stratégie générique : la domination par les coûts ou la différenciation ainsi que ses possibilités de la mettre en œuvre sur tout le champ de bataille ou seulement sur une niche ou un créneau.

Il paraît évident que la construction de l'avantage concurrentiel, c'est-à-dire la mise en œuvre de la stratégie choisie par une firme, se réalise par la façon qu'a cette firme d'exercer différemment des autres firmes ses propres activités. De ce fait il est impératif de bien comprendre le métabolisme d'une Entreprise. Pour cela il est bien utile de posséder une méthodologie permettant de la décomposer en activités pertinentes quant à la stratégie.

Cette décomposition doit nous permettre de voir :

- *Quel est le comportement de l'Entreprise quant aux coûts ?*
- *Quelles sont ses sources existantes et potentielles de différenciation ?*

Ce sont bien deux questions auxquelles il faut répondre pour faire le choix de la stratégie concurrentielle la plus « naturelle » pour une Entreprise en fonction de son histoire, de ses compétences, de ses capacités et ce dans un secteur déterminé dont il faut nécessairement bien connaître la structure.

D'où naît l'idée chez Michael PORTER de décomposer l'Entreprise sous forme d'activités : il a baptisé cette décomposition ***« chaîne de valeur interne ».***

Il faut noter que, pour être utilisable avec efficacité à un niveau stratégique, cette chaîne de valeur interne doit être intégrée dans un système de valeur plus large qui prend en compte les activités en amont ainsi que les activités en aval de la firme de façon à bien situer les effets des activités de l'Entreprise sur son environnement :

- en effet, les fournisseurs influent sur les résultats de la firme de bien des façons qu'il s'agisse de coûts, de qualité, de respect des délais, de rentabilité etc.
- de la même façon les circuits de distribution fournissent des activités complémentaires à celles de l'Entreprise, créatrices de valeur pour le client, et sans lesquelles celle-ci ne satisferait aux attentes des clients qu'avec plus de difficultés.

Michael PORTER parle, alors, de ***« chaîne de valeur externe ».***

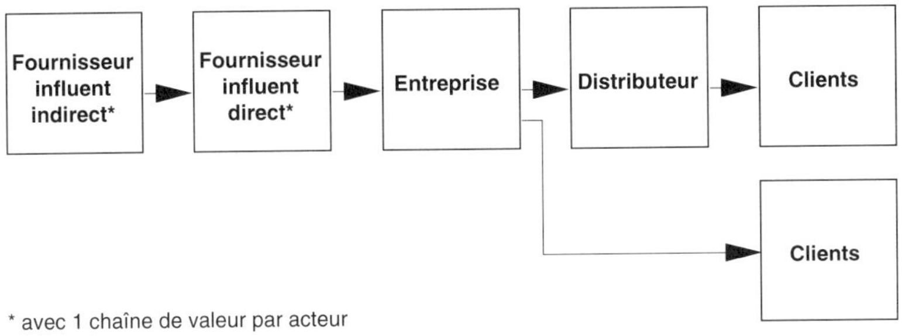

Figure 9.1 Chaîne de valeur d'un système

1. LA CHAÎNE DE VALEUR INTERNE

Toutes les activités qu'accomplit l'Entreprise ont pour but de réaliser une offre, présentant une valeur marchande, afin de lui permettre de se rentabiliser. Par déduction, on est en droit de considérer que la « valeur » de toutes ces activités est représentée en fait par la somme d'argent que le client est prêt à payer pour obtenir la jouissance du produit (bien ou service). C'est à partir de cette déduction que Michael PORTER a posé, comme un postulat, que la valeur se mesurait par les recettes totales de l'Entreprise, qui sont la résultante d'un prix de vente par un nombre d'unités vendues. Si cette valeur est supérieure aux coûts, alors l'Entreprise est en situation bénéficiaire et la différence représente la marge.

En conséquence, si nous voulons analyser la compétitivité de l'Entreprise, c'est la « valeur », telle que définie ici, qu'il faut prendre en compte ainsi que les coûts.

On remarque que cette démarche est une remise en cause d'un certain type de raisonnement. En effet, très souvent, les analyses faites pour jauger une Entreprise sont basées sur la valeur ajoutée. On peut se rendre compte à cette occasion à quel point cette référence n'est pas pertinente, dans tous les cas de figure, dans une analyse concurrentielle. En effet, en ce qui concerne ses propres coûts, une Entreprise peut choisir, volontairement, d'avoir des coûts plus élevés en offrant des produits très différenciés ; de la même façon elle peut choisir de sous-traiter toutes les activités pour lesquelles elle n'est pas leader en termes de coût pour mieux assurer sa « domination par les coûts ».

Au contraire, si l'on raisonne en valeur ajoutée, cela peut conduire à négliger, souvent à tort, les nombreux autres moyens d'envisager la réalisation de telle ou telle activité : ainsi le mode de production peut se concevoir depuis une intégration très poussée de celle-ci jusqu'à l'assemblage, voire le négoce. De ce fait la valeur ajoutée est le résultat de choix stratégiques et non une stratégie en soi.

Nous allons donc analyser les activités en fonction de leur coût propre et la différence entre la « valeur » (somme totale de ces coûts) et le chiffre d'affaires représentera la « marge ».

Michael PORTER a fait le choix de séparer les activités d'une firme en deux catégories :

- *les activités principales,*
- *les activités de soutien.*

On classe habituellement parmi les activités principales :

- la logistique amont (essentiellement l'acheminement physique des entrées telles que : matières premières, composants, sous-ensembles, équipements, outillages etc.),
- la production (des produits finis donc fabrication, assemblage, contrôle, emballage, entretien etc.),
- la logistique aval (distribution physique depuis la sortie fabrication jusqu'à la distribution ou le client, gestion des commandes, transports, stocks intermédiaires, livraison etc.),
- la commercialisation (ensemble des activités permettant l'achat par le client y compris publicité, promotion, animation et gestion du réseau de vente etc.),
- les services (pour maintenir ou améliorer le produit livré, tels que installation, garantie, dépannage, formation, pièces détachées etc.),

et parmi les activités de soutien :

- infrastructure de la firme (direction générale, finances, juridique, type de management, organisation, gestion qualité, comptabilité, systèmes d'information, etc.),
- gestion des ressources humaines (prévisions des besoins, recrutement, formation, motivation, gestion du personnel etc.),
- développement technologique (R & D, conception des produits, des processus et des méthodes, système d'information etc.),

– politique d'approvisionnement (relations, sélection des fournisseurs et des produits achetés etc.).

(Le contenu de chacune de ces activités doit être déterminé pour chaque type d'Entreprise et les indications entre parenthèses ne sont là que comme un guide pour la réflexion.)

Bien entendu pour avoir une bonne compréhension du métabolisme de l'Entreprise, ce découpage est encore trop grossier. Aussi chacune de ces activités peut et doit être, chaque fois que cela est nécessaire, sous divisée en sous-activités afin d'être ainsi mieux en mesure de décrire et chiffrer le mode de fonctionnement de l'Entreprise. Le schéma ci-dessous montre le découpage en activités ainsi qu'un exemple du découpage en sous-activités de l'activité principale « commercialisation » :

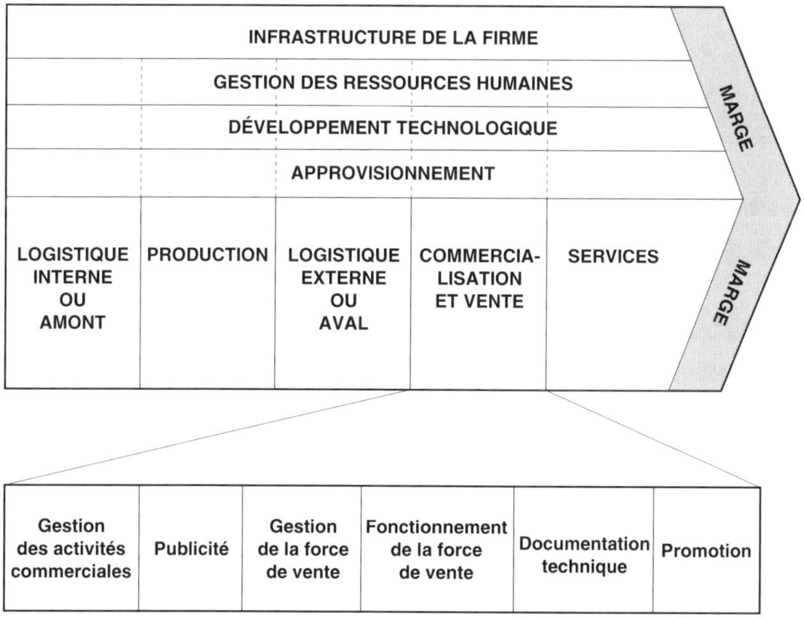

Figure 9.2 La chaîne de valeur avec son découpage

Ce deuxième découpage doit être fait très sérieusement et ce en complète cohérence, notamment, avec les raisons qui ont conduit l'Entreprise à faire le choix d'un schéma d'analyse et de décomposition des coûts.

À ce niveau de la construction de l'outil, la première question à se poser, est de voir à quel niveau de l'Entreprise il faut construire cette chaîne de valeur : il est certain qu'il faut d'abord la concevoir au niveau global de l'Entreprise, puis si cela est nécessaire la décliner pour tous les segments stratégiques (bien entendu cette question n'a de sens que pour les firmes qui considèrent qu'elles ont plusieurs segments stratégiques à gérer, exerçant de façon très différente leurs activités ; c'est, là encore, une affaire de bon sens).

En règle générale on se rend compte que ce sont surtout les activités principales qui sont exercées différemment, alors que les activités de soutien le sont d'une façon beaucoup plus homogène. Ceci paraît, *a priori,* assez logique, en ce qui concerne les activités principales, puisque la construction de l'avantage concurrentiel dépend directement de la façon dont une Entreprise les exerce. Or, c'est plutôt au niveau du segment stratégique, ou d'un regroupement de segments stratégiques ayant à mettre en œuvre des activités relativement homogènes, qu'il faut se situer puisque c'est à ce niveau qu'il y a lieu de construire l'avantage concurrentiel.

Pour ce qui concerne les activités de soutien, la réponse est plus nuancée car celles-ci peuvent être communes à plusieurs segments stratégiques. En effet, il y a de nombreuses chances pour que tous ces segments reçoivent des influences identiques de la part de la Direction de la firme, de la culture commune et du mode d'organisation. Aussi paraît-il convenable d'établir, pour ces activités, la chaîne de valeur au niveau de la firme puis de prendre en compte les spécificités de chacun des segments stratégiques, s'il y a lieu.

En tout état de cause il faut adapter la chaîne de valeur au niveau de chacun des segments stratégiques, puisque chacun d'eux doit créer son propre avantage concurrentiel ; sinon on doit se poser des questions sur la pertinence du découpage réalisé et il est recommandé de le réexaminer.

> *« Ainsi un Intérêt non négligeable de la chaîne de valeur interne est tout naturellement d'être un outil complémentaire pour vérifier la spécificité des facteurs clés de succès pour chaque segment stratégique (et donc permettant de s'assurer de la pertinence de la segmentation stratégique). C'est un point essentiel que l'on peut aller rechercher dans la chaîne de valeur des concurrents ; nous verrons plus loin à quel point écrire ces chaînes de valeur est important. »*

Ayant conçu le découpage de l'Entreprise en « activités » et en « sous-activités », chaque fois que cela sera nécessaire pour bien exprimer le fonctionnement actuel de l'Entreprise, il faut maintenant remplir chacune des cases en décrivant aussi parfaitement que possible et d'une façon aussi détaillée que pertinente, d'un point de vue stratégique, les activités exercées et la façon de les exercer. Ce sont ces descriptions qui vont permettre, à la condition d'avoir un système de suivi des dépenses qui l'autorise, de quantifier ces activités en termes de coûts et ainsi de suivre la répartition des coûts selon une vision « stratégique » et non plus seulement d'un point de vue contrôle de gestion ou même comptable.

Pour ce qui concerne tout particulièrement les activités de soutien, il est nécessaire de faire figurer chaque fois que cela paraît nécessaire les aspects qualitatifs des sous-activités. On fournira des indications du type :

- niveau de souplesse de l'outil industriel,
- niveau d'efficacité de la main-d'œuvre,
- état d'esprit des personnels etc.,

ces informations seront très précieuses pour comparer l'Entreprise par rapport à ses concurrents.

Prenons un exemple pour illustrer tout ce que cette analyse est susceptible d'apporter comme mode original de compréhension du fonctionnement de l'Entreprise :

> le plus souvent quand on parle de technologie, les Entreprises ont une tendance naturelle à ne prendre en compte que les aspects de celle-ci liés à la conception et à la production de l'offre (dans le cas bien sûr d'une société industrielle). En réalité l'Entreprise nécessite des développements technologiques dans bien d'autres domaines tels que : le traitement de l'information, la sortie de certains documents, la logistique etc. Quand on mesure l'importance de ce facteur pour construire un avantage concurrentiel, on voit bien la nécéssité d'étudier son influence sur l'ensemble des activités et donc d'examiner les choses d'une façon plus ouverte et moins restrictive que par le passé.

• Chaîne de valeur et INTERNET

L'utilisation d'INTERNET a une influence sur la plupart des activités d'une Entreprise. Il faut donc en tenir compte pour définir la chaîne de valeur d'une Entreprise qui se lance sur le Web. Sans vouloir accéder à l'exhaustivité de ces influences, voici celles dont le poids paraît très important au niveau de :

- infrastructure : l'architecture de la communication.
- ressources humaines : recrutement, formation, information…

- technologie : veille.
- approvisionnements : sélection des fournisseurs, diminution des coûts, amélioration des relations techniques et commerciales.
- logistique amont et aval : amélioration des flux d'information et traitement accéléré des achats et des commandes.
- production : télétravail.
- commercialisation : veille commerciale, promotion, meilleure proximité du client et marketing « One to One ».
- services : support client.

Ainsi INTERNET peut devenir une source réelle d'avantage concurrentiel et à ce titre est un outil stratégique.

• Chaîne de valeur et avantage concurrentiel

Cette chaîne de valeur une fois remplie, on disposera d'un instrument autorisant toute une série de recherches indispensables pour comprendre le réel métabolisme de l'Entreprise, ce qui va permettre de mettre en évidence les stratégies concurrentielles les plus « naturelles » pour chaque segment stratégique.

Il est ESSENTIEL de comprendre l'essence des liens réels qui existent entre l'avantage concurrentiel que peut construire une Entreprise et la façon dont elle exerce ses activités :

> **« En effet c'est bien de la façon dont chaque activité est exercée et aussi le jeu des mécanismes économiques qui déterminent les coûts d'une Entreprise par rapport à ses concurrents et donc sa capacité à mettre en œuvre une stratégie de domination globale par les coûts »,**
> **« De même, c'est bien la façon dont l'Entreprise exerce ses activités créatrices de valeur qui détermine la contribution apportée à la satisfaction des besoins des clients et donc aide à déterminer les sources potentielles de différenciation qu'elle possède et qui doivent lui permettre d'imaginer et de mettre en œuvre des offres "originales". »**

On voit bien l'importance de l'enjeu :

il s'agit, en vérité, de déterminer si, oui ou non, l'Entreprise possède de façon « naturelle » les compétences, les capacités et les ressources pour construire tel ou tel type d'avantage concurrentiel pour chacun des segments stratégiques existants ou qu'à terme elle veut gérer.

On doit considérer, dans une première approche, la chaîne de valeur interne comme la meilleure façon de définir ;

« comment peut-on se battre ? »

Michael PORTER a montré que la mise en œuvre d'une stratégie générique donnée, c'est-à-dire la construction de l'avantage concurrentiel, exige de construire une chaîne de valeur spécifique.

Ainsi les étapes de la mise en œuvre d'une « stratégie de domination par les coûts[1] » sont par ordre chronologique :

- identifier la chaîne de valeur appropriée et y affecter les coûts et les actifs,
- identifier les facteurs d'évolution des coûts dans chaque activité créatrice de valeur et leurs interactions,
- identifier les chaînes de valeur des concurrents, déterminer le coût relatif des concurrents et les sources des différences de coût,
- élaborer une stratégie visant à améliorer la position relative de l'Entreprise en matière de coûts en contrôlant les facteurs d'évolution des coûts ou en remodelant la chaîne de valeur et les activités situées en aval,
- veiller à ce que les efforts entrepris pour réduire les coûts ne sapent pas la différenciation et, si c'est le cas, s'assurer qu'il s'agit d'un choix délibéré,
- vérifier la durabilité de la stratégie de réduction des coûts.

Pour une « stratégie de différenciation[2] », ce sont :

- déterminer le véritable acheteur, car c'est Lui qui va être sensible à la différenciation,
- identifier sa chaîne de valeur et voir l'influence que l'on peut exercer sur elle : c'est cela la différenciation,
- déterminer les critères d'achat du client et leur hiérarchie,
- déterminer les activités de l'Entreprise qui ont un effet sur ces critères et qui permettent de se différencier par rapport aux autres,
- calculer le coût des sources de différenciation dans l'Entreprise (existantes ou à créer),
- choisir les activités à partir desquelles l'Entreprise va bâtir une différenciation intéressante pour le client aussi en termes de coût,

1. M. PORTER, *L'avantage concurrentiel,* p. 150/151, déjà cité.

2. M. PORTER, p. 200/202, déjà cité.

– vérifier que la stratégie choisie est défendable et possède donc une durée acceptable pour elle,
– réduire au maximum tous les coûts qui n'ont pas d'incidence réelle sur la différenciation afin de pouvoir la défendre le plus possible contre les Imitateurs.

On peut sans aucun doute rajouter à ces deux listes :

– identifier aussi clairement que possible les facteurs clés de succès.

• Les liaisons à l'intérieur de la chaîne de valeur

En conservant présent à l'esprit ces aspects de l'outil, il va être possible de l'utiliser pour trouver des réponses à toute une série de questions complémentaires, auxquelles il est nécessaire de répondre lors d'une analyse concurrentielle et pour cela il faut examiner :

– les liaisons à l'intérieur de la chaîne.

Les activités au sein d'une Entreprise ne sont pas indépendantes les unes des autres, au contraire elles s'influencent mutuellement. Étudier les liaisons qui existent entre elles revient à étudier comment elles peuvent contribuer à créer un avantage concurrentiel.

Elles peuvent y contribuer de deux façons, soit :

A • Par optimisation

car l'existence de la liaison peut être le résultat d'un arbitrage entre deux ou plusieurs activités :

ainsi faire le choix de meilleurs matériaux, d'améliorations du système de production, d'une formation du personnel va augmenter le coût d'une ou plusieurs activités mais va dans le même temps réduire, par exemple, le taux de panne et par là même le coût de la garantie voire d'autres services ; mais ce choix va peut-être aussi permettre d'offrir un niveau supérieur de qualité à celui de nombre de concurrents et ainsi se différencier par rapport à eux. On retrouve là l'une des « lois » édictées par le PIMS et selon laquelle : la qualité relative améliore le ROI.

B • Par coordination

car une meilleure domination par l'Entreprise d'un facteur clé de succès dépend dans la plupart des cas de plusieurs activités :

ainsi la possibilité de servir à délai court, dans des conditions de coût acceptables, va nécessiter la collaboration de divers acteurs notamment de la fonction commerciale (pour ce qui concerne les prévisions de vente), de la production (en termes de réactivité), des approvisionnements et aussi de bien d'autres acteurs puisqu'il va être nécessaire de maîtriser les flux d'informations mais aussi de matières premières, de produits semi-ouvrés etc. permettant d'avoir en juste temps les « bons » colis en stock.

La mise en évidence des liaisons existantes va donc nous permettre :

- de comprendre le fonctionnement actuel,
- de voir la répartition actuelle des coûts entre activités pour satisfaire à une demande du marché,
- d'imaginer d'autres liaisons pour satisfaire autrement à cette demande ou à une nouvelle demande,
- voire même pour une demande émergente, de déterminer le contenu et le coût probable de l'offre et par là d'estimer la capacité de réponse que possède la firme.

2. LA CHAÎNE DE VALEUR EXTERNE

De la même façon qu'il est indispensable de construire la chaîne de valeur interne d'une Entreprise, il faut le faire pour ce qui concerne le partage des activités entre cette Entreprise et ses divers partenaires, en « amont » et en « aval » ; on établit une nouvelle chaîne de valeur : ***« la chaîne de valeur externe ».***

Cette chaîne de valeur externe doit être construite pour prendre en compte les autres acteurs de l'environnement qui ont une influence clé sur la chaine interne. Ces acteurs clés sont ceux qui ont une influence réelle et décisive pour la construction de l'avantage concurrentiel. Ce sont en règle générale :

- des fournisseurs importants
- des canaux de distribution
- des secteurs de marché, en fait un regroupement, à un agrégat stratégique, de segments marketing ; il s'agit du même mode que celui utilisé lors de la segmentation stratégique (rappelons qu'il s'agit de regrouper des segments marketing ayant les mêmes facteurs clés de succès d'un point de vue stratégique et servis par le même segment stratégique).

En fait la chaîne de valeur externe est une analyse de la « filière » dans laquelle on fait ressortir les acteurs ayant une influence incontournable sur l'ensemble de la filière et participant à la création de l'avantage concurrentiel.

Puisqu'il s'agit de prendre en compte les acteurs participant, d'une façon ou d'une autre, à la construction de l'avantage concurrentiel, c'est très souvent au niveau du segment stratégique qu'il faudra se situer pour construire cette nouvelle chaîne, et c'est là une vraie difficulté.

Le schéma ci-contre illustre des exemples de liens pouvant exister entre l'Entreprise et ses fournisseurs ou avec ses clients.

En fait, la « chaîne de valeur externe » permet de mettre en évidence les liens existants, en termes d'activités, entre les acteurs de la filière :

Fournisseurs – entreprise – distribution – clients

son examen donne la possibilité :

- de voir la répartition actuelle des activités entre l'Entreprise, ses fournisseurs, les distributeurs et les clients et d'en comparer les coûts par rapport aux avantages retirés,
- d'examiner les éventualités existantes de diminution des coûts par une meilleure coordination entre l'Entreprise et ses fournisseurs ou ses distributeurs, et même envisager ce que pourrait apporter une baisse du prix de vente contre un transfert de certaines activités,
- d'imaginer d'autres formes de répartition des activités ou des tâches et d'estimer ce que cela peut changer notamment en ce qui concerne les rapports de force entre les acteurs ; et même envisager de baisser le prix de vente au client final ou de cession au distributeur contre un transfert de charge ou d'activité,

  On doit penser en termes de :

  - logistique à flux tendus,
  - production « just-in-time »,
  - DPP (direct product profitability).

En fait, il s'agit d'analyser, avec un outil différent des outils utilisés habituellement par les gens de marketing et à un autre niveau d'agrégat, les besoins du client en termes de valeur pour lui.

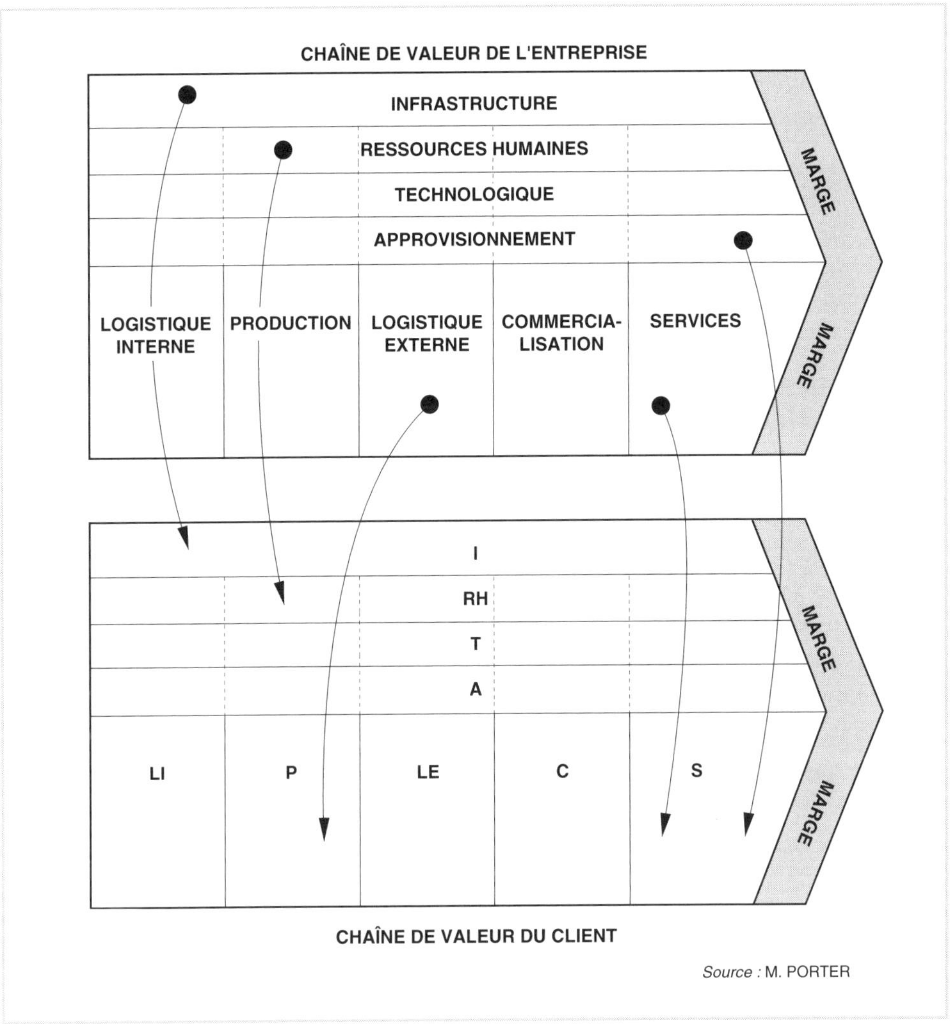

Figure 9.3 Schéma de chaîne externe aval

• Les liaisons entre chaîne interne et chaîne externe

Ainsi, il est pertinent d'analyser les liaisons existantes entre les différents partenaires de la chaîne de valeur externe et d'examiner d'autres variantes de ces liaisons, voire les possibilités d'établissements de nouvelles liaisons. Les applications de ces analyses sont nombreuses notamment pour ce qui concerne la valeur marchande. Rappelons que pour qu'il y ait réelle existence d'une valeur, il faut que le client la perçoive. Or nous vivons une époque, ainsi que nous l'avons montré au cours du premier chapitre, où la valeur marchande « fout le camp ». Il est donc d'autant plus important de comprendre comment il est possible de redonner de la valeur aux produits et aux services proposés par la firme. Redonner de la valeur c'est en fait « refuser la banalisation » du produit et donc recréer une différenciation de son offre par rapport à celle des concurrents et on voit tout ce que peut apporter cet outil en termes de détermination :

- à l'intérieur de la firme
- et par un jeu subtil entre partenaires (fournisseurs, distributeurs, voire même clients) à l'extérieur, des potentialités existantes de différenciation.

C'est, sans doute, le meilleur outil d'analyse que possèdent aujourd'hui les Entreprises pour fournir des indications précises pour orienter une stratégie marketing ayant pour effet de redonner de la valeur (à un moment où la fidélité du client n'est plus assurée et où il faut mettre en œuvre un « marketing de la valeur » pour compenser la perte de valeur marchande qui résulte de ce changement comportemental). C'est grâce à une meilleure compréhension puis à un meilleur usage du potentiel de différenciation, à l'intérieur de cette chaîne, que l'Entreprise peut redonner de la valeur à son offre. La construction de la chaîne de valeur externe doit permettre d'arriver à cette fin en faisant jouer au maximum les capacités de créativité de l'Entreprise.

3. CHAÎNE DE VALEUR ET ANALYSE CONCURRENTIELLE

• Prenons d'abord conscience que la comparaison des chaînes de valeur entre concurrents est la véritable base du concept de « benchmarking »

La meilleure façon de montrer l'importance du rôle de la chaîne de valeur, dans l'analyse concurrentielle, est de montrer ce qu'elle peut apporter à travers un exemple réel, volontairement laissé anonyme.

A • Exemple d'utilisation de la chaîne de valeur

L'exemple suivant illustre l'utilisation de cet outil pour envisager les possibilités que possède ou non une Entreprise à lutter contre un leader pratiquant une stratégie de « domination par les coûts » (ce qui lui a permis de pratiquer un niveau de prix autorisant la conquête du volume et donc la place de leader).

Cette Entreprise se trouve dans un secteur offrant peu de possibilités de différenciation et réalise *via* l'un de ses segments stratégiques 20 % de son CA et qui détient une part de marché qui est à peu près égale à 30 % de celle du leader ; on imagine aisement l'importance vitale du devenir de ce segment pour cette Entreprise.

L'Entreprise a donc entrepris de :

- construire la chaîne de valeur de ce segment stratégique puis a inscrit en face de chaque activité son coût respectif,
- établir le prix de revient total de son offre,
- mettre en évidence la structure de ses coûts afin de pouvoir les comparer avec ceux du leader,
- décrire la façon dont ce concurrent réalise ces mêmes activités,
- estimer la différence de coût pour chacune de ces activités.

L'exemple montre que cette Entreprise propose, sur son marché, une offre identique à celle de son concurrent mais ce dernier a un métabolisme qui lui permet d'avoir un coût inférieur de 19 %.

L'Entreprise va pouvoir, tout d'abord, examiner chacun des postes et voir s'il existe des possibilités de réduction de ses coûts pour tenter de diminuer fortement l'écart avec le leader, soit par elle-même soit à travers d'alliances (pour obtenir plus de volume ou des prix plus bas). Si cela n'est pas réaliste, elle doit, alors, s'interroger sur les possibilités existantes de différenciation de l'offre dans le secteur. En cas de réponse négative sur ces points, elle doit penser à se retirer en bon ordre, avant qu'il ne soit trop tard, pour se resituer sur une autre partie du champ de bataille.

Cette comparaison de coûts, *par activité,* a une très grande importance dans les secteurs où l'effet d'expérience joue fortement (voir chapitre 8). On sait, en effet, que l'effet d'expérience n'a pas le même degré d'influence sur toutes les activités (il joue plus fortement sur la « production » que sur le « commercial »). En conséquence, comprendre la répartition des coûts par activités d'un concurrent permet de vérifier la plus ou moins grande facilité qu'il possède à descendre le long de la courbe d'expérience.

Cet exemple est basé sur une comparaison de coûts ; bien entendu, on peut, aussi, comparer deux concurrents à travers leur façon d'exercer leurs activités ce qui permet de comprendre les sources de différenciation de chacun d'entre eux.

Nous présenterons au chapitre 11 de nouveaux outils qui faciliteront cet ensemble de réflexions.

Activités et postes de frais	% Prix de Revient de l'Entreprise	Caractéristiques du Concurrent	Impact	Effet sur Prix de revient
Approvisionnement Matières Premières	40 %	Achat par grande quantité à l'étranger	– 20 %	– 8 %
Production Main-d'œuvre	25 %	Travail en série industrielle	– 60 %	– 15 %
Coût Amortissement	3 %	Payement installations neuves	+ 100 %	+ 3 %
Commercial	15 %	Force de vente plus lourde et forte communication	+ 40 %	+ 6 %
Logistique	5 %	Propre flotte mais fort volume	–	–
Frais Financiers	4 %	Structure du bilan équilibrée	– 100 %	– 4 %
Frais de structures	8 %	2 sites de production mais structure plus faible	– 15 %	– 1 %
Total	100 %			– 19 %

Figure 9.4 Comparaison des chaînes de valeur de deux concurrents

• « Profitons-en pour rappeler les PISTES à suivre pour réaliser des économies d'échelle »

a. Développement produit

Penser produit mondial (si l'Entreprise possède la taille) en partant d'un noyau commun et en choisissant les bonnes adaptations locales ; pour cela constituer une équipe de conception de type « international ».

b. Politique d'approvisionnement

Consolidation des sources de matières premières ou produits semi-ouvrés.

c. Activité production

Rationaliser l'ensemble des flux et notament celui des stocks.

En termes de production, il est souvent pertinent de :

- *produire les « composants » dans un centre de production à faible coût,*
- *de réaliser l'assemblage final au plus près des lieux de consommation ou de destruction.*

d. Gestion de la « demande »

Faire des prévisions au niveau local (avec engagement de responsabilité des commerciaux), puis consolider en central.

e. Exécution des commandes

Organiser un système de gestion des commandes en réseau permettant d'optimiser au maximum les coûts par des choix judicieux, en termes de lieu de production, pour tenir compte des situations locales à un moment donné.

On constate donc, pour reprendre l'analyse de la situation décrite plus avant, que cette Entreprise :

- tout d'abord ne possède que peu de chances, à elle seule, de pouvoir entrer en lutte contre le leader sur la base d'une compétition par les prix,
- mais aussi qu'à terme, elle est en droit de s'inquiéter pour sa pérennité.

L'analyse concurrentielle, pour être pertinente, exige de déterminer l'étendue du champ de bataille sur lequel l'Entreprise souhaite exercer son métier et par là même où s'exerce la concurrence. Or cette étendue dépend essentiellement de quatre facteurs[1] :

- l'étendue du marché couvert, qui prend en compte la variété des clients que l'Entreprise veut satisfaire donc la variété de l'offre,
- le degré d'intégration (et pas seulement en termes de production), c'est-à-dire la répartition des tâches entre l'interne et l'externe (fournisseurs, distributeurs voire clients),
- la couverture géographique c'est-à-dire l'ensemble des territoires sur lesquels l'Entreprise exerce la même stratégie,

1. Michael PORTER, *L'avantage concurrentiel,* InterÉditions, p. 73, ouvrage déjà cité.

– l'étendue sectorielle, c'est-à-dire l'ensemble des secteurs suffisamment proches pour permettre à l'Entreprise d'y coordonner sa stratégie.

Comprendre le degré d'influence de ces quatre facteurs sur la chaîne de valeur d'un segment stratégique devrait permettre de voir les avantages et les inconvénients qu'il y aurait à intégrer ou au contraire à se séparer de tout ou partie d'une activité par rapport au fonctionnement actuel.

Voici une DEUXIÈME POSSIBILITÉ d'utiliser la chaîne de valeur comme un outil de réflexion sur la segmentation stratégique actuelle.

> *Il a été indiqué, dans le chapitre consacré à la segmentation stratégique, qu'à la fin de la réduction matricielle, le Dirigeant avait toujours la possibilité d'effectuer volontairement le regroupement de certains segments stratégiques s'il considérait que le découpage obtenu était par trop fin. Cette possibilité lui était offerte par l'examen des « FCS » : si deux ou plusieurs segments avaient en pratique à maîtriser les mêmes « FCS », alors les mettre dans des segments stratégiques différents nuisait à la synergie possible.*
> *Or dominer les mêmes « FCS » revient à construire le même avantage concurrentiel. La chaîne de valeur, en permettant de comprendre comment construire l'avantage concurrentiel, va se révéler être un outil de contrôle de la segmentation stratégique autorisant à procéder à une analyse conduisant à une diminution, éventuelle, des segments stratégiques.*

Cette utilisation de la chaîne de valeur n'est d'ailleurs guère surprenante puisque ces quatre facteurs, soit sous cette forme soit sous une autre forme, ont été utilisés comme des critères de Segmentation Stratégique (par exemple les critères : marché pertinent, type de clients, activités homogènes etc.).

4. CHAÎNE DE VALEUR ET TECHNOLOGIE

Pour des raisons identiques à celles mises en avant lors de l'étude du portefeuille, il est particulièrement intéressant de voir ce que peut apporter la chaîne de valeur à la compréhension du rôle de la technologie dans la lutte concurrentielle.

Tout d'abord, l'expérience montre que la technologie n'est pas la panacée pour assurer la pérennité d'une Entreprise. La structure du secteur économique a aussi son importance : il existe, en effet, des secteurs dits à haute technologie qui sont beaucoup moins rentables que d'autres pour lesquels la technologie n'est pas un élément clé de la lutte concurrentielle.

Ensuite, il y a lieu de se défaire d'un mode de pensée qui consiste à n'inclure sous le vocable technologie que les aspects « progrès » pour ce qui touche au produit. En fait, il est nécessaire, pour comprendre les rapports entre technologie et avantage concurrentiel, d'élargir le contenu du mot et de considérer que tout ce qui a un effet sur la compétitivité d'une Entreprise ou de ses concurrents suppose l'incorporation d'une technologie au sein d'une des activités. La technologie des systèmes d'information, par exemple, est présente dans la presque totalité des activités d'une Entreprise et ce parce que nombre de ses activités génèrent et utilisent des informations.

Ce constat entraîne à se poser des questions du type :

- quel avantage concurrentiel peut-on tirer, dans un secteur économique donné, d'une parfaite maîtrise de cette technologie ?
- à combien, tel ou tel type de clients, estime-t-il cet avantage ?

5. CHAÎNE DE VALEUR ET TEMPS

La notion de temps, si elle a été évoquée plusieurs fois aux chapitres précédents, n'est cependant jamais apparu comme une des dimensions stratégiques utilisées directement au travers des outils présentés. Il faut reconnaître que jusqu'à ce jour aucun des outils de l'analyse stratégique n'est en mesure de l'intégrer mais faire ce constat reste insatisfaisant, car force est de constater que la maîtrise du temps constitue la base d'un avantage concurrentiel « global ». Pourquoi ce terme de « global » ? Parce que la dimension temps surajoute de la valeur aux dimensions sur lesquelles est fondé cet avantage concurrentiel. Ce constat explique la présence de ce développement du rôle du temps dans ce chapitre.

La première façon de prendre en compte le temps nous semble devoir être, une fois la chaîne de valeur du futur construite, de se poser la question du temps nécessaire pour mettre en œuvre les changements des processus dans chacune des activités concernées par ces modifications. Cette analyse va permettre une utilisation succinte de la méthode PERT contribuant à une meilleure optimisation de la mise en œuvre, mais aussi de juger du délai probable de cette mise en œuvre. Ce dernier point est important car dans le cas où celle-ci serait trop longue le risque existe de l'inutilité de la manœuvre. En effet arriver trop tard sur le champs de bataille, alors que les positions dominantes sont déjà occupées par des adversaires peut interdire tout succès. Il faut savoir alors procéder autrement ou envisager de faire autre chose.

Une deuxième façon de procéder consiste après avoir compris les FCS (suite à une segmentation stratégique) à déterminer précisement les processus qui permettent de bien les maîtriser. Il reste alors à se poser la question de savoir comment exercer, mieux que les concurrents, cette domination. On peut y répondre, notamment, en pratiquant des études de benchmarking au cours desquelles on sera très attentif à l'usage que d'autres ont fait du temps.

Il est clair que toutes les activités peuvent être renforcées par la maîtrise du temps de la R & D à la logistique en passant par la veille concurrentielle et technologique, les approvisionnements, la production et les services. Mais au moins aussi important est la mise en place d'un système de décision qui autorise cette maîtrise au lieu de la compromettre.

Mais ce système de décision souple et rapide n'est pas suffisant à lui seul, il doit être accompagné par une redéfinition de l'organisation qui doit être repensée. Voici quelques pistes pour aller en ce sens :

- investir dans le but de réduire les temps de fonctionnement,
- modifier les pratiques en amont plutôt que de traiter des effets en aval,
- redéfinir la roue de DEMING : PDCA (observer – décider – contrôler – agir),
- considérer le temps comme un indicateur clé.

Il s'agit, là encore, de conduire un changement et l'Entreprise orientée sur le temps doit avoir un management totalement engagé dans cette démarche.

Focus

Les QUESTIONS CLÉS, qu'il est nécessaire de se poser, et auxquelles peut répondre la chaîne de valeur sont nombreuses, appartiennent à des domaines très différents, faisant par là-même de cet outil un instrument exceptionnel de réflexion pour déterminer les stratégies génériques « possibles » au niveau d'un segment stratégique (pour une Entreprise bien déterminée à un moment précis de l'histoire d'un secteur économique).

Les chaînes de valeur « interne et externe », une fois construites, leur lecture amène à l'esprit immédiatement un certain nombre de questions qui tournent en général autour des points suivants :

- Comment fonctionne aujourd'hui l'Entreprise ? Quelles synergies l'Entreprise a-t-elle su utiliser ou faire naître ?
- Quels sont les maillons essentiels de cette chaîne pour la maîtrise des facteurs clés de succès et donc la réussite de la stratégie choisie ?
- Quels sont les coûts des différentes activités : dans l'absolu et en relatif par rapport à ceux des concurrents ?
- D'une manière plus générale comment procèdent les concurrents les plus importants luttant contre l'Entreprise ?
- Jusqu'à quel degré l'Entreprise remplit-elle les attentes des clients et là encore dans l'absolu et en relatif par rapport à ses principaux concurrents directs ?
- *Quelles sont les compétences à maîtriser pour atteindre le niveau de performance assurant le futur de l'Entreprise ?*
- *Combien le client est-il prêt à payer telle ou telle fonctionalité ou tel ou tel service ? Et combien cela coûte-t-il à l'Entreprise ? (ce qui revient à faire une analyse de valeur à deux niveaux : dans la firme en termes de coût et chez le client en termes de valeur marchande, c'est-à-dire de chiffre d'affaires pour la firme).*

Les deux questions soulevées au dernier alinéa sont particulièrement importantes.

En effet, très souvent par le passé et sans doute encore aujourd'hui, trop d'Entreprises ne traitent, lors d'études portant sur l'analyse de la valeur, que de l'aspect interne des coûts. Or c'est bien à deux niveaux que ces études doivent être réalisées.

Pour chaque activité il faut impérativement se poser ces deux questions :

– combien cela nous coûte-il ?
– et à combien le client l'estime-t-il ?

Cette remarque permet de réfléchir sur la notion d'excellence. L'excellence n'a de sens, économiquement parlant, que si elle trouve des segments de marché suffisamment importants et prêts à en payer le coût pour satisfaire à la fois aux conditions de volume (quantités vendues) et de marge voulues par la firme.

Être trop en avance sur le marché, faire assaut d'avance technique ou technologique, fournir une somme supplémentaire de services par rapport aux concurrents, si cela revient à offrir plus que ce pour quoi le client est mûr et prêt à en payer le coût, n'est que très rarement la bonne approche pour assurer la pérennité de l'Entreprise. Les exemples célèbres de ce type d'errement sont trop nombreux et suffisamment récents pour ne pas avoir à insister.

L'excellence ne devrait pas se situer dans cette ligne de pensée mais au contraire dans l'établissement d'une cohérence aussi parfaite que possible entre :

– la stratégie corporate,
– les stratégies concurrentielles,
– les capacités et le culturel de l'Entreprise,
– la maîtrise des facteurs clés de succès des segments stratégiques,
– et l'adhésion des équipes.

Cette liste est loin d'être exhaustive, mais elle donne déjà une idée de l'apport que peut représenter des chaînes de valeur interne et externe « bien construites » dans le déroulement du processus de planification stratégique.

Ainsi l'« excellence pour l'excellence » peut devenir rapidement une forme de suicide collectif pour une Entreprise ; il vaut mieux tout simplement se contenter d'être meilleur que les « autres » et c'est déjà souvent fort difficile.

RETENONS : il n'est pas nécessaire d'être le meilleur partout pour gagner. La chaîne de valeur permet de mettre en évidence les points clés sur lesquels il faut, impérativement, être le meilleur. Ce qu'on appelle l'excellence est souvent le superflu, l'effort inutile qui se révèle ruineux, voire dangereux à terme pour l'Entreprise.

• Utilisation de ces questions dans le processus de planification stratégique

Les réponses apportées à ces questions amènent, le plus souvent, les Entreprises à voir les rapports de force entre les acteurs d'un secteur avec d'autres yeux. Elles les amènent aussi à réfléchir sur la nécessité d'acquérir telle ou telle « core competence », sur les moyens utiles pour améliorer les compétences actuelles de l'Entreprise par rapport aux nécessités de la stratégie concurrentielle construite au niveau de chaque segment stratégique.

Ces compétences peuvent se situer dans toutes les activités de l'Entreprise mais la chaîne de valeur doit permettre de leur donner un poids relatif par rapport à la stratégie mise en œuvre afin de tenir compte du poids spécifique de chacun des facteurs clés de succès.

Et c'est justement là que réside une des utilisations très pertinentes de cet outil :

> « VÉRIFIER l'adéquation entre le découpage actuel de l'Entreprise en segments stratégiques, la stratégie concurrentielle mise en œuvre à ce niveau, les facteurs clés de succès à satisfaire et donc les compétences à maîtriser pour y satisfaire. »

et aussi :

> « DE S'ASSURER de la pertinence de l'affectation des ressources afin d'améliorer ou d'acquérir les compétences que l'Entreprise doit mettre en œuvre pour se créer des atouts (car c'est bien de la mise en œuvre de ces compétences que dépend principalement la maîtrise des facteurs clés de succès). »

D'autres usages peuvent être faits des chaînes de valeur notamment comme outil pour guider la réflexion des équipes pour préparer le futur. Ainsi on peut s'efforcer de construire les chaînes de valeur du futur dans le but de mettre en œuvre des choix stratégiques.

Mais on peut aussi en faire un outil de recherche des technologies qui seront à la base de l'exercice des métiers de demain, de même que pour les compétences sur lesquelles on peut penser que s'engagera demain la lutte concurrentielle. Ces études doivent aider, fortement, les responsables des opérationnels ainsi que des ressources humaines à préparer les équipes.

Ces compétences sont de divers ordres : économique, de gestion, de management des hommes et culturel. Ce sont, d'ailleurs, ces compétences qui doivent servir à faire le découpage des activités principales en sous-activités. À titre d'exemple, et sans fournir pour autant une liste exhaustive, on peut citer pour chaque ordre indiqué :

- *ordre économique :* utilisation de technologie, mode de conception des produits, maîtrise des approvisionnements, qualité de production, composition de l'offre,
- *compétences de gestion :* structure du bilan, capacité d'endettement, contrôle de gestion,
- *compétences de management :* processus de prise de décision, animation des équipes, qualité des modes de promotion et de rémunération, qualité du système d'information et de la communication interne,
- *ordre culturel :* compréhension de la culture d'Entreprise, des habitudes comportementales des marchés.

SIXIÈME DOMAINE

Les groupes stratégiques[1]

« Certains ont l'intelligence nécessaire pour se connaître eux-mêmes
mais ils sont stupides lorsqu'il s'agit de jauger l'adversaire.
Pour d'autres c'est le contraire.
Qu'ils appartiennent à l'une ou à l'autre de ces catégories,
ils sont incapables de résoudre le problème posé
par l'étude et l'application des lois de la guerre. »
MAO TSÉ-TOUNG (Œuvres choisies)[2]

« Est bien avisé le général qui, avant d'entrer en campagne,
étudie soigneusement l'ennemi et se trouve à même
de se protéger contre les points forts dudit ennemi
et de tirer avantage de ses faiblesses. »
MAURICE, Empereur Bizantin (VIe siècle),
Le Strategikon

1 • Les dimensions stratégiques de la concurrence
2 • La construction de la carte des groupes stratégiques
3 • L'utilisation des groupes stratégiques
4 • La carte stratégique prévisible

1. Ce chapitre est inspiré des travaux de M. PORTER notamment *« Choix stratégiques et concurrence »*, Éditions Économica, déjà cité.

2. Extrait de *L'art de la guerre de SUN TZU*, Collection CHAMPS, Flammarion, déjà cité.

À la fin du chapitre consacré à l'étude de l'environnement, il a été évoqué la nécessité d'analyser, afin de pouvoir les comprendre, les diverses stratégies mises en œuvre par les concurrents. Cette compréhension devrait rendre possible la réalisation d'un regroupement des concurrents présents par type de stratégie et ainsi permettre de construire ce que PORTER a appelé les « groupes stratégiques ».

Situer cette étape de l'analyse stratégique à la fin de l'étude du secteur économique est sans aucun doute logique ; les concurrents, en effet, étant situés dans l'environnement de l'Entreprise, cette étape devient un complément naturel de l'étude du secteur.

C'est donc dans la suite logique de la démarche d'analyse stratégique de traiter cette étape. Cependant la démarche que nous suivons montre que lorsqu'une Entreprise est, par choix stratégique, multi-produits et multi-marchés il va être nécessaire de procéder à une segmentation stratégique. En effet, il existe de grandes chances qu'elle ait à lutter contre des concurrents très différents suivant que l'on examine telle ou telle partie de son offre. De plus, de nos jours de nombreux groupes œuvrent à l'intérieur de plusieurs secteurs économiques, chacun d'entre eux l'entraînant à s'opposer à des concurrents totalement différents. Pour résoudre cette difficulté, il a été proposé un découpage stratégique de l'Entreprise baptisé « segmentation stratégique ».

Il est probable que ces Entreprises soient amenées à construire ces groupes stratégiques à chaque fois que se posera le problème d'avoir à lutter contre des concurrents très différents. Voilà la raison qui a conduit à traiter cette étape de la démarche après la segmentation stratégique et l'étude du portefeuille, tout en recommandant de la démarrer lors de l'étude de l'environnement. (Il serait irréaliste de poser comme une règle absolue que chaque étape de la démarche ne devrait être entreprise que lorsque la précédente serait terminée ; il est bien évident que les diverses étapes peuvent et doivent en principe être menées de front, quant à la recherche des informations et leur utilisation simultanée).

Rappelons que l'analyse structurelle du secteur repose, principalement, sur l'importance et les effets des « 5 forces » qui s'exercent sur lui, ainsi que sur l'identification des sources de ces forces notamment chez les principaux concurrents. C'est du jeu de ces forces que vont dépendre les potentialités de profit offertes par le secteur (même si comme nous l'avons déjà vu, il est nécessaire de descendre plus bas au niveau même des segments stratégiques pour bien examiner ce qui s'y passe).

Dans le même temps, on constate que certaines Entreprises dominent, parfois pendant des décennies, les autres Entreprises de leur secteur. Si aujourd'hui ce n'est plus toujours le cas, il est impératif d'en comprendre les raisons et être capable de faire le partage entre ce qui résulte de changements dans l'Environnement et ce qui est du fait de l'ancien leader (qui n'aurait pas bien su les prendre en compte et donc concevoir et mettre en œuvre les bonnes réactions stratégiques).

Les Entreprises adoptent très souvent des comportements différents voire divergents et qui sont la traduction de stratégies différentes ou divergentes. Au travers de ces stratégies différentes et à cause d'elles, les Entreprises obtiennent régulièrement des résultats différents. Certaines réalisent, systématiquement, de meilleures performances : il faut comprendre pourquoi. Les raisons en sont, obligatoirement, objectives sinon ces performances ne perdureraient pas car soumises alors au jeu du hasard. Il faut, donc, aller chercher ces raisons objectives dans la définition de la stratégie choisie par ces Entreprises :

> « Le but premier de la méthode des « groupes stratégiques » de PORTER est, à travers l'étude des diverses stratégies mises en œuvre dans un secteur, de mieux comprendre les possibilités de survie en son sein. »

Il est important à ce stade de l'analyse de prendre en compte le comportement de l'ensemble des Entreprises qui luttent dans un même secteur.

Puis il sera utile de procéder à une analyse complémentaire, permettant de constater sur quels segments de marché chaque type de stratégie a le mieux réussi, et donc obtenir des informations extrêmement pertinentes pour construire une stratégie marketing notamment en termes de cibles de clients.

1. LES DIMENSIONS STRATÉGIQUES DE LA CONCURRENCE

Dans un secteur, les stratégies adoptées par les divers concurrents présentent énormément de différence. Néanmoins, en règle générale, on constate que toutes ces stratégies sont basées sur des dimensions stratégiques qui sont identiques pour l'ensemble des concurrents et que c'est de l'usage que les concurrents font ou ne font pas de ces dimensions que dépendent les diverses options stratégiques suivies.

Il est donc important d'avoir une vue précise de ces dimensions stratégiques et de bien en apprécier les contours. En s'inspirant des travaux de PORTER et sur notre expérience propre, les principales dimensions stratégiques auxquelles on doit se référer sont :

• La spécialisation

Cette dimension permet de qualifier l'étendue de l'offre et donc de la gamme de produits offerte. Ainsi on peut classer les concurrents à partir des types de besoins satisfaits, ainsi que l'intensité de ces mêmes besoins (à travers la profondeur de la gamme), et ainsi qualifier le degré de spécialisation de chacune des Entreprises du secteur.

• L'image de marque

La mise en œuvre d'une politique d'image demande du temps, des moyens et de la persévérance. L'image n'est pas le fait du hasard. Elle permet à une Entreprise de se battre contre ses concurrents à travers des conditions de combat basées non seulement sur des critères objectifs tels que : la qualité, les performances, le prix, le délai, le circuit de distribution etc., mais aussi selon une autre dimension qui est la personnalité qu'elle a su se donner ou (quelquefois malheureusement pour elle) qu'elle s'est laissée imposer. Dans tous les cas de figure, il s'agit bien d'une arme stratégique, favorable ou défavorable, mais qui influe sur les résultats d'une Entreprise et par conséquent est un qualificatif objectif de sa stratégie.

• La sélection de circuits de distribution

L'Entreprise doit mettre son offre à la disposition des clients qu'elle a choisi de satisfaire. Pour cela, elle est obligée de faire des choix entre les différents modes de distribution qui existent voire d'en créer de nouveaux. Elle doit d'abord choisir entre la vente directe et/ou indirecte, puis ensuite faire un choix entre les diverses formes de vente directe et les divers canaux possibles dans le cas de vente indirecte. Ce choix est loin d'être neutre car il entraîne des conséquences majeures quant à ses structures, son mode d'organisation, les techniques et les compétences à maîtriser et par conséquent les allocations de ressources qui en résultent. Ce choix influencera, par ailleurs, le contenu de son image.

• La qualité du produit

Le choix du niveau de qualité du produit entraîne la prise de décisions clés.

Ainsi, par exemple, le choix du mode de production, la formation des hommes, l'approvisionnement en matières premières, les performances, l'aspect extérieur, le conditionnement entre autres vont devoir dépendre de ce choix. Il s'agit bien d'une dimension permettant de définir un type de stratégie.

• La domination technologique

Le degré de maîtrise de la technologie, au travers de l'offre, est une option stratégique majeure qui permet à une Entreprise de déplacer le jeu concurrentiel en sa faveur (même si à un instant donné l'offre ne s'appuie pas sur l'ensemble de ses capacités technologiques).

• L'intégration verticale

Au travers de cette variable on exprime le degré d'intégration, au sein de l'Entreprise, du processus de transmission de l'offre vers le client. Par exemple sur le plan de la production, on peut aller de l'intégration poussée dans laquelle l'ensemble des activités de production se fait en interne, jusqu'au négoce (qui correspond à une intégration nulle de la fonction production), en passant par l'assemblage et par des étapes de sous-traitance plus ou moins importante.

Mais à travers cette dimension il faut aussi passer en revue le degré d'intégration des autres fonctions. Ainsi si l'Entreprise dispose d'un réseau captif de distribution ou de sources captives de matières premières il faut, indéniablement, considérer ces possibilités comme un complément d'intégration et donc comme un élément majeur de compréhension de sa stratégie.

Quelqu'en soit la raison, le choix d'intégrer plus ou moins complètement telle ou telle activité est un choix stratégique majeur de par le niveau et la répartition des investissements à réaliser.

• La situation dans le domaine des coûts

Cette dimension ne doit pas surprendre puisque la domination par les coûts est l'une des stratégies génériques. Pour être capable d'exercer une stratégie de domination par les coûts il est indispensable de faire le choix d'investissements, en général très lourds, afin de posséder un outil de production permettant de réaliser de grandes séries. Ces investissements sont très spécifiques :

acquérir la compétence pour produire et distribuer en minimisant au maximum les coûts, il s'agit donc bien d'une option stratégique bien définie.

• Les services

Le choix par une Entreprise de fournir un ensemble de services complémentaires pourrait être considéré comme contenu dans d'autres dimensions comme l'intégration verticale voire l'image. Il semble pertinent d'isoler cette dimension car il est essentiel d'y apporter une attention toute particulière. En effet, une politique de services demande la maîtrise d'un certain nombre de facteurs clés de succès bien spécifiques.

Ce n'est pas le propos de cet ouvrage de traiter les aspects particuliers d'une fonction de l'Entreprise et donc il ne s'agit pas de traiter, ici, du marketing des services. Néanmoins il est important de signaler, pour tous ceux qui ne seraient pas familiers avec ce marketing spécialisé, que pour mettre en œuvre une politique de service « payante » une Entreprise doit prendre en considération les problématiques bien particulières qui sont celles des services par rapport aux biens tangibles.

Ainsi les services ne se réfèrent le plus souvent à aucune norme, ne se stockent pas, se consomment au fur et à mesure de leur production et enfin réclament, le plus souvent, la participation de celui qui les reçoit. La prise en compte de ces caractéristiques amène à des comportements stratégiques différents. Pour ce qui nous préoccupe il est intéressant, notamment, d'examiner ce qui en résulte sur les plans qualité, contrôle et communication :

- N'ayant pas de système objectif de comparaison, les clients se font une « idée » de la qualité à travers la relation qu'ils ont avec les hommes qui rendent le service et la qualité des supports qui accompagnent généralement tous les services,
- La production et la consommation étant simultanées le contrôle peut difficilement être préventif, or un contrôle *a posteriori* ne résout qu'imparfaitement les écarts de qualité,
- La communication doit être continue, concentrée pour renforcer l'Image et parfaitement décrire le contenu du service pour permettre au client de le comparer avec les offres concurrentes, et ce sans distorsion.

Comme on peut l'imaginer ces trois problématiques conduisent à un management spécifique des hommes qui devient un élément clé de la lutte concurrentielle et donc une dimension stratégique clé.

On est en droit d'affirmer, sans aucune hésitation que les services sont, pour nombre d'Entreprises, un excellent moyen de différenciation de l'offre. Il est donc très pertinent de considérer cette dimension en soi et de procéder à un examen très sérieux de la façon dont elle est mise en œuvre.

• La politique de prix

La politique de prix ne peut être, dans la durée, indépendante de la situation dans le domaine des coûts ; elle y est fortement liée. Cependant, elle dépend aussi de l'image, de la politique de services etc., mais elle reste par elle-même une variable stratégique clé. Le choix de pratiquer tel ou tel niveau de prix face aux concurrents nécessite des niveaux d'intervention différents sur les activités de l'Entreprise et donc est du ressort de la direction générale comme tout ce qui est transversal (au moins pour ce qui concerne les arbitrages). Cette dimension est particulièrement importante, aussi, parce qu'elle est la seule ou en tout cas la plus importante politique de revenus et comme telle il est nécessaire de l'étudier séparément des autres dimensions retenues.

• Les rapports avec la société-mère

Quels degrés de liberté possède telle filiale par rapport à sa maison-mère ? Quels sont les rapports entre elles ? La nature de ces rapports aura une influence profonde, à travers les objectifs de la société-mère, sur la définition de la stratégie de la filiale pouvant aller jusqu'à des choix privilégiant la richesse de l'une par rapport à l'autre. Aussi ces rapports doivent comme tels faire l'objet d'une analyse.

• Les rapports avec les gouvernements et les autorités publiques

Cette dimension est particulièrement à prendre en compte lorsqu'on s'intéresse à un secteur économique dont le marché pertinent est à la taille mondiale et donc concerne en priorité des Entreprises de taille internationale. Cependant même dans des secteurs plus restreints, géographiquement parlant, les mêmes influences peuvent éventuellement jouer et concerner des Entreprises de taille moyenne voire petite. Les autorités d'un pays sont toujours à même, quels que soient les accords internationaux, de pratiquer des jeux influençant, au moins pour un temps, les échanges, et ainsi favoriser ou interdire en tout ou partie l'accès des marchés nationaux. Ces rapports ont ou peuvent avoir une influence déterminante sur la stratégie des divers concurrents en fonction de leur nationalité ou de leur appartenance à un quelconque bloc.

Mais connaître les dimensions à partir desquelles s'organise la lutte concurrentielle ne s'avère pas suffisant et il est aussi important de comprendre l'ampleur que peut prendre chacune de ces dimensions ainsi que sa « traduction ». Aussi paraît-il intéressant de proposer, pour les principales d'entre elles, des exemples conventionnels d'expression :

– Spécialisation	gamme réduite	gamme moyenne	gamme large,
– Polit. d'image	image faible	image moyenne	image forte,
– Canaux de dist	sélectif	quelques uns	tous,
– Polit.de qualité	faible	moyenne	forte,
– Dom. techno	suiveur		leader,
– Intég. verticale	amont		aval,
– Polit. de coûts	coûts faibles	coûts moyen	coûts élevés,
– Polit. de service	service minimum		service complet,
– Polit. de prix	standard		élevé.

L'essentiel est de choisir une « traduction » qui permette de parfaitement exprimer chacune de ces dimensions stratégiques dans un système de lutte concurrentielle donné ; il est clair que cette « traduction » dépend considérablement de la structure du secteur. Ainsi dans certains secteurs quelques dimensions peuvent s'exprimer différemment, par exemple :

– l'intégration au travers du « mode de production » :

  standard – sur mesure,

– la spécialisation au travers de la hauteur de gamme :

  gamme basse – gamme intermédiaire – gamme haute,

– La distribution à travers la couverture géographique :

  régionale – nationale – internationale.

Il est sans doute possible, pour illustrer chacune de ces dimensions, de descendre à des niveaux de détail différents. Ce n'est pas là le bon usage de la méthode, mais au contraire de procéder en gardant bien en mémoire le but premier de cette étape : permettre d'analyser la stratégie des concurrents.

Trop entrer dans le détail, lors d'une analyse stratégique, entraînerait le risque de ne pas se concentrer sur l'essentiel. Or :

> *« En stratégie, plus qu'en tout autre domaine, il faut savoir distinguer l'essentiel de l'accessoire. »*
> A. BEAUFRE[1]

On remarquera, aussi, que certaines de ces dimensions peuvent être plus ou moins corrélées entre elles. Ces corrélations vont beaucoup dépendre de la structure du secteur économique à travers, notamment, des comportements de clients que reflètent les couples produit / marché. Il existe, de ce fait, une certaine cohérence entre le comportement des Entreprises dans un secteur économique déterminé et ces corrélations. C'est, en fait, cette cohérence qui autorise la construction des « groupes stratégiques ».

Pour les mettre en évidence, l'important nous semble être de tracer un tableau d'ensemble du jeu concurrentiel, en évitant d'aller trop dans le détail afin d'être en situation de distinguer les dimensions réellement essentielles pour comprendre le jeu des autres.

2. LA CONSTRUCTION DE LA CARTE DES GROUPES STRATÉGIQUES

Pour construire la carte des groupes stratégiques, il va falloir déterminer, en premier lieu, les dimensions stratégiques qui sont réellement applicables pour décrire les conditions de la lutte que se livrent les Entreprises présentes dans un même secteur. En second lieu, on retiendra les deux dimensions les plus discriminantes et les plus pertinentes pour décrire les stratégies pratiquées dans ce secteur. En effet, le fait de vouloir construire une carte nous limite à ne pouvoir utiliser, au départ, que deux dimensions.

On réunira au sein d'un même groupe tous les concurrents qui pratiquent la même stratégie, déterminée à partir des deux paramètres retenus. Chaque groupe sera dessiné sous forme d'un cercle dont le diamètre sera proportionnel à la part totale de marché occupée par les concurrents composant ce groupe par rapport au chiffre d'affaires total du secteur...

1. *« Introduction à la stratégie »*, Économica 1985.

On sera, alors, en mesure de construire une carte qui se présentera sous la forme suivante.

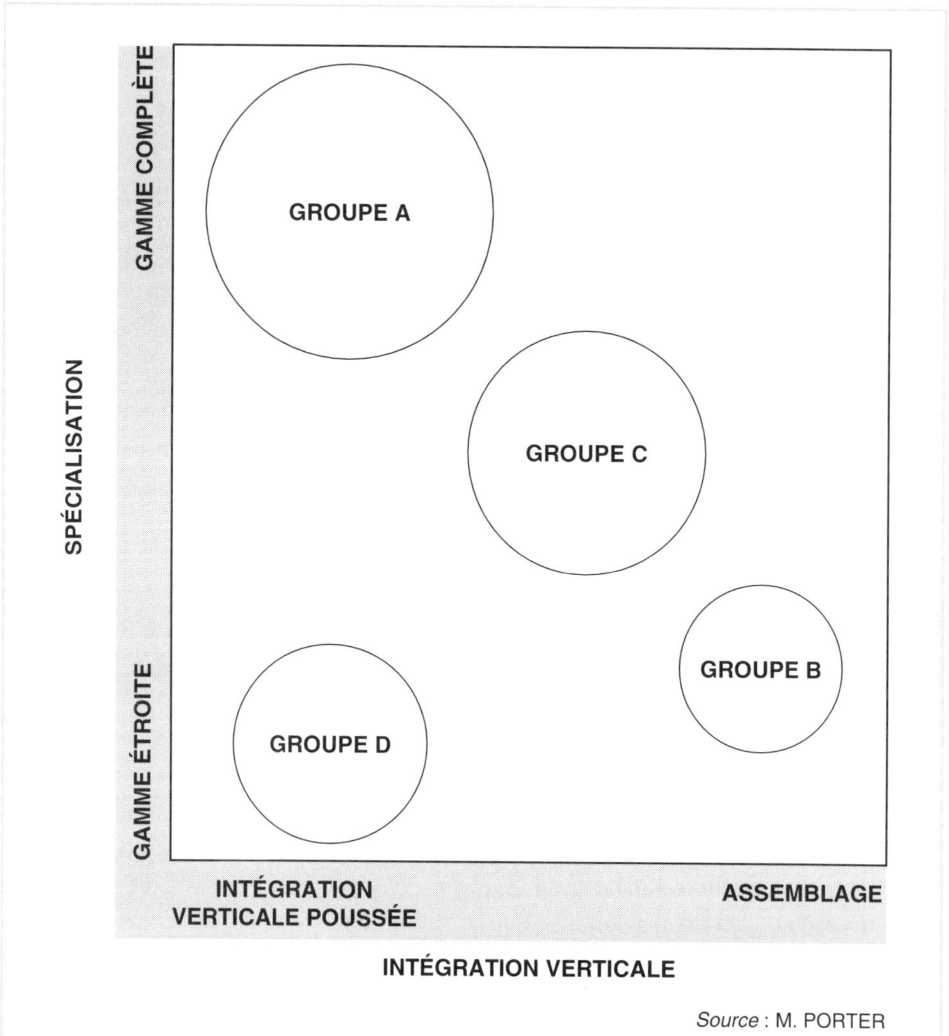

Figure 10.1 Carte hypothétique d'un secteur

Pour physiquement construire les groupes stratégiques, il est nécessaire de pouvoir « qualifier » la stratégie des Entreprises du secteur à partir des deux paramètres. Pour se faire on remplit, pour chaque concurrent, une grille d'analyse en choisissant un mode de cotation pour chacune des valeurs que prennent les dimensions stratégiques conservées.

Par exemple si l'on considère la dimension « image » :

se fixer la notation : « 3 » pour une image « forte »,
: « 2 » pour une image « moyenne »,
: « 1 » pour une image « faible ».

On obtient un tableau, tel que celui : présenté ci-après.

PARAMÈTRES STRATÉGIQUES / CONCURRENTS	SPÉCIALISATION	IMAGE	DISTRIBUTION	QUALITÉ	DOMINATION TECHNOLOGIQUE	INTÉGRATION	SITUATION COÛTS	SERVICES	POLITIQUE DE PRIX	RAPPORTS AVEC SOCIÉTÉ MÈRE	RAPPORTS AVEC AUTORITÉS	GROUPE	CA
CONCURRENT a	1	3	1	3		3	2	1	1			A	
CONCURRENT b	1	2	3	2		1	1	2	2			B	
CONCURRENT c	1	2	3	2		1	2	2	2			B	
CONCURRENT d	3	2	2	2		2	3	3	3			C	
CONCURRENT e	2	2	2	2		3	1	3	3			D	
CONCURRENT f	1	2	3	2		1	3	2	2			B	
CONCURRENT g	3	1	1	1		1	2	3	1			E	
CONCURRENT h	3	1	1	1		1	2	3	1			E	
CONCURRENT i	1	2	3	2		1	3	2	2			B	
CONCURRENT j	3	1	1	1		1	2	3	1			E	
CONCURRENT k	3	1	1	1		1	2	3	1			E	
CONCURRENT l	3	1	1	1		1	2	3	1			E	
CONCURRENT m	3	2	2	2		2	3	3	3			C	
CONCURRENT n	2	2	2	2		3	3	3	3			D	

Dimensions retenues (↑ SPÉCIALISATION, ↑ INTÉGRATION)

Figure 10.2 Tableau de cotation des groupes stratégiques

On remarquera que trois paramètres, non représentatifs des stratégies du secteur, n'ont fait l'objet d'aucune cotation. Si les deux paramètres retenus sont, comme pour l'exemple ci-dessus, la « spécialisation » et « l'intégration », on peut constituer 5 groupes.

– groupe A : cotations 1 et 3,
– groupe B : 1 et 1,
– groupe C : 3 et 2,
– groupe D : 2 et 3,
– groupe E : 3 et 1.

Puis on rassemblera tous les concurrents, ayant une cotation similaire pour les deux dimensions retenues dans le même groupe ; ainsi tous ces concurrents auront une position identique sur la carte par rapport à ces deux axes. Chaque groupe sera dessiné sous forme d'un cercle dont le diamètre sera proportionnel à la part totale de marché occupée par les concurrents composant ce groupe par rapport au chiffre d'affaires total du secteur.

Dans certains cas, il sera nécessaire d'observer, plus particulièrement, quelques précautions. Ainsi :

prenons le cas d'une Entreprise qui aurait conçu trois offres très différentes, (à des niveaux de prix différents, pour des segments de marché différents etc.), allant jusqu'à utiliser des marques différentes. Cette Entreprise met en œuvre trois stratégies bien différentes, aussi faudra-t-il classer chacune de ces offres dans un groupe différent. Si on choisissait de situer ce concurrent sur la carte comme une entité unique, nous prendrions le risque de représenter une stratégie moyenne et on ne mettrait pas en évidence le résultat des stratégies réellement exercées en n'attribuant pas aux divers groupes stratégiques concernés la part de chiffre d'affaires qui leur revient. Il faut donc choisir, à chaque fois, le regroupement qui permet de refléter le mieux la réalité des résultats de la lutte concurrentielle. Dans le cas cité, la solution consiste donc à situer chacune des trois marques dans le groupe stratégique dont elle dépend tout naturellement.
De la même façon il est essentiel, lors du choix des deux dimensions clés, qui vont servir à construire la carte, de bien sélectionner deux paramètres qui non seulement soient les plus représentatifs des stratégies exercées mais qui de plus soient indépendants, l'un par rapport à l'autre. Dans le cas contraire la carte ne ferait que mettre en évidence le niveau de corrélation entre les deux paramètres. Il faut notamment se méfier des corrélations de type marketing telles que lien entre prix et image ou bien entre image et canaux de distribution. Si l'on commettait cette erreur, on obtiendrait une carte, comme page suivante, avec des groupes stratégiques qui seraient alignés selon une droite ; dans d'autres secteurs économiques, on obtiendra un alignement des groupes sur une droite parallèle à un des axes. Quelle que soit la carte obtenue, celle-ci

ne fera que refléter la corrélation existante entre deux dimensions stratégiques dans ce secteur mais ne permettra, en aucun cas, d'obtenir une carte des groupes stratégiques car les regroupements effectués ne seront pas discriminants et par là signifiants.

On peut, légitimement, hésiter pour sélectionner les deux dimensions stratégiques clés. En fait lorsqu'on connaît parfaitement son secteur, deux cas de figure peuvent se présenter :

- on détermine assez rapidement les éléments clés sur lesquels construire la carte, mais on éprouve de grandes difficultés pour positionner les divers groupes sur la carte :

  dans ce cas il y a lieu, dans un premier temps, de ne pas remettre en cause le choix des deux dimensions mais d'essayer de les exprimer en choisissant d'autres définitions qui autoriseraient à mieux traduire les comportements stratégiques des Entreprises du secteur.

- ou bien on arrive rapidement à choisir une des deux dimensions mais on hésite par contre pour ce qui concerne la seconde :

  dans ce cas ne pas hésiter à construire plusieurs cartes et voir alors celle qui permet le mieux de positionner les principaux concurrents (le risque de perte de temps est inexistant par rapport aux risques que ferait courir l'utilisation d'une mauvaise carte et par ailleurs la construction d'une carte est très rapide comparée au temps nécessaire pour remplir le tableau d'analyse, *cf.* figure ci-après).

L'exemple qui peut être proposé, parce qu'il pose souvent problème, est celui du choix de la dimension « sélection des canaux de distribution » qui est parfois difficile à déterminer ; on peut l'expliciter par :

- le nombre de canaux couverts,
- ou par les divers types de canaux sélectionnés,

le choix n'est pas toujours évident au départ de l'analyse.

Si l'un de ces choix permet de construire valablement la carte, le problème est résolu ; dans le cas contraire on peut remplacer cette dimension par une autre qui présente une forte corrélation ; par exemple dans le cas cité on peut, peut-être, choisir la dimension « spécialisation » qui peut se révéler plus facile à manipuler, si l'on constate qu'il existe dans le secteur une corrélation proche de « un » entre des types de clients, donc des types d'offres, et des canaux de distribution (c'est-à-dire si chaque canal de distribution est fréquenté presque exclusivement par un type de consommateurs).

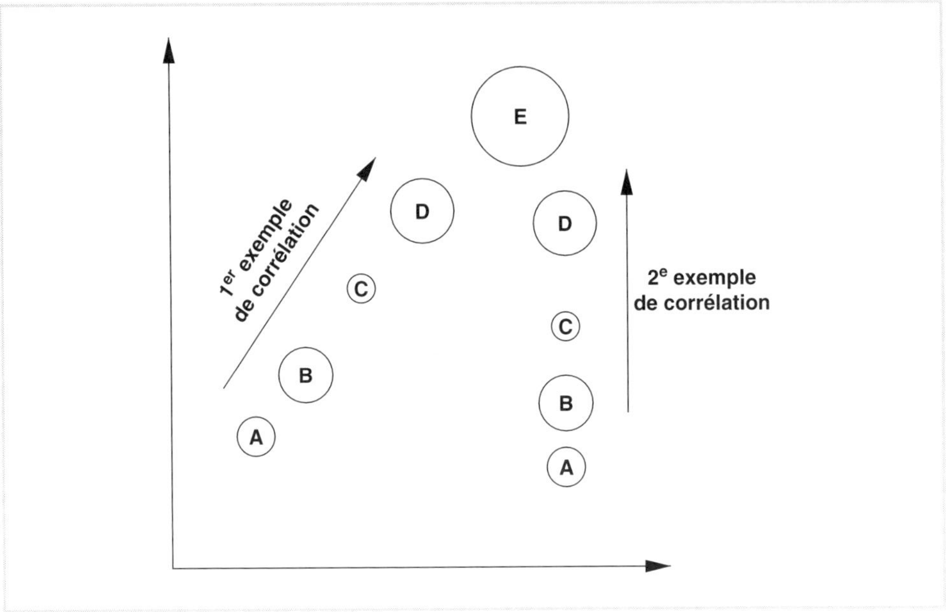

Figure 10.3 Exemple de carte construite à partir de paramètres correlés

Une fois la carte des groupes stratégiques construite il devient possible, pour mieux qualifier la stratégie de chaque groupe d'indiquer, pour chacun d'eux, les autres dimensions, autres que les deux dimensions déjà retenues, qui leur seraient communes. Dans la réalité on constate, que presque toujours, les Entreprises d'un même groupe stratégique ont en commun bien d'autres dimensions car rarement un type de stratégie se qualifie par seulement deux dimensions. Bien entendu, que d'un groupe à un autre ces dimensions peuvent ne pas être les mêmes.

Cette dernière analyse permet de qualifier plus finement une stratégie déterminée et donc de mieux :

- comprendre les réelles difficultés pour la pratiquer,
- saisir les processus importants qu'il faut maîtriser à l'intérieur des chaînes de valeur (interne et externe).

On obtiendra alors, sous sa forme définitive, la carte des groupes stratégiques pour ce qui concerne par exemple le secteur hypothétique déjà envisagé (*cf.* figure ci-contre).

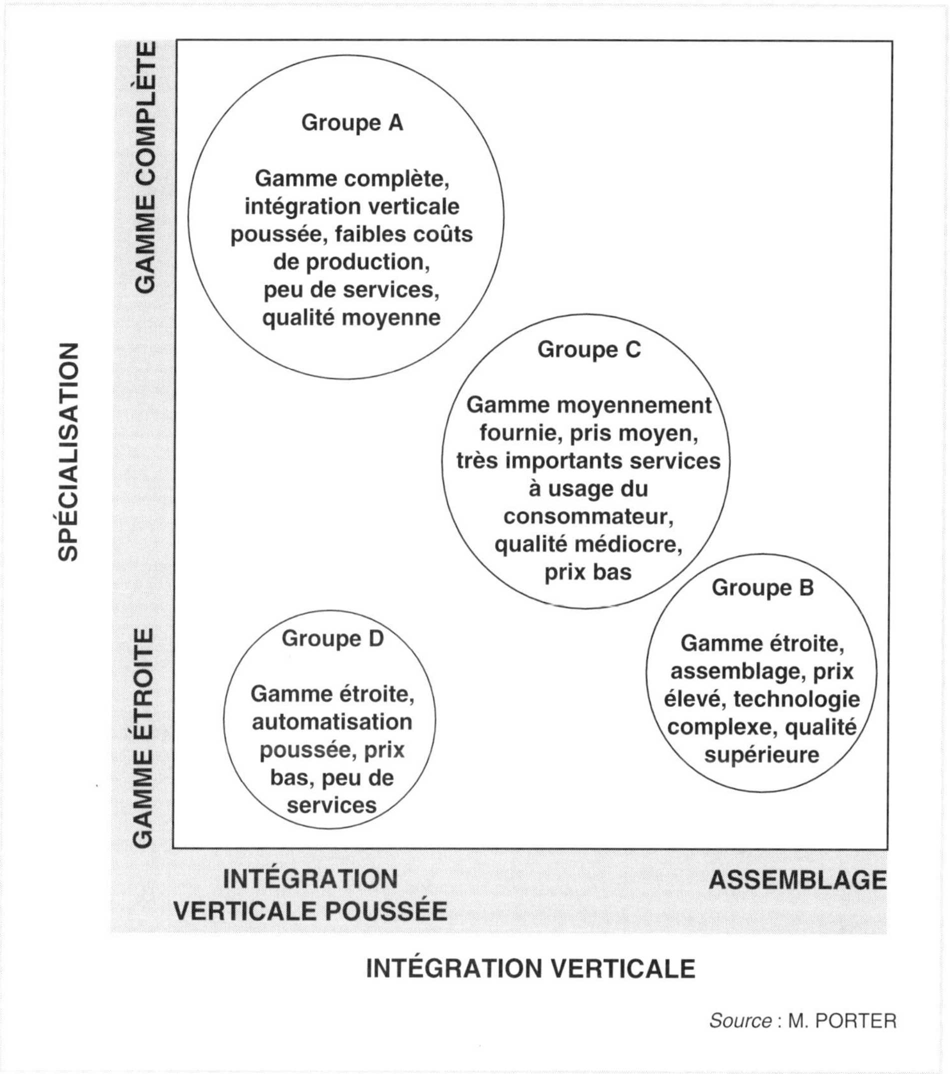

Figure 10.4 Carte avec toutes dimensions communes

Il est important de limiter, autant que faire se peut, le nombre des groupes stratégiques afin qu'il ne dépasse pas cinq voire six groupes.

Deux raisons militent en faveur de ce choix :

– la première est qu'au-delà d'un certain nombre de groupes il devient très difficile d'analyser leurs rapports de force,

– la seconde tient au fait, qu'en règle générale, si l'on a fait le choix de deux dimensions non corrélées il est bien rare que les concurrents, dans un même secteur, puissent mettre en œuvre un nombre plus important de stratégies différentes.

Dans le cas contraire, il y a lieu de vérifier que le choix d'une ou de deux autres dimensions ne permette pas de réduire, sans diminuer la pertinence de la conception des groupes, le nombre des groupes stratégiques et, si oui, bien sûr le faire.

Bien entendu cette recommandation n'est en rien une obligation, il peut exister des secteurs économiques pour lesquels le nombre de groupes stratégiques est supérieur à « six », mais de tels secteurs sont certainement une exception (en fait nous n'en avons jamais rencontré), aussi est-il bon de se fixer cette limitation comme une règle à respecter.

3. L'UTILISATION DES GROUPES STRATÉGIQUES

Six analyses complémentaires sont à faire à partir de la carte des groupes stratégiques. Ces six analyses sont :

- *les obstacles à la mobilité entre groupes stratégiques et l'intensité des autres forces s'exerçant sur les groupes,*
- *le niveau et l'importance de la rivalité entre groupes stratégiques,*
- *la position du groupe stratégique auquel appartient l'Entreprise par rapport à celle des autres groupes ; c'est-à-dire son attrait par rapport aux autres groupes du secteur,*
- *la position occupée par l'Entreprise au sein de son propre groupe,*
- *la situation des groupes stratégiques sur les principaux segments marketing,*
- *la construction de la carte stratégique prévisible du secteur économique.*

Voyons pourquoi et comment procéder pour chacune de ces analyses. Mais auparavant, RAPPELONS que lors de l'étude du secteur économique, on a analysé l'intensité des 5 forces s'exerçant sur toutes les Entreprises de ce secteur. Il faut repartir des résultats obtenus pour entamer ce nouveau processus d'analyse.

• Les obstacles à la mobilité entre groupes stratégiques

Il faut porter une attention toute particulière à l'existence et à l'importance des obstacles à la mobilité car c'est d'eux que vont dépendre les possibilités de passage d'un groupe à un autre groupe ainsi d'ailleurs que la formation des groupes. Pour cela on déterminera la force des barrières à l'entrée et à la sortie de chaque groupe. Dans de nombreux secteurs les Entreprises capables d'exercer, de façon vigoureuse, un avantage concurrentiel se situent dans les groupes présentant les plus fortes barrières d'entrée. Mais les barrières d'entrée peuvent provenir aussi des choix stratégiques effectués dans le passé ; par exemple un « entrepreneur » qui n'aura pas hésité à faire des investissements à hauts risques peut en cas de réussite avoir créé un groupe qui devient avec le temps de plus en plus difficile à pénétrer.

L'histoire d'un secteur économique peut aussi servir de repère pour comprendre la construction des groupes stratégiques et leur plus ou moins grande perméabilité : par exemple la croissance d'un secteur va très certainement amener des Entreprises ayant de gros moyens financiers à fortement investir en créant un ou des nouveaux groupes stratégiques dans le but de faire du volume.

La création de nouveaux groupes stratégiques peut être aussi le fait de petites ou moyennes Entreprises, possédant comparativement des moyens financiers limités mais capables d'innovation.

Une autre approche très intéressante pour analyser les mouvements stratégiques entre groupes est sans aucun doute de se référer au degré de maturité du secteur économique. En effet il y a tout lieu de penser que dans un secteur économique en état de maturité ou de déclin la hauteur des obstacles risque de diminuer, des concurrents peuvent commencer à quitter le secteur et donc le nombre de groupes peut avoir tendance à diminuer ou bien la taille réciproque de chaque groupe.

Le contraire va se vérifier dans les secteurs en situation de lancement ou de croissance ou au contraire le nombre de groupes va augmenter et les stratégies se diversifier beaucoup plus avec des distances stratégiques entre groupes plus difficiles à franchir pour passer d'un groupe à un autre.

De la même façon il est fortement recommandé d'examiner l'effet des quatre autres forces pouvant affecter fort différemment les divers groupes stratégiques :

– *l'exposition aux attaques des groupes rivaux*
  il est évident qu'elle va dépendre directement de la situation des groupes. En effet elle va dépendre de la rivalité existante dans le secteur (ce qui est

une dimension structurelle du secteur) mais aussi de la force réciproque de chacun des groupes. Ce point est suffisamment important pour lui réserver un développement spécifique ultérieurement ;

– *les produits ou services de substitution*
  les groupes stratégiques peuvent, dans certains secteurs économique, être différemment sensibles à la substitution en fonction du degré de spécialisation de l'offre ; par exemple une offre très spécialisée sera normalement moins facilement remplaçable qu'une offre plus banalisée ou moins spécifique, donc forcément plus duplicable ; de plus cette dernière s'adresse à des clients souvent peu fidèles et donc présentant le risque d'être plus sensibles à la nouveauté.
  On voit donc l'intérêt qu'il y a, chaque fois que cela est possible, à se situer sur les segments de marché les plus sensibles à la qualité et à la performance. Pour cela on voit bien l'importance qu'il y a de conquérir des parts de marché pendant les périodes de « lancement » et de « croissance » du cycle de vie du produit, c'est-à-dire avant que le produit ne soit banalisé. Par contre, dans le même temps, les clients traditionnels, étant par nature moins sensibles à la nouveauté et donc toujours fidèles à l'ancienne offre, certaines Entreprises peuvent trouver là des segments marketing sur lesquels la vulnérabilité aux produits de substitution sera, pendant un temps, plus faible ;

– *le pouvoir des fournisseurs*
  il va très souvent directement dépendre de la stratégie choisie car si celle-ci ne permet pas d'avoir le choix entre de nombreux fournisseurs, le pouvoir de ces derniers sera d'autant plus conséquent ; d'autres critères peuvent intervenir tels que la maîtrise de la technologie (suivant qu'elle soit le fait de fournisseurs ou au contraire des Entreprises) ;

– *le pouvoir des clients*
  il sera influencé par les choix stratégiques qui font que le client est plus ou moins dépendant d'un type d'offre ; par exemple dans un secteur donné un certain avantage concurrentiel sensibilisera les clients plus qu'un autre et les groupes ayant la capacité, mieux que les autres, de l'exploiter auront un pouvoir de négociation plus fort.

• La rivalité entre groupes stratégiques

Tout comme pour les secteurs économiques, l'importance de la rivalité entre groupes stratégiques dépend de raisons objectives. Michael PORTER a défini les quatre facteurs principaux qui sont déterminants pour expliquer la rivalité concurrentielle entre groupes. En effet, ils exercent une influence majeure sur les interactions entraînées par les mouvements stratégiques des divers groupes dans un même secteur. Ces quatre facteurs sont :

– *l'interdépendance des groupes entre eux*
  il est clair que plus le chevauchement des groupes et des clients est important, c'est-à-dire plus il existe de groupes se battant sur les mêmes segments marketing, et plus la rivalité sera forte.

– *la potentialité de différenciation des offres*
  plus l'offre de chaque groupe sera différenciée, et la différenciation plus difficile à combler, et moins la rivalité sera forte car les conditions de la lutte concurrentielle deviendront différentes et les groupes auront moins souvent l'occasion de se retrouver en situation de lutte frontale ;

– *le nombre de groupes stratégiques et leur poids respectif*
  moins il y a de groupes et plus, en principe, les stratégies mises en œuvre ont une chance d'être différentes, ce qui constitue un motif de moindre concurrence. Il en est de même si les groupes sont de taille voisine, et si de plus à l'intérieur des groupes les Entreprises sont de taille très différente ; en effet les « gros » auront alors tendance à se battre contre les Entreprises de plus petite taille dans leur groupe plutôt que d'aller s'attaquer à des groupes paraissant aussi puissants que le leur ;

– *la distance stratégique entre groupes qui traduit l'amplitude des différences entre les stratégies pratiquées*
  si la distance stratégique est ample, c'est-à-dire si elle est très difficile à combler, cela va avoir pour effet d'amener chacun à rester sur sa partie du champ de bataille et donc va contribuer à diminuer la rivalité.

On peut revenir sur la carte stratégique avec toutes les dimensions communes, dessinée plus avant, pour constater que l'ampleur d'une divergence stratégique ne se mesure pas en centimètres sur la carte mais en difficulté d'acquisition de compétences pour s'attaquer à la stratégie d'un autre groupe.

Ainsi la distance entre les groupes « B » et « C » ne semble pas très importante sur la carte, et pourtant elle est très difficile à franchir car :

– prix élevé pour B et prix moyen pour C,

– qualité supérieure pour B, seulement médiocre chez C.

En fait la distance stratégique se définit à partir des écarts constatés, selon les divers paramètres, et de la difficulté à les combler. Il est plus facile pour B d'aller vers C que le contraire.

• Attrait d'un groupe stratégique

De l'importance et des conséquences de la rivalité entre groupes ainsi que du jeu des quatre autres forces va, en grande partie, dépendre l'attrait d'un secteur économique ; il en est de même lorsqu'on étudie l'attrait d'un groupe, par exemple celui à l'intérieur duquel se situe l'Entreprise.

Par conséquent l'attrait d'un groupe stratégique se mesure d'abord à l'aune de la richesse potentielle qu'il réserve à ses membres, ainsi qu'aux chances de survie à l'intérieur du groupe. Ces deux éléments de jugement dépendent d'une part de la rivalité existante entre les groupes et aussi de la rivalité existante à l'intérieur du groupe, dont on vient de voir les facteurs d'influence.

Il est, bien évidemment, primordial de mettre en évidence les caractéristiques du groupe stratégique auquel appartient l'Entreprise afin de vérifier qu'elles vont lui permettre de survivre dans le secteur.

À la fin de cette analyse, on doit être en mesure d'estimer :

- la qualité des barrières à l'entrée du groupe,
- si l'Entreprise se situe ou non dans un groupe très chahuté, et si la survie y apparaît comme particulièrement délicate,
- enfin la situation de rentabilité du groupe par rapport à celle du secteur économique.

• Analyse de la place de la firme dans son groupe

Ayant étudié les caractéristiques de son groupe ainsi que l'avenir probable de ce groupe, l'Entreprise doit maintenant examiner la place qu'elle y occupe afin de vérifier qu'elle possède bien les capacités pour y survivre. Pour cela il faut examiner plusieurs facteurs qui peuvent être de nature à remettre en cause son appartenance à ce groupe. D'après Michael PORTER les principaux facteurs à prendre en compte sont :

A • La vigueur de la concurrence au sein du groupe

Le degré de rivalité entre les membres d'un même groupe peut être différent d'un groupe à un autre. Il dépend des mêmes critères qui ont servi, lors de l'étude de l'environnement, pour définir l'intensité de cette même force.

B • La richesse possible d'un groupe

Tout comme pour un secteur économique, elle peut être remise en cause par la vigueur de la lutte que les membres du groupe pourraient mettre en œuvre.

C • La taille de l'Entreprise par rapport aux autres concurrents du groupe

La vigueur de la lutte dans un groupe risque d'être d'autant plus forte que les concurrents au sein du groupe sont nombreux et de taille fort différente. Il est rare que les « gros » ne considèrent pas que les parts de marché détenues par plus « petit » qu'eux devraient leur revenir à terme, avec tout ce que cela va entraîner comme conséquence sur le plan des prix. Si une Entreprise possède une part importante d'un groupe stratégique, en principe sa situation est meilleure à l'intérieur de ce groupe car elle démontre par là même sa capacité à mettre en œuvre la stratégie du groupe.

D • Les coûts d'entrée dans le groupe

Le coût d'entrée à l'intérieur d'un groupe est très souvent différent pour chaque Entreprise car dépendant des compétences et des ressources de celle-ci. Celles qui les ont possèdent dans le même temps, dès leur appartenance au groupe, un avantage concurrentiel que les autres peuvent avoir beaucoup de difficulté à remonter ; d'où l'importance de bien comprendre la ou les « core competence(s) » de son Entreprise (se reporter au chapitre 5 au texte concernant les « 3C »). Ce coût d'entrée peut varier aussi avec l'époque où l'Entreprise est entrée soit dans le secteur soit dans le groupe en question. Être entré « au bon moment » est aussi une autre forme d'avantage concurrentiel ; il a pu permettre à l'Entreprise qui a su ou pu le faire de se situer dans une position particulièrement intéressante, par exemple en établissant une situation de quasi-monopole sur un canal de distribution ou en acquérant l'image d'un spécialiste.

E • Enfin la capacité de mise en œuvre de la stratégie du groupe

Comment expliquer que des firmes appartenant au même groupe stratégique puissent avoir une rentabilité très différente sinon par le fait qu'elles n'ont pas toutes la même capacité pour mettre en œuvre cette stratégie commune. Certaines, mieux que d'autres et cela grâce à une chaîne de valeur mieux maîtrisée, sauront exécuter, avec talent, telle ou telle activité permettant de mieux réussir à satisfaire aux exigences de la stratégie choisie ou feront preuve de plus d'imagination pour maîtriser les facteurs clés de succès sur lesquels elle repose.

• Situation des groupes sur les segments marketing

Il est fort improbable, de par les écarts stratégiques entre groupes, que chaque groupe stratégique occupe la même part du marché sur chaque segment marketing où il est présent, de même qu'il est tout aussi improbable que beaucoup de groupes soient présents sur l'ensemble des segments marketing du secteur.

De ce fait il devient très intéressant, chaque fois que cela est possible, de quantifier la part de marché prise par chaque groupe dans chaque segment marketing. Ainsi on sera à même de mettre en évidence les stratégies dominantes par segments marketing.

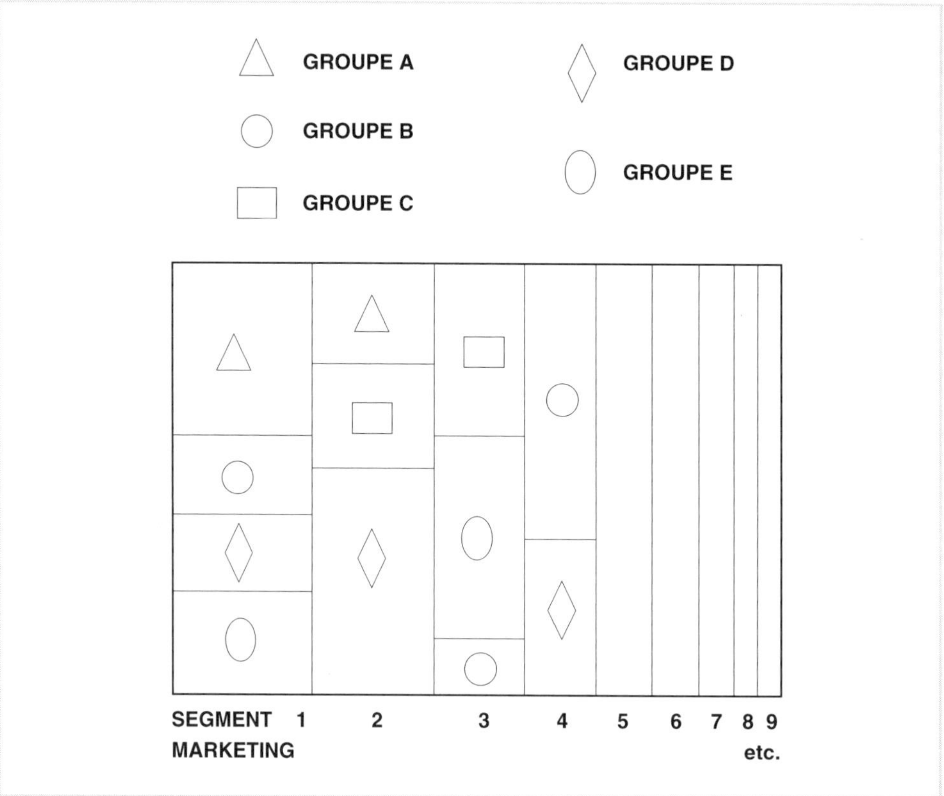

Figure 10.5 Groupes stratégiques et segments marketing

Une autre présentation peut apporter, lorsque cela est pertinent, une vision complémentaire : dans les cas où on peut utiliser une dimension marketing complémentaire pour construire l'outil, par exemple un niveau ou un type d'offre, voire les types de canaux de distribution maîtrisés. En fait il s'agit de faire ressortir, chaque fois que cela est possible, une corrélation existante entre la stratégie spécifique à chaque groupe et une dimension marketing pouvant expliquer la différence de degré de pénétration des groupes dans chaque segment marketing. On peut voir page suivante un exemple.

Il peut être plus aisé de construire ces deux outils en utilisant les canaux de distribution au lieu des segments marketing, chaque fois qu'il existera une corrélation proche de 1 entre les segments marketing et les canaux de distribution, c'est-à-dire chaque fois que des types de clients privilégient un canal de distribution donné.

La construction de cet outil permet de faire ressortir :

- d'une part les stratégies gagnantes dans chaque segment de clients,
- d'autre part l'écart en termes d'offre entre les stratégies des groupes et la pénétration par segment marketing,

ce qui est primordial pour pouvoir suivre la recommandation, plus que millénaire mais combien pertinente, de SUN TZU :

> *« ce qui est de la plus haute importance, c'est de s'attaquer à la stratégie de l'adversaire. ».*

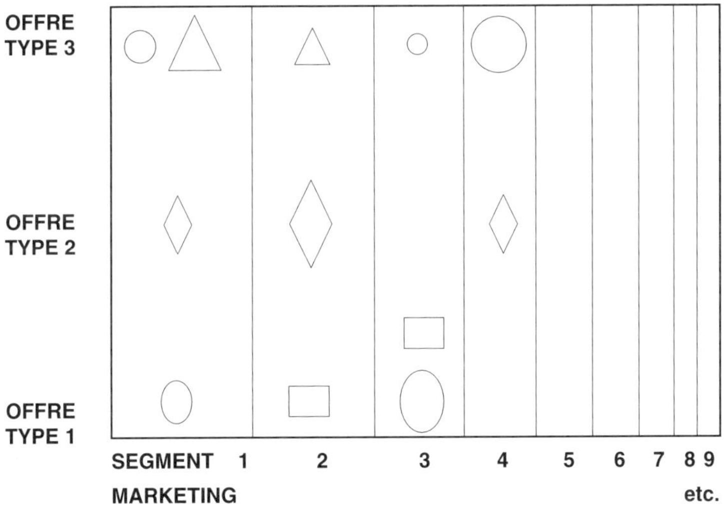

Et en effet c'est bien à la stratégie de l'adversaire qu'il faut s'attaquer, si l'on désire lui prendre des parts de marché. Pour ne pas en rester à des vœux pieux, les objectifs doivent pouvoir s'exprimer ainsi :

> « prendre telle part de marché, sur tel segment marketing, contre tel ou à tel concurrent »

car il faut, en effet, choisir d'attaquer tel ou tel adversaire sur tel ou tel segment marketing en tenant compte des aspects commerciaux de son offre. Cet outil permet de mettre en évidence les données du jeu.

4. LA CARTE STRATÉGIQUE PRÉVISIBLE

Identifier la carte stratégique prévisible d'un secteur économique revient à imaginer les mouvements stratégiques probables de concurrents d'un groupe vers un autre ou bien la création ou la disparition de groupes. Il sera précieux, pour cela, d'examiner les éléments suivants :

• La détermination de la hauteur des obstacles à la mobilité

Il s'agit de déterminer le degré de protection de chaque groupe aux attaques des autres groupes. Cet exercice permet de mesurer l'intensité des menaces provenant de l'intérieur du secteur et de déterminer les agresseurs probables et possibles.

On peut considérer que l'intensité de la menace dépend directement de l'importance de « l'écart stratégique » entre deux groupes, cet écart étant mesuré par la difficulté que peut éprouver un groupe attaquant à maîtriser l'avantage concurrentiel mis en avant par le groupe attaqué (rappelons que la distance stratégique entre deux groupes ne dépend pas de la distance géométrique sur la carte, mais bien de la difficulté pour un groupe à maîtriser l'avantage concurrentiel d'un autre groupe).

• Les groupes ne présentant pas ou prou de danger pour les autres groupes

Il s'agit de voir s'il y a à l'intérieur du secteur des groupes stratégiques jouant un rôle marginal et dont il est vain de craindre les mouvements stratégiques. On peut penser en effet que de tels groupes finiront par disparaître soit parce qu'ils quitteront d'eux-mêmes le secteur soit parce qu'en adoptant une stratégie plus efficace ils viendront grossir un groupe déjà existant.

• Les tendances lourdes spécifiques du secteur

Cela impose de reprendre les résultats de l'étude du secteur pour ce qui concerne les tendances lourdes et d'imaginer les effets de possibles variations sur le devenir de la carte stratégique. Ces variations des tendances du secteur peuvent influencer de façon décisive les chances de survie d'un groupe stratégique. En retour cette analyse doit permettre d'affiner les informations tirées de l'usage de la matrice « TOWS » (menaces-opportunités / forces-faiblesses).

• Les mouvements stratégiques probables voire possibles

Il est intéressant de s'inspirer de l'usage que les militaires font d'une carte d'état-major. On peut, en effet, dessiner sur cette carte les déplacements des groupes voire des concurrents s'efforçant de quitter un groupe pour en rejoindre un autre. Il suffit de tracer des flèches au départ d'un groupe et d'indiquer le sens du déplacement ainsi que les modifications correspondantes dc la stratégie. On peut ainsi dessiner une nouvelle carte stratégique qui fournira un cadre général pour suivre voire anticiper les mouvements stratégiques à l'intérieur du secteur.

Une des conclusions majeures que l'Entreprise pourra tirer de ce processus d'analyse des groupes stratégiques est la possibilité de pouvoir choisir avec beaucoup moins d'incertitude le groupe dans lequel elle a le plus de chance de triompher ou en tous les cas d'assurer sa survie.

Ainsi « quatre » possibilités de mouvements stratégiques s'ouvrent dans l'absolu :

- rester dans son groupe actuel en ne changeant rien à la situation stratégique du groupe,
- rester dans ce groupe mais en s'efforçant soit d'améliorer la situation de la firme dans son sein soit celle du groupe en y renforçant la position structurelle,
- rejoindre un autre groupe qui semble plus favorable à la firme,
- créer un nouveau groupe stratégique.

L'Entreprise pourra imaginer les divers mouvements stratégiques possibles. Elle aura aussi les moyens, toujours grâce à cette carte, de voir les empêchements à ces mouvements qui se font jour et ce, en règle générale, pour deux raisons principales :

– les tendances lourdes du secteur
– le jeu de groupes plus puissants que le sien.

Cependant, pour bien analyser les mouvements des groupes ou des concurrents, il est très intéressant de se pencher sur l'évolution des FCS.

Les FCS peuvent varier sous l'influence de :

– changement de stratégie de concurrents,
– arrivée de nouveaux concurrents, pratiquant un jeu différent,
– changement comportemental important des clients,
– nouveau mode de distribution,
– nouvelle technologie rendant « vieillissantes » les offres actuelles,
– application de technologie en provenance d'autres secteurs.

Focus

Rappelons les étapes du processus et l'aide apportée à la formulation d'une stratégie :

Les étapes du processus de la carte des groupes stratégiques

Nous résumerons le processus de construction et d'usage de la carte des groupes stratégiques en conseillant de suivre les règles suivantes :

1) retenir les dimensions stratégiques (à partir de la liste donnée), sur lesquelles se base la lutte concurrentielle et donc les avantages concurrentiels dans le secteur,
2) rassembler les informations relatives au comportement des concurrents quant à ces dimensions, étant entendu qu'il est nécessaire de couvrir pour le moins, et en partant des plus importants, les concurrents représentant 80 % du marché,
3) déterminer toutes les positions significatives que peut prendre chacune des dimensions retenues et choisir un mode de cotation pour chaque niveau des valeurs,
4) remplir un tableau de comparaison des choix faits par chaque concurrent (vis-à-vis de chaque dimension retenue),
5) construire les cartes stratégiques qui paraissent le mieux adaptées en faisant, pour chaque carte, le choix de deux dimensions non corrélées entre elles,
6) faire un choix entre ces différentes cartes en retenant celle qui représente le mieux les comportements génériques de chaque groupe, c'est-à-dire celle qui explicite le mieux les distances stratégiques entre groupes et par là même leurs barrières à la mobilité,
7) présenter chaque groupe par un cercle dont le diamètre sera proportionnel à la part de marché qu'il représente,
8) vérifier pour les principaux concurrents que leur appartenance à un groupe est réaliste.
9) analyser l'intensité concurrentielle à l'intérieur du groupe stratégique auquel appartient la firme,
10) procéder à cette même analyse pour les relations inter-concurrentielles entre les groupes,
11) représenter, sur la carte, les mouvements stratégiques en cours d'exécution,

12) dessiner la carte des groupes à terme, avec leurs compositions et leurs parts de marché, en anticipant les mouvements stratégiques des uns et des autres, les réactions résultantes des groupes et en tenant compte, si nécessaire, des nouveaux entrants.

Aide à la formulation d'une stratégie

La technique des groupes stratégiques est une aide précieuse pour la formulation d'une stratégie.

Elle permet de bien mettre en évidence que :

de même qu'en termes de stratégie générique, on ne peut faire à la fois de la différenciation et du volume par domination par les coûts (revoir chapitre 4 : l'enlisement au centre de la matrice de PORTER),
de même en application du concept des groupes stratégiques, on ne peut à la fois vouloir améliorer sa position au sein d'un groupe et se déplacer vers un autre groupe.
ON NE PEUT PAS JOUER QU'UNE SOLUTION : IL FAUT CHOISIR.

Le processus d'aide est le suivant :

1) choisir le groupe stratégique où l'on veut concourir,
2) évaluer l'attractivité de ce groupe en examinant les barrières à l'entrée et à la sortie ainsi que les possibilités de mobilité,
3) identifier les facteurs d'avantage concurrentiel mis en avant dans le groupe,
4) évaluer la capacité de l'Entreprise à survivre dans ce groupe,
5) si nécessaire déterminer et mettre en œuvre un plan d'adaptation de l'Entreprise ou envisager de rejoindre un autre groupe,
6) si aucune solution n'apparaît viable à long terme préparer un désinvestissement stratégique pour un redéploiement dans un autre secteur économique.

En définitive, la technique des groupes stratégiques va permettre à une Entreprise d'affiner ses choix stratégiques par la mise à sa disposition d'un outil mettant en évidence les dimensions clés de la lutte concurrentielle et en lui offrant une possibilité de lecture des diverses stratégies pratiquées dans le secteur et, chaque fois que cela est possible, le degré d'attractivité d'une stratégie donnée sur les divers segments marketing.

SEPTIÈME DOMAINE

Les outils d'aide à la décision stratégique

« Se tromper sans se corriger, voilà se tromper. »
Proverbe chinois

1 • La matrice d'Ansoff
2 • La matrice stratégique de Michael Porter
3 • La matrice du Bcg des années 80
4 • L'échiquier stratégique de McKinsey
5 • L'influence du savoir-faire sur la décision
6 • La dimension « technologique » dans le choix stratégique

La démarche suivie jusqu'alors permet de bien comprendre les conditions de la lutte concurrentielle, d'analyser la position concurrentielle, de mettre en lumière les compétences de l'Entreprise et ainsi de sélectionner les éléments clés à considérer pour bâtir une stratégie concurrentielle. Résumons succinctement les 6 domaines d'étude suivies et les « objets » étudiés :

- *l'analyse externe :* l'environnement, la structure du secteur économique, les tendances lourdes (menaces et opportunités), les facteurs clés de succès sectoriels ;
- *l'analyse interne :* l'Entreprise, vision, filière, métier(s), stratégie corporate, core competence et « les 3C », forces et faiblesses ;
- *la segmentation stratégique :* le bon découpage stratégique de l'Entreprise vu par la direction générale ;
- *le portefeuille :* qualité des choix stratégiques actuels (en termes de découpage), afin de bien analyser les possibilités de survie dans les parties du champ de bataille où se situe l'Entreprise et le degré de cohérence avec la stratégie corporate ;
- *la chaîne de valeur :* interne et externe pour comprendre les stratégies les plus naturelles à l'Entreprise, les comparer avec celles des principaux concurrents, et comprendre la répartition des activités avec les fournisseurs et la distribution.
- *les groupes stratégiques :* la compréhension des jeux des concurrents et des divers comportements concurrentiels : qui, où, comment, combien.

À la suite de ces études et analyses, l'Entreprise, c'est-à-dire la direction générale, doit être en état de formuler un certain nombre de conclusions permettant de :

- comprendre l'état actuel et la structure du secteur économique,
- avoir la visibilité maximum possible des évolutions de la situation,
- comprendre le plus exactement possible le jeu des concurrents et leurs habitudes stratégiques,
- avoir fait le choix d'une « stratégie corporate » et avoir honnêtement et lisiblement décrit l'Entreprise et mis en valeur ses compétences,
- avoir décrit clairement les choix stratégiques actuels grâce à la segmentation stratégique,
- avoir analysé la position stratégique de l'Entreprise en termes de portefeuille.

Elle doit maintenant utiliser ce capital pour formuler des stratégies concurrentielles qui devront satisfaire les choix politiques résultant de la volonté des

Dirigeants et tenir compte des possibilités réelles de manœuvre qu'elle détient. Pour faciliter cette formulation les chercheurs ont, depuis plusieurs décennies, mis au point des outils de type décisionnel.

1. LA MATRICE D'ANSOFF

Historiquement, le premier outil semble avoir été conçu par Igor ANSOFF. L'outil se présente sous forme d'une matrice à quatre quadrants, déterminés par :

– d'une part les clients qui peuvent être :
  - soit actuels
  - soit nouveaux,

– d'autre part les produits, services ou technologies qui peuvent être là encore :
  - soit actuels
  - soit nouveaux.

On aboutit à la représentation :

« PRODUITS / SERVICES / TECHNOLOGIES »

« CLIENTS »		Actuels	Nouveaux
	Actuels	Pénétration	Différenciation ou Développement de produits
	Nouveaux	Segmentation ou développement de marché	Diversification

Figure 11.1 Matrice d'ANSOFF

À partir de ces deux dimensions, il est possible de dessiner une carte des positions stratégiques que peut occuper une Entreprise :

Les recommandations d'ANSOFF paraissent tout à fait réalistes, mais ce dans l'absolu, car elles ne prennent pas en compte l'existence de concurrents et des contraintes que peuvent créer leurs mouvements stratégiques ; aussi est-il préférable de ne pas utiliser uniquement cet outil, mais d'associer son usage avec celui d'outils plus sophistiqués.

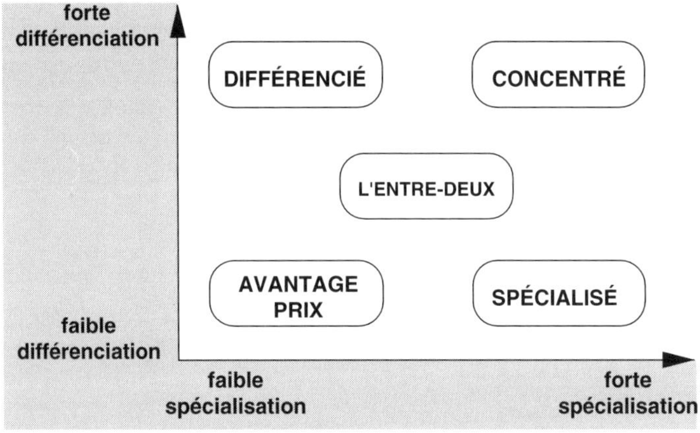

Figure 11.2 Carte des stratégies

Pour amorcer la réflexion devant conduire à des choix stratégiques réalistes, c'est-à-dire en tenant compte du contexte concurrentiel, il est intéressant de mettre en évidence les diverses situations de configuration stratégique dans lesquelles peut se trouver une Entreprise. Pour cela il faut utiliser des outils permettant de mettre en évidence le fait que les décisions de choix stratégiques, dans un environnement concurrentiel, dépendent principalement de deux dimensions qui sont :

- le niveau de spécialisation sur telle ou telle partie du champ de bataille,
- le niveau de différenciation par rapport aux concurrents.

Ainsi qu'il a déjà été montré, sur le schéma des stratégies concurrentielles de PORTER, la plus mauvaise des configurations stratégiques est celle qui consiste pour une Entreprise à se situer dans l'« entre-deux », car une telle position reflète un état de « non-choix » stratégique et donc en fait ne procède pas de la volonté, clairement exprimée, de création d'un avantage concurrentiel. Or, celui-ci ne peut que difficilement être l'effet du hasard ou seulement pour une courte durée. En effet, lorsqu'il perdure cet avantage est, nécessairement, le résultat du choix d'une chaîne de valeur voulue et financée. Aussi, il apparaît tout naturel que les Entreprises ainsi positionnées soient celles qui ont la plus faible rentabilité du secteur.

Les quatre autres positions correspondent chacune à la volonté de choisir une forme de différenciation, par rapport aux concurrents, qui soit visible et lisible par le client. Cette carte présente l'avantage d'offrir une visualisation des diverses positions, mais par contre elle ne permet nullement de se poser les bonnes questions pour déterminer les stratégies les plus pertinentes pour une Entreprise donnée. Une première réponse est la compréhension du niveau de risque de chacune des positions. La matrice ci-après en donne une indication :

MÉTIERS / TECHNOS

MARCHÉS — CLIENTS	ACTUELS	NOUVEAUX
ACTUELS	1 *Défi Compétitivité*	2 *Défi technique et Compétitivité*
NOUVEAUX	3 *Défi Commercial*	4 *Risques majeurs (tout est majeur)*

Mais d'autres outils ont été conçus par les chercheurs à partir des deux dimensions indiquées précédemment.

Ces outils, vu leur usage, nous les baptiserons : « outils d'aide à la décision stratégique ». Seront présentés successivement :

- la matrice stratégique de Michael PORTER,
- la matrice du BCG des années 80 (pour la différencier de celle utilisée lors de l'étude du portefeuille),
- l'échiquier stratégique de MCKINSEY,
- les outils de dynamique technologique.

2. LA MATRICE STRATÉGIQUE DE MICHAEL PORTER

Cette matrice, nous la connaissons bien puisqu'elle a déjà été présentée dans le chapitre consacré à la description des stratégies génériques. Il n'est d'ailleurs peut-être pas inutile, pour ceux qui ne seraient pas encore très familiers avec ces stratégies, de revoir le chapitre qui leur est consacré pour bien se remémorer les tenants et aboutissants de ces choix avant d'utiliser les outils permettant de les faire.

Rappelons que PORTER a défini le choix des stratégies concurrentielles, c'est-à-dire le choix des allocations des ressources stratégiques, comme pouvant présenter quatre possibilités de différenciation pour le client :

- domination par les coûts sur tout le secteur,
- domination par les coûts sur une niche ou un créneau,
- différenciation sur tout le secteur,
- différenciation sur une niche ou un créneau.

Domination par les coûts sur tout le secteur	**Différenciation sur tout le secteur**
Domination par les coûts sur une niche ou un créneau	**Différenciation sur une niche ou un créneau**

Figure 11.3 Matrice de PORTER

En examinant le comportement des Entreprises dans un secteur, on peut très bien comprendre la réalité des choix offerts aux stratèges.

La matrice de M. PORTER peut être utilisée :

- non seulement comme un outil descriptif de la lutte concurrentielle actuelle en positionnant l'ensemble des concurrents,

– mais aussi comme un outil de transformation des stratégies actuelles en prenant en compte les mouvements stratégiques des concurrents, en regardant l'effet qu'ils peuvent avoir sur notre réussite stratégique,
– ou enfin en examinant les mouvements stratégiques qui nous permettaient de mettre en œuvre des stratégies plus gagnantes.

Dans une de ses « sessions » à la HARVARD BUSINESS SCHOOL[1], Michael PORTER a utilisé l'exemple du savon « IVORY » pour illustrer les emplois de cette matrice :

IVORY est une marque utilisée par PROCTER & GAMBLE pour un savon lancé en 1879 avec comme caractéristiques essentielles d'être :
- parfaitement pur (99,44 % de produits lavants),
- blanc (à une époque où la majorité des quelque 300 concurrents proposaient des savons en règle générale proches du savon dit de Marseille),
- et flottant dans l'eau du bain (à la suite d'une erreur de fabrication qui fut ensuite volontairement reproduite, vu son intérêt commercial).

Ainsi IVORY était le « différenciateur » et ce sur tout le secteur.

Quelque 70 ans plus tard, apparurent sur le marché deux nouveaux savons DOVE et DIAL, tous les deux blancs, mais l'un avait dans sa composition des parfums et l'autre des produits de soin type crème hydratante et des déodorants. En termes de stratégie concurrentielle, DOVE et DIAL étaient devenus les nouveaux « différenciateurs », en offrant une plus forte différenciation qu'IVORY.

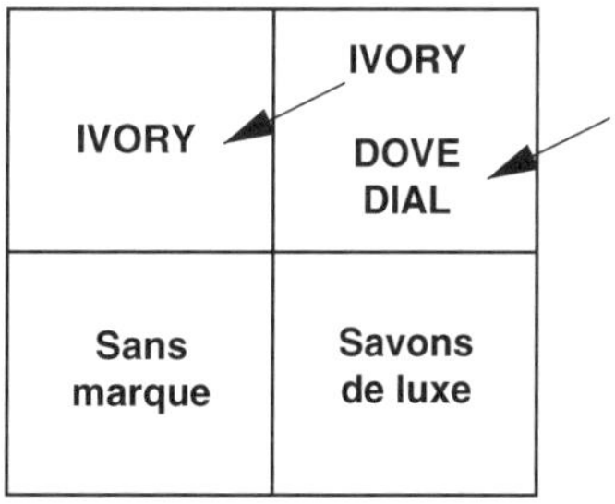

Figure 11.4 Schéma Ivory – position des savons sur la matrice de PORTER

1. Exemple emprunté à Harvard School, Video Series, Nathan/Tyler Production, 535 Boylstar Street, Boston, MASS 02116.

Ce dernier a été chassé du quadrant supérieur droit et il était devenu nécessaire pour PROCTER & GAMBLE de repositionner IVORY dans un quadrant bien précis.

PROCTER & GAMBLE aurait pu, par exemple, faire le choix de modifier la composition d'IVORY pour y inclure les éléments de différenciation, déodorants et/ou produits de soin, pour essayer de redevenir le plus différencié. Cette décision aurait eu pour effet de lui permettre de ne pas avoir à changer de quadrant, mais il n'eût plus été le seul « différenciateur », mais devenu un « suiveur ». Cette firme avait aussi d'autres choix possibles en décidant, par exemple, d'utiliser cette attaque pour se repositionner dans un autre quadrant en choisissant d'exercer un nouvel avantage concurrentiel. C'est en fait la décision qui fut prise. Prenant acte de son dépositionnement et du fait que la différenciation mise en œuvre par DOVE et DIAL avait un coût :

– cherté des composants (parfum, crème hydratante ou déodorants) par rapport à ceux d'IVORY,
– emballage luxueux pour réussir le positionnement des marques dans l'esprit des consommateurs.

PROCTER & GAMBLE prit la décision de devenir le « dominateur par les coûts » et ce sur « tout le secteur », c'est-à-dire de quitter le quadrant supérieur droit pour aller se repositionner volontairement dans le quadrant supérieur gauche. Pour cela, PROCTER & GAMBLE abaissa le plus possible ses coûts en :

– conservant à l'identique les caractéristiques du produit (99,44 % pur, blanc, flottant dans le bain),
– faisant des économies de composants chers,
– aucun investissement nouveau soit en production soit en communication : (le slogan utilisé depuis des décennies « il est 99,44 % pur, il est blanc et il flotte », n'avait aucune raison d'être abandonné),
– pas de packaging luxueux mais un emballage le plus simple possible, blanc pour rappeler le slogan,
– mais création des « bars », regroupant six savons sous la même bande, avec comme effet de réduire encore plus les coûts de packaging, de fortifier l'image d'IVORY : le savon bon pour tous les membres de la famille et donc qu'il faut acheter par quantité, et par conséquent assurant des ventes groupées,
– en augmentant son pouvoir de négociation vis-à-vis des distributeurs, car les ventes groupées augmentaient le chiffre d'affaires par mètre linéaire de gondole.

En conclusion, PROCTER & GAMBLE a bâti son avantage concurrentiel en offrant le même produit, avec toujours la même communication mais en jouant sur toutes les sources de coût pour accentuer la différence de prix avec les « nouveaux différenciateurs ».

IVORY réussit très bien dans ce nouveau quadrant et est en situation de lutte très favorable contre DOVE et DIAL mais aussi contre les sans-marques qui n'ont pas le même degré d'attraction, vu la qualité de l'image d'IVORY. On voit que le nouveau positionnement stratégique d'IVORY lui permet de lutter contre tous ses concurrents, si on excepte les « savons de luxe » qui sont les « différenciateurs » sur un créneau étroit du secteur.

Aujourd'hui un nouveau savon vient d'être lancé, il est blanc, son emballage aussi, il est vendu par bar, il s'appelle « PUR and NATURAL » !!! Un éternel recommencement !!!

Ainsi, une bonne utilisation de la matrice de PORTER doit permettre de donner une réponse pertinente, pour une Entreprise déterminée, aux deux questions clés pour faire le choix d'une stratégie concurrentielle.

- Quelle stratégie générique ?
- Sur quelle partie du champ de bataille ?

Bien entendu le choix suppose l'établissement de la cohérence entre :

- la structure du secteur et son évolution qui vont avoir une influence profonde sur les stratégies concurrentielles les plus naturelles à mettre en œuvre,
- les possibilités réelles de l'Entreprise,
- la parfaite définition de la cible, ce qui suppose de disposer d'un excellent marketing informationnel afin de bien segmenter les marchés,
- la construction de l'avantage concurrentiel, au travers de la chaîne de valeur, ayant pour but de présenter une offre, lisible, et qui présente une valeur réelle pour la cible (chaîne de valeur du client).

Cependant cet outil, s'il est une aide précieuse à la réflexion, présente comme léger inconvénient de ne proposer que des solutions de type général. Certainement son intérêt principal demeure qu'il permet d'approcher de façon pédagogique voire descriptive les outils qui nous sont proposés par le BCG et par McKINSEY, outils qui présentent l'avantage de poser sur le fond des questions identiques mais sous une forme peut-être plus opérationnelle et aussi complémentaire.

3. LA MATRICE DU BCG DES ANNÉES 80

Le BCG a senti la nécessité de compléter les outils de portefeuille (matrices des années 60 croissance du secteur / associée à la part de marché relative ou à la position concurrentielle), car ils ne permettaient pas de développer totalement la réflexion stratégique. En effet l'évolution des problématiques des Entreprises, due aux changements des paramètres de référence, exigeait des outils complémentaires. Ces nouveaux outils devaient permettre de prendre en compte l'évolution des règles du jeu concurrentiel et la situation concurrentielle réelle de l'Entreprise. Le BCG a donc mis au point un nouvel outil basé sur deux dimensions plus larges mais en même temps plus explicites :

1) sources de différenciation concurrentielle offertes par le secteur,

2) avantage concurrentiel potentiel possédé par l'Entreprise.

En fait cet outil a déjà été présenté au cours du chapitre 5, l'étude externe, dans la partie développée autour du « métier ». À cette étape, il avait été indiqué qu'il paraissait plus opportun de développer ce qui touchait à sa conception et à son usage ici-même et il va être très facile de comprendre ce choix au fur et à mesure de la progression.

Le choix des deux dimensions choisies est basé sur la compréhension que :

- la réussite stratégique dépend d'abord de la capacité que possède une Entreprise à exercer un avantage concurrentiel fort, en conséquence et par conséquent la valeur d'un segment stratégique dépend notoirement de l'importance de la pression qu'il peut exercer sur des concurrents, rendus ainsi marginaux,
- le nombre de possibilités, offertes par le secteur, pour construire un avantage concurrentiel est un facteur déterminant de richesse potentielle pour les Entreprises de ce secteur.

Avec ces deux dimensions le BCG a construit la matrice ci-après, ce qui lui a permis de qualifier les diverses stratégies possibles.

On obtient ainsi quatre quadrants dont chacun correspond à une approche stratégique différente et spécifique. Examinons chacune de ces approches afin de bien les identifier pour examiner ensuite les conditions de lutte que chacune impose :

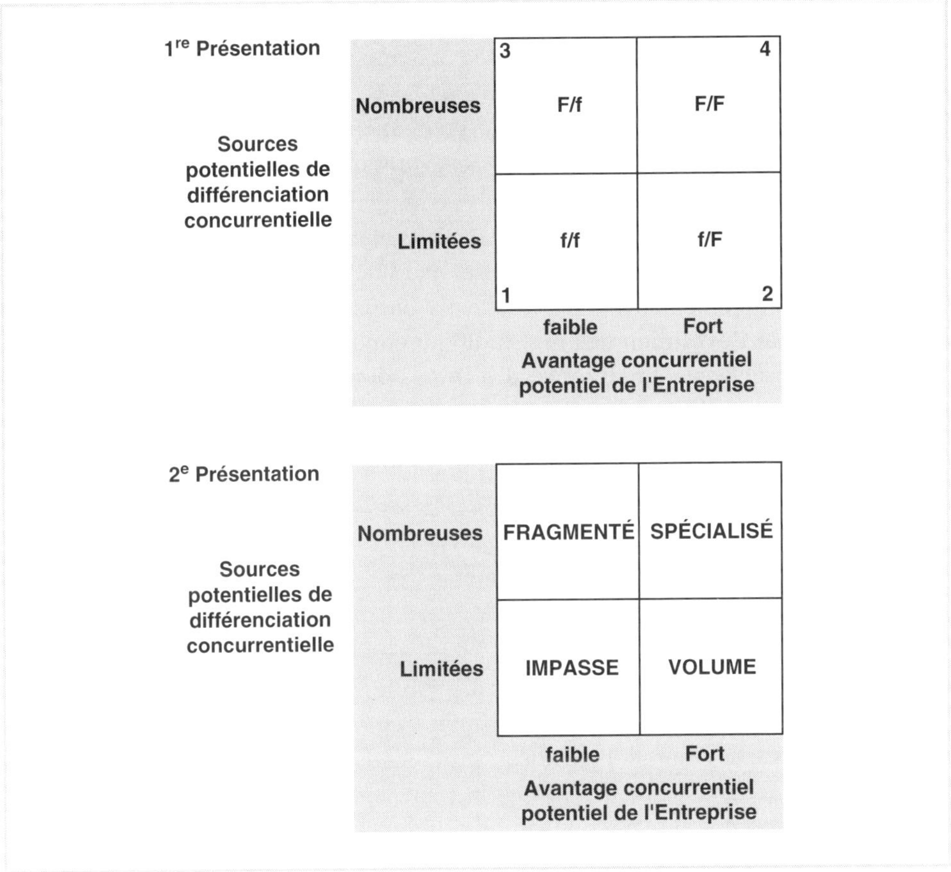

Figure 11.5 Matrice BCG 80 avec 2 présentations

Quadrant 1 :

tout est faible : les sources de différenciation tout comme l'avantage concurrentiel que l'Entreprise pourra exercer, on est réellement dans une situation d'« IMPASSE ».

Quadrant 2 :

peu de sources possibles de différenciation, mais l'Entreprise est capable de se créer un avantage concurrentiel fort, en général en maîtrisant mieux ses coûts, donc il apparaît possible et pertinent de pratiquer des stratégies de « VOLUME ».

Quadrant 3 :

si les sources potentielles de différenciation sont nombreuses, l'Entreprise, quant à elle, ne sait se créer qu'un avantage concurrentiel faible. Elle a donc tout intérêt à fragmenter son offre pour mieux utiliser chacune des sources potentielles de différenciation et donc pratiquer une stratégie dite « FRAGMENTÉE ».

Quadrant 4 :

les sources de différenciation sont nombreuses et l'avantage concurrentiel de l'Entreprise peut être fort ; elle a donc tout intérêt à rechercher le ou les créneaux, où elle peut l'exercer, c'est-à-dire pratiquer la « SPÉCIALISATION ».

Allons plus avant pour mieux définir le contexte et le jeu gagnant que doit pratiquer une Entreprise dans chacune de ces quatre situations.

1. Situation d'« impasse »[1]

Elle est caractérisée, en règle générale, par une baisse prononcée et durable de la rentabilité des Entreprises du secteur. Ceci ne signifie pas que les Entreprises du secteur soient « mauvaises », mais qu'elles se situent dans un secteur où pratiquement aucun concurrent ne peut espérer faire des profits très élevés. En effet, comme les possibilités de différenciation sont pratiquement inexistantes, la lutte concurrentielle se basera tout naturellement sur le prix (et aussi sur le délai pour des produits industriels). Ces types de critères de choix des clients ne permettent que très rarement aux Entreprises du secteur d'avoir des marges importantes. En effet satisfaire à ces deux critères coûte très cher aux Entreprises, en termes d'investissement, pour un prix de vente généralement bas : car lorsque la différenciation est faible, le pouvoir de négociation appartient plutôt au distributeur et au client final qu'au producteur.

De ce fait, la recherche du VOLUME ne peut constituer une issue, puisque l'expérience cumulée ne constitue pas une barrière à l'entrée. On voit, même quelquefois, le ou les derniers entrés obtenir tout naturellement un avantage concurrentiel. En effet ils peuvent bénéficier d'une situation meilleure, lorsque les investissements étant plus récents sont de ce fait plus modernes (leur permettant ainsi d'avoir des outils de production plus efficaces).

1. BCG, Perspectives & stratégie : les impasses concurrentielles.

Très souvent ces situations d'« IMPASSE » ne sont pas perçues dès le début comme telles, car tant que le secteur reste en croissance les prix se maintiennent à un niveau suffisamment élevé pour permettre à beaucoup de concurrents de survivre. Mais lorsque la croissance cesse, qu'arrive soit la stagnation soit la baisse du marché voire une chute de type conjoncturel même passagère, alors on constate, s'il y a de nombreux concurrents, une baisse conséquente des marges. À ce moment-là, si de trop nombreux concurrents, constatant la nécessité de réinvestir, pour redevenir compétitifs, dans un système de production de masse à coût unitaire plus bas, font simultanément ce choix, cela va conduire à un surendettement de la profession qui risque d'entraîner une lutte concurrentielle sévère ; car atteindre le volume va devenir le but de chaque « investisseur » afin de pallier ce surendettement. Il va sans dire que la rentabilité du secteur va en subir immédiatement les conséquences et ce d'autant plus que le « volume » n'a pas de sens dans ce type de secteur (pas d'effet d'échelle).

La réalité amène à constater que, de crise en crise, le nombre de concurrents se réduit soit par fusion et absorption, soit par disparition pure et simple et ainsi le marché a tendance à se concentrer sous la forme d'un nombre très faible de concurrents. Si ceux-ci adoptent un comportement « responsable » en évitant toute lutte, violente, sur le volume, dominent leur volonté de croissance, et ainsi maintiennent autant que faire se peut le niveau des prix, ils peuvent très normalement survivre et ce pendant des temps très longs.

Beaucoup de secteurs économiques sont dans cette situation ; citons par exemple : les engrais, le ciment, les transports routiers, le crédit aux Entreprises...

Aussi les concurrents, qui ne possèdent que fort peu de chances de fédérer autour d'eux, ont sans doute intérêt à partir alors qu'il en est encore temps ou à fortement se diversifier si cela est encore possible, à condition d'avoir parfaitement identifié à temps que le secteur entre en situation d'« IMPASSE ».

EN RÉSUMÉ : les univers en « IMPASSE » ont les caractéristiques principales suivantes :

- les Entreprises sont rarement très grosses par rapport au marché,
- les produits et les technologies sont spécialisés mais plutôt banalisés,
- la demande est en général relativement peu forte et une surcapacité naturelle de production existe,
- les coûts d'investissement, voire aussi de sortie, sont en général élevés,

– aucun concurrent n'a de part de marché dominante, et si l'on ne réduit pas la capacité globale de production les concurrents courent à leur perte ; ce sont presque toujours les concurrents les plus modernisés qui sont les plus endettés alors que les Entreprises « vieillotes » sont souvent les plus équilibrées financièrement.

2. Situation de volume[1]

Dans ce type de situation, la taille des concurrents détermine la rentabilité relative : plus on est « gros » et plus la rentabilité sera forte, à la condition d'utiliser au mieux les économies d'échelle que permet l'application de l'effet d'expérience.

On peut trouver des exemples de telle situation dans le marché :

des moteurs d'avion, des films photographiques, des téléviseurs, des réfrigérateurs...

Il faut noter qu'il est très difficile de revenir sur des concurrents mieux placés, car le coût des investissements est très lourd. En effet, s'il faut acquérir les capacités de production, obtenir le prix de revient et conquérir des parts de marché, surtout si le marché est en croissance, le coût devient rapidement prohibitif pour certains (on retrouve là les leçons de l'expérience tirée de la matrice du BCG des années 60, qui nous a appris que 85 % des Entreprises renoncent à faire des VEDETTES à partir de DILEMMES ; or c'est bien de cela dont il s'agit ici ; cette remarque permet par ailleurs de montrer qu'il existe des points de convergence entre les deux matrices du BCG).

La difficulté de revenir sur des concurrents bien placés doit conduire les Entreprises qui désirent pratiquer une stratégie de VOLUME à avoir une réflexion approfondie sur la fixation de leurs prix de vente. En tout état de cause, la politique de prix étant la seule politique de revenu de l'Entreprise elle mérite en elle-même cette réflexion. Mais de plus l'accession à l'« expérience » nécessite de parvenir le plus rapidement possible, et en tout cas avant le plus grand nombre de concurrents, à la maîtrise du VOLUME. Pour cela, chaque fois que cela est supportable, il faut résister à l'envie d'obtenir un remboursement rapide des investissements.

---

1. BCG, Perspectives & stratégie : les activités de volume.

La courbe présentée permet de voir les différentes attitudes possibles quant à la politique de prix de vente :

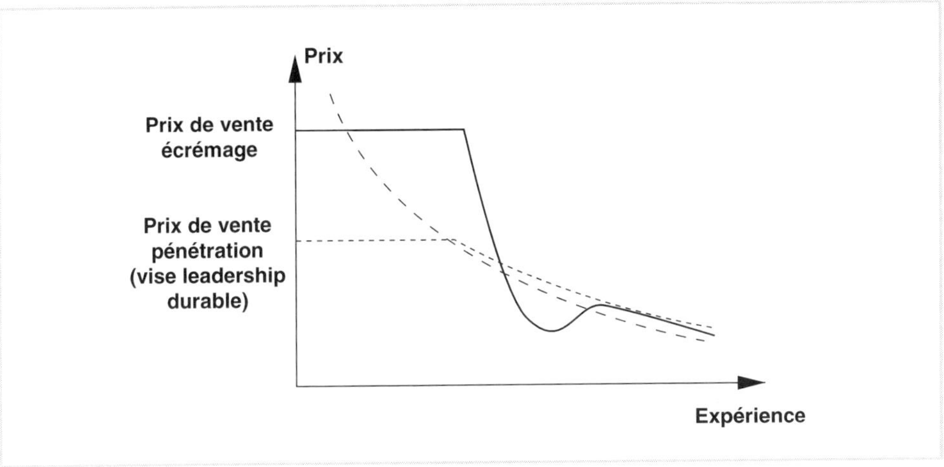

Figure 11.6 Courbe politique de prix de vente

on voit que l'Entreprise peut choisir :

– le prix d'écrémage (consistant à démarrer avec des prix élevés pour se donner une image puis à les réduire pour obtenir le volume), qui a pour effet d'accroître la rentabilité pour rembourser plus vite les investissements et payer ceux de demain, et donner à l'offre une image plutôt « haut de gamme »,
– le prix de pénétration, pour essayer d'atteindre au VOLUME le plus rapidement possible.

Si on reconnaît que, l'avance sur la « courbe d'expérience » est un atout stratégique majeur pour persévérer dans une stratégie de VOLUME, alors peut être faut-il accepter d'en supporter le coût même s'il apparaît parfois élevé. Tout ceci démontre, que pour réussir dans une stratégie de VOLUME, il faut pouvoir disposer des ressources financières correspondant aux nécessités du secteur.

Pour acquérir une position dominante dans cette configuration stratégique, on remarque que les Entreprises gagnantes, très souvent, pratiquent :

– avec leurs sous-traitants des relations basées sur le partage des économies réalisées grâce au VOLUME,

- savent mettre en commun des réalisations avec certains concurrents,
- n'hésitent pas à délocaliser les activités coûteuses en termes de main-d'œuvre en faisant un effort de formation important et en rendant leur mode de production plus facilement transmissible,
- et pour mieux encore se rentabiliser, n'hésitent pas non plus à se diversifier, notamment dans des secteurs très connexes du leur, pour apporter une partie de l'expérience acquise, et donc un partage des coûts et ainsi obtenir une meilleure rentabilité des efforts consentis.

Cependant, l'effet d'expérience ne joue pas d'une façon automatique ; le croire serait s'illusionner. Il dépend beaucoup de la capacité que possède une Entreprise à améliorer constamment les moyens mis en œuvre pour satisfaire à la demande. Toutes les activités de l'Entreprise sont concernées :

- savoir-faire lors de la conception de l'offre,
- rationalisation des méthodes de gestion de la production,
- progrès dans les modes de production, les outillages,
- aménagement des postes de travail,
- diminution des rebuts,
- économies d'échelle,
- logistique et distribution,
- relations avec les fournisseurs et les distributeurs,
- croissance des volumes par point de vente, etc.

Il faut, dans le même temps, amoindrir toutes les causes de non-diminution des coûts :

- mauvais système de contrôle des coûts,
- complexité de l'organisation et des structures,
- lourdeurs administratives,
- accroissement trop important de la gamme notamment par un nombre de variantes de produit,
- sophistication trop exagérée des produits, etc.

Il faut aussi vérifier, régulièrement, pour s'assurer du bien-fondé de la poursuite de ce type de stratégie que la baisse des coûts unitaires suit bien une pente conforme à la courbe d'expérience.

À terme, la structure du secteur tend à la concentration des Acteurs autour des plus riches ou des plus volontaires. C'est le type de situation « où il faut donner ou s'en aller » : moins les sources de différenciation existent et plus la concentration sera forte et plus vite elle se fera, car de fait il n'y a que peu d'échappatoires. Le VOLUME entraîne naturellement des économies d'échelle et donc un avantage concurrentiel fort.

En règle générale les sources de différenciation sont faibles soit que le produit est relativement banalisé soit que le partage des coûts au sein d'une gamme est trop élevé pour trouver des cibles de clients intéressées par cet élargissement.

Pour les concurrents se trouvant dans des secteurs présentant ce type de situation, deux attitudes stratégiques sont possibles :

- rester longtemps :
  lorsque l'on possède une part de marché importante, qui devient un avantage concurrentiel fort surtout si elle s'accompagne d'une marge satisfaisante : mais part de marché qu'il faudra défendre, voire améliorer pour réussir à se constituer des VACHES À LAIT pour réinvestir dans des segments stratégiques plus porteurs à terme,
- sinon évaluer :
  - le risque présenté par la situation,
  - le coût des investissements à réaliser pour acquérir le VOLUME, par rapport aux espoirs de gain,
  - les possibilités de désengagement en bon ordre (et pour cela il faut décider de ne pas partir dans les derniers, c'est-à-dire trop tard, car alors plus personne n'est intéressé par la reprise des actifs et ce d'autant plus que ceux-ci seraient spécifiques au secteur ou au métier et donc difficilement réutilisables ailleurs).

Il faut aussi prêter attention à ce que ce type de situation peut évoluer :

- soit vers une situation d'« IMPASSE », si le pouvoir de négociation des clients augmente fortement,
- soit vers une situation de « SPÉCIALISATION » si se dégagent de nouveaux segments marketing à travers des changements comportementaux des clients.

EN RÉSUMÉ

- le VOLUME est un avantage concurrentiel majeur,
- les produits sont en général banalisés (voire fortement banalisés),

– la vision du marché est large,
– peu de concurrents, un ou des leaders ont une bonne rentabilité, des « petits »peuvent exister sur des niches étroites et devenir très rentables en période euphorique.

3. Situation de fragmentation[1]

Il existe aussi des secteurs économiques où la taille n'apporte aucun avantage concurrentiel car ils se caractérisent par :
– pas d'effet de volume et pas d'effet d'expérience,
– mais des possibilités de différenciation de l'offre très importantes.

On peut citer :

> la confection féminine, la restauration, la réparation automobile et en règle générale tous les secteurs d'activités de service (une bonne raison à cela, c'est que ce type de situation se retrouve chaque fois que les facteurs humains et donc opérationnels sont plus importants que la « série ». Dans ce cas on constate que les écarts de marge proviennent, non de gains réalisés grâce à des économies d'échelle, mais bien au contraire par un mix savant de capacité d'innovation et de gestion).

Par conséquence directe, et *a contrario* des situations de VOLUME, celles-ci défavorisent parfois les « gros » par rapport à des « petits » qui seraient plus mobiles parce que plus flexibles.

En général dans cette situation, les barrières capitalistiques sont plutôt faibles, et ce d'autant plus que les sources de différenciation sont nombreuses et sont capables d'évolution rapide. Ce sont l'intuition, basée sur la qualité d'un marketing informationnel permettant d'effectuer des études précises, et la vitesse qui deviennent les vrais investissements. Dans les secteurs où la technologie possède une forte influence, il est clair que la capacité à (*mieux gérer que les autres*) l'interface R & D / marketing est un facteur clé de succès.

On peut même admettre que des Entreprises se spécialisent uniquement sur un créneau, au moins pour un temps, car en général les marges sont variables, et de plus souvent volatiles.

1. BCG, Perspectives & stratégie : les activités fragmentées.

C'est, sans aucun doute, une des voies de survie pour bien des petites et moyennes Entreprises car intrinsèquement les grandes Entreprises sont au départ désavantagées lorsqu'elles doivent affronter ce type de situation ; dans bien des cas, leur taille ne les autorise pas toujours à faire preuve de flexibilité et donc à se donner les degrés de liberté nécessaires pour réagir vite et à bon escient (et ce souvent pour des raisons parfaitement explicables, dans notre système d'organisation à la « française », telles que le jeu des partenaires sociaux qui ont bien du mal à défendre leur position dans un monde où le changement est accéléré). Cependant certaines en sont capables, notamment de grands groupes japonais et nous devrons comprendre pourquoi.

Toutefois, même dans un secteur où les Entreprises ont à maîtriser une situation de type « FRAGMENTÉ » on trouve de grandes Entreprises. À cela deux raisons :

- tout d'abord même dans une telle situation, il existe des parties du secteur qui peuvent être sensibles au VOLUME, et là, les grandes Entreprises peuvent mettre en avant leur capacité,
- mais aussi parce que des grandes Entreprises peuvent y réussir à condition de créer des segments stratégiques précis et en leur offrant des espaces de liberté ; mais le risque existe toujours de voir la technostructure reprendre le dessus, pour une raison très simple c'est qu'il s'agit d'un mode de fonctionnement qui n'est pas naturel pour de telles Entreprises. On voit alors cœxister, au sein de grands groupes, des activités de VOLUME et des activités du type FRAGMENTÉ ; cela se voit, entre autres, dans les secteurs qui ont été mentionnés au début.

En définitive, ce n'est certes pas le terrain de lutte le plus favorable pour les grandes Entreprises car on l'a bien compris c'est le type même de bataille à ne pas engager si l'on ne veut ou ne peut pratiquer la technique de la « guérilla ». Il suffit de rapprocher cette situation de situations de lutte de ces dernières décennies au cours desquelles on a vu des armées régulières très bien organisées et très puissantes devoir se transformer pour éviter la défaite en s'efforçant de résister à des guerres subversives qui sont basées essentiellement sur la vitesse, la flexibilité et la capacité à se fondre dans le terrain.

Par contre, les entrepreneurs aptes à mener ce type de lutte :

- c'est-à-dire capables d'oublier de privilégier volume et économies d'échelle soit en fait les parts de marché,
- mais au contraire privilégiant le choix d'offres correspondant parfaitement à un créneau ou à une niche, un choix de niveau d'intégration de fonctions dans l'Entreprise et une maîtrise des coûts d'état-major et de coordination, ont toutes les chances d'y réussir.

– les barrières à l'entrée et à la sortie sont plutôt faibles, donc beaucoup de concurrents entrent et sortent entraînant une rentabilité globale plutôt moyenne voire faible,
– la part de marché n'est pas l'assurance de la pérennité,
– les possibilités de différenciation sont généralement nombreuses et souvent évolutives,
– la capacité à réagir vite et fort est un élément clé de survie,
– beaucoup de concurrents peuvent coexister avec une rentabilité qui peut fortement varier de l'un à l'autre, souvent instable et qui dépend le plus généralement des qualités humaines des Dirigeants et de la motivation des équipes.

Notons qu'il faut garder les yeux ouverts pour voir s'il n'existe pas, à un moment donné et ce parce que la structure du secteur évolue, des possibilités de transformation des stratégies de « fragmentation » en stratégies de « volume » ou de « spécialisation », ces dernières étant les plus porteuses d'espérance en termes de profit.

4. Situation de spécialisation[1]

Spécialisation. Comprendre le métabolisme d'un tel secteur devient encore plus essentiel que dans les autres, et ce d'autant plus que l'évolution des besoins, des comportements des clients ou celle de la technologie est quelquefois rapide.

Dans cette situation, les sources potentielles de différenciation sont si nombreuses que les stratégies de VOLUME ne peuvent pas être au départ privilégiées. Par ailleurs les Entreprises ont, à travers le choix de sources différentes de différenciation, la possibilité d'exercer des avantages concurrentiels forts, ce qui fait que la valeur de la SPÉCIALISATION devient elle-même forte et donc intéressante.

C'est le type de situation où l'on voit une sorte de « coexistence pacifique » entre un nombre important de concurrents dont les recouvrements sur les mêmes segments marketing sont faibles voire inexistants, ce qui diminue la rivalité concurrentielle, et permet à beaucoup d'avoir de bonnes et même de fortes marges et donc une bonne rentabilité des capitaux investis.

---

1. BCG, Perspectives & stratégie : les activités de spécialisation.

C'est un système où l'avantage concurrentiel potentiel, que peut se créer une Entreprise, peut être très fort. Cependant si la partie du marché, sur lequel s'exerce un certain avantage, est importante, des économies d'échelle peuvent se faire et la taille peut alors devenir en soi un avantage concurrentiel. En fait, la grande différence avec une situation de « volume » est que dans cette dernière globalement la demande est homogène (d'où le volume), alors que le nombre important de sources potentielles de différenciation fait que dans la situation de « SPÉCIALISATION » il coexiste des demandes nombreuses mais différentes en termes d'intensité du besoin à satisfaire.

Ce type de secteur se caractérise par un nombre élevé de concurrents, qui peuvent tous prospérer pourvu qu'ils se situent dans une partie différente du champ de bataille (en se spécialisant à outrance) ; à cause de cela, souvent les concurrents marginaux en arrivent à se demander s'ils doivent leur médiocre position à une trop grande ou à une trop faible « spécialisation ».

En règle générale, pour permettre à des Entreprises de suivre les changements, surtout s'ils sont très rapides, il est nécessaire que les clients acceptent d'en subir les coûts y afférant et que le pouvoir de négociation de la distribution n'handicape pas les marges. Il faut donc se situer, le plus possible, dans des secteurs ou des parties de secteur, où les coûts spécifiques pour mettre en œuvre l'offre de « SPÉCIALISATION » soient importants par rapport à la valeur ajoutée et aux coûts globaux. Dans ce cas la « SPÉCIALISATION » devient, particulièrement, défendable vis-à-vis de nouveaux entrants ou des concurrents déjà installés avec d'autres types d'offres.

Dans ce contexte, ce qui devient important ce n'est plus la part de marché, c'est la part de marché dans son créneau ou dans sa niche. On retrouve là une expression de la stratégie de « concentration » de Michael PORTER.

Le plus souvent dans ce type de secteur, les opportunités sont nombreuses et le danger est pour certains concurrents de ne pas savoir rester concentrés, et « d'enlargir » leur stratégie. Alors ils prennent le risque de se mettre en mauvaise posture en termes de coûts sans pour autant s'autoriser à avoir des espoirs plus importants d'obtention de parts de marché sur d'autres segments marketing si les axes de SPÉCIALISATION sont réellement spécifiques à chaque créneau.

La « SPÉCIALISATION » est délicate à gérer car subsiste en permanence deux risques majeurs :

– voir la disparition du créneau, pour des raisons de coûts (différentiel de prix trop élevé entre le spécialiste et d'autres offres offertes aux mêmes clients), ou par annulation de l'élément de différenciation dans l'esprit des consommateurs,

– voir le grossissement de la niche ou du créneau, ce qui peut changer complètement les conditions de la lutte concurrentielle, en créant de nouvelles possibilités stratégiques telles que le VOLUME et favorisant alors les concurrents ayant un meilleur métabolisme des coûts ou de plus grandes possibilités d'investissement et donc de financement de la croissance.

Il est donc particulièrement important de :

– constituer un système de surveillance des marchés qui, parfois, nécessite des systèmes d'information complexes et donc onéreux,
– mettre en place, en interne, des structures adaptées,
– et en externe des systèmes de distribution et de promotion bien spécifiques pour porter la « spécialisation ».

En conclusion, la « SPÉCIALISATION » peut apporter une très bonne rentabilité et ce à court terme, mais elle recèle beaucoup de dangers à terme, notamment :

– si les dépenses spécifiques deviennent trop fortes,
– et si les changements dans les conditions de la lutte concurrentielle deviennent très rapides et trop nombreux.

EN RÉSUMÉ

– forte différenciation des produits, qui doivent correspondre à des attentes très précises,
– les coûts spécifiques sont, en général, prépondérants puisque correspondants au choix de spécialisation,
– la différenciation est d'autant plus défendable que le volume existe et a un effet sur les coûts,
– la rentabilité dépend de la valeur accordée à la spécialisation par les Clients,
– des concurrents peuvent être très riches sur certaines niches, et les « suiveurs » sont en règle générale les moins rentables. La pérennité dépend directement de la possibilité de protéger le « cœur de niche » dont, très souvent, les frontières peuvent évoluer rapidement. En règle générale on observe de telles évolutions lorsque la rivalité est forte et qu'elle se traduit par une recrudescence d'offres nouvelles « plus spécialisées » qui aboutissent à terme à entraîner une « resegmentation » du marché.

5. Évolution des systèmes concurrentiels et transformation des stratégies[1]

L'environnement, nous le savons bien, est loin d'être figé ; il évolue sous l'action de nombreux facteurs :

demande, coûts, technologie, politique gouvernementale...

De ce fait la structure des secteurs peut évoluer fortement et rapidement, créant ainsi de nouvelles opportunités mais aussi de nouvelles menaces ce qui va avoir pour effet de modifier les positions relatives entre concurrents. Certains, ceux qui possèdent une bonne réactivité, vont donc réagir très rapidement et donc les changements de stratégie sont à suivre très précautionneusement. Il est, de ce fait, très important de comprendre l'effet que vont avoir ces changements de structure des secteurs sur les quatre types de situation définies par le BCG.

Pour cela, il n'est pas inintéressant d'examiner les quatre quadrants sous un autre angle, et pour cela mettre en évidence pour chacun des quatre quadrants deux facteurs qui ont naturellement des liens forts l'un avec l'autre :

- la part de marché : PM,
- le taux de rendement de l'investissement : TRI.

1. BCG, Persecptives & Stratégie : l'évolution des systèmes concurrentiels / les stratégies de transformation.

On peut trouver sur le schéma[1] une confirmation de ce qui a été dit précédemment pour les quatre situations.

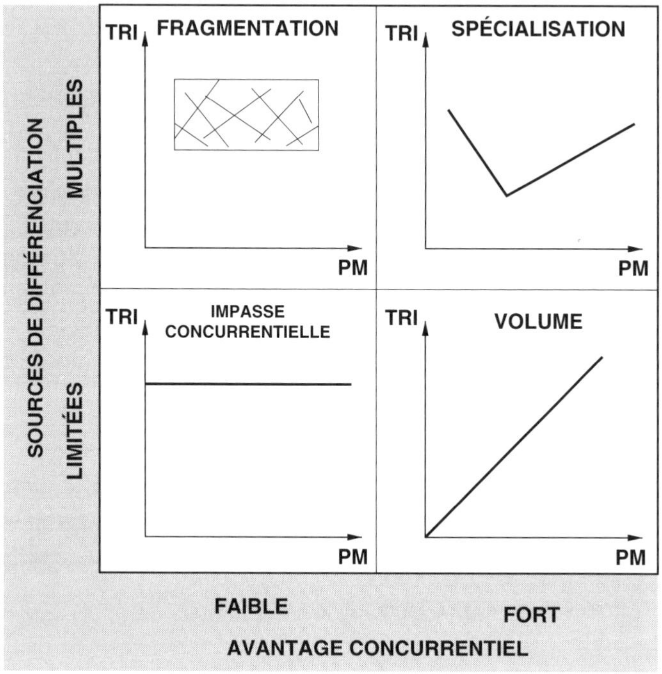

Figure 11.7 Schéma part de marché et tri

On remarquera que les indications que l'on peut retirer de l'examen de ce schéma sont parfaitement en accord avec les travaux du PIMS sur la profitabilité.

On observe qu'en situation de :

– « impasse », et c'est naturel, la part de marché n'a normalement aucune influence multiplicatrice sur le taux de rendement de l'investissement puisque l'expérience cumulée ne joue pas de rôle,

– « volume », où là l'expérience cumulée joue très fort, il y a une forte corrélation entre la PM et le TRI, corrélation qui sera d'autant plus forte que jouera cet effet,

1. T. ATAMER et R. CALORI, *Diagnostic et décisions stratégiques*, Dunod, Paris 1993, p. 196.

- « fragmenté », il n'existe aucune corrélation, ce qui se manifeste par l'existence d'un nuage de points, puisque la taille n'apporte aucun avantage concurrentiel par manque d'effet de volume,
- « spécialisation », situation dans laquelle il faut aller rechercher la stratégie appropriée de façon très approfondie puisque l'important c'est la part de marché dans la niche ou le créneau et donc chercher un fort TRI va demander de se positionner sur une partie du champ de bataille l'autorisant.

Dans tous les cas de figure, on peut voir que la part de marché est directement liée aux barrières d'entrée, ce qui est logique et d'une grande importance pour comprendre les risques encourus lors d'une tentative de changement de stratégie. Or l'une des barrières d'entrée très efficace est : « l'intensité capitalistique » ; de ce fait, on remarquera (en se reportant à la matrice du BCG des années 60) que :

- un « poids mort » à faible intensité capitalistique peut être plus rentable qu'une « vache à lait » réclamant un fort usage de capitaux.

Ceci confirme parfaitement les enseignements du PIMS qui a montré combien est forte l'influence de la variable « intensité capitalistique » sur la rentabilité.

Le BCG estime que les risques sont de deux natures possibles :

- si les sources potentielles de différenciation diminuent il y a alors un risque de « standardisation »,
- si l'avantage concurrentiel potentiel des Entreprises baisse le risque est celui des « transferts d'expérience » (*cf.* schéma ci-après).

Il est donc nécessaire de se prémunir contre ces deux risques en auscultant régulièrement le secteur afin de vérifier que les indicateurs ne signalent pas une augmentation probable, forte et rapide, du niveau de ces risques (d'abord en termes de probabilité de se réaliser mais aussi en termes d'intensité). Ces risques ont une tendance naturelle à se manifester réellement chaque fois que :

- les coûts spécifiques deviennent de moins en moins importants par rapport aux coûts globaux, ce qui est un indicateur de la perte de différenciation,
- les changements de la demande amènent à un resserrement de la gamme de produit, les clients n'étant plus prêts à payer des différences, entre offres, jugées alors mineures.

C'est ainsi qu'on peut voir, dans le secteur automobile, les difficultés de survie qu'ont éprouvées les « différenciateurs », difficultés qui expliquent certains rachats : rachat de JAGUAR par FORD et de SAAB récemment par GENERAL MOTORS.

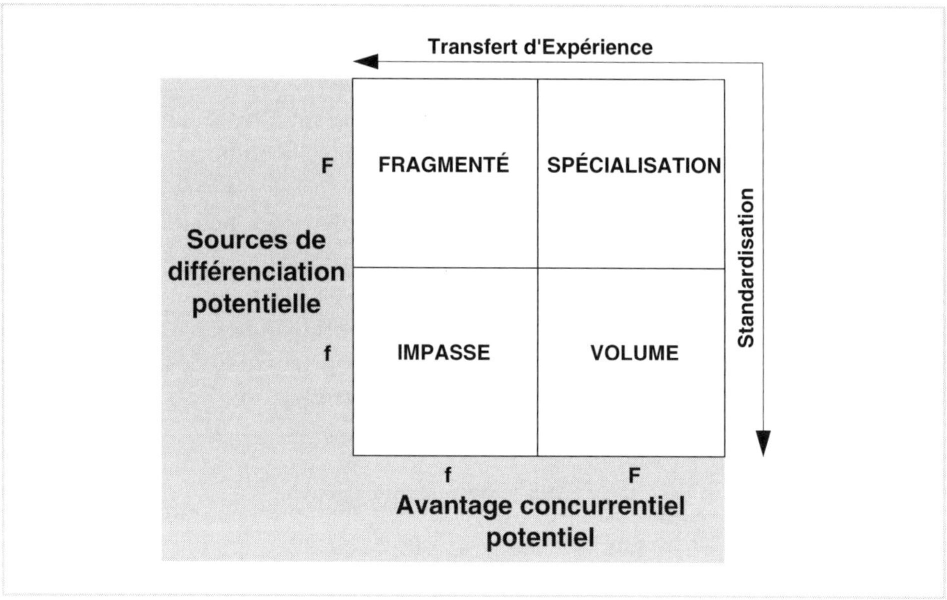

Figure 11.8 Risques des évolutions des systèmes concurrentiels

Mais il n'est pas suffisant de se contenter de prévoir les changements, il faut en appréhender les conséquences pour s'adapter. S'adapter, cela peut se concevoir à l'aide de cette matrice, en se demandant comment faire pour évoluer et passer d'une case à une autre. Le schéma imaginé par le BCG nous montre les mouvements stratégiques qui peuvent être mis en œuvre, en les figurant sous forme de flèches et en se posant les questions, devenues maintenant classiques :

« où ? comment ? combien ? quand ? avec qui ? etc. »,

questions qui doivent être appliquées à l'ensemble des Acteurs et des facteurs influençant la lutte concurrentielle.

Ces mouvements reposent :

- sur l'anticipation des changements dans le secteur,
- sur l'introduction de nouvelles technologies,
- ou de nouveaux modes de production,
- ou la maîtrise de nouveaux canaux de distribution.

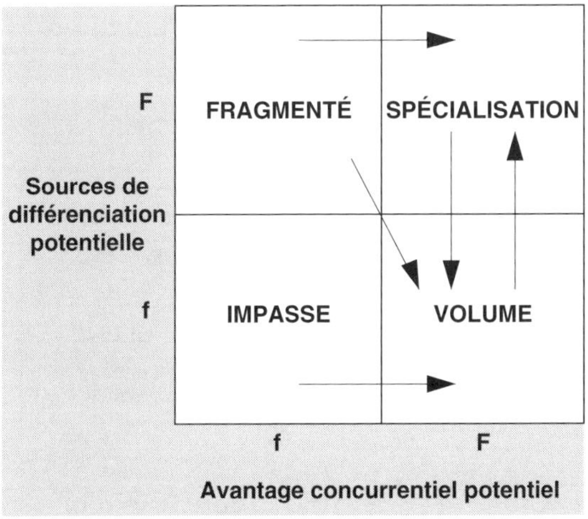

Figure 11.9 Mouvements stratégiques sur la matrice BCG

En fait les changements, les innovations peuvent se faire sur toutes les dimensions stratégiques et c'est très souvent de la capacité à innover à tous les niveaux que dépend la qualité intrinsèque des mouvements stratégiques possibles pour une Entreprise.

Cependant, l'ensemble des mouvements stratégiques possibles ne sont pas permis à toutes les Entreprises : par exemple ceux qui sont basés sur des investissements lourds pour passer d'une stratégie « FRAGMENTÉE » ou « SPÉCIALISATION » à une stratégie de « VOLUME ». Aussi peut-il arriver qu'il faille se donner des degrés supplémentaires de mouvement, en privilégiant les stratégies à base d'investissements minimum et donc sélectifs qui seront donc très différents de ceux des autres concurrents. Ceci aura pour effet, une fois de plus, d'éviter les luttes frontales et de créer ou d'essayer de recréer des zones de profit.

Le BCG a mis à notre disposition un autre outil qui permet de réfléchir sur les choix d'investissement. On peut construire un système d'axes basé sur :

– d'une part la croissance du secteur,
– d'autre part la croissance de capacité de production, donc indirectement le niveau des investissements à réaliser.

On obtient un schéma :

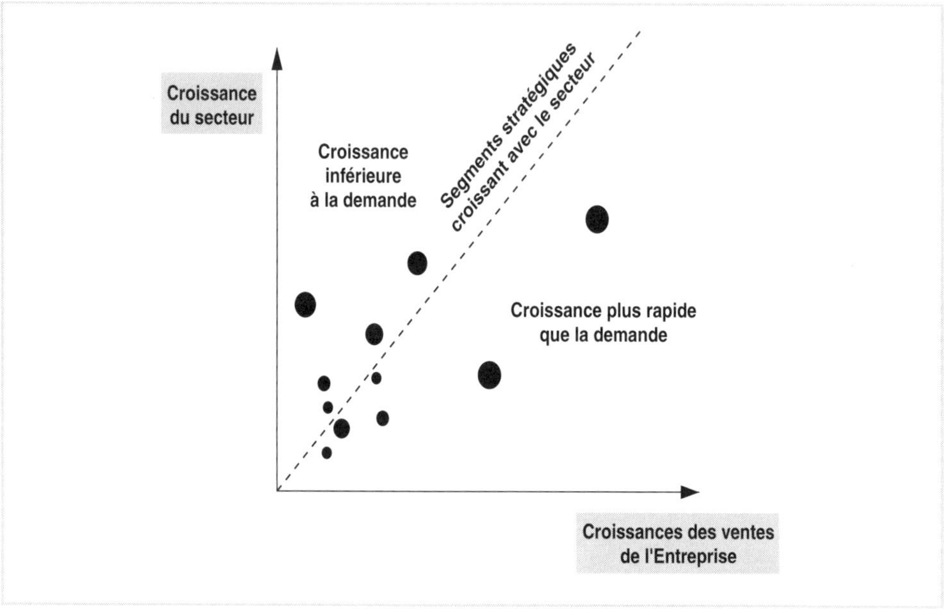

qui permet de positionner les choix d'investissements par rapport à la diagonale.

On doit, une fois encore, insister sur le fait que ces transformations sont évidemment facilitées lorsqu'elles sont dues à des évolutions du secteur ; mais par contre, elles deviennent plus lisibles pour tous les concurrents. Au contraire, si elles sont le fait de quelques concurrents, ceux-ci vont se créer un avantage concurrentiel plus personnalisé avec pour conséquence directe de s'offrir toujours la possibilité de déstabiliser les adversaires, au moins pour un temps.

L'émergence de nouvelles stratégies, qui peuvent faire de l'Entreprise une cible mouvante pour ses concurrents, peut naître :

- d'une nouvelle resegmentation des marchés, plus pertinente
  - soit pour expliquer les divers comportements des clients,
  - soit pour mieux répondre à des besoins, peu ou prou, mal satisfaits,
- d'une extension de la couverture géographique,
- d'une nouvelle segmentation de la gamme,
- des innovations en termes de canaux de distribution,
- d'une extension de la gamme de services offerts.

Pour en terminer avec cet outil on peut représenter, grâce au tableau ci-dessous, chacune des quatre situations avec ses caractéristiques essentielles et les mouvements stratégiques les plus favorables dans chaque cas :

SYSTÈME CONCURRENTIEL	RECOMMANDATIONS STRATÉGIQUES
IMPASSE CONCURRENTIELLE Pas de grand leader. Attention à la surcapacité de production des producteurs. Les plus modernes sont souvent les plus endettés, les plus « obsolètes », les plus solides financièrement.	Concentration avec appui éventuel des pouvoirs publics. Éviter les batailles de prix en s'efforçant de servir des segments particuliers. Développer sa propre technologie et technique produit. Investir où les coûts sont très bas.
VOLUME Concurrents très concentrés. Rentabilité des leader, les « autres » seulement en période d'« euphorie » économique. La part de marché est l'arme stratégique majeure.	Croître plus vite que les autres. Diminuer si nécessaire l'intégration des activités trop onéreuses. Se diversifier dans des secteurs connexes. Surveiller les changements : (techno, comportements clients...) qui font évoluer la structure du secteur.
FRAGMENTATION Beaucoup de concurrents de petite taille, Peu de barrières d'entrée. Les grandes Entreprises ne partent pas en « favori ». Les marges peuvent varier fortement.	Réagir vite et fort. La part de marché n'assure pas la pérénnité. Pour une grande Entreprise : laisser de l'autonomie aux segments stratégiques dans cette configuration de marché. Acquérir des parts de marché fortes sur des segments connexes pour réduire le prix de revient.
SPÉCIALISATION Beaucoup de rentabilité potentielle. Les « suiveurs » ont peu de chances. Attention aux évolutions des frontières des niches.	Choisir des niches où l'avantage concurrentiel est fort. S'intéresser aux niches ayant les coûts spécifiques les plus appréciés par le client. Faire le choix entre le « possible » et le « souhaitable » pour défendre les coûts. Partager les coûts le plus possible en allant jusqu'à jouer d'autres secteurs ou filières connexes.

Figure 11.11 Type de stratégie et recommandations[1]

1.Tableau adapté à partir de STRATEGOR, p. 48, déjà cité.

4. L'ÉCHIQUIER STRATÉGIQUE DE McKINSEY[1]

Un autre outil excessivement intéressant, pour aider à la définition des mouvements stratégiques, a été dénommé par McKINSEY : l'« ÉCHIQUIER STRATÉGIQUE ».

On notera que pour une fois il ne s'agit pas d'une matrice même si pourtant, à première vue, il se présente sous la forme d'un tableau à double entrée. Cependant c'est de son utilisation que lui vient son nom, car il doit être utilisé d'une façon tout à fait différente de celle d'une matrice classique.

Cet outil est conçu autour du constat que pour développer un avantage concurrentiel les conditions de la bataille dépendent de deux choix qui, bien évidemment, vont devenir les deux dimensions autour desquelles va être construit l'outil. Ces deux dimensions sont :

– où se battre ?
  • sur tout le front,
  • sur une niche ou un créneau seulement ;

– comment se battre ?
  • soit avec les règles du jeu actuelles,
  • soit avec de nouvelles règles du jeu.

Explicitons ces deux dimensions :

– *pour ce qui concerne la dimension « où se battre ? »*
  il y a lieu, tout d'abord, de déterminer ce qu'est le front lui-même, c'est-à-dire le marché de référence. Pour cela, il faut se référer à la notion de « besoin ». On doit considérer que le front représente le besoin primaire auquel répond l'offre (il est important de ne pas confondre le concept de « front » avec celui de « marché ». Pour faire simple on peut considérer que le besoin primaire fait référence à un besoin générique par opposition à la notion de besoin direct du client qui est rempli par un « produit ». À l'opposé 1 front correspond à l'ensemble des différents types de produits pouvant servir le besoin générique).

1. R. BUARON, *News Games Strategies,* The McKINSEY Quartely, printemps 1981, déjà cité.

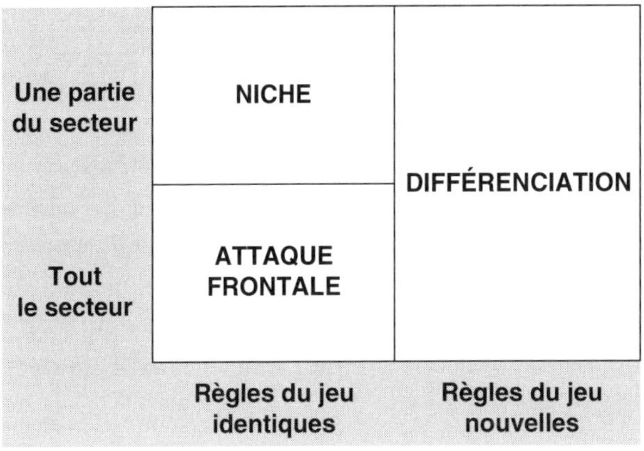

Figure 11.12 Échiquier stratégique

On peut considérer que l'on est sur tout le front lorsque l'Entreprise couvre 80 % environ du marché ce qui suppose remplies les deux conditions suivantes :

- avoir une gamme répondant en largeur et en profondeur à 80 % des besoins à satisfaire,
- avoir une présence réelle dans les canaux de distribution permettant de mettre son offre à la disposition de ces 80 % de besoins.

– *pour la dimension « comment se battre ? »*
pour répondre à cette interrogation il faut se poser deux questions :

- sur quoi est basé le jeu concurrentiel ?
c'est-à-dire qu'il est nécessaire de qualifier les éléments majeurs qui définissent, à un moment donné, l'état du secteur, par exemple : surcapacité de production, niveau d'intensité capitalistique, niveau de concentration, etc.,
- selon quelles règles joue tel ou tel de nos concurrents ?
il faut entendre par règles du jeu : les conditions de la lutte concurrentielle telle que pratiquée par les principaux concurrents directs, par exemple : les jeux basés sur les prix, sur le niveau technologique, le délai, les services, etc. En d'autres termes, les règles du jeu sont les méthodes utilisées par les principaux concurrents directs pour réussir à dominer les FCS. Créer de nouvelles règles du jeu revient pour un concurrent à dominer, mieux que ses adversaires, les FCS en se dotant

de nouvelles méthodes pour mettre en œuvre ses activités actuelles : par exemple un nouveau mode de conception, une nouvelle méthode d'approvisionnement ou de production ou de commercialisation, etc. Bien entendu pour pouvoir réellement parler de nouvelles règles du jeu il faut pour une Entreprise donnée changer ses méthodes de façon SIGNIFICATIVE et pour une DURÉE CERTAINE, ce qui signifie par exemple par une innovation en termes de technologie ou de technique du produit, ou une maîtrise des coûts difficile à imiter, voire par la maîtrise d'un nouveau mode de distribution.

En fait les règles du jeu concurrentiel sont extrêmement liées à la structure du secteur.

Dans un secteur de haute-technologie, il est évident que c'est à partir de celle-ci que vont se construire les règles du jeu concurrentiel. Dans d'autres secteurs, la technologie n'influence que peu ou pas du tout les règles du jeu ; dans ce cas d'autres facteurs ont une influence, en général des facteurs de type marketing liés aux clients tels que, par exemple, le prix lorsque le produit est banalisé.

On voit bien que dans un secteur, dont la structure autorise les stratégies de « volume », la lutte concurrentielle va le plus souvent s'organiser autour du prix.
Celui ou ceux qui les premiers vont accéder au »volume » vont être en situation de profiter de l'effet d'expérience et donc réaliser les économies d'échelle possibles. Celui-là ou ceux-là pourront, par exemple, avoir une politique d'approvisionnement permettant de réduire le coût des achats, et ainsi être mieux à même de rentabiliser une unité de production à forte cadence alors que d'autres hésiteront à investir dans ce domaine, etc.
Dès cet instant, celui qui accède le premier au « volume » possède un avantage concurrentiel majeur et quelquefois décisif, car les adversaires ne peuvent généralement plus investir, avec de fortes chances de rentabilisation des investissements, pour combler le retard. Il est évident que dans de tels secteurs le « dominateur par les coûts » joue un autre jeu que les « autres » et qu'il a d'autant plus changé les règles du jeu que la différence de coût entre lui et les « autres » ne permet plus, à ces derniers, d'entrer en compétition ouverte (ils pourront se réfugier sur des niches s'il est possible de les servir).

Ainsi les règles du jeu dépendent de la structure du secteur, elles évoluent en même temps qu'évolue cette structure et peuvent donc être influencées par des facteurs aussi différents que :

- la technologie,

- les prix et donc le niveau des coûts (en interne par la maîtrise des processus à l'intérieur de la chaîne de valeur, mais aussi par une répartion des coûts avec les partenaires extérieurs de l'Entreprise au travers de la construction de la chaîne de valeur externe),
- la maîtrise de nouveaux canaux de distribution.

Cependant cette analyse n'est pas suffisante, il faut aussi s'appuyer sur les « facteurs clés de succès » pour bien comprendre ce qui sous-tend la lutte concurrentielle. En effet rappelons que la construction de l'avantage concurrentiel doit s'appuyer sur la domination des FCS et donc des processus le permettant.

Or, nous savons que ce sont ces mêmes FCS qui ont permis d'authentifier la qualité de la segmentation stratégique. *« La boucle est bouclée »* : on trouve les mêmes éléments de jugement au départ et à la conclusion de l'analyse concurrentielle.

1. Recommandations de McKINSEY

Pour utiliser l'outil comme il convient, il semble pertinent de construire un véritable échiquier formé de cases identiques. On peut y réussir en faisant apparaître les quatre possibilités différentes de se différencier aux yeux des clients en se situant à l'intérieur d'une des quatre cases sur l'échiquier (*cf.* figure ci-après).

Il devient alors possible d'utiliser l'outil en utilisant les recommandations inscrites dans chacune des cases. Ces recommandations deviennent parfaitement claires dès que l'on comprend qu'elles correspondent à ce qu'il est nécessaire de faire pour survivre dans chacune des cases de cet échiquier :

• Case A

Il s'agit pour une Entreprise de trouver une niche ou un créneau lui permettant d'assurer sa pérennité alors même qu'elle ne peut créer des règles du jeu nouvelles, c'est-à-dire qu'elle va devoir se battre avec un bien « classique ».

Pour réussir, la seule possibilité va consister à « RESEGMENTER » le marché, en proposant une offre spécifique, pour se créer sa propre niche ou son propre créneau. Théoriquement, cela est possible chaque fois que les études de satisfaction des clients montrent que les offres actuelles ne satisfont que partiellement les attentes d'une partie du marché. Créer cette niche ou ce créneau doit

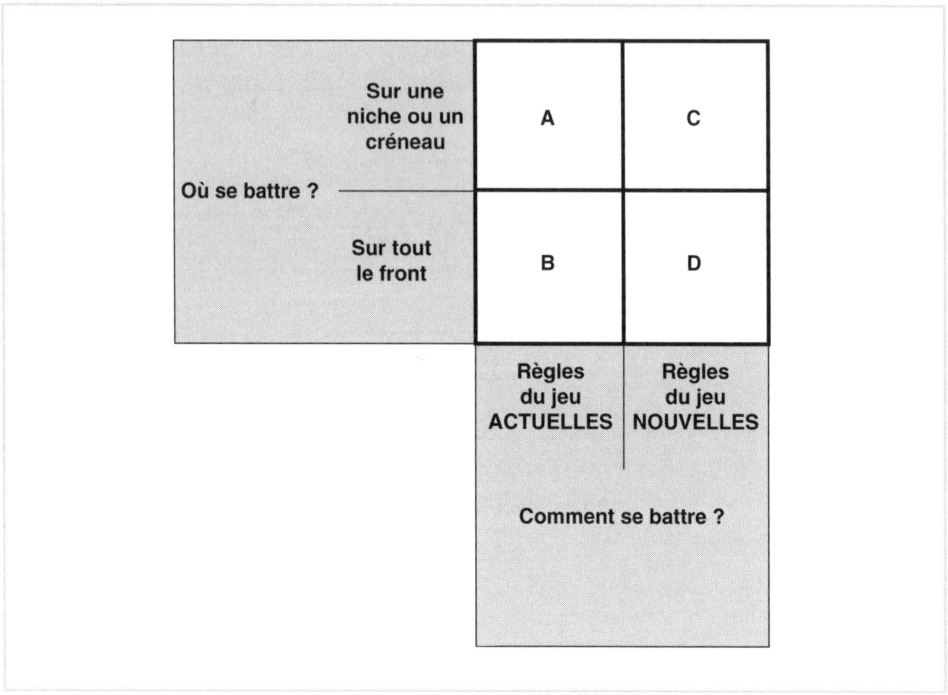

Figure 11.13 Échiquier 4 cases

offrir à cette Entreprise des avantages spécifiques tels que les coûts, les services etc. On retrouve là, un type de stratégie très proche de la « CONCENTRATION » de Michael PORTER. C'est de sa capacité à le faire et à bien le faire en utilisant les possibilités offertes par le marché que va dépendre la possibilité d'exister à l'intérieur de la case « A ».

C'est, très certainement, la voie de survie pour de très nombreuses petites et moyennes Entreprises dans des secteurs où le VOLUME favorise les grands groupes.

• Case B

La présence à l'intérieur de cette case suppose la capacité de servir l'ensemble du secteur avec une offre « classique ». Pour y réussir il ne reste plus qu'à « FAIRE PLUS ET MIEUX » que les autres, et comment le faire en ce cas, sinon en jouant sur les prix et donc sur les coûts...

Pour ce faire l'Entreprise a un intérêt majeur à se concentrer sur les activités pour lesquelles elle accède au leadership en termes de volume et de coût.

On retrouve là un type de stratégie très proche de celle baptisée par Michael PORTER la « DOMINATION PAR LES COÛTS ». En règle générale l'Entreprise doit penser à diminuer l'intégration verticale, au moins pour un temps, pour toutes les activités où des sous-traitants peuvent contribuer à une meilleure maîtrise des coûts.

• Case C

Pour changer les règles du jeu actuelles et pouvoir jouer avec de nouvelles qu'elle aura créées, l'Entreprise va devoir créer une nouveauté, qui réponde à une demande c'est-à-dire correspondant à un vrai marché, et qui lui procure un volume accru.

En fait il s'agit d'offrir, par exemple, un bien ou un service nouveau dans le but de pénétrer dans la chasse, jusqu'alors gardée d'un ou plusieurs concurrents. Il s'agit de forcer des barrages, ou de pénétrer dans les circuits dominés par d'autres.

Il faut se construire un « AVANTAGE UNIQUE » et comme toujours pour un « temps » car les concurrents ne manqueront pas de réagir à un moment ou à un autre. C'est donc un comportement de style « guérilla » que le Dirigeant doit adopter et faire adopter par l'encadrement.

• Case D

Dans cette case de l'échiquier, l'Entreprise a la capacité de modifier les règles du jeu pour l'ensemble du marché. C'est très « RARE » !

« EXPLOITER PARTOUT UN AVANTAGE UNIQUE », voilà la condition d'existence en « D » : c'est une stratégie de rupture du jeu concurrentiel dans une profession et donc une tentative d'établissement d'une situation de monopole, au moins pour un temps.

En général, ceux qui y réussissent le font grâce à un changement de technologie, mais cela peut quelquefois provenir aussi d'un changement dans les modes de distribution.

La véritable problématique est, pour ceux qui y réussissent, de rendre l'avantage concurrentiel aussi « durable » que possible et pour cela il faut qu'il soit

« défendable », autant que faire se peut. Pour y réussir l'Entreprise a tout intérêt, dans le même temps qu'elle construit cet avantage grâce, par exemple, à la domination technologique, à rendre le fossé plus difficile à franchir pour ses concurrents, en surajoutant à celui-ci par exemple un nouveau mode de production ou de distribution. Devant la difficulté de combler un retard émanant de plusieurs sources, certains concurrents pourraient être amenés à renoncer.

Dans tous les cas de figure, toutes les Entreprises travaillant aujourd'hui sur des pistes de recherche identiques, la durée de l'avantage concurrentiel de type technologique a beaucoup diminué. Il est donc bon de le renforcer en utilisant d'autres sources complémentaires pour le construire.

Résumons ce qui vient d'être explicité sur l'échiquier suivant.

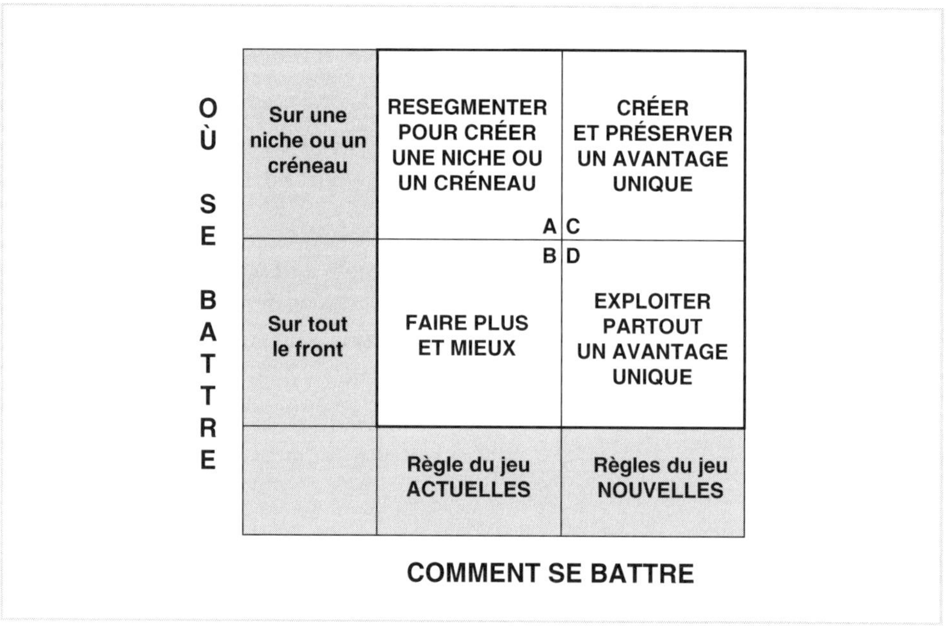

Figure 11.14 Échiquier avec recommandations

Ainsi McKINSEY propose à travers cet échiquier quatre possibilités de différenciation pour le client. Ces différenciations ont, bien sûr, pour but d'amener l'Entreprise à « INNOVER » pour tenter de déstabiliser l'adversaire en sa faveur. C'est la base d'une stratégie forte et on retrouve là l'une des attitudes stratégiques recommandée par SUN TZU dans son « ART DE LA GUERRE ».

Il s'agit de limiter, comme toujours dans une logique de différenciation, l'intérêt du client pour les critères de prix et quelquefois de délai pour les produits industriels. L'Entreprise pourra alors jouer sur d'autres critères d'achat tels que :

- qualité
- coût d'appropriation,
- services connexes,
- fonctionnalités supplémentaires,
- image et notoriété,
- sécurité,
- variété de la gamme...

qui assurent, en principe, des marges plus généreuses et donc une meilleure rentabilité des capitaux investis.

Deux aspects méritent que l'on s'arrête sur eux :

• Le premier est celui de l'innovation

Celle-ci ne peut provenir d'une modélisation, à partir de l'expérience acquise par l'Entreprise, mais bien d'une vraie réflexion de toutes les fonctions de l'Entreprise ayant pour but d'explorer les possibilités existantes ; bien entendu cette réflexion, pour ne pas rester stérile ou aboutir à de fausses innovations ne trouvant pas de marché, doit être orientée par des études de marché, une veille concurrentielle et technologique. Ce sont des préférences du client qu'il faut partir.

• Le second a trait à la notion de valeur

L'usage de cet échiquier suppose une analyse de valeur à deux niveaux :

- coût de chaque activité pour se différencier,
- à quelle valeur le client apprécie-t-il chacun des éléments de la différenciation ?

Ce sont sur ces deux niveaux que l'on doit procéder à l'analyse de la valeur, préconisation qui avait déjà été faite lors du chapitre consacré à la chaîne de valeur.

2. Utilisation de l'échiquier

Reprenons l'exemple du savon IVORY et essayons à l'aide de cet échiquier de suivre les mouvements stratégiques voulus ou subis par PROCTER & GAMBLE.

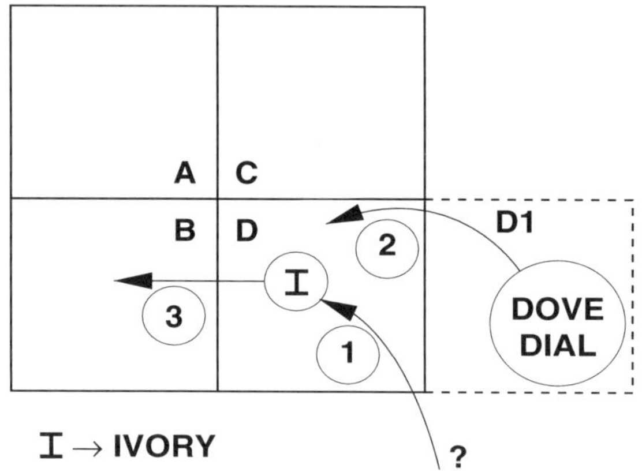

Figure 11.15 Mouvements d'IVORY

Pendant des années IVORY était le « différenciateur » sur l'ensemble du secteur, puisque à cette époque il était le seul savon pur à 99,40 %, blanc et qu'il flottait. On peut donc considérer qu'il se trouvait sur la case « D » de l'échiquier.

Puis sont arrivés DOVE et DIAL qui ont enlevé à IVORY son positionnement de « différenciateur » en devenant plus « différenciés » qu'IVORY.

On peut considérer que DOVE et DIAL ont créé une nouvelle case « D1 » que l'on pourrait dessiner à la droite de la case « D » occupée par IVORY. Mais en réalité la conséquence du mouvement stratégique entamé par DOVE et DIAL a été de chasser IVORY de la case « D » (car offrant nombre de fonctionnalités supplémentaires, on peut considérer qu'il s'agit de nouvelles règles du jeu), et c'est devenu le problème de PROCTER & GAMBLE d'exécuter tel ou tel mouvement stratégique pour retrouver une case possible de survie sur l'échiquier.

En décidant de devenir ce que PORTER appelle un « dominateur par les coûts », PROCTER & GAMBLE a choisi de faire « PLUS ET MIEUX », c'est-à-dire qu'il a choisi la case « B ».

À travers cet exemple on voit que pour utiliser cet échiquier, il faut :

- d'abord se positionner sur une des cases de l'échiquier, ce qui suppose en se référant à ce qui a été dit plus haut, de vérifier d'abord si on couvre ou non 80 % des besoins du secteur en termes de largeur de gamme et de présence dans les canaux de distribution, puis d'examiner si l'on exerce actuellement un avantage et s'il est de nature à changer les règles du jeu par rapport aux concurrents,
- ensuite, vérifier que la stratégie que l'on pratique actuellement est bien conforme aux recommandations de McKINSEY et permet donc d'y rester,
- positionner les principaux concurrents sur l'échiquier et vérifier que leurs mouvements stratégiques actuels ou probables ne vont pas annuler la position actuelle de l'Entreprise et l'obliger à réagir,
- vérifier que des changements dans l'environnement ne vont pas modifier les conditions du jeu concurrentiel, et en tenir compte,
- enfin voir si l'Entreprise a la capacité d'évoluer vers une autre case présentant soit un plus grand intérêt soit moins de danger (spécialement dans les situations ou l'Entreprise se situerait sur une case supposant des actions pour lesquelles elle est mal préparée) et examiner comment elle peut le faire.

Par rapport aux autres outils d'aide à la décision stratégique, vus précédemment, l'échiquier stratégique présente un intérêt tout à fait original, c'est que l'on peut y faire figurer :

- non seulement les segments stratégiques d'une Entreprise,
- mais aussi la position et les mouvements stratégiques des adversaires,
- et par conséquent les influences qui peuvent en résulter pour les segments stratégiques de l'Entreprise.

Ainsi en positionnant DOVE et DIAL sur l'échiquier on en voit, très directement, la conséquence : ils ont chassé IVORY de la case « D ».

Cette utilisation de l'échiquier est d'autant plus intéressante qu'elle permet d'y associer, pour ceux qui les maîtrisent, les modes de raisonnement du jeu de GO (qui seront plus longuement évoqués au chapitre 4).

5. INFLUENCE DU SAVOIR-FAIRE SUR LA DÉCISION

Une des dimensions qui peut aider à la prise de décision est l'influence du ou des « SAVOIR-FAIRE » d'une firme. En effet tous les savoir-faire n'ont pas la même influence sur la construction d'un avantge concurrentiel. Cela s'explique par deux raisons principales :

– l'évolution des comportements d'achats donc des FCS dans le temps,
– le fait que de nombreux concurrents possèdent les mêmes S-F.

La matrice construite autour des deux critères :

– importance du S-F versus la valeur créée,
– maîtrise du savoir-faire,

permet une réflexion très productive pour prendre en compte cette dimension.

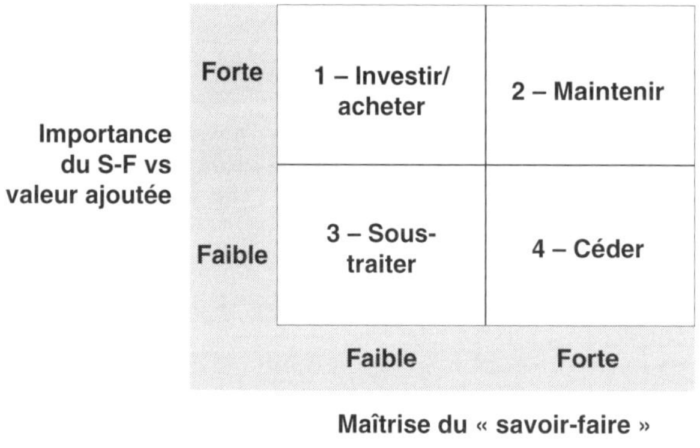

Les recommandations figurant à l'intérieur des quatre quadrants apparaissent comme d'une grande logique. En effet :

– lorsque la maîtrise d'un S-F même modeste permet de créer beaucoup de valeur quadrant 1 il est très indiqué soit d'investir soit d'acheter la R & D ou la technique qui est derrière,
– si quadrant 2 une forte maîtrise du S-F permet de créer beaucoup de valeur, il est parfaitement adroit d'au moins maintenir son niveau de compétence par rapport aux concurrents,

– dans l'hypothèse du quadrant 3, c'est-à-dire lorsqu'une faible maîtrise du S-F permet de créer beaucoup de valeur, il peut être préférable de sous-traiter car le domaine possède de faibles barrières d'entrée et il y a de grandes chances pour que ce filon attire beaucoup de compétiteurs et donc devienne moins rentable très rapidement,
– par contre si, quadrant 4, la maîtrise de ce S-F ne peut apporter que peu de valeur, il peut être plus intéressant de le céder et d'utiliser les ressources dégagées pour obtenir de meilleurs résultats ailleurs.

6. LA DIMENSION « TECHNOLOGIE » DANS LE CHOIX STRATÉGIQUE

Utilisant la même approche, et pour les mêmes raisons, que celle utilisée lors du chapitre consacré au portefeuille stratégique de l'Entreprise, il est intéressant de traiter à part le cas des secteurs très influencés par la dimension « technologie ». La technologie, nous l'avons vu, introduit dans la structure des secteurs des spécificités bien particulières, aussi entraîne-t-elle la nécessité d'une approche un peu différente.

De très nombreux chercheurs se sont penchés sur le mode de formulation d'une stratégie technologique et parmi eux, bien entendu, Michael PORTER. En s'inspirant de sa réflexion[1], on peut considérer que la bonne formulation d'une stratégie, s'appuyant largement sur les effets de la technologie, réclame de passer par les étapes suivantes :

– identifier l'ensemble des technologies qui interviennent dans les chaînes de valeur interne et externe,
– identifier les technologies, non encore utilisées aujourd'hui dans le secteur, mais qui pourraient à terme influencer ou modifier les conditions de la lutte concurrentielle (en modifiant la structure du secteur),
– étudier l'évolution probable des technologies clés pour le secteur,
– faire ressortir les avantages concurrentiels qui peuvent être retirés de chacune des technologies clés,

1. Michael PORTER, *L'avantage concurrentiel,* InterÉditions, déjà cité.

- évaluer le degré de compétence et de maîtrise de l'Entreprise pour chacune de ces technologies clés,
- effectuer les choix stratégiques, en termes de technologies, pour renforcer la position concurrentielle de l'Entreprise :
  - leadership ou suivisme en ce qui concerne les technologies clés :
    - politique de brevet et de licence
    - politique d'acquisition des technologies nécessaires,
- consolider au niveau de l'Entreprise les stratégies technologiques.

Focus

Les outils d'aide à la décision stratégique fournissent une base à partir de laquelle peut se construire le processus de la décision.

Leur utilisation, pour être efficace suppose, on vient de le voir, une véritable compréhension :

- de la structure du secteur,
- des métiers favorisés par cette structure,
- du découpage stratégique de l'Entreprise, car c'est au niveau des segments stratégiques qu'ont lieu les mouvements sur le champ de bataille,
- du métabolisme des principaux concurrents ainsi qu'une bonne vision des mouvements stratégiques qu'ils vont certainement entreprendre,
- de choix préalablement faits par la direction générale en termes de stratégie corporate, de volontés des Dirigeants, de segments stratégiques à créer ou à abandonner.

Le processus de décision, quel que puisse être son niveau de qualité, n'évite pas tous les risques. Il est particulièrement important d'essayer de déterminer, voire de calculer le niveau de risque entraîné par le choix de telle ou telle stratégie choisie. Il est possible d'analyser, à partir de facteurs en partie objectifs, ce niveau de risque.

• Outil d'analyse du risque stratégique

La chaîne de valeur permet de vérifier qu'au niveau de l'Entreprise ou d'un segment stratégique telle ou telle stratégie générique est plus ou moins « naturelle », c'est-à-dire vérifier si la mise en œuvre pose des problèmes majeurs. Cependant d'autres sources de risque existent et il faut les passer en revue et estimer le niveau du risque en découlant.

Pour ce faire il est intéressant, mais aussi pertinent, de définir le concept du risque stratégique. On peut le définir ainsi :

> « le risque stratégique peut être défini comme étant proportionnel au degré de prévisibilité des performances attendues du choix stratégique ».

Dans l'absolu on peut considérer que :

- le risque est maximum lorsque l'imprévisibilité des performances est maximum en fait lorsque l'Entreprise, à travers un segment stratégique,

se trouve dans une position concurrentielle médiocre ou faible au sein d'un secteur en situation de démarrage.
(En effet lorsqu'une industrie se trouve dans une situation embryonnaire, il est beaucoup plus délicat de deviner son évolution et, donc, les performances que l'on peut espérer réaliser.)

- le risque est, au contraire, minimum au fur et à mesure que la position concurrentielle de l'Entreprise devient bonne ou dominante et que le secteur réserve peu de surprise parce qu'il se trouve dans une position de son cycle de vie telle que la maturité ou le vieillissement.

Ces deux critères :

- position concurrentielle de l'Entreprise,
- position du secteur dans son cycle de vie,

ne sont, cependant, pas suffisants à eux seuls pour calculer le risque induit par le choix d'une stratégie. Il est nécessaire de s'appuyer sur des variables telles que :

- la capacité de gestion de la stratégie choisie,
- la qualité du management,
- les performances passées,
- les performances projetées etc.

Il y aura donc lieu de :

- déterminer les critères objectifs de détermination du risque,
- donner un poids à chacun de ces critères,
- procéder à une notation en descendant, pour chacun d'eux, au bon niveau d'appréciation : Entreprise, segment stratégique, activité, fonction etc.,
- calculer la valeur moyenne du risque basée sur le poids et la cotation donnée à chaque critère.

Enfin, il faut apprendre à utiliser les outils d'aide à la décision stratégique de façon itérative avec certains des outils qui ont été décrits précédemment, de façon à pouvoir nourrir la réflexion avec toute la connaissance acquise. Mais il faut aussi avoir une approche de ces outils qui permettent de prendre en compte le comportement stratégique des concurrents et notamment des concurrents ayant un autre mode de pensée stratégique que celui des « Entreprises occidentales ». Il ne sera pas inutile de voir, à cette occasion, si la pensée stratégique ne doit pas se nourrir d'autres approches, par exemple en provenance de l'art militaire, tout en reconnaissant la limite de ce genre d'apport. C'est cette utilisation des outils qui a été développée dans le chapitre 4.

CONCLUSION

« On n'attend pas l'avenir comme on attend un train.
L'avenir on le fait. »
Georges BERNANOS

Bien des problématiques ont été abordées dans cet ouvrage et pourtant il existe deux situations qui n'ont jamais été pleinement évoquées :

LA PREMIÈRE : SI LA DÉMARCHE STRATÉGIQUE SE HEURTE À L'OBSTACLE MAJEUR : IL N'Y A PLUS DE MARCHÉ !

À diverses reprises, il a été fait allusion au fait qu'il existe, dans certains secteurs, des situations de marché telles que la possibilité de déterminer, à travers la démarche stratégique concurrentielle, un avantage concurrentiel soit pratiquement inopérante. C'est le cas de secteurs, en général en décroissance, dans lesquels baisser les prix ou tenter de se différencier par des services ou une meilleure qualité n'entraîne aucune vente supplémentaire.

Pour illustrer une telle situation on peut se reporter au marché du piano[1] *:*

Il y a quelques années, la demande a baissé de façon continue de 10 % par an.

Bien des Entreprises auraient conclu que la meilleure solution était de récolter si c'était encore possible, voire de désinvestir au plus vite. Telle n'a pas été l'attitude de YAMAHA, leader mondial dans le haut de gamme, après bien des efforts. YAMAHA a procédé à une « observation » très précise des utilisateurs de pianos et a pu faire les deux constatations suivantes :

- *peu de possesseurs de pianos trouvaient du temps pour jouer ; le piano, présent quotidiennement sous leurs yeux, devenait un objet de reproche vivant,*
- *les pianos, de ce fait, n'étaient même plus accordés, rendant leur utilisation peu « plaisante ».*

Il est évident qu'en face d'un tel comportement des « soi-disant » utilisateurs, quelle que soit la qualité du réseau de distribution, le marché ne peut aller qu'en décrépitude. Fabriquer un piano moins cher, ou de plus haut de gamme, ne répondait pas à la problématique posée par le comportement des clients (et ce d'autant plus dans la seconde solution que le haut de gamme trouve, en général, très vite ses limites). Après bien des recherches, la réponse de YAMAHA a consisté à mettre au point un produit basé sur la « combinaison sophistiquée » de la technologie numérique et optique qui a permis de rajouter de la valeur au piano traditionnel :

enregistrer et reproduire le phrasé des grands solistes.

---

1. Kenichi OHMAE, *L'entreprise sans frontières,* InterÉditions, Paris 1991, p. 62 à 64.

Un autre exemple est fourni par le marché de l'habillement en France. Depuis des années, ce secteur globalement n'est pas en bonne santé, et même pour la première fois en 1992 les dépenses pour l'habillement féminin sont en baisse.

Quelle réaction oppose-t-on à cette contraction continuelle du marché ? À quoi assiste-t-on ? L'appel à beaucoup de délocalisation pour baisser les prix afin de lutter contre les pays à faible main-d'œuvre.

Or quand on examine plus en détail ce qui se passe, par exemple, dans l'habillement masculin en France et en Italie, on constate entre 1989 et 1991 selon le tableau dressé ci-après :

	FRANCE			ITALIE		
	1989	1990	1991	1989	1990	1991
Budget moyen par tête (en francs)	1 922	1 996	2 009	2 868	2 895	2 921
Consommation moyenne par 1 000 Hommes (pièces)	19 1987	19 730	19 731	12 300	12 024	11 488
Prix moyen par pièce	100,17	101,17	101,82	233,17	240,64	254,22

que les dépenses per capita *progressent de plus 14 % en France et de 2 % seulement en Italie, mais qu'en Italie le nombre de pièces achetées diminue dans le même temps qu'il augmente en France. Ainsi en 1991, les Italiens ont dépensé, en moyenne, 254,22 francs par pièce alors que les français, eux, ont acheté à 101,82 francs. Cette tendance va en s'intensifiant au cours des ans. Cette différence explique beaucoup de pertes d'emploi. La solution est certainement de faire « acheter mieux » plus peut-être que de faire « acheter plus » ; ce qui d'ailleurs peut conduire à ce résultat, car en achetant mieux on peut se donner envie de plus. C'est sur le mode de consommation qu'il faut jouer.*

Il n'était pas convenable d'omettre cette problématique qui est présente dans divers secteurs économiques à certaines étapes de leur vie. On voit au travers des deux exemples exposés ci-dessus que la solution semble ne pas être dans le lancement direct d'une analyse stratégique mais dans l'étude « attentive et sans préjugé » du marché en question pour bien faire ressortir les tendances qui ont conduit à cet état de fait. Mais on fond, on est déjà dans le premier domaine d'une analyse stratégique : l'étude de l'environnement et des TENDANCES LOURDES.

LA SECONDE :
FAIRE LE VRAI CONSTAT DU COÛT STRATÉGIQUE

Pour se faire, l'auteur a volontairement choisi un exemple, encore récent, non issu de l'économie mais de l'histoire. Ce choix permet de raisonner à partir d'une situation sans ambiguïté quant à ses résultats, sans pour autant avoir à expliciter nombre de faits comme cela eût été nécessaire dans le cas d'une entreprise.

Le 13 mars 1954 à 17h10, à Dien-Bien-Phu, le sol trembla, le fracas des obus lourds ébranla le camp retranché : la bataille commençait.

Cette bataille, elle avait été voulue. En effet le 10 février deux généraux, occupant de très hauts postes dans la hiérarchie militaire, demandaient au ministre, « responsable » de la Défense nationale, l'évacuation de la cuvette. Aucune décision ne fut prise, le ministre, et peut-être d'autres, étaient soit convaincus que le camp retranché était inexpugnable soit incompétents.

Avant son départ de Paris, le chef du gouvernement avait donné à ce ministre la consigne suivante :

> *« Vous donnerez l'ordre de repli si la situation est critique au Laos ».*
> *Le même personnage et la plus haute autorité militaire avaient ajouté :*
> *« Le sort du corps expéditionnaire doit passer avant celui du Laos ».*

A la réunion du comité de défense nationale du 24 juillet 1953, le général en chef en Indochine reconnu qu'il n'avait pas les moyens pour défendre le Laos contre une éventuelle attaque.
Début novembre, les informations en provenance du 2ème bureau amènent l'état-major à donner comme assuré, et à bref délai, une attaque, menée par la division Viêt-minh 316, sur Lai-Chau important noeud de communication à l'entrée du Laos.

Or le 22 octobre un traité est signé à Paris entre les gouvernements français et laotien : ce traité réaffirme l'indépendance du Laos et son appartenance à l'union française. Implicitement il y a obligation pour la France de défendre le Laos. Le piège est mis en place !

Selon un principe stratégique souvent mis en oeuvre en Indochine, en raison de la nature du terrain et de notre inadaptation, on ne peut procéder selon les principes de la guerre de mouvement aussi faut-il décider où l'on doit accrocher le « hérisson », c'est à dire un « camp retranché » selon le principe de la « guerre des places ». Le seul endroit qui apparût comme pratique fut Dien-Bien-Phu, chef-lieu d'administration frontalière, à environ 90 km au sud de Lai-Chau, là où dans l'histoire sont passées les invasions en provenance de la Chine et en direction du Mékong. Il est donc décidé de réoccuper Dien-Bien-Phu devenue entre-temps une base ennemie importante.

Le 20 novembre, la cuvette de Dien-Bien-Phu, longue de 17 km sur 5 de large, est occupée après le parachutage de 1 812 hommes avec des pertes peu élevées (11 morts et 46 blessés). Maintenant il faut passer à la phase suivante et le lendemain près de 1 400 hommes sont à nouveau parachutés (4 accidents de saut seulement) et surtout 190 tonnes de matériels qui serviront principalement à la remise en état du terrain d'aviation.

L'état-major français a fait ses calculs :

- *l'ennemi est loin de ses bases et ne peut donc entretenir que de forces limitées,*
- *le terrain ne permettra pas à l'ennemi d'avoir une puissance de feu qui surclassera celle du camp retranché,*

il a aussi estimé que :

- *l'aviation française bénéficierait d'une piste d'atterrissage sécurisée (renforts et ravitaillement ne peuvent parvenir que par parachutage),*
- *les conditions météorologiques resteront bonnes.*

Il faut absolument que ces calculs soient les bons car sinon les conditions de défense ne correspondront plus à celles nécessaires pour un camp retranché établi en pays montagneux autour d'un terrain d'aviation.

Or tous ces calculs vont se révéler faux :

- *le général GIAP en mobilisant la population a réussi à acheminé vivres et armes pour supporter 40 000 hommes alors que le camp retranché ne peut en contenir plus de 11 000,*
- *sur les hauteurs du camp, nuit après nuit, des pistes ont été ouvertes, des abris ont été construits et des pièces d'artillerie (notamment des pièces de DA fournies par la Chine toute proche) montées à dos d'homme ont été installées à flanc de montagne.*

A partir de là, la supériorité numérique appartient à l'ennemi (à environ 5 contre 1), la sécurité de la piste d'aviation n'est plus assurée car les tirs en contrebatteries ne détruiront pas les casemates camouflées et à contre-pente dans lesquelles se trouve l'artillerie ennemie et par ailleurs l'aviation de reconnaissance française ne peut que très difficilement repérer les convois ennemis qui cheminent sous le couvert de la jungle..
Les unes après les autres les positions françaises, d'abord « Béatrice » et « Gabrielle », seront pilonnées puis submergées sous le nombre. L'agonie du camp retranché commence. Dès le 15 mars, deux jours après le début des combats, Paris est averti que la bataille est virtuellement perdue. Aucune décision ne sera prise.

De la même façon, aucune décision n'avait été prise après les premières alertes sérieuses :

- *le 6 décembre 1953, une sortie opérée par des unités parachutistes rencontre des éléments ennemis à 5 kilomètres au nord-est du camp et se traduit après un corps à corps à 14 tués et 26 blessés,*

- *le 8 décembre, un groupe mixte d'intervention – environ 1 500 hommes démunis de moyens lourds, quittent Lai-Chau pour rejoindre Dien-Bien-Phu ; attaqué par la division 316, seuls quelques éléments parviendront à rejoindre le camp retranché,*
- *le 6 février 1954 une opération est montée pour détruire une pièce de 75 mm qui tirait sur les camp retranché et que notre propre artillerie n'arrivait pas à faire taire ; deux bataillons parachutistes, avec appuis de chars et d'artillerie, s'élancent sur la cote 781 et sont tenus en échec, malgré une attaque bien conduite, et ne purent venir à bout de l'adversaire.*

A force de courage, de ténacité et d'héroïsme les troupes qui ont continué à supporter le poids de la bataille pendant 55 jours obligeront GIAP *à attendre le 1er mai pour lancer l'offensive finale et le 7 mai 1954 pour envahir totalement le camp.*
Les défenseurs de Dien-Bien-Phu auront payé chèrement le coût de cette bataille qui s'apparente à un désastre : 10 788 morts ou disparus – 5 244 blessés – 3 920 prisonniers dont plus de la moitié disparurent dans les camps.

QUELS ENSEIGNEMENTS TIRER DE CETTE DÉFAITE ?

- Les consignes données au ministre étaient « interprétables », et aucun processus de décision précisé pour le choix de priorité entre le corps expéditionnaire et le Laos – conséquence : aucune décision ne fut prise alors qu'il était encore possible de démonter le camp.

  Enseignement : *la stratégie exige la mise en place d'un processus formalisé qui démarre dès la définition de la stratégie corporate avec fixation de priorités claires.*

- Le choix du champ de bataille répondait essentiellement à des raisons politiques, défendre le Laos membre de l'union française – conséquence : la décision a été prise essentiellement pour répondre à cette unique préoccupation,

  Enseignement : *l'analyse du champ de bataille, pour l'Entreprise, l'étude de l'environnement doit précéder toute décision pour éviter d'être tardivement confronté à une incapacité à mener le combat sur le terrain choisi.*

- Le choix d'une stratégie de guerre de place s'est d'autant plus imposée que par le passé, notamment à Na-San, de telles bases avaient pu être installées et évacuées sans difficulté majeure – conséquence : le commandement français a considéré que cette stratégie était parfaitement adaptée aux capacités de notre armée sans prendre en compte les réalités locales (distances des lignes de ravitaillement par exemple),

Enseignement : *il est indispensable de comprendre les conditions locales de la lutte concurrentielle pour s'y adapter, aussi l'Entreprise doit-elle d'abord procéder à une segmentation stratégique permettant de dégager les « facteurs clés de succès ». La connaissance de ces « FCS » nous apportera le référentiel à partir duquel la décision devra être prise.*

- L'adversaire n'a pas été correctement estimé car il a été étudié par comparaison avec nous et non par une étude rationnelle – conséquence : il a pu se ravitailler, renouveler ses combattants au fur et à mesure des énormes pertes acceptées et se doter d'une puissance de feu qui a fini par interdire l'utilisation du terrain d'aviation,

  Enseignement : *choisir le champ de bataille, c'est aussi faire le choix des conditions de lutte et rien n'est pire que de sous-estimer son adversaire d'où l'absolue nécessité de procéder à une analyse pertinente des concurrents au travers d'une étude des stratégies pratiquées par les concurrents au travers de la construction de la carte des groupes stratégiques et enfin de comprendre les sources de force de ses principaux concurrents (référentiel : les FCS) en définissant leurs chaînes de valeur.*

- Il y a « incohérence totale » entre la décision prise, dans l'urgence, d'installer un « hérisson » à Dien-Bien-Phu et l'affirmation par le général en chef en Indochine de son manque de moyens pour défendre le Laos – conséquence : la défaite était prévisible et le désastre envisageable,

  Enseignement : *la cohérence entre décisions et moyens est essentielle et l'Entreprise doit imaginer chaîne de valeur interne et externe lui permettant de vérifier qu'elle possède les compétences et les ressources pour réussir à mettre en oeuvre la stratégie choisie.*

- Quand on lit les travaux des historiens sur cette bataille, l'impression principale qui se dégage de cette lecture est que les décisions ont été prises les unes après les autres sans assurer une continuité de la pensée ; ainsi les premiers – conséquence : les décisions ont été prises par des décideurs différents sans référentiel commun,

  Enseignement : *il faut mettre en évidence, de façon ouverte et contradictoire, le résultat de l'utilisation des divers outils et par la même créer cohérence dans les choix et synchronisation stratégique entre les décideurs et les responsables opérationnels.*

- Les premières leçons à tirer des alertes sérieuses d'avant le début réel des combats n'ont faits l'objet d'aucune étude – conséquence : le commandement s'est condamné à ne pas s'adapter à une situation nouvelle,

Enseignement : *toute analyse stratégique doit être remise à jour chaque fois qu'un événement majeur se produit.*

Mais peut-être le principal enseignement que l'on doit tirer de cet exemple est l'absolue nécessité de faire de bons choix stratégiques. Trop souvent les décideurs comptent sur les hommes pour gagner, Dien-Bien-Phu nous démontre que malgré leur héroisme, allant jusqu'au sacrifice de leur vie, les défenseurs du camp retranché ont finis vaincus : pourquoi ?

Parce que ils ont été mis par le commandement dans les pires conditions face à un ennemi qui maîtrisait les facteurs clés de succès de la bataille : les décisions stratégiques des décideurs français n'étaient pas les bonnes. Oui ! Les hommes, par leur courage, leur ténacité, leur volonté de gagner, leur esprit d'équipe, l'adhésion à leur Entreprise peuvent influencer le cours de la lutte et faire que leur Entreprise gagne mais seulement à décisions stratégiques égales.
Ils ne peuvent à eux tout seuls renverser les mauvais choix stratégiques.

Ces deux problématiques levées, on est en droit de confirmer que :

- il existe une démarche qui permet de réduire l'incertitude quant aux choix stratégiques majeurs, c'est-à-dire permettant d'attribuer les ressources stratégiques avec une plus grande certitude de mieux les employer. Cependant, il n'existe pas, et il n'existera, sans doute jamais, un monde où la certitude existera. On peut même être amené à penser, en analysant les paramètres du changement (clas. chapitre 1), qu'il va falloir apprendre à vivre avec l'incertitude comme règle ;
- la démarche proposée est délicate à mettre en œuvre ;
- cette démarche suppose une connaissance « intime » et une compréhension de la structure de l'environnement et du métabolisme des concurrents ;
- il faut se connaitre et bien se jauger à l'aune de la concurrence ;
- il faut que les Dirigeants aient une vision claire de l'Entreprise qu'ils souhaitent construire et des objectifs qu'ils se proposent d'atteindre ;
- il leur faut transmettre cette vision au personnel et obtenir son adhésion ;
- tout cela est bien compliqué et la réussite n'est jamais assurée.

Mais tous ces constats militent pour une réflexion organisée, méthodique et prenant en compte les règles du jeu concurrentiel dans son environnement. Ils militent aussi pour permettre aux Dirigeants de se motiver pour la mettre en œuvre. Cette mise en œuvre, nous venons de le voir, leur demande parfois d'accepter de se remettre en cause et d'accepter de payer le prix d'acquisition d'un nouveau « capital de bonnes habitudes » :

> *lorsque nous avons réussi à optimiser les promesses contenues dans nos qualités propres, seule l'acquisition d'un nouveau capital de bonnes habitudes peut nous permettre de continuer à progresser.*

Cette démarche renferme un grand nombre des ingrédients, indispensables aujourd'hui, pour aider les Dirigeants à choisir un itinéraire plus serein pour assurer la pérénité de leur Entreprise, mais il leur faut apprendre :

Le bon usage des outils

Pour des raisons méthodologiques, il a bien fallu exposer les différents outils, qui permettent de mettre en œuvre chacune des étapes de la démarche concurrentielle, les uns à la suite des autres et ce à chacune des étapes décrites.

Il n'en reste pas moins vrai qu'il faut apprendre à les utiliser de façon concomitante. Ainsi, la lecture des chaînes de valeur « interne » et « externe » est une obligation pour figurer les mouvements dans de bonnes conditions sur l'échiquier stratégique. De même, pour positionner un ou des concurrents majeurs sur cet échiquer on se référera à la carte des groupes stratégiques.

Une pratique, assidue et intelligente, des outils apportera une bonne connaissance de ces mêmes outils et permettra d'apprendre à les associer pour bien mettre en lumière les problématiques successives à résoudre et les solutions les plus adéquates pour l'Entreprise.

Mais cependant, il ne faut pas se réfugier derrière les outils ; il ne faut pas oublier qu'un jour plus ou moins proche tous les concurrents utiliseront peu ou prou les mêmes outils. À partir de ce moment-là, la différence se fera selon deux dimensions :

- la capacité à dominer les outils,
- la qualité du management et de l'organisation, en fait : des *hommes*.

BIBLIOGRAPHIE

Cette bibliographie comporte quelques ouvrages qui peuvent paraître relativement anciens, mais l'auteur considère qu'ils ne sont nullement dépassés et constituent toujours les bases d'une culture stratégique.

ABELL D.F. *Defining the Business : The starting point of strategic Planning.* Prentice Hall, 1980.

ABELL D.F. & HAMMOND J.S. *Strategic Market Planning. Problems and analytical approaches.* Prentice Hall, 1979.

ADER E. *L'analyse stratégique moderne et ses outils.* Futuribles, décembre 1983.

ADER E. & LAURIOL J. *La segmentation, fondement de l'analyse stratégique.* Harvard-L'Expansion, Printemps 1986.

ANSOFF H.I. *Stratégie du développement de l'Entreprise.* Éditions d'Organisation, Paris, 1989.

BEAUFRE A (Gal). *Introduction à la stratégie.* Économica, 1985.

BIDAUL T F. *Le champs stratégique de l'Entreprise.* Économica, Paris, 1988.

BLOCH P. & HABABOUR. *Dinosaures et Caméléons.* J.-C. Lattès, Paris, 1991.

DE BODINAT H. & MERCIER. *L'Analyse stratégique moderne.* Harvard-L'Expansion, Hiver 1978/79.

BOORMAN Scott A. *Gô et Mao.* Seuil, Paris, 1972.

BOSTON CONSULTING GROUP

– *Perspectives sur la stratégie d'entreprise. Hommes et Techniques, 1974,*
– *Les Mécanismes fondamentaux de la compétitivité. Hommes et Techniques, 1980,*
Les Systèmes concurrentiels,
Les activités de volume,
Les activités de spécialisation,
Les impasses concurrentielles,
Les activités fragmentées,
– *Perspectives et Stratégie.*

BOUDEVILLE J.C & MEYER J. *Stratégie d'Entreprise.* PUF/Gestion, Paris, 1986.

BOUQUEREL F. *Management. Politique – Stratégie – Tactique.* Dunod, Paris, 1969.

BUARON R. *New Games Strategies.* The McKinsey Quaterly, printemps 1981.

BUZZEL R.D & GALE B.T. *The PIMS Principles.* Free Press, 1987.

CALAORI R. & ATAMER T. *Diagnostic et décision stratégiques.* Dunod, 1993.

CHALIAND G. *Terrorismes et Guérillas.* Flammarion, 1985, Complexe, 1987.

CLAUSEWITZ C. von. *De la guerre.*

DAVID F.R. *How companies define their mission.* Long Range Planning, 22/1 1989.

DAY G.S. *Strategic Market Planning. The Pursuit of Competitive Advantage.* West Publishing Company, 1984.

DOZ Y. & PRAHALAD. *The Multinational Mission.* Free Press, 1987.

DUSSAUGE P. & RAMANANTSOA B. *Technologie et stratégie d'entreprise.* Mc Graw Hill, 1987.

DUSSAUGE P. & GARETTE B. *Les Alliances stratégiques.* Éditions d'Organisation, 1995.

FIEVET G (Gal). *De la stratégie militaire à la stratégie d'entreprise.* InterÉditions, 1992.

HALEY R.J. *Benefit Segmentation : A Decision Oriented Research Tool.* Journal of Marketing Research, juillet 1968.

HALL G. & HOWELL S. *The Experience Curve from the Economist's Perspective.* Strategic Management Journal, vol. 6, 1985.

HAX A.C. & MAJLUF N.S. *Strategic Management : an integrative perspective.* Prentice-Hall, 1984.

HENDERSON B.D. « *L'effet d'expérience* ». Note du BCG.

HENDERSON B.D. *What is Business Strategy ?* BCG, 1969.

JOFFRE P. & KOENIG G. *Stratégie d'entreprise – anti-manuel.* Économica, 1985.

KOENIG G. *Management stratégique.* Nathan, 1996.

LIDDELL HART B.H. *Histoire Mondiale de la Stratégie.* Plon, 1962.

A.D. LITTLE. *Stratégie et Technologie.* European Management Forum de Davos, 1981.

MAO TSÉ-TOUNG. *Problèmes stratégiques de la guerre révolutionnaire.* Pékin, 1936.

MCKINSEY. *Planning a chemical company's prospects.* Royal Dutch Shell, 1972.

OHMAE K. *La Triade : émergence d'une stratégie mondiale pour l'entreprise.* Flammarion, 1985.

OHMAE K. *Le Génie du stratège.* Dunod, 1991.

OHMAE K. *L'Entreprise sans frontières. Nouveaux impératifs stratégiques.* InterÉditions, 1991.

PETERS T & WATERMAN R. *Le Prix de l'Excellence.* Dunod, 1999.

PIMS (Profit Impact of Market Strategies). *PIMS : A Tool for Developing Competitive Strategy.* Long Range Planning, vol 17, n° 3.

PORTER M.E. *Choix stratégiques et concurrence.* Économica, 1982.

PORTER M.E. *Competition in Global Industries.* Harvard University Press, 1985.

PORTER M.E. *L'avantage concurrentiel.* InterÉditions, 1986.

PORTER M.E. *La concurrence.* Village Mondial, 1999.

PRAHALAD C.K. & HAMEL G. *Les grands groupes ne connaissent pas leur métier.* Harvard-L'Expansion, Hiver 1990-91.

PRAHALAD C.K. & HAMEL G. *La stratégie à effet de levier.* Harvard-L'Expansion, Été 1993, p. 43-54.

ROGERS E.M. *Diffusion of Innovation.* The Free Press, 1962.

ROTHSCHILD William. *How to gain and maintain the competitive advantage in business.* Mc Graw Hill, 1984.

ROWE A.J et autres. *Strategic Management and Business Policy. A Methodogical Approach.* Addison-Wesley, Reading Mass, 1982.

SALLENAVE J.P. *La stratégie de l'entreprise face à la concurrence.* Éditions d'Organisation, Paris, 1973.

SALLENAVE J.P. *Direction générale et Stratégie d'Entreprise.* Éditions d'Organisation, Paris, 1984.

STALK G. & HOUT T. *Vaincre le temps.* Dunod, Paris, 1992.

STRATEGOR. *Stratégie, structure, décision, identité. Politique générale d'entreprise.* InterÉditions, 1993.

SUN TZU. *L'art de la guerre.* Flammarion, Paris, 1978.

TARDIEU H. & GUTHMANN B. *Le triangle Stratégique : Stratégie, structure et technologie de l'information.* Éditions d'Organisation Paris, 1991.

TASSEL J. *La méthode SRI d'analyse stratégique.* Futuribles, décembre, 1983.

THIETART R.A. *La stratégie d'Entreprise.* 2ème édition, Mc Graw Hill, Paris, 1990.

VERNETTE E. *La Segmentation par avantages recherchés, outil de stratégie marketing.* Revue Française de Stratégie, mars, avril, mai 1989.

WEIHRICH H. *The TOWS Matrix : a tool for situational analysis Long Range Planning.* Vol 15, n° 2, 1982.

WRIGHT Robert V.L. *Arthur D. Little : un système pour gérer la diversité.*

INDEX

E

F

G

H

I

L

M

N

O

P

R

S

T

V

Composé par Andassa
Achevé d'imprimer : Jouve, Paris

N° d'éditeur : 2337
N° d'imprimeur : 310103R
Dépôt légal : Juin 2002
Imprimé en France

(3/4) FCS P219 : exemple
P220

(1/1) Stratégie "segment stratégique"
P 221

Stratégie "segmentation stratégique"
critères P222-231

(3/4) Core compétences P168

(1/2) métiers segmentation
et positionnement P92-95

(1/2) FCS P95

(1/2) métier 158-165
définition
exemple

- Définition
- exemple
- segmentation
- Principales

(1/2) stratégie générique Matrice Porter
P 380

P375 et suivante style de stratégie
à adopter